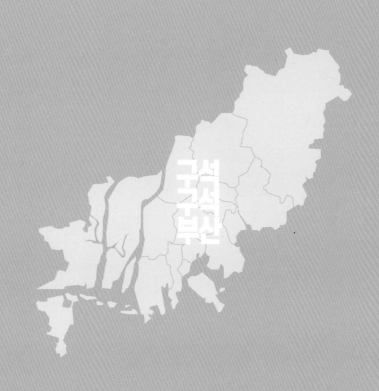

구석구석부산

2023년 7월 31일 초판 1쇄 펴냄
2024년 2월 28일 개정 1판 1쇄 펴냄

지은이 **강동진**

펴낸곳 **비온후** www.beonwhobook.com
펴낸이/꾸밈 **김철진**

ISBN 979-11-983983-8-3 03090

책값 30,000원

구석
구석
부산

강동진 쓰다

머리말

이 책의 시작은 2001년 3월, 경성대 도시공학과 부임과 함께 시작되었습니다. 어릴 적 여름방학이 되면 어김없이 금성호와 원양호를 타고 또 엔젤호를 타고 연안터미널에 내렸던 그 부산이 또 다른 고향이 되면서 기억의 퍼즐 맞추기는 시작되었습니다. 그러나 구덕야구장과 자갈치시장, 몇몇 해수욕장에 머물던 조각난 퍼즐 만으로의 부산 이해는 불가능했습니다. 빠르고 깊게 알고 싶었지만 도시 규모를 넘어 복잡하게 얽혀있는 부산의 모습을 쉽게 가늠할 수 없었습니다.

2000년대 초반, 비틀호(부산-후쿠오카를 왕복하는 쾌속선)는 부산 탐구의 실마리를 제공했습니다. 3시간이면 외국 땅을 내딛을 수 있었으니, 상황만 허락되면 수없이 일본을 오갔습니다. 점차 아시아의 도시들과 미주와 유럽의 도시들을 답사하면서, 부산이란 도시의 존재 이유와 세계 도시들과는 다른 '부산의 것'이 조금씩 다가오기 시작했습니다. 시가이 흐를수록 부산의 것이 품고 있는, 부산의 것에 대한 무한한 가치를 깨닫게 되었습니다.

그러나 평생을 바쳐 부산을 지키며, 부산의 역사와 문화를 찾아 일구어 낸 선대의 연구자들이 없었다면 나의 부산 알기는 시작도 할 수 없었을 것입니다. 그들의 글과 말을 통해 무엇이 부산의 진수인지, 무엇 때문에 부산이 이렇게 변해왔는지, 왜 이런 모습으로 되었는지를 배움과 동시에 부산사람들의 기질과 문화를 이해하게 되었습니다. 책 속의 한줄 한줄이, 책 속의 사진과 그림 하나하나가 부산을 위해 평생을 바친 그들의 것에서 비롯되었습니다. 지면을 빌어 깊은 감사의 마음을 드립니다.

이렇듯 이 책은 온전히 나의 생각과 연구, 또한 주장을 담은 것이 아닙니다. 선대 연구자들의 결과물을 기반으로 20여 년 간 부산에서 살며 배우며 체득한 지식과 떠올렸던 생각들을 보탠 것입니다. 그래서 조금 산만하고 복잡합니다. 그럼에도 출판에 용기를 낸 것은 가능성으로 충만한 부산이라는 도시의 현실 때문이었습니다. 그 현실은 긍정과 부정의 면을 모두 가지고 있지만, 점차 부정이 긍정의 영역을 넘어 서고 있는 것 같습니다. 그래서 조급한 마음이 컸습니다. 책은 그 조급함을 안도감으로 바꿔 보려는 의도에서 준비되었습니다. 이 책을 만나는 모든 이들이 부산 이해에 대한 작은 도움과, 자긍과 자부심도 가질 수 있기를 소망해봅니다.

이 책은 일일이 이름을 밝히기 힘들 정도로 많은 분들의 도움을 받았습니다. 먼저 책의 첫발을 딛도록 해준 경성대 K-MOOK사업단에 감사를 드립니다. 편집과 디자인에서 교열까지 모든 뒷일을 책임져 준 비온후(대표 김철진)와 기꺼이 출판을 지원해 준 싸이트플래닝 한영숙 대표에 고마운 마음을 전합니다. 또한 책에 생명력을 더하기 위해 사진과 그림의 사용을 허락해 주신 모든 분들과 단체·회사들, 특히 사진 아래 수없이 등장하는 부경근대사료연구소(소장 김한근)에 깊은 감사를 드립니다.
페이지 마다 스며있는 경성대 도시공학과와 도시보전연구실 제자들의 정성어린 발길과 손길은 책 탄생의 밑바탕이 되었습니다. 또한 같은 시선으로 부산을 위해 뜨거운 열정으로 함께했던 수많은 친구들과 부산 시민들은 이 책의 공동저자와 다름없습니다.

끝으로 많은 답사에 동행으로 응원하며, 나의 생각에 많은 영감을 던져준 사랑하는 아내와 두 딸에게 빚진 마음을 전합니다. 부족한 자에게 언제나 부산을 사랑할 수 있는 의지와 마음을 허락하시는 하나님께 이 책을 올려 드립니다.

2023년 7월
강동진

차 례

왜
부산인가?

'글로컬라이제이션 Glocalization'은 본 책의 핵심 주제입니다. 이 단어는 세계화를 의미하는 글로벌라이제이션 Globalization 과 지방화를 뜻하는 로컬라이제이션 Localization 의 합성어로, 주로 다국적기업의 현지 토착화를 위한 경영 전략으로 사용되는 용어입니다. 글로컬라이제이션의 과정은 기업의 경영 가치를 중심으로 현지 실정에 맞추어 수정 적용되는 것이 기본입니다. 본 책에서는 이와 반대로, 지방화의 관점에서 세계화를 바라보려 합니다. 왜냐하면 진정한 글로컬라이제이션은 생활, 생산, 문화, 공간, 행동양식 등에 걸친 지역 전반의 고유 특성을 바탕으로 진행되어야 한다고 생각하기 때문입니다.

이러한 관점에서, 하향적 접근을 기조로 하는 글로컬라이제이션 과정에서 나타나는 부정적인 결과를 살펴볼 필요가 있습니다. 다국적기업에 의한 글로컬라이제이션은 성공 가능성은 높지만 후유증이 따를 때가 빈번합니다. 대표적인 후유증이 다국적기업의 전략에 대응되는 '로컬적인 것'이 힘을 잃게 되거나 파괴되는 것입니다. 이러한 경우 대부분의 로컬의 것들은 소수를 제외하고 도태되기 일쑤입니다. 극소수의 강한 로컬만이 살아남을 수 있고, 평범하여 일상으로 여겨지거나 크게 인지되지 않는 로컬은 글로컬라이제이션에 의해 희생되어 버립니다. 결국 가장 큰 손해를 보는 것은 '지역'일 수밖에 없습니다. 글로컬라이제이션이 지역에 큰 도움이 될 것 같은데 결과는 거꾸로 나타난다니 참으로 이상합니다.

1990년대 중반 우리나라에 지방자치제도가 도입된 후 지방분권의 영역이 점차 확장되고 있습니다. 근자에는 인터넷의 발달로 세계와 지역이 온라인에서 직접 만나는 시대로 급속히 변하고 있습니다. 심지어 시간을 초월하여 과거와 미래를 동시에 취할 수 있는 시대로 나아가고 있습니다. 이런 상황이다 보니 지역 중심의 글로컬라이제이션의 경우 그 준비 상태에 따라 희비가 교차되곤 합니다. 딴딴하게 준비된 경우도 있지만, 보통은 그렇지 못합니다. 그래서 지역 중심의 글로컬라이제이션의 성공 가능성은 매우 희소한 것으로 알려져 있습니다. 더 큰 문제는 어설프게 시작된 지역의 글로컬라이제이션으로 인해 벌어지는 부정의 양상들입니다. 지역을 살리겠다고 시작한 도전이 오히려 지역의 것을 변질시키거나 파괴시키는 경우입니다. 글로컬라이제이션을 두고 벌어지는 이러한 혼란을 막고 글로컬라이제이션이 갖는 실질적인 힘과 잠재성을 희석시키지 않기 위해서는 몇 가지의 전제가 필요해 보입니다. 예들 들면 이런 것입니다

- 지역적인 것에 대한 이해와 가치 발견을 모두 함께 하기
- 지역민 스스로 지역적인 것을 사랑할 수 있도록 돕기
- 지역을 이익과 이윤의 대상으로만 보지 않기
- 외부의 것을 도입하기 위해 지역의 것을 쉽게 포기하거나 대체시키지 않기

이런 얘길 할 때면, 1990년대 초 학교 연구원 시절에 참여했던 독일의 '한스자이델재단 Hanns Seidel Foundation'의 과제들이 떠오릅니다. 재단이 준 첫 번째 미션은 전라북도 정주시 지금의 정읍시 의 시상 市像 을 정립하기 위한 계획수립이었습니다. 시상, 즉 도시 이미지를 정립한다는 것은 당시 매우 생소했던 개념이었습니다. 여기에 그치지 않고 재단은 정주시 도심의 중심가로를 부활시키는 일도 미션으로 주었습니다. 당시 연구팀은 정주의 '정'이 우물 정 井 이란 점에 착안하여 길 이름을 '새암길'로 제안했고 지금도 그렇게 불리고 있습니다. 세 번째 미션은 정주시 근교의 상흑, 하흑, 신흥마을로 구성된 흑암마을을 재생하는 일이었습니다. 이 과제는 주민과 함께하는 독일식 농촌정비방법의 적용을 조건으로 했습니다.

세 프로젝트 모두가 생소했습니다. 재원이 독일재단에서 나온다는 것은 더욱 의아했습니다. 지금 생각해보니 한스자이델재단은 개발도상국에서

쉽게 파괴될 수 있는 지역의 고유성을 발굴하고 또 지속가능하게 하기 위한, 진정한 의미에서의 글로컬라이제이션을 추구했던 것 같습니다. 세 프로젝트의 시선은 동일했습니다. 정주시의 과거와 현재 그리고 미래를 연결하고, 자연과 문화 그리고 삶의 공간을 지속하게 하는 일이 목표점이었습니다. 즉, 지역이 품고 있거나 또한 품을 수 있는 '자산'들을 찾아내어 이의 존재와 관계를 재해석하고 연결하고자 하는 것이 지향점이었습니다.

이 같은 글로컬라이제이션에 대한 이해를 기초로 부산에 접근해 보려 합니다. 달리 말해, 이 책은 글로컬라이제이션의 개념과 맥락을 큰 시야로 두고, '부산의 것'을 파악하려는 것입니다. 이의 합은 '부산의 가치'로 정의될 것입니다. 부산의 가치에 공감하고, 또 그것을 바탕으로 새로운 미래의 상상력을 발현해 보고자 하는 것이 책의 궁극적인 목적이라 할 수 있습니다.

크게 12곳의 지역을 선택해보았습니다. 이곳들의 이야기를 통해 부산이 가진, 부산을 일구어 온 지역들이 가진 특별함에 대한 생각을 나눠보려고 합니다.

책 제목에 '구석구석'이란 단어를 넣은 이유는 자세하게 살펴보자는 뜻도 있지만, 그동안 우리의 관심에서 소외되고 발길이 닿지 않았던 지역들이 가진 숨겨진 가치를 살펴보기 위함입니다. 특히, 우리가 놓치고 있었거나 소홀히 대하고 있는 부산의 것들에 대한 발견과 함께 지속을 위한 대안을 찾아보자는 의미도 가지고 있습니다.

삼포지향의 도시, 부산

부산은 예부터 '삼포지향 三抱之鄕 의 도시'라 불렸습니다. 삼포지향은 산, 강, 바다를 가진 고장을 지칭하며, 아름다운 자연과 자연으로부터 공급되는 풍성한 먹거리들로 채워진 도시를 말합니다. 결국 이런 도시는 '살기 좋은 땅'을 의미하며 부산이 그렇다는 것을 말해줍니다.

지하철이나 버스에서 내려 지척에서 석양이 빛나는 아름다운 바다를 만날 수 있는 도시는 세상에 그리 흔하지 않습니다. 많은 산들과 30여개 소의 강 땅 속에 갇힌 강들 포함 이 동시에 흐르는 도시도 쉽게 만날 수 없습니다.

하늘에서 부산과 주변 일대를 바라봅니다. 왼쪽 아래에 거제가 있고 그 위쪽에 창원과 김해, 그리고 오른쪽 위에 울산이 자리합니다. 이들 도시들이 형성하는 공간의 중심에 부산이 있습니다.

부산의 지역 구성

낙동강을 중심으로, 강서지역이라 부르는 부산의 서편은 습지가 발달한 평야지대이며, 강동지역인 동편은 산지와 도심이 발달해 있습니다. 강서지역의 남쪽 대부분은 매립하여 만든 평지이며, 산업단지와 항만시설이 집중되어 있습니다. 녹산산업단지는 지역경제를 책임지고 있는 산업지역이며, 부산 신항은 세계 6위권의 국제물류도시인 부산의 위상을 대변합니다. 김해공항 주변의 넓은 지역은 한때 김해평야라 불리던 곳입니다.

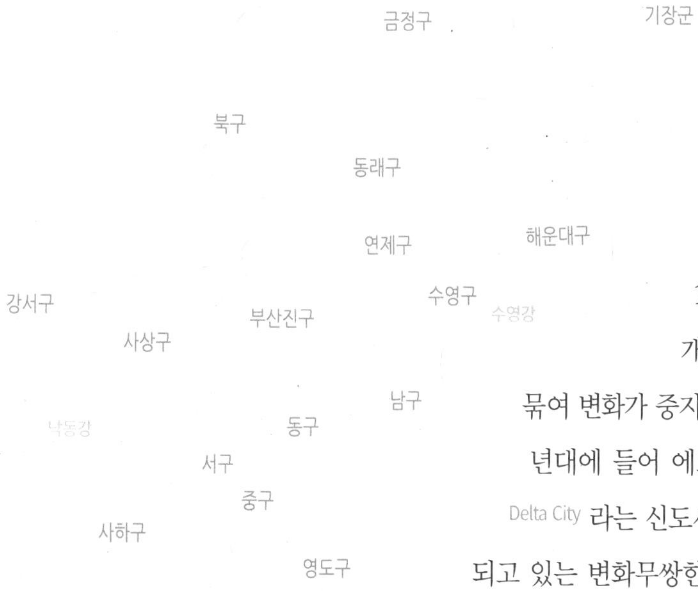

금정구　　　　　　기장군

북구

동래구

연제구　　　해운대구

강서구　　　　　　수영구　수영강
　　　사상구　부산진구

낙동강　　　　동구　　남구

　　　서구

　　　중구

사하구

영도구

1970년대부터 개발제한구역에 묶여 변화가 중지되었다가 2010년대에 들어 에코델타시티 Eco Delta City 라는 신도시 개발이 진행되고 있는 변화무쌍한 곳입니다. 이처럼 강서지역은 습지농업지대에서 새로운 개발수요에 대처하는 미래산업지대로 빠르게 변화하고 있습니다.

강동지역은 여기저기 흩어져 있는 산지들과 그 사이의 많은 건물들로 꽉 들어차 있습니다. 부산을 움직이는 항만과 철도시설들이 집결한 부산항과 그 배후지대에 60여 ㎞에 이르는 산복도로가 발달해 있습니다. 산복도로는 해방 후부터 부산에 정착했던 많은 시민들이 다양한 삶의 애환을 간직한 채 살아가는 곳입니다. 국제해양도시라는 특성을 고려해 볼 때, 부산항과 산복도로는 부산의 미래 변화에 가장 큰 영향력을 미칠 요인에 속한다고 볼 수 있습니다.

시점을 조금 더 동쪽으로 옮겨 보겠습니다. Y자 형상의 수영강이 황령산과 장산 사이로 흐르고 있고, 강 좌안은 수영으로 우안은 해운대라 부릅니다. 이 지역은 오래전부터 부산의 여가와 휴양문화의 중심지였습니다. 수영강과 장산 사이의 길쭉한 공간은 20여 년 전에 탄생된 센텀시티 Centum City 입니다. 이름처럼 영상산업을 주제로 부산의 미래를 주도하고 있는 곳입니다.

지리적인 차원에서 살펴보았지만 부산은 평범함보다는 특별함이, 우연보다는 필연이, 아름다움보다는 애틋함이 더 강하게 느껴지는 도시입니다. 바라보는 방식에 따라 다르겠지만, 부산은 크게 네 가지 속성으로 규정해 볼 수 있습니다.

첫 번째는 '우리나라 제2의 도시이자 광역시 중의 한 곳'이라는 평범한 규정입니다. 1963년 부산시는 부산직할시로 승격됩니다. 원래 부산은 대도시가 아니었습니다. 일제강점기를 지나며 30만 도시로 발달했고, 1945년 해방을 맞은 후 귀환동포들이 부산에 살게 되면서 약 40만의 도시가 되었습니다. 또 한국전쟁을 겪으며 찾아온 100여만의 피란민들 중 상당수가 부산사람이 되었습니다. 7~8년 만에 부산은 30만 도시에서 100만이 넘는 대도시로 급성장하게 됩니다.

급박한 역사적 변동 과정에 부산이 대응해온 결과는 '대혼란'이 아닐 수 없었습니다. 당시 부산의 상황을 끓어오르는 용광로에 빗대어 '멜팅팟 Melting Pot'이라 부르기도 합니다. 일자리, 상하수도, 쓰레기, 교육, 교통 등 모든 것이 도시문제로 등장했습니다. 또한 해상을 통해 국가의 물류와 교류를 책임지던 항만도시였기에 부산의 항구와 도심 일대는 복잡한 수준을 넘어 체계가 쉽사리 잡히지 않는 혼돈 속에 빠질 수밖에 없었습니다.

이에 정부는 폭발 직전에 이른 부산을 책임지고 관리해야 된다는 판단 아래, 부산시를 직할시로 승격시켰습니다. 1963년 이후 부산은 32년 동안 직할시 기능을 담당하며 호황을 누렸고 대도시로 발전했습니다. 그러나 시대가 바뀌어 전국의 여러 도시들의 기능이 커지면서 정부는 대전, 광주, 대구, 인천, 울산 등과 함께 부산을 광역시로 개칭시킵니다. 그 해가 지방자치제가 시행된 1995년이었습니다. 문제는 부산이 광역시로의 편제 후 제2의 도시라는 위상을 상실하게 되었다는 사실입니다. 6개의 광역시 가운데 하나일 뿐인 도시가 되면서 기존에 누렸던 '자부심(?)'을 더 이상 갖지 못하는 결과를 초래한 것입니다.

1963년 부산직할시 승격 기념식 ©부산시

두 번째는 '대한민국 최고의 근대역사도시'라는 규정입니다. 부산은 봉건제에서 근대국가, 즉 대한민국이 만들어지는데 숱한 역사적 과제를 짊어졌던 도시였습니다. 1876년은 조선이 반강제적으로 개항된 해였습니다. 개항의 현장이었던 부산은 일본과 근접해 있다는 지리적인 이유로 일제의 침략을 고스란히 받아내는 도시가 될 수밖에 없었습니다.

1950년 6월 25일 한국전쟁이 터진 그 해 8월부터 부산은 전쟁의 반전을 기약하며 임시적으로 수도기능을 맡아 대한민국의 '피란수도'가 되었습니다. 1950년 8월 18일에서 10월 26일까지, 또 1951년 1월 4일부터 1953년 8월 14일까지 무려 1,023일, 약 3여 년에 이르는 시간 동안 부산은 수도로 기능했습니다. 피란수도라 함은 전쟁 중 대통령을 포함한 정부수반과 행정, 입법, 사법의 3권이 부산에 있었다는 뜻입니다. 비록 피란수도였지만 부산은 수도로서의 권위를 인정받았습니다.

그러나 부산은 완벽하게 준비된 수도가 아니었습니다. 한꺼번에 많은 것들을 짊어지며 시작된 수도로서의 후유증은 전쟁기에는 물론이고 휴전 후에도 지속되었습니다. 100만 도시를 지탱하며 전쟁 복구와 함께 경제발전을 도모하기에는 부산의 여건이 턱없이 부족했습니다. 그럼에도 부산은 1950~60년대 우리나라가 경제적으로 가장 곤궁했을 때 국가재건도시로서의 역할을 감당했고, 그 기능은 1970년대 초반까지 이어졌습니다.

세 번째는 '대한민국 최대의 항구도시이자 해양도시'라는 규정입니다. 이는 부산이 전 세계 물동량 세계 5~6위권의 국제무역도시라는 팩트에 근거합니다. 또 부산은 국제무역만 이루어지는 항구도시가 아니라, 305km에 이르는 아름다운 해안선을 가진 해양도시이기도 합니다. 305km 해안선에는 60여 개의 포구와 항구들이 자리 잡고 있습니다. 이곳에서 집하되는 생선과 어패류로 인해 부산은 대한민국 최고의 수산업 도시로도 불립니다. 이처럼 부산은 바다, 해안선, 항만시설, 수산자원 등 다양한 세계

대한민국 수출 1번지 부산신항 ⓒ부산시

가 교차하고 흐르는 아름다우면서도 기운이 넘치는 도시입니다.

네 번째는 '특별한 애칭이 많은 도시'로 규정할 수 있습니다. 부산은 1996년부터 부산국제영화제를 개최하고 있고, 또한 부산의 곳곳이 수백편에 이르는 장편 영화의 로케현장으로 사용되며 영화도시라는 애칭을 얻었습니다. 전 세계 다섯 손가락 안에 드는 국제영화도시로 부상하며, 2014년에는 '영화'를 주제로 유네스코 창의도시 네트워크 The UNESCO Creative Cities Network 에도 선정되었습니다. 그러나 국제영화도시로서 갖추어야 할 것은 여전히 많습니다. 특히 영화쟁이들과 진정으로 영화를 사랑하는 사람들이 역동적으로 활동하며 살아가는 도시로의 집중적인 지향이 필요합니다.

부산은 야구도시로도 불립니다. 부산사람이나 부산에 근거지를 둔 팀이 야구를 특별히 잘해서가 아니라 야구로 인한 즐거움을 격정적으로 누리기 때문에 붙은 별칭이라고 할 수 있습니다. 야구가 시민 삶의 활력소가 되는 도시인 것입니다. 이외에도 부산은 컨벤션도시, 축제도시 등 여러 애칭을 가지고 있습니다. 그런데 안타까운 점은 그 어느 것도 온전한 '부산화'에 미치지 못하며, 강력한 국제적인 영향력을 갖지 못하고 있다는 사실입니다.

부산국제영화제 ⓒ한국관광공사

이러한 현상은 애칭의 사안을 넘어, 부산 전체에서도 발견됩니다. 해양과 항구, 국제물류, 근내역사 등의 속성에 내재된 가치는 국내 여느 도시들에 비해 우월하며, 모두가 '부산의 것'으로 공감하는 아이템들입니다. 그럼에도 부산은 왜 국제 경쟁력을 가진 도시로 분류되지 못할까요?

여러 이유가 있겠지만, 모든 것을 취하려고 하는 과욕과 이로 인한 산만한 접근방식이 주원인으로 여겨집니다. 집중과 선택을 하지 못하고 이것저것 손대다 보니 나타나는 현상입니다. 삼포지향과 연계된 사업들이 지역의 미래를 담당할 신산업이나 지역특화산업으로 융합되거나 발전되지 못한 채, 당장 성과만을 목적으로 하는 단발성 이벤트 성격에 머물고 있기 때문입니다. 이러한 측면에서 삼포지향과 관련된 다채로운 속성들을 부산의 것으로 제대로 성장시켜가는 일은 부산의 미래, 즉 탁월한 부산 브랜딩 Branding 의 새로운 계기가 될 것입니다.

삼포지향이 과연 그대로 일까?

부산은 언제부터 삼포지향의 도시라 불리게 되었을까요? 과연 현재도 그
렇게 부를 수 있을까요? 1876년에 제작된 〈조선전도 朝鮮全圖 〉 내의 지도
〈부산포 釜山浦 〉는 약 150년 전의 부산을 가장 정확히 확인할 수 있는 지도
로 분류됩니다. 특히 이 지도는 해안선의 지형구조, 원래의 북빈 北濱, 지금의
북항일원 과 남빈 南濱, 지금의 남항일원 의 상태를 자세하게 확인할 수 있습니다.

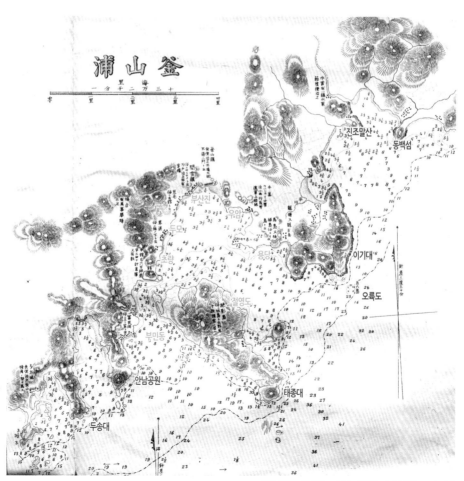

지도 〈부산포(釜山浦)〉, 조선전도(朝鮮全圖) 중 부분(1876년 제작)

〈부산포〉 지도는 일제의 조선침략 의도가 담긴 것이지만, 사실 1859년 영국인 존 와드 John Ward 가 그린 부산항 지도의 업그레이드 버전입니다. 지도 속에 바다 깊이를 표기한 작은 숫자들이 있습니다. 깊이는 2~3m 되는 곳도 있고 또 7~8m, 9m정도 되는 곳도 있습니다. 수심 표기는 큰 배가 들어왔다가 위급 상황 발생 시 빠져나갈 수 있는 루트 확보를 위한 것이었습니다. 여러 상선들이 항구로 들어올 수 있는 최적의 해로를 찾기 위한 목적을 갖습니다. 일제는 이 지도에 근거하여 부산항 부두의 건설계획을 추진했던 것으로 추정됩니다.

해안선의 지명은 다음과 같습니다. 용당, 우암, 부산진, 두모, 초량, 절영도, 부민동, 다대성 등의 지명이 보입니다. 거의 대부분이 현재에도 사용하는 지명입니다. 해안가에 흥미로운 몇 곳이 보입니다. 바다로 돌출된 동백섬과 해운대해수욕장 일대의 모습이 지금과 흡사합니다. 동백섬 왼쪽에 해운대해수욕장보다 더 넓고 긴 백사장이 있습니다. 수영해수욕장이라 불렸습니다. 이곳은 당시 부산에서 가장 긴 백사장을 가지고 있어 시민들이 즐겨 찾던 명소였습니다. 지금은 어떻게 되었을까요? 안타깝게도 88올림픽의 요트경기장 부지로 결정되어 매축으로 사라지고 말았습니다. 현재 일부는 요트계류장으로 또 일부는 주거용지와 상업용지로 전환되었는데, 상업용지의 명칭이 바로 마린시티입니다.

수영강 옆에 동백섬처럼 뾰족하게 돌출된 진조말산이 보이고, 광안리해수욕장이 연이어져 있습니다. 이쪽은 변화가 심합니다. 진조말산 앞바다는 매립으로 민락회타운과 아파트지대로 변했고, 광안리해수욕장 뒤편의 넓었던 농경지도 원래 모습을 찾아 볼 수 없게 되었습니다. 광안리해수욕장과 이기대 사이에 초승달같이 생긴 넓은 백사장이 있습니다. 이 일대는 분포 盆浦 라고 불렸던 곳입니다. 지명 속의 '분 盆'은 소금을 굽는 동이를 뜻하니, 분포는 바닷물을 끓여 소금 자염 을 생산했던 염전이 모여 있던 곳이었습니다. 이곳의 소금을 '분개 소금'이라고 불렀고, 이의 생산 기록이 1740년 〈동래읍지〉를 시작으로 여러 기록에서 발견됩니다. 이곳의 백사장은 부산에서 가장 큰 폭을 가졌었고 한국전쟁 당시 전투기들의 임시 활주로로 사용될 정도였다고 전해집니다. 지금은 아름다웠던 분포 일대가 아파트로 꽉 찬 주거지로 변해 버렸습니다. 이렇게 된 이유는 공업용지 확보를 위한 분포의 매립 때문이었습니다. 한국전쟁 때 철제품 생산을 통해 돈을 번 동국제강^{전 조선선재}이 매립지에 공장을 지었고, 1990년대 후반 IMF 때 동국제강이 공장을 포기하면서 인공적인 아파트 지대로 바뀌게 된 것입니다.

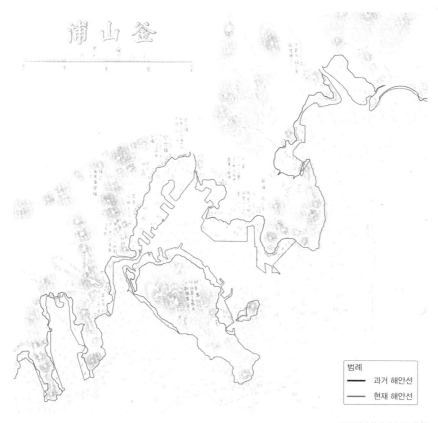

범례
—— 과거 해안선
—— 현재 해안선

1876년과 현재 해안선의 중첩

해안선이 150여 년 전에 비해 얼마나 변했는지 궁금해졌습니다. 부산포 지도에 최근 지도를 중첩시켜 보았습니다. 붉은 선이 현재 해안선입니다. 부산의 해안선은 매축으로 인해 많은 변화가 있었음을 확인할 수 있습니다. 매축이 무려 20여 차례나 있었지만, 모든 해안이 매축된 것은 아니었습니다. 동백섬, 이기대와 오륙도 일대, 영도 끝의 태종대, 암남공원과 두송대 등은 수백 년 전 그대로의 모습을 지키고 있습니다. 특히 오륙도와 태종대는 국가 '명승'으로 지정되어 보호받고 있습니다.

부산이 삼포지향의 도시임을 확인할 수 있는 또 다른 증거물들이 있습니다. 그 중 하나가 19세기 후반에 그려진 〈동래부산고지도 東萊釜山古地圖 〉입니다. 동래읍성과 수영강을 중심으로 그려진 지도입니다. 마치 수영강이 아름드리 큰 나무 한그루와 같고 읍성과 마을들이 나뭇잎과 열매처럼 매달려 있습니다.

진노란 색으로 그려진 부분에 둥그런 모양의 성 지역이 '동래읍성'이었습니다. 성 아래를 흐르는 온천천은 수영강에 합류됩니다. 수영강 하류 지역에 물방울을 닮아 보이는 '좌수영성'이 보입니다. 현재 동래읍성과 좌수영성은 모두 온전하지 못합니다. 일부 공간만이 흔적으로 남아 동래와 수영의 역사를 대변하고 있습니다.

좌수영성 건너편에 '해운대'라는 지명이 보입니다. 바다로 돌출된 언덕이 지금의 동백섬이고, 그곳이 해운대인 것입니다. 수영강을 따라 들어가면 한번쯤 들어본 우동, 재송, 삼어, 반여, 반송 등의 지명이 보입니다. 이처럼 바나로 흘러가는 수영강변은 장산, 황령산, 백산, 오봉산, 윤산 등과 어우러진 부산의 대표적인 삼포 지역이었습니다.

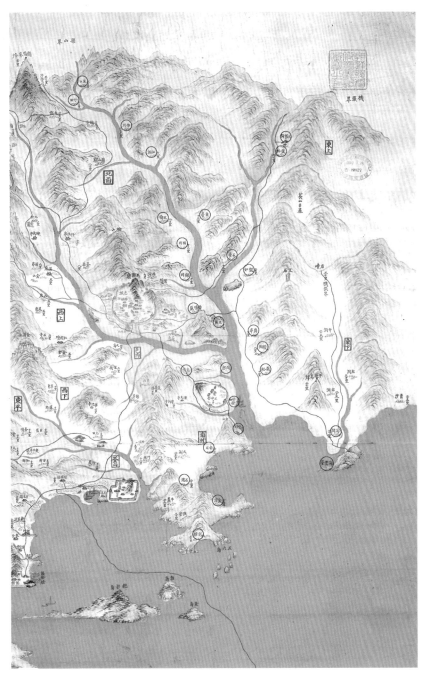

〈동래부산고지도(東萊釜山古地圖)〉, 19세기 후반 제작

부산을 구석구석 보아야 하는 이유

하늘에서 본 부산 ⓒ이상욱, 싸이트플래닝

하늘에서 부산의 군데군데를 내려다 보았습니다. 기장을 지나 해운대에서 이기대로 이어지는 해안선은 정말 아름답습니다. 바다와 산이 이루어내는 해안선의 매력은 중간 중간에 솟은 볼썽사나운 건물들마저 멋지게 느껴지게 합니다. 수영강변은 센텀시티라는 이름으로 개발이 시작된 지 20여 년 만에 천지개벽을 했습니다. 참외와 수박을 생산하던 습지였던 이곳을 일제가 골프장과 군사비행장으로 개발했고 이후 수영공항, 컨테이너하적장 등의 변신과정을 거쳐 지금에 이르렀습니다.

서면 일대도 크게 바뀌었습니다. 격자형 도로 사이로 높은 빌딩들이 곳곳에 솟아 있습니다. 부산 경제의 미래 심장이 될 문현금융단지가 들어서 있습니다. 서면의 외피는 마치 신개발지의 모습과 흡사하지만, 개발의 바탕에는 20세기 근대의 흔적들이 여러 모습으로 엉켜있습니다.

한편, 범천동에서 시작된 구불구불한 길들이 산 능선을 따라 꿈틀대며 이어집니다. 부산의 산복도로 이미지는 무수히 많은 작은 집들이 밀집해 있는 풍경입니다. 동구, 중구를 지나 서구에 이르면 비석마을이 나타나고, 까치고개를 넘어 사하구에 이르면 감천문화마을도 만날 수 있습니다.

산복도로로 연결되어 있는 중구, 동구, 서구, 영도구 일대를 부산의 원도심이라 부릅니다. 이곳의 모습은 무수한 세월의 흔적들이 층층이 누적된 형상입니다. 어떤 도시계획으로도 이러한 도시를 만들어 낼 수는 없을 것입니다. 겉모습은 다소 혼란스럽고 복잡해보이지만, 속을 꽉 채운 세월의 켜들에는 가늠할 수 없는 다양한 이야기들이 스며있습니다.

승학산과 구덕산을 뛰어 넘으면 낙동강이 나타납니다. 낙동강에서 보는 부산의 풍경은 매우 풍요롭고 자연스럽습니다. 하지만 낙동강 일대의 개발 속도가 급하게 당겨지고 있습니다. 이곳이 조금 더 자연스럽고 아름답게 지켜지기를 바라는 마음입니다.

멀리서 부산을 바라다보다 보니 언뜻 떠오르는 물건이 있습니다. '조각

조각보 / 초전섬유퀼트박물관 ⓒ한국관광공사

보'입니다. 조각보는 여러 조각의 자투리 천을 모아 만든 보자기를 말하
는데, 조각보에서 각 조각은 별 의미를 가지지 못합니다. 그러나 조각들
이 어떻게 모이느냐, 또 어떻게 집합되느냐에 따라서 전혀 다른 값어치를
가진 조각보로 변신합니다. 이때 가장 중요한 것은 한 땀, 한 땀 바느질로
조각보를 만드는 솜씨입니다. 조각과 조각을 어떤 색과 패턴으로 잇고 겹
치고 연결하는가 하는 바느질 솜씨에 따라, 그러니까 손 기술과 미적 감
각에 의해 조각보의 가치는 완전히 달라집니다.

도시도 똑같습니다. 부산과 같이 여러 모습으로 조각나 있는 산, 강, 땅과
길을 가진 도시들은 제각각의 조각들을 어떻게 결합하느냐에 따라 도시
의 미래 수준이 결정되곤 합니다. 부산은 솜씨 좋은 조각보 달인과 같은

도시 장인들이 많이 필요한 도시입니다. 부산을 이루는 조각들은 독불장군 같이 따로 놀거나 상당수는 약해빠져서 툭하고 밀치면 금방 쓰러질 것만 같습니다. 부산의 정체성을 품고 있는 조각들 사이사이에는 외세 침탈과 국란 극복의 역사와 현장들이 스며들어 있고 또 끼어있습니다. 지난 시간의 고통과 시련으로 크게 벌어졌던 조각들의 틈새가 치유와 회복의 시간 가운데 점차 좁아지고는 있지만, 희미해지는 기억의 속도에는 크게 미치지 못하고 있습니다. 급속도로 조각들의 정체성과 조각들 간의 연계성도 줄어들고 있습니다. 부산시와 시민들이 어떻게 해보려고 몸부림을 치고는 있지만 도시 전역에 걸쳐 만연된 개발의 여파로 매력적인 조각보를 만드는 일은 그리 쉽지 않아 보입니다.

한편, 부산은 자연이 섬세한 도시, 근대 역사가 응축된 도시, 1950년대 이후 국가경제의 위기를 버텨냈던 역동의 도시이며, 또한 창의성이 뛰어난 사람들이 부대끼고 살아가며 함께 미래를 열어가는 비전을 가진 도시입니다. 이 정의에 공감한다면 부산에 대한 시선을 크게 바꿀 필요가 있습니다. 부산은 '특별한' 개발이 필요한 도시입니다. 조화와 회복을 앞세우는 신개발, 치유와 재생을 위한 재개발, 지속과 공존이 어울리는 재건축을 지향해야 합니다.

이렇게 정의되는 부산을 '구석구석 살펴본다는 것'은 어떤 의미를 가질까요? 첫 번째는 부산이 갖고 있는 섬세함과 거침을 구석구석 들여다보자는 의미입니다. 두 번째는 부산 속에 스며있는 많은 사연과 이야기들을 구석구석 들어보자는 뜻입니다. 세 번째는 겉으로 드러나지 않는 의미와 가치, 눈에 보이지 않는 것들을 구속구석 자세히 살펴보자는 것입니다. 마지막은 부산이 갖고 있는 미래의 고민들을 함께 나눠보자는 의미를 가집니다. 부산을 구석구석 보아야 하는 가장 중요한 이유이기도 합니다.

부산 재발견을 위한 시도와 방식

부산의 곳곳을 걸어 다닌 지 20년이 넘었습니다. 그런데 아직도 모르고 가보지 못한 길이 수두룩합니다. 심지어 갔던 곳도 시간과 날씨에 따라 달리보이는 곳이 부산입니다. 그래서 부산 탐방의 여정은 끝이 없습니다. 여정의 방식을 다섯 가지로 간단히 정리해 보았습니다. '걷기', '산 오르기', '전통시장 즐기기', '명소 방문하기', 그리고 '마을버스 타기'입니다.

첫 번째 여정의 방식은 '걷기'입니다. 부산에는 걸을 수 있는 곳이 정말 많습니다. 해안선을 따라 조성되어 있는 해안갈맷길이 가장 대표적입니다. 부산의 해안갈맷길은 모두 아름답지만, 이중 3가지 해안갈맷길은 걸어야 할 이유가 보다 분명한 길이라 할 수 있습니다. 이곳에서는 부산의 생태 환경과 다양한 역사를 동시에 만날 수 있습니다.

- 해안갈맷길1 : 백운포~오륙도~이기대~유엔기념공원
- 해안갈맷길2 : 동백섬~해운대해수욕장~달맞이언덕~청사포~송정해수욕장~기장해변
- 해안갈맷길3 : 구포역~구포만세길~구포시장~화명생태공원~낙동강백리길
- 도심길 : 복병산~대청로~용두산~백산거리~광복로~자갈치시장~영도다리
- 남항바닷길 : 남포지하철역~영도다리~깡깡이마을~남항대교~충무동수산시장
          ~자갈치시장
- 산복도로길 1 : 범천역~엄광로~망양로(수정동~초량~영주동)~보수동(책방골목)
  산복도로길 2 : 부산역·초량(백제병원)·이바구길·망양로·민주공원

도심길 걷기의 즐거움도 해안갈맷길 못지않습니다. 광복로와 남포동을 중심으로 한 중구의 도심길들은 물론이고 영도다리 건너의 깡깡이길, 서구와 동구 그리고 사하구의 계단길들과 골목길들의 정취는 묘한 매력으

남항대교에서 바라본 남항

로 다가옵니다. 도심길에 버금가는 재미 있는 길이 있습니다. 자갈치시장에서 영 도다리를 건너서 그리고 영도 대평동에 있는 깡깡이 마을을 들러서 남항대교를 건너가는 남항바닷길입니다. 남항대교 는 부산의 해안선을 잇는 해상교량들 중 유일하게 시민들이 직접 걸어서 건널 수 있는 다리입니다. 절영로에서 충무동 방 향으로 건너다보이는 내륙의 해안풍경 속에는 초록색 고깔모자를 닮은 엄광산, 구봉산, 천마산의 산정과 그 아래에 차 곡차곡 쌓여있는 집들, 우리나라에서 가 장 큰 수산시장인 부산공동어시장과 새 벽시장, 자갈치시장 그리고 용두산 일대 의 원도심이 펼쳐져 있습니다.

산복도로의 길들 중 꼭 걸어보아야 하는 길은 두 군데로 압축됩니다. 한 곳은 지 하철 범천역에서 엄광로와 망양로로 이 동하여 보수동 쪽으로 내려오는 6~7km에 이르는 길입니다. 산복도로를 즐기는 가장 일반적인 루트이며, 부산에서의 삶과 풍경을 이해하는 지름 길입니다. 또 한 곳은 수직으로 거슬러 올라가는 길입니다. 부산역에서 초 량의 옛 백제병원을 거쳐 모노레일이 설치된 이바구길을 따라 수직으로 올라가는 길입니다. 급한 경사여서 힘들 수는 있지만 김민부, 장기려, 유 치환, 금수현 등 부산의 삶과 문화예술과 관련된 사람들의 다양한 이야기 를 만날 수 있습니다.

두 번째 여정의 방식은 '산 오르기'입니
다. 부산에는 많은 산이 있지만 부산 재
발견을 위한 산 오르기에는 금정산, 승
학산, 봉래산, 천마산, 황령산, 장산을 권
할 수 있습니다.

천마산에 오르면 부산의 남항과 영도
쪽의 풍경을 멋지게 만날 수 있습니다.
부산은 별도의 야경계획이 필요 없는
도시입니다. 도시 자체의 밤풍경이 매력
적이기 때문입니다. 다만, 어디서 어떻
게 밤풍경을 봐야 하는지에 대한 경험
적 좌표가 제공되지 않아 부산 밤풍경
의 가치를 정확히 모른 채 살고 있습니
다. 부산 재발견을 위한 산 오르기가 부
산 풍경 즐기기로, 더 나아가 밤풍경 마
케팅으로 연결되기를 기대해 봅니다.

세 번째 여정의 방식은 '전통시장 둘러
보기'입니다. 부산에는 재미난 전통시
장이 많습니다. 부평깡통시장, 자갈치시
장, 국제시장, 부전시장, 구포시장 그리
고 영주시장, 수영팔도시장, 남항시장,
봉래시장, 동래시장 등 다양한 규모와
여러 의미를 가진 시장들이 많이 있습
니다.

천마산에서의 부산항 밤풍경

인심을 나누어 주시던 다시 만나고 싶은 우리 모두의 할매

부산의 전통시장 둘러보기의 목적은 물건을 사러가거나 여러 가지 풍물을 보기 위함도 있지만, 다양한 향토 먹거리와의 만남을 더한다면 더더욱 좋을 것입니다. 가령, 수 십년간 한 결 같이 부평깡통시장을 지키고 있는 팥죽 할매도 만날 수 있을 것입니다. 부산 사람이든 그렇지 않든 시장 둘러보기로 진정한 부산사람들을 (다시) 만나는 즐거움을 누리기를 권해드립니다.

그리고 네 번째 여정의 방법은 '명소 방문하기'입니다. 일반적으로 부산의 지역명소에는 오래된 마을, 자연 비경과 명승, 해수욕장과 바다, 원도심과 골목길 등이 포함됩니다. 여기에 특별한 명소 한 가지를 추가하자면 '흥미로운 박물관'을 더할 수 있을 것입니다. 전형적인 박물관과는 조금 다른 곳들입니다. 부산에는 근대역사, 서민생활, 지역산업, 수리조선업(깡깡이마을), 어묵, 강제동원, 위인들과 명사들(장기려, 최민식, 우장춘, 이태석 등), 새 등을 주제로 하는 박물관들이 있습니다. 박물관 투어만 해도 며칠을 보낼 수 있는 곳이 부산입니다.

장기려박사 (그림/김민정)

이 사람은 누구일까요? 故 장기려 박사 1911~1995 입니다. 그는 한국전쟁기에 월남한 후, 1951년 영도의 제3교회에서 무료 진료기관이었던 복음병원을 설립하고, 1976년까지 25년간 복음병원장으로 봉직했던 의사입니다. 장기려 박사는 경성의전 입학 당시 "가난하고 헐벗은 불쌍한 환자들의 의사가 되겠다."는 스스로의 맹세를 지키며 피란민들과 서민들을 위해 평생을 헌신했습니다. 여러 이야기들 중 가장 놀라운 것은 그가 우리나라의 의료보험을 시작하는 계기를 만들었다는 사실입니다. 그는 1968년 지역의 여러 교회들과 함께 청십자 의료보험조합을 발족시키고 영세민들에게 의료복지

혜택을 제공하는 기틀을 마련했습니다. 전국 최초로 건강보험의 길을 열었던 의사 장기려에 대한 이야기는 '장기려 기념관, 더 나눔'에서 만날 수 있습니다.

마지막 방법은 '마을버스를 타는 것'입니다. 마을버스는 구 단위로 움직입니다. 구를 대표하는 마을버스들은 대부분 1번과 2번입니다.

- 강서구 1번 : (주요 방문 장소) 가덕도, 눌차만
- 강서구 13번 : (주요 방문 장소) 구포시장, 맥도자연생태공원
- 금정구 2-3번 : (주요 방문 장소) 범어사, 철마, (회동수원지)
- 기장군 3번 : (주요 방문 장소) 임랑, 기장해변로, (원자력발전소)
- 남구 2-1번 : (주요 방문 장소) 오륙도, 백운포고개, 해군회관
- 동구 1-1번 : (주요 방문 장소) 안창마을, 매축지마을(두산위브)
- 동래구 203번 좌석버스 : (주요 방문 장소) 금정산성마을
- 부산진구 15번 : (주요 방문 장소) 부전시장, 삼광사, LG사이언스홀, 어린이대공원,
　　　　　　　　　영광도서
- 북구3번 : (주요 방문 장소) 화명동(강변)
- 사상구 1-1번 : (주요 방문 장소) 공단지역, 베트남 노동자 거리
- 서구 2번 : (주요 방문 장소) 감천문화마을, 비석마을
- 수영구 2번 : (주요 방문 장소) 정과정, 망리단길
- 연제구 1번 : (주요 방문 장소) 부산시청, 물만골
- 영도구 2번 : (주요 방문 장소) 대평동, 흰여울문화마을
- 중구 1번 : (주요 방문 장소) 산복도로, 중앙공원
- 해운대 2번 : (주요 방문 장소) 청사포, 달맞이고개

강서구 1번 버스는 가덕도를 달립니다. 금정구의 2-3번 버스는 철마와 회동수원지, 범어사를 달립니다. 그리고 남구의 2번 버스는 백운포 고개를

물만골의 마을버스

넘어 오륙도와 이기대를 둘러갑니다. 안창마을과 매축지마을을 지나는
동구의 1-1버스도 매력적입니다. 동래구에는 금정산성마을로 올라가며
금정산을 만날 수 있는 매력적인 좌석버스도 있고, 북구에는 낙동강변을
따라 달리는 버스도 있습니다.

그리고 서구의 2번 버스는 비석마을과 감천문화마을로 사람들의 발길을
인도합니다. 연제구의 1번 버스는 부산시청을 지나 황령산 자락에 스며든
물만골이 종점입니다. 영도구의 2번 버스는 흰여울문화마을과 대평동 일
대를 돕니다. 중구 1번 버스는 중앙공원과 산복도로 일대를, 그리고 해운
대 2번 버스는 달맞이 고개를 지나갑니다.

부산의 마을버스를 타보는 것은 부산의 여러 속살을 들여다 볼 수 있는
좋은 기회입니다. 그곳에서 진짜 부산사람들을 만날 수 있고, 상상치 못
했던 부산의 핫hot한 장면들도 만날 수 있습니다.

광복동과 남포동(이하 '광복동·남포동')은 부산 원도심의 중심이자 심장입니다.

부산 탄생의 기반에 동래를 빼 놓을 순 없지만,

현재 부산의 도시구조를 형성한 출발점은 원도심이라 할 수 있습니다.

넓은 의미에서 부산의 원도심은 중구, 동구, 서구, 영도구를 포괄하며,

좁게는 광복동, 남포동, 동광동, 중앙동, 대청동 일대를 지칭할 수 있습니다.

사실 '첫 번째 이야기'에서 다루는 실질적인 영역은 5개 동을 포괄하지만,

광복동·남포동이 가진 이미지가 워낙 강할뿐더러 이 지역을 중심으로 논의되는 경우가 많아

첫 장에서는 원도심을 광복동·남포동으로 통칭하여 사용합니다.

그렇다면 이곳이 왜 부산의 심장인지

또, 그 심장이 어떻게 뛰고 있는지 등에 대한 얘기가 궁금해 집니다.

한편 이곳이 어떤 어려움과 곤란에 처해 있는지,

또 앞으로 어떻게 해야 할 것인지 등에 대한 얘기도 마찬가지입니다.

특히, 첫번째 이야기의 또 다른 목적은

광복동·남포동의 탄생을 1876년 개항의 시점이 아니라,

200여 년 전 17세기 후반,

정확히는 1678년에서부터 시작해야함을 함께 나눠보기 위함입니다.

첫 번째 이야기

광복동 과 남포동 메이드 인 부산

광복동·남포동의
탄생 배경과 존재 이유

도심이란?

하늘에서 광복동·남포동 일대를 내려다 봅니다. 중간 부분에 초록색 섬처럼 보이는 곳이 용두산입니다. 이 일대를 중심으로 주변에 국제시장을 비롯한 여러 유형의 상업시설들과 대형 시장들이 자리하고 있습니다. 녹색이라곤 용두산을 제외하고는 찾을 수 없을만큼 건물들이 빼곡히 들어 차 있습니다. 이렇게 도시를 작동시키는 핵심기능들이 몰려 있는 곳을 '도시의 코어 Core' 또는 '도심 都心' 이라 부릅니다.

광복동·남포동 일원

유사한 개념으로는 '다운타운 Downtown '과 '업타운 Uptown '이 있습니다. 도심을 다운타운이라 부르는데, 다운타운은 말 그대로 아래쪽 동네를 말하며 유흥과 문화가 넘쳐나는 곳을 지칭합니다. 업타운은 위쪽의 동네이며 세속적인 것과 구별된 신성한 의례와 연계된 장소를 말합니다. 이를 잘 보여주는 적절한 사례가 있습니다. 이탈리아 중세도시 아시시 Assisi 의 프란시스코 San Francesco 성당 일대는 전형적인 숭고한 장소인 업타운이라 할 수 있고, 경사 아래로 펼쳐진 아랫동네는 시민들이 살았던 다운타운이라 할 수 있습니다. 현대도시에서는 이렇게 시민이 사는 다운타운을 일반적으로 도심이라 부릅니다.

아시시의 업타운과 다운타운   ⓒGetty Images Bank

한편, 도심은 '구도심 舊都心', '원도심 原都心', '고도심 古都心'으로도 세분하기도 합니다. 구도심은 오래된 도심을 뜻하고, 원도심은 오리지널한 원래의 도심을 말합니다. 가장 재미있는 개념이 고도심입니다. 옛 고 古 자를 써서 진짜 오래된 도심이라는 뜻입니다. 부산으로 치면 동래를 고도심으로, 광복동·남포동 일대를 원도심으로 부를 수 있습니다. 도심은 도시 내에서도 상징적인 우월성을 갖고 있고 경제력이 집중되어 있는 경우가 많습니다. 당연히 도심은 문화적 활력도 상대적으로 강할 수밖에 없습니다. 도심은 시대변화에 따라 쇠락을 반복합니다. 이 때문에 도시재개발의 대상이 되는 경우가 많은데, 경제적 이익을 위해 도심 특성이 무시된 채 이루어지는 재개발로 도심 자체가 희생되는 경우도 자주 발생합니다. 최근에는 이런 무분별한 재개발에 대한 대응 개념으로 '재생'이라는 말이 등장하기도 했습니다.

도심의 공산 상징성을 강하게 보여주는 사례가 있습니다. 미국의 수도인 '워싱턴 D.C.의 도심'은 대각선으로 가로지르는 가로들과 방사형 도로체계를 갖춘 독특한 구조를 가지고 있습니다. 이곳은 프랑스 도시계획가 피에르 샤를 랑팡 Pierre Charles L'Enfant 이 계획했습니다. 미국이 영국으로 부터 독립했던 18세기 후반 당시, 바로크 도시계획을 기반으로 파리의 재건과 마르세유(궁원) 건설을 경험했던 프랑스 외에는 이렇게 큰 덩치를 가진 수도계획의 추진이 쉽지 않았습니다. 미국이 자신의 수도를 건설하는데 프랑스의 경험에 의존했던 것은 이 때문입니다.

피에르 샤를 랑팡이 계획한 워싱턴 D.C.

포토맥 강에서 우측 수평으로 뻗은 '더 몰 The Mall '이라 부르는 굵은 라인이 워싱턴 D.C.의 상징축입니다. 축의 시점에는 미 국회의사당이, 강과 접하는 끝점에는 링컨메모리얼이 자리합니다.

국회의사당과 링컨메모리얼을 연결하는 도심축 ©Getty Images Bank

워싱턴 D.C.가 계획형 도심이라면, 세느 강 시테섬에서 시작된 파리의 도심은 자생형이라 할 수 있습니다. 파리는 섬이 탄생점이 되는 특이한 도시입니다. 파리 시민들에 있어 파리의 고도심인 시테섬은 마음의 고향과도 같은 곳입니다. 시테섬

파리의 고도심 : 세느강 속의 시테섬

에는 프랑스 최고의 상징 건축물인 '노트르담 사원 Notre Dame Cathedra'이 있습니다. 현재 사원에서는 대화재 2019년 4월 16일 의 아픔을 극복하고 복원이 진행되고 있습니다.

부산의 도심, 광복동·남포동

광복동·남포동의 상황은 어떨까요? 워싱턴 D.C.와 파리 도심의 상징성을 광복동·남포동에서 확인해보겠습니다. 1875년 〈군현도 郡縣圖 〉에는 동래읍성을 비롯하여 좌수영성, 부산진성, 다대진 등의 성과 요새들을 확인할 수 있습니다.

가운데 떠 있는 섬이 영도입니다. 영도 좌측에는 ㄴ자 형상의 '초량왜관 草梁倭館 '이 보입니다. 이곳이 현재 광복동·남포동 일대입니다. 초량왜관은 붉은 선으로 표기된 영선고갯길을 따라 부산진성과 연결되고, 동천과 온천천을 건너 동래읍성과 연결되어 있습니다. 동래읍성과 초량왜관이 영선고갯길을 따라 한 걸음에 달려갈 수 있는 지척에 있었습니다.

초량왜관을 설명하는 여러 그림들이 현존합니다. 가장 정확하게 초량왜관을 이해할 수 있는 것은 1881년에 제작된 〈포산항견취도 浦山港見取圖 〉라는 지도 형식의 그림 세로 98㎝, 가로 147.5㎝ 입니다. 이 그림은 1872년 메이지 정부에 의한 왜관 침탈 직후의 모습이 가장 정교하게 묘사되어 있어 초량왜관의 실제 상황을 가장 정확히 이해할 수 있는 그림지도로 알려져 있습

1875년 〈군현도(郡縣圖)〉(부분)

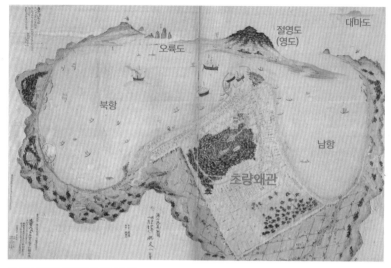

대마도

절영도
(영도)

오륙도

북항

남항

초량왜관

〈포산항견취도(浦山港見取圖)〉, 1881년 제작

니다.

용두산 주변에 정교하게 그려진 가로와 필지의 패턴들이 보입니다. 필지 안에 실제 장사를 했던 가게주인들의 이름이 꼼꼼하게 적혀있습니다. 돋보기로 들여다보면 마치 왜관의 뒷골목이 살아 움직이는 것 같습니다. 왜관을 중심에 두고 절영도, 오륙도, 멀리 대마도까지 그려진 〈포산항견취도〉를 통해 당시 초량왜관의 영향력과 위상을 상상해볼 수 있습니다.

남해안을 약탈하던 왜구들에 대한 회유책으로 1407년에 처음 열었던 왜관은 시대 변화와 상황에 따라 여러 과정을 거쳤습니다. 부산포와 제포의 이포시대, 염포가 더해진 삼포시대를 거쳐, 1547년부터는 부산포만이 존재했던 단일 왜관시대가 됩니다. 부산포의 공간입지와 정치적인 이유에 따라 절영도, 두모포 왜관시대를 거쳐, 1678년 계해약조 癸亥約條 를 계기로 초량왜관의 시대가 시작됩니다. 초량왜관은 이후 198년 동안 존속하며 조선왕조의 외교와 무역의 첨단기지이자 국방의 보루로써 그 기능을 다하게 됩니다.

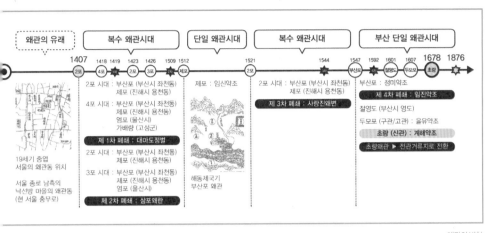

왜관의 변천

조선시대의 외교는 중국에 대한 사대 事大 정책과 중국 이외의 나라, 특히 왜에 대한 교린 交隣 정책으로 대별됩니다. 왜관은 일인들의 무역 공간이었지만, 조선정부의 교린 정책의 일환으로 조성과 수리가 이뤄졌던 사실상 조선의 소유 및 관리공간이었습니다.

이러한 사실은 부산박물관에서 2017년 학술연구총서로 집대성한 《초량왜관: 교린의 시선으로 허하다》에서 자세히 확인할 수 있습니다. 가장 대표적인 기록물은 1598년 선조 31 부터 1841년 헌종 7 까지 19권 19책으로 기록된 《변례집요 邊例集要 》이며, 이 책에 수록된 초량왜관에 대한 건설과 수리 등 제반 지원기록을 확인할 수 있습니다.

이외에도 두모포에서 초량으로 왜관을 이건하는 과정에 대한 2책의 필사본 기록물인 《왜관이건등록 倭館移建謄錄 》, 1724년 경종 4 7월부터 1745년 영조 21 11월까지 초량왜관에서 이루어진 1책 40장으로 된 수리 기록인 《왜관수리등록 倭館修理謄錄 》그리고 왜인에 대한 예우와 조약, 왜관 문제, 막부와의 사행 使行 관계 및 교역 관계를 기술한 6권 2책으로 된 《증정교린지 增正交隣志 》등이 있습니다 부산박물관, 2017.

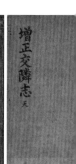

왜관 이건, 조성, 수리과정을 저술한 각종 서지류 ⓒ규장각한국학연구원
변례집요(邊例集要)/왜관이건등록(倭館移建謄錄)/왜관수리등록(倭館修理謄錄)/증정교린지(增正交隣志)

초량왜관을 입체적으로 표현한 그림지도들이 다수 현존합니다. 〈초량왜
관회도 草梁倭館繪圖 〉를 통해 왜관의 전체 골격과 상황을 확인할 수 있고, 용
두산 아래쪽 선창을 클로즈업한 〈부산왜관지도 釜山倭館之圖 〉는 주요 건물

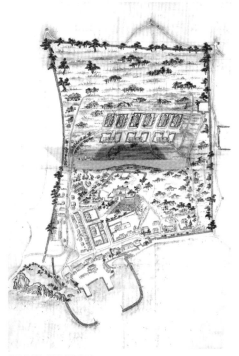

초량왜관회도(草梁倭館繪圖)

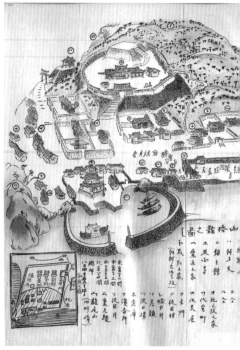

부산왜관지도(釜山倭館之圖)

변박의 〈왜관도(倭館圖)〉
ⓒ국립중앙박물관

초량왜관의 지역 구성

들의 배치와 구성을 보여줍니다.

초량왜관에 있어 가장 중요한 그림이자 하이라이트는 동래화원 변박 卞璞
이 1783년에 그린 〈왜관도 倭館圖 〉입니다. 사실적으로 표현된 그림 속 건축
물을 세어 보니 총 56개에 달합니다. 왜관도의 중심부에 길게 아래로 뻗
어있는 용두산 아래쪽(오른쪽)을 동관으로, 위쪽(왼쪽)을 서관이라고 불
렀습니다. 포구와 접해있던 동관은 무역의 장이었고, 서관은 주로 숙박
공간이었습니다. 동관에는 관수가, 개시대청, 동향사, 재판가 등 무역과
관련되거나 무역관련 질서 유지를 목적으로 하는 시설들이 존재했고, 서
관에는 길쭉한 건축 형태를 통해서 알 수 있듯 주로 숙박시설들이 있었습
니다.

용두산 자락의 서관 풍경 ⓒ부산세관박물관

서관 너머에는 연향대청 宴享大廳 이라고 불렸던 큰 건물이 있었습니다. 말 그대로 연향을 베풀던 큰 마루 대청 가 있던 곳이라는 뜻입니다. 연향대청 에서 연유하여 지금의 대청동과 대청로라는 이름이 등장했습니다. 부산 세관박물관에는 서관의 모습을 확인할 수 있는 귀중한 사진이 있습니다. 보수산 자락에서 촬영한 것으로 보이는데, 용두산 아래에 삼대청 건물들 이 연이어 있는 모습을 확인할 수 있습니다.

변박의 왜관도 만큼이나 중요한 또 다른 그림이 있습니다. 〈동래부사접왜 사도 東萊府使接倭使圖 〉입니다. 이 그림은 (조선)왕이 위임한 외교와 무역의 총체적인 권한을 가진 동래부사가 초량왜관에 도착한 일본사신단을 맞이 하는 동래읍성에서 초량왜관까지의 행렬 과정을 그린 그림입니다. 현재 〈동래부사접왜사도〉는 국립중앙박물관과 국립진주박물관에 각 1점씩 총 2점이 남아있으며 두 그림의 소재, 구도, 인물, 표현 등이 유사합니다. 한

때 겸재 정신 1676-1759 의 그림으로 알려지기도 했으나, 그림(제1폭) 속의
동래향교 1813년 의 존재를 근거로 겸재 작품은 아닌 것으로 판명되었습니다. 〈동래부사접왜사도〉는 총 10폭으로 구성된 병풍 형식의 그림입니다. 국립중앙박물관 보유 그림은 1~7폭까지는 동래부사가 관원들과 함께 초량왜관 경계부의 설문設門 으로 들어가는 행렬 장면이 묘사되어 있고, 8폭에는 일본 사신단이 초량객사 마당에서 조선 왕의 전패殿牌 에 예를 올리는 장면이 그려져 있습니다. 9폭에는 조선 역관의 숙소인 성신당誠信堂 과 빈일헌賓日軒 이 그려져 있으며, 10폭에는 연향대청에서의 연회 장면이 묘사되어 있습니다.

반면, 국립진주박물관의 그림은 동래읍성에서 설문까지의 여정이 1폭 줄

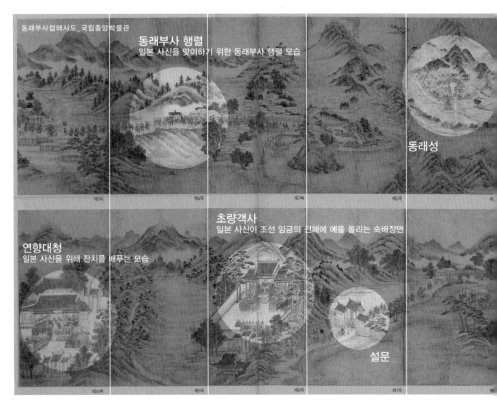

동래부사접왜사도(東萊府使接倭使圖) ⓒ국립중앙박물관

동래부사접왜사도(東萊府使接倭使圖) 중 6~10폭 ©국립진주박물관

어든 총 6폭으로 축약되어 있으나, 마지막 폭에 초량왜관의 내부와 항구 모습이 추가로 그려져 있습니다. 그림에서 발견되는 중요한 공통 이미지는 초량객사^{현 봉래초교 터}에서 행해졌던 '숙배례 肅拜禮'와 연향대청에서의 '연회 장면'입니다. 일본사신단이 초량왜관에 도착하면 가장 먼저 객사에 와 조선 왕에게 다섯 번 절하는 의례를 거행했습니다. 이후 연향대청으로 이동하여 외교관련 사무를 처리함과 동시에 바다를 건너 온 고생을 치하하는 연회를 베풀었습니다.

안타깝게도 초량왜관의 건축물들은 현재 남아 있지 않습니다. 목조였기에 오랜 시간을 버티지 못한 채, 급속도로 진행된 도시개발 과정 속에서 해체되거나 사라져 버렸습니다. 일제강점기와 한국전쟁 그리고 70~80년대까지 급속한 개발 시대를 거치면서 부산의 도심지역은 여느 지역보다 급속하고 빠른 변화를 받아들여야 했습니다. 이 과정에서 원도심 공간구성의 원형을 이루었던 건물이나 조형성은 유실될 수밖에 없었습니다. 그나마 기반시설들인 계단, 석축 등의 석조 구조물들 몇 점만이 원도심 곳곳에 현존하고 있을 뿐입니다.

초량왜관이 바로 이곳에 있었음을 물리적으로 보여주는 가장 뚜렷한 증

초량왜관회도(부분) 속의 관수가와 계단(박스)　　현존하는 관수가 계단　　초량왜관의 선창 안벽으로 추정되는 흔적(한성 1918건물 지하)

거물은 관수가로 올라가던 계단입니다. 현존하는 계단이 초량왜관의 공
간을 추적하는 실마리를 제공합니다. 계단을 중심으로 조선시대에 그려
졌던 각종 도면들과 지도들, 그리고 일제강점기의 자료들을 현재 상황과
정교하게 중첩시켜 보았습니다. 놀랍게도 동관 쪽은 현재의 공간구조와

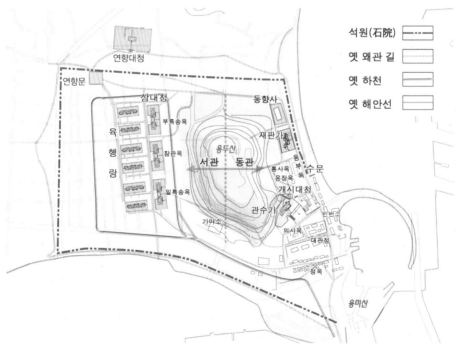

초량왜관의 잔존 흔적

거의 일치합니다. 즉, 동관에 해당하는 광복동과 남포동에 남아 있는 길들은 17세기 이후 형성된 초량왜관의 길인 것입니다. 서관도 마찬가지입니다. 건축물들은 모두 해체되었지만, 길과 필지의 패턴들은 고스란히 남아 있습니다.

영도 봉래산에서 바라본 원도심의 모습은 근대도시계획에 끼친 초량왜관의 영향력을 보다 정직하게 드러내 보입니다. 시간의 켜가 무수히 쌓여 매우 복잡하고 심지어 무질서해 보이는 풍경 속에서 부산타워 아래쪽으로 쭉쭉 뻗어 있는 길을 확인할 수 있습니다. 이 길은 서관의 삼대청과 육행랑의 길을 연장한 도시계획도로입니다.

그런 점에서, 광복동 일대의 역사는 1910년 일제강점 이후에 형성된 것이

원도심 속에 남아있는 초량왜관의 공간 패턴

아니라, 350여 년 전 조선시대에 이미 시작되었다고 이해하는 편이 타당합니다. 이를 근거로 하면, 그간 광복동·남포동을 부산사람 조차도 많이 오해했는지 모릅니다. 일제 잔재가 남아있던 것은 부인할 수 없는 사실이

지만, 그 잔새 아래에는 초량왜관의 이야기와 조선의 역사가 더 깊이 웅숭그리고 있다고 해야 옳다는 것입니다. 길과 필지로 이루어진 광복동·남포동의 시공간이 만든 무늬들은 지금 부산에서 살아가는 우리들보다 몇 배나 더 나이를 먹은 셈입니다. 이런 연유를 가졌기에 부산의 원도심이 소중한 문화유산이고 지역자산이라는 것은 두말할 필요가 없어 보입니다.

초량왜관은 물리적인 것만이 중요한 곳이 아닙니다. 실제로 초량왜관은 우리나라의 근대역사를 다시 쓸 수 있는 다양한 이야기들을 품고 있습니다. 그 중 하나가 '등대' 이야기입니다. 〈부산왜관지도〉^{이 책 48쪽} 속의 선창 양끝에 등대가 보입니다. 동시대의 다른 지도를 통해서도 등대의 존재를 확인할 수 있습니다. 우리나라 최초의 등대가 초량왜관 잔교 양쪽 끝에 존재했던 것입니다. 안타깝게도 아직 실제 사진이 발견되지 않아 등대의 형체를 정확하게 알 수는 없지만, 사진만 찾을 수 있다면 우리나라의 등대 역사가 바뀔 것입니다.

대청로란 명칭은 '연향대청'에서 연유되었습니다. 초량왜관 위쪽 담이 허물어진 후 돌담길^{石院}이 있던 그곳이 대청로가 됩니다. 현재 광일초등학교 자리가 연향대청 터입니다. 대청로 너머의 왜관을 들여다볼 수 있는 봉긋하게 솟은 나지막한 산이 있습니다. '복병산'이란 이름의 산입니다. 원래 이곳은 군사들이 엎드려서 망을 보던 '동일복병^{東一伏兵}'이 있었던 곳이었습니다. 왜관 주변에는 총 6개의 복병이 있었는데, 일인들이 초량왜관에서 우리 영토 쪽으로 월담하여 몹쓸 짓을 하는 경우가 많아 이를 막기 위해 병사들이 숨어 정찰했던 곳입니다. 그래서 이름도 복병산이 되었습니다.

초량왜관에서 가장 번성했던 길은 항구와 연이어 있는 가칭 '동관길 일대_{지금의 백산길과 광복로의 연결지대}'였을 것으로 추정됩니다. 〈포산항견취도〉에서

백산 안희제 ⓒ백산기념관

도 이를 확인할 수 있습니다. 특히 해변 상가군을 따라 연결되던 동관길 일대는 많은 사람들이 오갔던 길로 추정됩니다. 그곳에 1914년에 설립된 '백산상회白山商會'가 있었습니다. '백산 안희제선생'이 운영했던 회사이자 상가였습니다. 백산은 한인 교육을 위해 발해에 발해학교를 세웠던 독립 운동가였습니다. 그는 백산상회에서 번 자금을 만주로 보내 독립운동을 지원했습니다.

이 사실만으로도 이 일대가 얼마나 번성했었는지를 유추할 수 있습니다. 번화하지 않았다면 백산상회의 독립운동 자금 마련도 쉽지 않았을 테니까요. 현재 백산상회는 사라졌지만 그 터가 광장이 되었고, 백산기념관이 지하에 조성되어 여전히 부산을 지키고 있는 중입니다. 그러니 현재의 백산길은 부산사람의 지긍심이 녹아든 현장이라고 할 것입니다.

백산길에 위치했던 백산상회
ⓒ《부산의 상공업 100년》, 부산상공회의소, 1989

백산기념관으로 조성된 백산상회 터

일제강점기와 한국전쟁을 거치며 광복동·남포동은 혼돈의 공간으로 전환됩니다. 일인들의 전관거류지였기에 이곳에는 많은 생활지원시설들과 일자리들이 있었습니다. 이 때문에 해방 후 유입된 귀환동포들과 전쟁 피란민들에게는 매우 특별한 기회의 땅이자 생존의 공간이 되었습니다. 쉴틈이 없었던 이곳은 체계적인 변화의 기회를 갖지 못한 채 수 십년의 시간을 보내고 말았습니다. 세월 앞에 장사 없듯, 1990년대 들어 이곳은 서면과 해운대에 번영을 넘긴 채 침체의 길로 들어서기 시작했습니다.

다시 찾아온 절호의 기회

2005년 광복동·남포동은 새로운 기회를 맞게 됩니다. 지역의 중심길이었던 광복로를 살려내기 위해 80여억 원이 넘는 국가재원(문화체육관광부)의 투입이 결정되었습니다. 기금지원의 목적은 옥외광고물정비 사업이었지만, 논의 끝에 근본적인 차원에서의 광복로 재활성화 사업으로 선회하게 됩니다. 당시 총괄책임자였던 부산대 우신구 교수를 비롯한 여러 사람들이 힘을 모았습니다.

2005년의 회색빛 광복로

사진은 당시 광복로의 모습입니다. 초량왜관 동관의 중심도로였던 광복로가 어디서나 볼 수 있는 평범한 2차선 양방향 도로로 사용되고 있었습니다. 광복로의 변화는 2004년부터 광복로의 보행화를 꿈꾸던 시민들에 의해 이미 시작되고 있었습니다. 2006년 5월, 13일(금)과 14일(토)에 걸쳐 이틀 동안 "푸른 광복로 걸어요"라는 타이틀로 회색 아스팔트 위에 잔디를 까는 이벤트가 개최되었습니다. 밤새 아스팔트 위에 잔디를 깔고 비록 임시였지만 큰 나무도 심었습니다. 시민들에게 차가 주인이 아닌 사람을 위한 보행의 장소가 필요함을 알리고, 또 자동차로부터 길을 돌려받기 위

2006년 5월, 1박2일 광복로의 재탄생

한 시민들의 노력이었습니다.

2005~6년에 걸쳐 광복로에 대한 국제현상공모가 개최되었습니다. 1등
작품의 작가가 중국인이었습니다. 당시로는 이 결과가 당황스러웠지만,
어찌되었든 1등의 아이디어는 독창적이었습니다. 상가 정면부에 프레임
을 설치하고 그 위로 넝쿨성 식물이 자라게 하여 초록으로 광복로의 변화
를 유도하는 아이디어는 압권이었습니다. 핵심 아이디어 이외에도 쾌적
한 거리를 위해 이동접이식 좌판을 구상하는 등 흥미로운 제안들이 시선

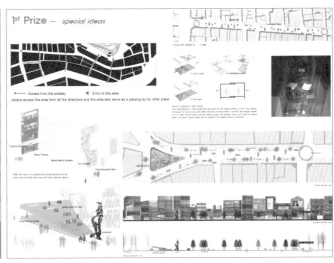

1등작 : New Gwnagbok New Life(부분)

을 끌었습니다. 그러나 아이디어들을 즉각적으로 광복
로에 적용하기에는 무리가 있었습니다. 구체적인 실천
을 위해 우리나라의 디자이너들과 연합으로 계획안을
수정하는 2단계 공모가 진행되었습니다. 2단계 공모의
선택권은 지역주민에게 제공되었습니다.

이처럼 지역주민 혹은 시민사회로 열린 제도와 참여 과
정을 통해 재탄생된 광복로가 내포하는 의미는 상당했
습니다. 관이 주도하여 일방적으로 만들어진 것이 아니
라 지역민의 자발적인 참여 가운데 시민 스스로 이곳을
변화시켰고, 결과적으로 이것이 현재의 광복로가 되는
가장 중요한 기폭제가 되었기 때문입니다.

광복로는 우리나라에서 두 번째이자 지방 최초의 보차
공존도로가 되었습니다. 길의 모습이 S자입니다. 차의

광복로 재탄생을 위한 심사 장면 ⓒ중구청

속도를 줄이기 위해 길이 굽어 있습니다. 이곳에는 도로에 항상 존재하는
필수시설 두 가지가 없습니다. 하나는 도로와 인도를 구분하는 '경계석'
이고 또 하나는 '신호등'입니다. 보행공간과 차도공간이 수평입니다. 이곳
의 주인은 사람, 즉 보행자입니다. 이처럼 사람과 차가 공존하는 길을 보
차공존도로라 부릅니다.

광복로가 보차공존도로로 재탄생되면서 이곳의 활력이 다시 살아나기 시
작했습니다. 의도는 했다지만, 그리된 것이 신기하기도 하고 무척 다행스
러운 일이었습니다. 광복로의 변신을 통해 도심과 지역의 활성화는 자동
차 중심이 아니라 사람이 주인공이 되어야 된다는 사실을 알려준 기회가
되었습니다.

현재 광복로는 쇠퇴했던 지난 시간에 비해 활력이 넘치고 번성한 곳이 되
었습니다. 평일에도 광복로의 뒷골목에는 인파가 넘칩니다. 광복로의 변

광복로의 S자형 보차공존도로

화를 주도했던 주민조직인 '광복클럽'이 2008년부터 크리스마스를 전후
하여 광복로 조명축제를 시작했습니다. 이 도전은 대성공을 거두었고 지
금은 부산을 대표하는 축제로 발전했습니다.

여전히 광복동과 남포동은 부산 원도심의 심장입니다. 초량왜관에서 시
작된 이곳의 이야기는 부산의 매력과 시민들의 따뜻한 정으로 채워지며,
화려하게 치장되었으나 중후한 멋을 잃지 않고 있고 동시에 소박하되 깊
이 있는 매력이 교차되는 특별한 곳으로 변해가고 있습니다.

광복로의 조명축제

광복동·남포동과 유사한 곳들

개항 후 초량왜관 터는 일본인들의 전관거류지가 되었습니다. 동시에 이 곳은 활성화된 개항장이었습니다.

이런 차원에서 외국 개항장 몇 곳을 살펴보겠습니다. 일본은 1853년 미 국에 의해 우라가, 시모다, 요코하마, 하코다테, 고베 등의 항구들을 열었 지만, 훨씬 이전인 17세기부터 포르투갈과 네덜란드 상인들이 나가사키 에서 활동할 정도로 문화적 교섭이 있었습니다. 그들의 거점은 나가사키 의 인공섬이었던 '데지마 出島'였고, 이곳은 포르투갈과 네덜란드 상인들 이 머물렀던 상관 商館, 즉 개항장이었습니다. 하지만 19세기 중후반부터 나가사키는 조선업과 탄광업 중심의 산업도시로 발전하며 데지마 일대는 부두 확장을 위한 매축으로 사라지고 맙니다.

20세기에 들어 뒤늦게 이 사실을 알게 된 일본 정부는 사라진 터를 발 빠 르게 '국가사적'으로 지정하였습니다. 그 때가 1922년이었고, 약 30년이 지난 1951년에 복원계획이 수립되었습니다. 그러나 이미 사유지가 된 데 지마 복원사업은 부지 매입부터 긴 시간이 소요되었고 1990년대 중반에 야 본격화할 수 있었습니다. 데지마가 나가사키 미래 정체성의 근간이 될 수 있음을 깨달은 관 나가사키시 은 시민들과 함께 복원을 추진했습니다. 모 금을 통한 시민참여가 복원에 큰 원동력이 되었습니다.

데지마의 복원은 고고학적 발굴 과정을 거쳐 사라진 건물들의 형상과 구 조를 밝혀낸 후 기록으로 남겨진 그림들을 근거로 원형을 복원하고 있습 니다. 발굴 현장이 데지마를 설명하는 살아 있는 박물관이자 기념장소가 되고 있습니다. 현재 약 20여 채가 복원되었고, 지금도 데지마의 복원은 계속되고 있습니다.

두 번째 사례는 18세기 초반 미국 보스턴항에 최초로 배가 닿았던 장소인

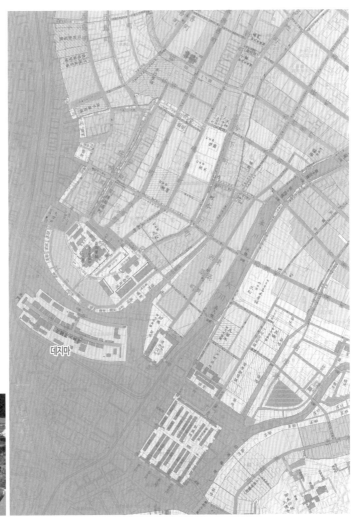

나가사키 개항장의 공간구조(18세기)

데지마의 발굴 현장

보존 중인 유구

복원된 운하

발굴 후 복원된 상가군

'블랙스톤 Black Stone'입니다. 이곳의 흥미로운 점은 땅의 조직, 즉 당시 사용하던 길을 지금도 보존하고 있다는 사실입니다.

급속하게 항구개발이 이루어질 때 건물 규제 등의 제도를 갖지 못했던 보스턴은 높은 건물들의 건설을 막지는 못했지만, 원래의 길들을 지키는 독특한 보존방법을 선택했습니다. 이유는 선조들이 보았던 강과 선창으로 향한 시야를 보호하기 위해서였습니다. 그래서 건물들 사이로 난 18세기 초반의 길들이 현재에도 그대로 유지되고 있습니다. Marsh Lane, Slat Lane, Scott Alley가 그대로이고, 배가 닿는 선창이었던 Creek Square도 건재합니다.

블랙스톤의 골목길인 마샬 스트리트 Marshall Street 에는 벽돌을 두 줄로 연결한 붉은색 라인이 선명하게 남아있습니다. 이 선을 따라가다 보면 보스턴의 개항장 곳곳과 독립전쟁 유적지들을 만날 수 있습니다. 보스턴은 미국이 영국으로부터 자유를 얻게 된 계기였던 독립전쟁의 영웅 도시라고 해도 과언이 아닙니다. 당시 독립전쟁과 관련된 각종 유적들이 도시 곳곳

살아 작동하는 보스턴의 프리덤 트레일(Boston Freedom Trail)

마샬 스트리트에 새겨진 붉은 벽돌선

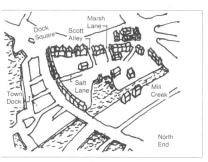
18C초반의 블랙스톤

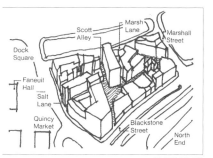
현재의 블랙스톤

마카오의 도심 풍경

에 흩어져 있다 보니, 이 장소와 시설들을 어떻게 하나로 묶을 수 있는 방식이 필요했고, '프리덤 트레일 Boston Freedom Trail'을 조성해 기념비나 조형물을 연결하고자 했던 것이었습니다. 약 4km의 이 길은 빨간 색깔의 벽돌이나 페인팅을 통해서 16개의 장소들을 연결하고 있습니다. 방문자들은 이 길을 따라가며 미국 독립의 역사를 이해하고 만날 수 있습니다. 부산의 광복동·남포동에도 '프리덤 트레일'처럼 초량왜관과 관련된 또한 이후의 근대역사들을 하나로 묶는 방법이 없을까요?

세 번째 사례는 '마카오 도심지역'입니다. 마카오는 과거 포르투갈의 식민지였고 개항장이었습니다. 현재에도 마카오 도심에는 약 100여 년 동안의 식민지 체제에서 형성된 식민지 근대유산들이 고스란히 보존되고 있습니다. 하여, 아시아 최초의 서양 문명의 접점지대라는 가치를 인정받아 마카오 도심지역 전체는 'Historic Centre of Macao'란 이름으로 2005년 세계유산에 등재되었습니다.

바다와 대지의 접점 곳곳에 보석같이 박혀있는 개항장들의 역사가 곧 세계문명사라 해도 과언이 아닙니다. 따라서 우리는 일제강점이라는 굴레에서 초량왜관을 벗어나게 하여 180도 다른 관점으로 '왜관'에 다가설 필요가 있습니다.

보다 나은 광복동·남포동의 미래

지금보다 나은 광복동·남포동이 되기 위해서는 몇 가지 갖추어야 할 조건이 있습니다. 크게 두 가지로 구분할 수 있습니다.

광복동·남포동다움을 찾는 일

일반적으로 주체의 본성이나 성격이 타자에게 공감을 받을 수 있는 확실성을 가질 때 '~~답다.'라는 말을 자주 사용합니다. 도시에서도 마찬가지입니다. 도시명이 포함된 명사형의 '○○다움'은 해당 도시나 지역의 정체성을 설명하는 것이며, 이것은 해당 도시가 주체와 타자 모두에게 공통으로 인지되는 특정한 긍정적 가치를 보유하고 있다는 뜻입니다. 황기원 교수는 정체성을 '~와 같은 정체성 Identity with'을 의미하는 '동일성 Sameness'과 '~의 정체성 Identity of', 즉 '개별성 Oneness'으로 구분합니다.●

이 정의를 논의와 연결시켜 보면, 광복동·남포동의 정체성은 이곳에서만 발견되는 차별화된 것(개별성)과 도시 전역에서 공통적으로 발견되는 유사한 맥락(동일성)을 동시에 취해야만 정립될 수 있습니다. 그런데 이를 규정하는 것이 쉽지 않습니다.

엉뚱한 발상이지만, 광복동·남포동의 정체성을 명확히 드러내기 위한 방안으로 '더 완전한 보행화'를 상상하고 실행해보는 것이 필요할 법합니다. 왜냐하면, 광복동·남포동만의 '개별성' 강화를 이루는 방법일 수 있기 때문입니다. 한 걸음 더 늘어가 봅니다. 이곳은 평지이고 다양한 유형의 도시자산들이 밀집되어 있습니다. 외국 관광객이든 타지에서 온 방문객이든 광복동·남포동을 더욱더 즐거운 마음으로 마음껏 걸어 다닐 수

● 황기원, 《도시락 맛보기》, 2009, p.295.

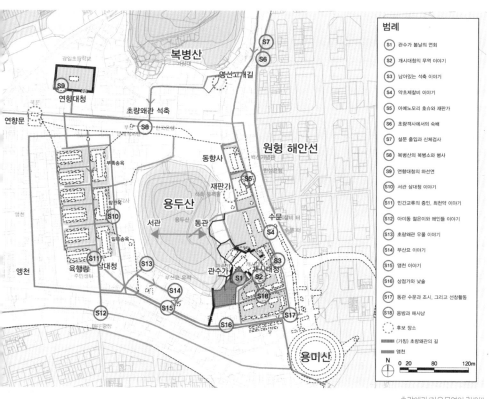

범례

S1 관수가 봄날의 연회
S2 개시대청의 무역 이야기
S3 남아있는 석축 이야기
S4 약초제찰비 이야기
S5 아메노모리 호슈와 재판가
S6 초량객사에서의 숙배
S7 설문 출입과 신체검사
S8 복병산의 복병소와 병사
S9 연향대청의 하선연
S10 서관 삼대청 이야기
S11 민간교류의 증인, 최천악 이야기
S12 아미동 절은이와 왜인들 이야기
S13 초량왜관 우물 이야기
S14 부산요 이야기
S15 앵천 이야기
S16 상점가와 낮술
S17 동관 수문의 조시, 그리고 선창활동
S18 응방과 매사냥
⭘ 후보 장소
┄ (가칭) 초량왜관의 길
▬ 앵천

N   0 20   80   120m

초량왜관 '자유무역의 길(안)'

있다면 이곳은 현재 수준을 크게 넘어서는 명소로 거듭나게 될 것입니다. 사람들이 이곳에서 보행을 거듭할수록 광복동·남포동다움이 더 크게 감각되도록 하자는 뜻입니다.

초량왜관을 스토리텔링하여 다양한 흔적들과 기억들을 장소로 연결해 보았습니다. 18개소의 스팟을 선정하여 이름을 '가칭 초량왜관 자유무역의 길'이라 붙여보았습니다. 도시는 걸어야만 이해할 수 있고 걷지 않으면 도시의 즐거움을 발견할 수 없습니다. 최대한 편하고 안전하게 걸을 수 있도록, 또 즐길 수 있도록 만들어 주는 것이 광복동·남포동에서 해야 할 첫 번째 과제라고 생각합니다.

스팟② [개시대청의 무역 이야기]

관수가 계단 앞 광장(개시대청 앞 거리)

왜관에는 3대청이 있었다. '관수가'는 행정을, '재판가'는 외교를 그리고 '개시대청'은 무역을 담당했다. 조선과 대마도의 상인들이 매월 6회에 걸쳐 개시대청에서 조선의 인삼, 견직물, 생사와 일본의 은을 중심으로 하는 교역을 했다하니 이곳은 당시 동북아시아 최고의 무역 현장이라 할 수 있었다. 조선과 일본의 상인들은 이 교역을 통해 상상할 수 없을 정도의 큰 부를 이루었다고 한다. 원칙적으로 사무역을 금지했던 조선 정부는 왜관만큼은 예외를 두어 사무역을 허용했고, 대신 상인의 수와 자격 등에 있어 매우 엄격한 관리 원칙을 적용했다.

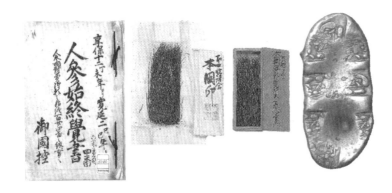

개시대청에서 거래된 인삼과 은 등의 물품 ⓒ부산박물관

스팟④ [약조제찰비 이야기]

원래 자리(수문 부근) 근처 장소

17~18세기를 거치면서 왜관에서의 무역이 확장됨에 따라 상인은 물론 관련자(관리, 역관, 아전 등)들도 부를 취하는 사람들의 수가 늘어났다. 문제는 밀무역에 있었다. 조선 정부는 동래부사에게 밀무역에 대한 대응을 특명으로 내리기도 했다. 약조제찰비(約條製札碑)는 이러한 시대 배경 가운데 1683년(숙종 9) 조선통신사로 갔던 동래부사(윤지완)와 쓰시마의 섬주(對馬島主)가 다섯 가지의 금지조항을 정하고 이를 한문과 일문으로 새겨 세운 비석이다. 수문(守門) 내에 세웠던 한문 비석만 현존하며, 1979년부터 부산박물관에 보관 중이다.

약조제찰비의 내용

① 대소사를 막론하고 금지한 경계 밖으로 함부로 나
와(경계를) 넘은 사람은 사형으로 다스릴 것

② 노부세(路浮稅: 조선상인이 일본상인에게 진 빚)
를 주고받는 것을 현장에서 잡으면 준 자와 받은 자 모
두 사형으로 다스릴 것

③ 교역(開市)을 할 때 각 방에 몰래 들어가 비밀리에
물건을 사고 파는 자는 모두 사형에 처할 것

④ 5일마다 물건들을 들여올 때(開市) 색리(色吏:관
리자)·고자(庫子:창고지기)·소통사(小通事: 통역관)들
은 일본인들을 절대 구타하지 말 것

⑤ 조선과 일본의 모든 범죄인들은 관문 밖에서 형을
집행할 것

* 왜관 거주자가 관외 용무가 있을 시 왜관 사직(司直)
의 통행증을 가져야만 왕래할 수 있으며, 글로 써서 세
워 모든 사람이 알도록 할 것

부산박물관에 보관 중인 약조제찰비

스팟⑥ [아메노모리 호슈와 재판가]

한성1918 1층(석축 주변부)

에도시대 유학자이자 조선 외교에 큰 역할을 했던 아메노모리 호슈(雨森芳洲)는 1702년부터 왜관
을 출입하며 조선어를 익혔고, 1711년과 1719년 조선통신사의 일본 방문을 수행하며 사절단과 각
별한 친분을 맺었으며 조선의 입장을 이해하고 양국의 갈등을 해소하는데 노력하였다고 전해진
다. 1729년 2월 왜관에서 조선과의 교섭을 담당하는 직책(裁判)으로 임명되어 약 2년 동안 부산
에 체류하며, 동래부 역관으로 1711년 통신사 통역관으로 활동했던 현덕윤과 교유를 다시 맺었다.

호슈와 저서들(교린수지(交隣須知),교린제성(交隣提醒)) ⓒ한국향토문화전자대전

현덕윤은 자신의 사무소에 성신당이라는 이름을 붙였는데, 호슈가 그 이름에 공감하며 '성신당기'를 써서 진상한 것을 현덕윤이 편액으로 걸었다고 전해진다. 그는 일본과 조선 사이의 교류를 성신(誠信)으로 하여야 함을, 또한 조선과 참된 성신지교(誠信之交)를 위해서는 송사(送使)를 사퇴시키고 조금도 그 나라(조선)의 번거로움이 되지 않도록 해야 한다고 주장했다. 그는《교린수지(交隣須知)》,《교린제성(交隣提醒)》,《인교시송물어(隣交始松物語)》등의 저술을 남겼다.

스팟⑯ [상점가와 낮술]
광복로 일원

대관가(거리)에는 신주방(新酒房), 소주가(燒酒家) 등의 술을 파는 가게들이 몰려 있어 왜관 시절부터 유흥지역이었다. 이 뿐 아니라 왜관 사람들의 의식주를 지원하기 위한 조포가(두부집), 병가(떡집), 면가(국수집), 당가(설탕, 사탕집), 고색가(새끼줄집), 점석가(돗자리집), 다다미가(다다미집), 염가(염색집), 선인가 등의 여러 상점들이 집중되어 있던 활력이 넘치는 지역이었다. 왜관에서는 대낮부터 술판이 벌어지고, 술에 취해 난폭한 일들이 벌어졌다고 하는 기록이 있는데 이는 대관가의 가게들 때문이었던 것으로 보인다.

대관가(거리)의 가게들〈倭館圖〉

대관가(거리)의 가게들〈朝鮮圖繪〉

국제시장과 연결된 팥빙수·단팥죽골목

광복동·남포동다움을 찾기 위한 두 번째 방법은 소상업 시설들, 즉 '작은 가게들의 부활'입니다. 이 방법은 '동일성'을 통한 정체성 확보와 관련됩니다.

상세하게 조사하진 못했지만, 광복동·남포동에는 약 30년 이상 된 역사를 가진 노포들이 약 60~70여 곳에 이릅니다. 50년이 넘은 가게도 여럿 있습니다. 70년이 넘었음을 자랑하는 회국수집을 비롯하여, 오래된 카메라 가게들과 부산 수제양복의 전통을 이어가고 있는 기술집약적인 가게들도 여러 곳 건재합니다.

광복동·남포동의 또 다른 특징은 개별적으로는 유명하지 않는 오래된 작은 가게들이 집결하여 유명세를 타는 길과 장소들이 상당히 많다는 것입니다. 인쇄골목길, 먹자골목길, 다방골목길, 점바치골목길, 또 극장이 모여 있는 비프광장 일대 그리고 깡통시장길 등이 작은 가게들의 집합소로 유명해진 곳들입니다.

'전각' 생활장인의 오래된 가게

광복로·남포동 주변부에는 수제양복, 전각 등 오래된 생활기술과 전통기술을 계승, 전승하는 가게들이 곳곳에 존재합니다. 그 일을 "나의 천직"이라고 스스로 얘기할 수 있는 사람들은 '도시의 생활장인'입니다. 장인들이 보다 많아지고 그들이 행복하게 살 수 있도록 하기 위해서는 전승되어 대대로 이어지는 창의적인 일을 하는 장인들을 지켜주고 또 젊은 사람들이 장인의 길로 나아갈 수 있도록 지원하는 특별한 골목경제시스템이 구축되어야 합니다.

우리가 원하는 '창조도시 Creative City'는 과거에서 현재와 미래를 연결하는 크리에이티브한 직업을 가진 사람들이 살 수 있고, 이들과 상호적으로 힘을 주고받는 도시를 말합니다. '창조도시 부산', 그 중심에 광복동·남포동이 있습니다. 앞으로 광복동·남포동은 부산의 해운대나 서면과는 달리, 장인 정신이 투철한 작은 가게들이 활성화되어 근대 분위기가 물씬 나는 기품이 넘치는 곳으로 나아가길 기대해 봅니다.

특별한 주제를 드러내는 일

광복동·남포동의 주제와 관련하여서는 무엇보다 먼저 '초량왜관'을 최우선시 해야 합니다. 왜냐하면 초량왜관은 광복동 일대가 형성되는 바탕이자 뿌리이기 때문일 뿐 아니라, 지역과 부산을 넘어 또 대한민국을 넘어설 수 있는 스토리의 보고이기 때문입니다. 그런데 이런 잠재성을 갖고 있는 장소가 진전하기 어려운 데는 엉뚱하지만 현실적인 원인으로부터 기인합니다. 이곳은 부산에서 최고 수준의 지가 地價를 가진 지역입니다, 더군다나 초량왜관과 관련된 건축물이나 터 어느 한 곳도 부산시와 중구청이 보유하고 있지 못합니다. 수문, 설문 등 작은 장치물들의 복원은 겨우 가능하겠지만, 이 상태로는 초량왜관의 온전한 복원은 거의 불가능하다고 할 수 있습니다.

건축물 복원을 위해 오직 한 곳을 선택해야 한다면, 수령이 머물렀던 '관수가 館守家, 일명 관수왜가'를 꼽을 수 있습니다. 그마저도 불가능하다면 초량왜관을 이해할 수 있고 체험할 수 있는 '초량왜관역사관'을 조성하여 방문자들이 과거 조선왕조의 대표적인 외교공간이자 무역공간이었던 이곳의 역사를 이해할 수 있도록 해야 할 것입니다. 사실 복원은 무에서 유를

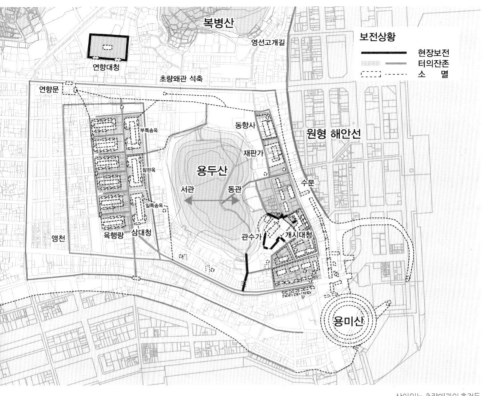

살아있는 초량왜관의 흔적들

창조해야할 정도로 막연한 일이지만, 이처럼 상상과 비전을 품을 수 있는 이유는 당시 사람들이 걸었던 길들이 그대로 남아있기 때문입니다.

또 다른 주제는 광복동·남포동이 '부산 극장의 집결지'이자 '부산 영화의 산실'이라는 점에서 비롯됩니다. 영화제목만 들어도 기억이 새록새록 한 '친구', '국제시장', '도둑들', '무방비도시', '사생결단', '달마야 서울 가자', '인정사정 볼 것 없다' 등의 영화들이 광복동·남포동 일대에서 촬영되었습니다.

부산은 도시 전역에 걸쳐 영화 로케가 진행되는 영화도시입니다. 광복동·남포동 일대는 우리나라 60~70년대의 근대적인 풍경과 또 당시의 상황들을 영화에 담을 수 있는 가장 좋은 곳으로 알려져 있습니다. 영화 '친구'는 물론이고, 영화 '도둑들'도 천만 관객을 달성하며 광복동·남포동의 지역성을 전국에 강렬하게 드러냈습니다. 2014년에 개봉됐던 영화 '국제시장'은 광복동·남포동이 왜 대한민국 역사에 중요한 곳이었는지 또 왜 이곳이 존재하고 있는지를 설명했던 영화였습니다.

2001년 영화 '친구'(부산극장)

오래 전에 '영화 올레길'이라고 이름을 붙인 그림을 그려보았습니다. 우리나라에서 가장 오래된 영화 제작사가 부산 동광동 에 있었습니다. 1924년에 설립된 '조선키네마주식회사'의 존재감은 현재 터로만 확인됩니다. 조선키네마주식회사는 2019년에 부산미래유산에 선정되었는데, '일제강점기 부산에 설립된 우리나라 최초의 주식회사 체제의 영화 제작사로 부산 영화산업의 뿌리가 되었음'이 선정 이유였습니다.

영화 '국제시장'

조선키네마주식회사 터를 비롯하여 유명 영화를 찍었던 로케 현장들 곁에 해당 영화의 시나리오, 포스터, 스틸 컷, 소품 등을 전시하는 '영화 ○○○의 메모리얼 하우스'를 여러 곳 조성하여 비프광장, 영화체험박물관 등과 연결되는 영화 올레길을 형성한다면, 이 길은 영화 마니아는 물론이고 영화를 잘 모르지만 부산을 이해하고 싶은 방문객들에게 부산과 부산의 영화를 이해할 수 있는 좋은 기회를 제공할 것입니다.

이처럼 광복동·남포동다움을 찾아내고 여러 주제들을 매력있는 상소로 연결하여 드러내는 것은 숨어있던 스토리와 몰랐던 장소들을 아우를 수 있다는 점에서 효과적입니다. 이의 극대화를 위해서는 광복동·남포동의 공간과 기능 전반에 걸친 품격 확보, 즉 질적 성장이 절대적으로 이루어져야하고, 이 성장에는 반드시 활발한 시민참여가 바탕에 깔려야 할 것입니다. 시민들이 그곳에 가지 않는다면, 방문해주지 않는다면, 머물러 주지 않는다면, 그리고 그곳을 시민들이 사랑해주지 않는다면 광복동·남포동의 존재가치는 퇴색될 수밖에 없습니다.

광복동·남포동은 '느린 도시 Slow City'가 되면 좋겠습니다. 천천히 느리게 그리고 지속가능한 가운데 변화되면 좋겠습니다. 한꺼번에 바꾼다든지 강력한 힘으로 급한 변화를 주는 일은 지양되어야 합니다. 급하게 하다 보면 도리어 파괴될 수 있을 것입니다. 부산의 도심이자 심장으로서의 광복동·남포동의 면모들이 속도는 느리지만 조금씩 풍성해져 가기를 기대해 봅니다.

부산 원도심의 영화 올레길(안)

삶의 영위를 위한 여러 활동 가운데 가장 기초적인 것은 사고파는 행위입니다.

사고파는 행위가 이루어지는 최소 단위의 공간이 시장이라 할 수 있습니다.

시장은 원래 아무것도 없는 공터에서 시작되었습니다.

필요에 의해서 사람들이 모여들어 물물교환을 하고,

이런 행위들이 모여 판매 체계가 만들어져 시장은 형성되었습니다.

우리나라 시장의 원형은 오일장입니다. 오일장은 단순히 물건을 사고파는 곳을 넘어,

이곳을 오가던 보부상들에 의해서 상품 유통은 물론, 각종 정보가 전해지던 소통의 현장이었습니다.

이처럼 시장은 경제 공동체를 기반으로 하지만,

삶을 작동시키는 사회 공동체의 근간이기도 합니다.

오일장에서 시작된 전통시장의 현재 상황은 어떨까요?

국가차원에서 여러 지원책이 시도되어 몇몇 시장들은 크게 부활하기도 했지만,

쇠퇴 중인 곳이 대부분입니다.

스스로 자생력을 갖춘 시장은 손가락으로 꼽을 정도입니다.

이유는 대형마트에 비해 선택 범위가 넓지 않고, 불편하고, 위생면에서 떨어지고,

더군다나 그렇게 싸지도 않기 때문입니다.

물론 지역특산물과 맛집 등을 통한 경쟁력의 개발과

시장밀착적인 마케팅으로 인해 반등하는 예도 있지만,

전반적으로 전통시장에 대한 선호도는 하락 추세입니다.

이대로 간다면 대도시의 전통시장들은 경쟁력이 없어서,

또한 중소도시나 농어촌지역의 전통시장들은 찾는 사람이 없어서 문을 닫을 수밖에 없습니다.

대안이 없을까요? 가느다란 실마리라도 잡아야 하는 상황입니다.

부산의
전통시장

너무나
따뜻하고
행복한
곳

부산 전통시장의 출발점과 현재

시장 市場 이 공식적으로 언제 탄생했는지 정확치는 않지만, 학자들은 보편적으로 그리스 시대의 '아고라 Agora '에 주목합니다. 이는 아고라가 시장의 원형처럼 이해된다는 의미입니다.

아고라는 시민들이 모여 토론과 집회, 물물교환, 또한 여가선용을 위한 쉼과 다양한 문화 활동을 했던 시민의 장소였습니다. 아고라는 다기능을 가진 서양 광장의 초기 형태였습니다. 시장기능은 아고라 한켠에서 행해지던 상행위가 점차 확산되면서 탄생된 것이었습니다.

고대와 중세도시에서 시장이 발달했던 가장 큰 이유 중 하나는 '잉여물의 존재'였습니다. 잉여물을 저장하거나 펼쳐놓고 해당 물건이 필요한 시민들의 선택 과정을 거치기 위해서는 넓은 빈 터가 필요했습니다. 도심의 비어 있는 광장은 시장으로 최적의 장소였습니다.

시장의 기본 속성은 유통과 소통입니다.

아고라가 탄생된 아테네 도심부
(上 아고라 下 아크로폴리스) ©Morris

흔적으로 남아있는 아고라

물건을 팔고 사는 것 외에도 사람들 간의 정보를 교환하고 살아가는 삶의 이야기를 나눌 수 있는 곳이 시장입니다. 그래서 시장을 경제적인 속성으로만 바라보기 보다는 소통이라고 하는 사회관계적인 차원에서 바라보는 시각이 필요합니다. 이 관점은 대형마트나 유사 유통시설에 밀려 점차 힘을 잃고 있는 현대도시의 전통시장들을 살려내기 위한 유일한 지향점이라 할 수 있습니다.

오일장의 탄생과 의미

시장을 뜻하는 순 우리말은 '저자'입니다. '사람들의 일상생활을 영위하는 세상'이란 뜻을 가진 저자는 단순히 물품을 거래하는 장터라는 의미를 넘어섭니다. '저잣거리'라고 불렀던 시장은 바깥의 번잡한 세상을 상징하기도 하고 서로 부대끼며 살아가는 바깥 사회를 설명하기도 합니다. 이러한 측면에서 시장은 경제적 관점의 대상만이 아님을 쉽게 알 수 있습니다. 사회적, 문화적으로 이어진 부가적 관점들이 시장 이해에 반드시 필요합니다.

선조들의 삶이 그랬던 것처럼, 현대인들도 시장과 매우 밀접한 관계를 갖고 살아가고 있습니다. 특정 사회에 오래된 시장이 존재하거나 활력 있는 시장이 존재한다는 것은 '그 사회가 지속되며 살아있다.'라는 의미를 가집니다. 한 지역의 또는 특정한 사회의 압축된 단면이 그대로 드러나는 곳이 바로 시장이기 때문입니다.

우리나라의 전통시장, 특히 지방의 장시 場市 는 주로 '오일장'으로 운영되었습니다. 오일장은 5일마다 돌아오는 장입니다. 1일과 6일, 2일과 7일, 3일과 8일, 4일 9일, 5일 10일 등으로 짝으로 정해지는 날에 '보부상'들이 장터로 찾아듭니다. 보부상은 '보상 褓商'과 '부상 負商'을 합친 말이라고 합니다. 보상은 보자기를 싼 물건을 걸망에 걸머지는 봇짐장수를 말하고, 부상은 주로 지게를 지고 다니는 등짐장수를 가리킵니다. 보부상들의 물건은 생활필수품이 주를 이루었

구한말의 보부상 ⓒ국립민속박물관

는데, 쉽게 구할 수 없는 소금이나 어물 등의 수산물에서부터 직물, 종이, 필묵, 반상, 짚신 등의 세공품과 유기, 솥, 옹기 등의 무거운 것들이 포함되었습니다.

19세기 조선 중·후기의 사회, 경제, 문화와 관련된 모든 것을 종합 정리한 박물학서로 평가되는 실학자 서유구의 《임원경제지 林園經濟志 》에 오일장에 대한 상세한 기록이 등장합니다. 총 113권 52책으로 이루어진 《임원경제지》는 다시 16개 챕터로 구분되며, 오일장은 권109~113에 해당하는 제일 마지막의 〈예규지 倪圭志 〉에 기술되어 있습니다. 서유구는 오일장을 재산 증식의 주제로 분류하였고, 전국에는 1,052군데의 장시가 있으며, 그 중 오일장은 909군데로 기록하고 있습니다 나머지는 우시장, 약령시 등 특수시장.

2019년 임원경제연구소에서 번역한 《예규지》를 보니, 실학자 서유구의 혜안과 그 깊이가 놀랍습니다. 부산에 한정해 시장을 살펴보겠습니다. 해운대장 1일과 6일, 동래장 2일과 7일, 구포장 3일과 8일, 부산장 4일과 9일, 하단장 2일과 7일 그리고 수영장은 5일과 10일에 장이 섰다고 기록되어 있습니다. 장시의 이름만 보아도 오일장이 개설된 이유가 가늠됩니다. 동래장과 같이 성내 동헌 근처에 개설된 시장과 물자 유통이 수월했던 강변이나 바닷가 부산장, 구포장, 하단장, 해운대장 로 압축됩니다. 동래장과 하단장만 2, 7일로 중복되고 모두 날짜가 다릅니다. 장시를 오갔던 보부상들은 연중무휴 정말 바빴을 것 같습니다.

1900년대 초 미국 북장로교 해외선교사였던 '사보담 Richard H. Sidebotham'이 촬영한 부산장 사진들이 전해집니다. 이 사진들을 통해 120여 년 전 부산장의 다양한 모습을 만날 수 있습니다. 사진만이 아니라 사보담 선교사는 부산장날의 풍경에 설명문을 덧붙여 성탄카드를 만들어 어머니와 숙모 등에 보냈습니다. 성탄인사에 좁은 시장골목, 초가지붕, 짚신과 장독 등이 등장하는 것을 보면 부산장의 풍경들이 사보담 선교사에게는 정말 신기

1900년 초, 사보담 선교사의 성탄카드 속 부산장 ⓒ부산근대역사관

하게 여겨졌나 봅니다.

이렇게 각지를 오가다 보니 보부상들에게는 상행위 외 또 다른 기능이 부가될 수밖에 없었습니다. 그것은 '정보전달기능'이었습니다. 이에 대한 명확한 증거가 있습니다. 1919년 3.1만세운동이 오일장과 직접적으로 연결되었다는 사실입니다. 부산 지역의 3.1만세운동도 오일장에서 시작되었습니다. 동래시장 옛 동래장과 구포시장 옛 구포장 이 3.1만세운동의 현장이었습니다. 사실 부산지역의 3.1만세운동의 시발점은 3월 11일 일신여학교 학생들과 교사들을 중심으로 일어난 부산진 3.1만세운동입니다. 운동이 일어난 이곳 좌천정은 부산장의 영역과 마찬가지였기에 부산장 또한 3.1만세운동의 현장이라 할 수 있습니다.

'동래장'은 조선시대 동래관아에서 관할했던 오일장이었습니다. 어떻게 보면 지역 최초의 시장이었다고 할 수 있습니다. 1937년부터 동래장은 상설시장으로, 즉 오일장이 아닌 365일 열리는 상설시장으로 개편되고 맙니다. 오일장이 상설장으로 개편된다는 것은 시장이 일제의 감시권역에 들어왔음을 의미합니다. 일제는 3.1만세운동 후 상설시장을 본격적으로 조성하여 시장을 드나드는 사람들을 보다 쉽게 관리·감시하는 체제를 갖추게 됩니다. 일제강점기에 상설화된 전국 시장들이 모두 유사한 운명을 가졌던 시장이었다고 볼 수 있습니다.

1770년 영조 46 에 편찬된 《동국문헌비고 東國文獻備考 》에 동래지역의 장시에 대한 기록이 있는 것으로 보아, 동래시장은 1770년 이전에도 존재했었다는 것을 알 수 있습니다. 그만큼 동래시장은 오래된 시장입니다. 장날이 되면 동래읍성뿐만 아니라 외곽에 살던 대부분의 동래 사람들이 이곳을 찾아와 필요한 물건을 사고, 교류와 여러 활동을 했던 매우 중요한 생활 터전이었습니다.

'구포장'이란 명칭은 1871년 《영남읍지》에 등장합니다. 구포시장은 포구와 시장이 결합된 형태였는데, 구포가 낙동강 최남단의 가장 큰 포구였으니 그 규모를 가늠해 볼 수 있습니다. 이곳을 통해 거래된 물자들은 주로 동래읍성에 공급되었던 것으로 전해집니다. 지금도 구포시장은 오일장의 전통이 남아 있으며, 3자와 8자로 끝나는 날에 어김없이 장이 섭니다. 상설 운영되는 구포시장도 크지만, 장날만큼은 두 배 이상으로 시장 영역이 확장됩니다. 대도시 한 가운데 아직도 오일장 기능이 존속한다는 것은 매우 특별한 사실이라 할 수 있습니다.

구포시장의 3.1만세운동은 1919년 3월 29일 1,200여 명의 상인들과 지역민들로부터 시작되었고, 김옥겸 선생 등 42명이 옥고를 치른 부산의 대표적인 만세운동이었습니다. 당시는 전화 등 정보를 교환할 수 있는 방법들이 불비한 시대였기 때문에, 정보 소통에 있어 이곳저곳을 돌아다녔던 보부상들의 역할이 한몫을 차지했습니다. 특히 오일장은 불특정 다수가 자연스럽게 모일 수 있는 여건을 가졌기에 일제의 눈을 피해 3.1운동과 관

구포만세거리에서의 3.1만세운동 재현행사 ©부산시 북구청

련된 정보 전달이 가능했던 것입니다. 그 뜻을 기리고자 구포역에서 구포
시장까지 가는 길을 '구포만세거리'로 명명하여, 이곳에서 매년 3.1만세운
동 재현행사를 개최하고 있습니다.

부산은 여느 도시보다 오래된 전통시장이 많은 곳입니다. 자갈치시장, 국
제시장, 부평(깡통)시장, 부전시장, 구포시장 등의 도심 시장들은 전보다
는 많이 약해졌지만 여전히 전국적인 잠재력을 보여주고 있습니다. 또한
부산은 항구도시이고 항구와 도심이 공간·기능적으로 결합되어 있어, 도
심 시장들이 대부분 수산시장이거나 큰 규모의 어물전을 가지는 특성을
보입니다.

오일장에서 상설시장으로 넘어가는 과정을 보다 자세하게 살펴보겠습니
다. 우리나라의 상설시장이자 공설시장의 효시가 된 시장이 부산에 있습
니다. '부평정 富平町 공설시장 현재 부평(깡통)시장 '입니다. 공식 개장이 1915년이
라고 하나 기원은 1910년 같은 자리에 설립된 '일한 日韓 시장'이라는 소매
시장이었습니다. 1877년 고종 14 1월 30일에 조선과 일본 간 체결된 〈부산
구조계조약 釜山口租界條約 〉에 따라 초량왜관 터가 일본이 독점하는 전관거

부평정공설시장의 초기 모습 ⓒ부경근대사료연구소

류지 專簪居留地 로 바뀌면서 많은 일본인들이 옛 초량왜관 터 일원에 살게 됩니다. 외견상으로는 그들을 위한 시장이었습니다. 그러나 우리의 오일장들의 체제를 교란하기 위한 술수도 숨어 있었다고 여겨집니다.

부평정공설시장은 우리나라 (상설)공설시장의 효시를 이루었고 1920년대부터 남빈시장, 부산진시장, 초량시장, 목도시장, 대신정시장 등의 신규시장들이 개설되고 또 기존 오일장이 상설시장으로 전환되는 일이 이어졌습니다. 동래장과 구포장에서 언급했지만, 일제에 있어 불특정의 다양한 사람이 모이는 오일장은 항상 눈엣가시였습니다. 오일장이 독립운동가와 이를 지원하는 사람들의 피신처이자 정보 교환처로 사용되는 상황 속에서, 일제가 오일장을 파괴하고 해체시키려는 책략은 3·1만세운동 이후 점차 심해졌습니다.

부산의 오래된 전통시장들

부평정공설시장은 현재 부평깡통시장으로 불리는데 사연이 흥미롭습니다. 한국전쟁기에 부산은 1,023일 동안 피란수도의 역할을 담당했고, 휴전 후 캠프 하야리야, 55보급창 등 미군 부대가 주둔하게 됩니다. 이곳들

1950년대의 국제시장 ⓒ부산시

에서 반출된 각종 깡통제품들이 부평시장으로 흘러 들어와 밀거래가 성행했고 이에 '깡통'이라는 단어가 추가되며 부평깡통시장으로 불리게 된 것입니다. 부평깡통시장에는 깡통뿐 아니라, 부산을 대표하는 여러 서민음식들이 오래전부터 판매되어 왔습니다. 부산오뎅이라 불리는 어묵, 비빔당면, 유부주머니 등을 꼽을 수 있는데, 비빔당면과 유부주머니는 아마 탄생지가 이곳이지 않을까 싶습니다. 이유는 해방과 전쟁의 격변기 속에서 부산으로 몰려든 팔도 피란민들의 생존의 중심에 부평깡통시장이 존재했기 때문입니다. 깡통시장의 탄생과 그 내력은 결코 즐겁기만 한 이야기가 아니지만, 이곳이 부산다움을 이어가는 가장 매력적인 시장 중 한 곳인 것만은 분명해 보입니다.

부평깡통시장과 중구로 너머에 있는 '국제시장'은 한 때 도떼기시장이라 불렸습니다. 해방과 함께 일인들은 서둘러 자국으로 도망하듯 철수했습니다. 유일한 탈출구였던 부관연락선의 적재량이 제한되었기에 일인들은 자신들의 옷가지며 물건들을 쌓아 놓고 '도떼기'로 팔았다고 합니다. 그곳이 지금의 국제시장 자리였습니다. 시급을 다툴 때였으니 그들의 선택은 한꺼번에 쓸어 담아 흥정하는 것이었고, 그러다 보니 도떼기시장이란 이름이 자연스레 붙게 되었습니다. 이후 한국전쟁을 거치면서 국제시장

은 피란민들의 온갖 애환이 깊게 베인 부산의 대표 시장으로 자리매김하
게 되었습니다.

공간에 비해 찾는 사람이 많아서 그런지 국제시장은 여러 차례 큰 화재
를 겪었습니다. 가장 큰 화재는 1953년도에 있었고, 1992년도에도 대화재
를 경험했습니다. 큰 화마가 여러 번 덮쳤음에도 국제시장은 꿋꿋하게 부
산을 대표하는 시장으로 성장했습니다. 2014년에 개봉했던 영화 '국제시
장'의 장면들을 떠올려 봅니다. 흥남부두에서 시작된 주인공의 삶은 국제
시장을 통해 다양한 각도로 투영됩니다. 주인공에게 있어 국제시장은 생
존을 위한 치열한 전쟁터였지만, 삶의 무
게를 지탱해주었던 제2의 고향 같은 곳이
었습니다. 먹자골목과 소품을 파는 가판
대들이 늘어선 골목의 왁자지껄한 모습은
"바로 여기가 부산!"이라는 사운드 스케이
프라 할 것입니다.

국제시장의 뒷골목(먹자골목)

부산은 우리나라 최대의 항구도시이자 수
산업의 보고입니다. 우리나라 최고의 수
산시장이 존재하는 것은 당연하다 할 수
있습니다. '자갈치시장'과 '부산공동어시
장'이 그 현장입니다.

자갈치시장은 부산을 대표하는 수산시장
이며, 한국 최대의 이패류 전문시장입니
다. 시장 입구에 "오이소, 보이소, 사이소"
라는 슬로건이 붙어 있는데, 매우 정겹습
니다. 부산의 '3대 아지매' 중 가장 대표격
인 '자갈치 아지매'가 이곳에서 탄생되었

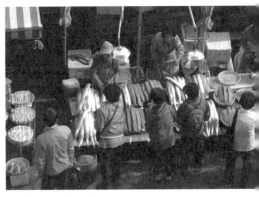

자갈치시장의 자갈치 아지매와 부산 아지매

1952년 피란수도 시절, 붐볐던 자갈치시장
©부경근대사료연구소

똑같은 기억의 순간(국제신보, 1955.6.5.)

습니다. 억척스럽지만 정 깊고, 열정으로 생선과 어패류를 파는 부산 여성들의 표상이라 할 수 있습니다. 자식들을 교육시키고 또 먹여 살리기 위한 강인한 한국 어머니들의 표상이 바로 자갈치 아지매인 것입니다. 우연히 화가 백영수가 1955년에 국제신보 ^{현 국제신문} 에 쓴 '回想 ^{회상}'이란 짧은 글이 만났습니다. "지금도 영도다리는 있을까"로 시작하는 글을 통해 피란수도 시절 상황을 떠올리는 작가의 애절한 마음을 이해하고도 남습니다. 글 위 삽화로 눈을 옮겨 보니 어디서 본 듯한 장면입니다. 영도다리와 남항을 배경으로 한 삽화는 1952년에 촬영된 자갈치시장의 구도와 매우 흡사합니다. 아마 작가도 시장 통 인파 속에 자주 휩쓸렸던 것 같습니다.

자갈치시장은 1924년 남항 일대의 매립지에 '남빈시장'이란 이름으로 탄생되었습니다. 일인들의 집단거류지였던 남포동과 연결된 입지 조건은 자갈치시장이 수산업 집산지로 발전하는 기반이 되었습니다. 이후 한국전쟁 때 피란민들이 생선 노점과 좌판을 벌이면서 본격적으로 확장되기

공급, 건조, 저장, 가공, 판매가 동시에 이루어지는 자갈치 (노상)시장의 입체구조

시작했습니다. 생선 집하와 관련된 기능은 부산공동어시장에 넘겨주었지만, 지금도 자갈치시장은 어패류 전문시장으로 살아 움직이고 있습니다. 자갈치시장은 크게 실내 시장과 노상(실외) 시장으로 구분됩니다. 노상 시장은 바다와 접하는 물자 공급처인 물양장을 낀 길을 따라 길게 형성되어 있습니다. 길가에서는 생선과 어패류를 팔고 가판대 뒤에서는 저장을 하고, 그 위 난간에서는 생선을 말리는 등 비록 아날로그 방식이지만 복합 기능이 동시에 작동하는 특별함을 갖추고 있습니다. 이처럼 자갈치시장은 한 장소에서 동시다발적인 일들이 복합적으로 일어나는, 유통과 소통이 끊임없이 교차하는 흥미로운 공간입니다.

자갈치시장에서 남항 물양장을 따라 10여분 걷다 보면 '부산공동어시장'이 나타납니다. 부산시민들에게는 남부민동공동어시장이라 부르는 것이 더 익숙합니다. 이곳은 소매시장이 아니라 도매수산시장입니다. 하루 최대 16만 상자를 처리할 수 있으며 위탁 판매량은 국내 거래의 30%를 차

초고층빌딩을 연상케 하는 생선상자

지하는 대단한 어시장입니다. 집하된 생선이 경매되고 가장 먼저 출하가 이루어지는데, 새벽 서너 시부터 경매와 출항 준비로 불야성을 이룹니다. 6시 경에 본격적인 경매가 시작됩니다. 경매 방식은 전통으로 전승되고 있는 '맨손 경매'를 고수하고 있으며 경매사, 판매사, 서기 간의 스릴 있는 일전 가운데 경매가 결정되면, 어느 순간 생선상자들은 뒤집혀지고 운반을 위한 리어카들과 얼음부대들이 등장합니다. 경매 받은 자의 뜻대로 생선들은 재포장된 후 시내 곳곳과 전국으로 펼쳐집니다.

경매 과정에서 가장 중요한 시설(소품) 중 하나는 단연 '생선상자'입니다. 최근 노란색 플라스틱 상자가 늘어나고 있지만, 이곳에서는 유독 나무로 된 재래식 생선상자를 고집합

맨손경매 장면
경매를 기다리는 고등어 / 맨손경매 진행 중 / 경매 직후 설치된 즉석 차단벽 /
경매장으로 달려가는 얼음 리어카 / 출발!

니다. 시장 근처에서는 생선을 담아 옮기는 판자로 만든 생선상자들이 수 미터 높이로 쌓여있는 풍경을 곳곳에서 만날 수 있습니다. 기온이 오르면 상자에 묻은 비린내로 코를 잡을 수밖에 없지만, 한편으론 이 냄새가 어시장을 넘어 부산항의 상징처럼 여겨지곤 합니다.

작은 전통시장들

부산에는 작은 전통시장들이 유난히 많습니다. 시장들은 대부분 한국전쟁과 밀접한 관계를 갖고 있고, 피란민들의 주거지가 시작되는 길목에 형성되어 있는 경우가 많습니다. 사람들이 모여 살던 산복도로 쪽으로 올라가는 초입부에서 그날 저녁 찬거리나 내일 아침꺼리를 파는 좌판들이 모여들어 길가시장이나 골목시장이 되었고, 점차 확장되어 동네시장으로 자리 잡게 된 것입니다. 지역의 상황은 달랐지만, 대부분의 동네시장들은 재래시장이라 불리며 지역시장의 중심 역할을 담당했습니다.

1991년의 미화당백화점 ⓒ부산일보

지역의 경제가 조금씩 풀리면서 부산에서도 시장의 골목을 조금 고급스럽게 수직으로 켜켜이 쌓아 놓은 듯한 백화점들이 탄생했습니다. 지역 자본을 바탕으로 한 향도색 짙은 중소규모의 백화점들이었습니다. 미화당백화점이 단연 선두주자였습니다. 미화당과 유나는 광복동에서, 태화는 서면에서, 그리고 세원, 부산, 신세화 등은 동래와 광안리에서 1990년대 초반까지 전성기를 이루며

폐업 후 20여 년 동안 건재한 전 미화당백화점

부산의 상업 문화를 선도했습니다. 그러나 1995년, 현대와 롯데백화점이 탄생하며 이들의 시련이 시작되었고, 이어진 IMF 여파로 모든 향토 백화점들은 문을 닫고 말았습니다. IMF는 여러모로 부산의 지역 경제에 변곡점이 되었습니다. 지역의 시장들도 힘을 잃기 시작했던 시기가 바로 그때였습니다.

산복도로의 골목시장하면 떠오르는 두 곳이 있습니다. 영선고갯길에 접해 있는 '영주시장'과 '논치시장'입니다. 이 시장들은 직접 연결되어 있지는 않지만 거의 같은 공동운명체라 여겨집니다. 영선고갯길은 부산에서 가장 오래된 해안선을 따라 형성된 역사의 길입니다. 이 길은 초량왜관 시절, 동래읍성에서 시작되어 설문~초량객사(봉래초교 터)~연향대청(광일초교 터)~수문을 이어주던 옛 길이기도 합니다. 영선고갯길은 동래와 서면에서 초량 일대와 남포동을 남북으로 이었고, 동서로는 피란민들의 주거지와 기차역과 부두를 연결했습니다. 그런 연유로 이 길은 부두와 도심의 일터들과 산복도로의 삶터를 연결하며 아침부터 밤까지 하루 종일 시끌벅적했던 곳이었습니다. 버스에서 내려 집으로 올라가며 만나는 퇴근길 어귀의 두 시장은 특히 더 붐볐을 것 같습니다.

과거 '영주시장'은 꽤 큰 상권을 이루고 있었습니다. 영주시장에서 논치시장으로 가는 고갯길에는 어을빈병원, 칠성방앗간 등 부산사람이라면 한번은 들어 보았음직한 유명한 생활시설들이 곳곳에 있었습니다. 피란민들에게 있어 이 길에서는 뭐든 사고 구할 수 있었으며, 동네아이들이 용돈만 생기면 모여 들었던 삶의 활력이 충만한 곳이었습니다. 온갖 좌판들과 노점들이 늘어서있고, 뭔가를 팔고 사려는 리어카들과 짐자전거들의 줄도 꽤 길었을 것 같습니다.

현재 '영주시장'은 거의 사라질 위기에 처해있습니다. 쇠퇴라는 단어조차 민망할 정도로 시장 전체가 문 닫을 위기이고 시설 수준도 매우 취약한

영주시장 골목 입구

손칼국수로 특화된 영주시장

누나야분식의 칼국수

영주시장의 배치와 구조

상태입니다. 맛집으로 알려졌던 황산밀면이 부산역 근처로 이전하면서 위기가 더해졌지만 누나야분식, 종필이집, 진아집, 영주분식, 현대칼국수 옛 황산밀면자리 등으로 이루어진 칼국수집들은 영주시장의 명맥을 이어가며 근근이 버티고 있습니다. 부산시에서도 이곳을 되살리기 위한 여러 노력들을 기울이고 있지만, 넓은 도로변 모퉁이에 자리한 관계로 시장 앞 중앙대로와 부산터널길 그 너머의 이곳까지 건너오는 사람들의 수가 줄면서 묘책을 찾지 못하고 있습니다.

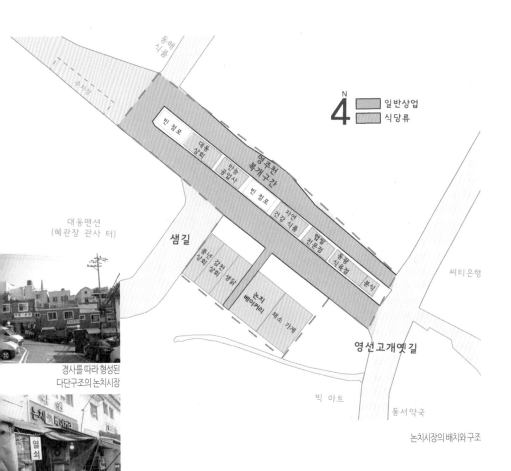

논치시장의 배치와 구조

경사를 따라 형성된
다단구조의 논치시장

언제나 정겨운 논치빵집

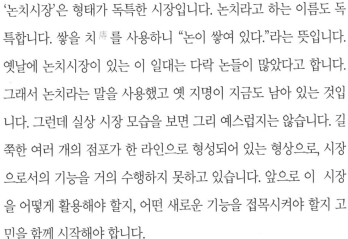

영주시장과 논치시장을 연결하는
영선고갯길

'논치시장'은 형태가 독특한 시장입니다. 논치라고 하는 이름도 독특합니다. 쌀을 치廥를 사용하니 "논이 쌓여 있다."라는 뜻입니다. 옛날에 논치시장이 있는 이 일대는 다락 논들이 많았다고 합니다. 그래서 논치라는 말을 사용했고 옛 지명이 지금도 남아 있는 것입니다. 그런데 실상 시장 모습을 보면 그리 예스럽지는 않습니다. 길쭉한 여러 개의 점포가 한 라인으로 형성되어 있는 형상으로, 시장으로서의 기능을 거의 수행하지 못하고 있습니다. 앞으로 이 시장을 어떻게 활용해야 할지, 어떤 새로운 기능을 접목시켜야 할지 고민을 함께 시작해야 합니다.

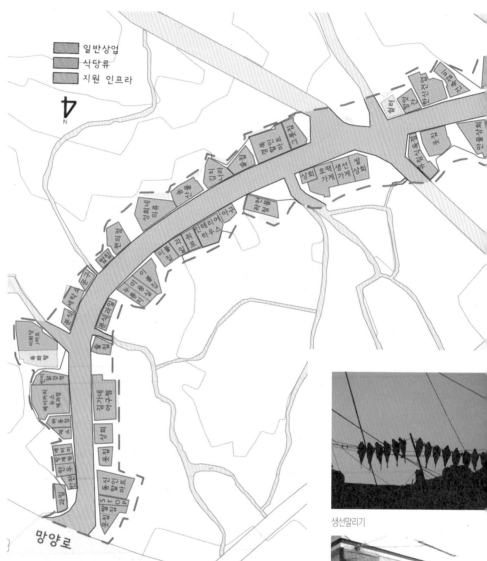

일반상업
식당류
지원 인프라

N

망양로

성북시장의 배치와 구조

생선말리기

없는 것이 없는 가게

영주시장과 논치시장은 시장 자체만으로는 되살려야 할 이
유를 찾기 어려운 것이 사실입니다. 그러나 영선고갯길에
연결된 두 시장을 함께 생각해보면 살려야 할 이유를 발견
할 수 있습니다. 영선고갯길이 두 시장을 시·종점으로 연결

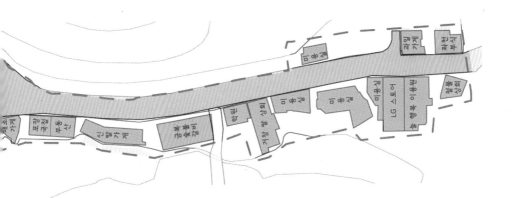

하는 동네시장길이 되어 준다면, 이 일대 모두를 살려낼 수도 있지 않을까 하는 그런 잠재력에 대한 기대가 생겨납니다.

산복도로에 있는 '성북고개시장'은 동구 증산의 뒤쪽 구릉지에 위치하며, 원도심에서 가장 높은 지대에 위치한 시장입니다. 그런데 시장의 입지가 항구와 도심에서 일을 마친 사람들이 올라오는 방향인 아닌 증산의 뒤쪽, 즉 보이지 않는 곳에 들어서 있습니다. 항구 쪽 증산 일대는 경사가 심하고, 주변에 시장이 설만한 편편한 공지가 없었기 때문이라 합니다.

이 시장의 옛 이름은 번개시장이었습니다. 피란으로 부산이 사람들로 북적였을 때, 오후 3시 정도가 되면 노점들이 모여들어 해가 지기 전 6~7시경에 마감되는, 하루 서너 시간만 운영되던 시장이어서 붙은 이름인 것입니다. 낮에는 동네사람들 대부분이 일을 하러 나서야 했으니, 오후 늦게 열 수밖에 없었던 것입니다. 전통적인 오일장과는 다른 스타일의 시장이었습니다. 시장을 따라 걷다보면 어릴 적 기억에 남아있는 먼지 터는 총채, 파리 잡는 파리채 등 정겨운 생활도구를 파는 가게들이 지금도 남아있는 것을 볼 수 있습니다. 동네 어귀의 진정한 골목시장이라 할 수 있습니다.

성북고개시장이 지금까지 버틸 수 있었던 것은 1969년 성북고개시장 주변부에 건설된 좌천동 시영아파트 때문입니다. 현재 시영아파트는 수명을 다해 재건축을 기다린 지 오래되었지만 새 주인이 나타나질 않아 전전긍긍하고 있습니다. 이처럼 성북고개시장의 주변 변화는 일반적인 도시 변화에 비해 매우 느립니다. 그래서 성북고개시장과 시영아파트 일대에 대해 문화예술 차원에서의 실험과 도전들이 시도되곤 합니다. 가끔이 아니라 그런 일들이 항상 지속되어 방치되어 있는 빈집과 빈방들이 새로운 사람들의 소리로 가득 채워지는 그날을 기대해 봅니다.

'감천2동시장'은 감천문화마을의 아래쪽 감천항에서 올라오는 동네 길목의 시장입니다. 이곳은 1950년대 초반 피란민들의 집단 이주에 따라 자연

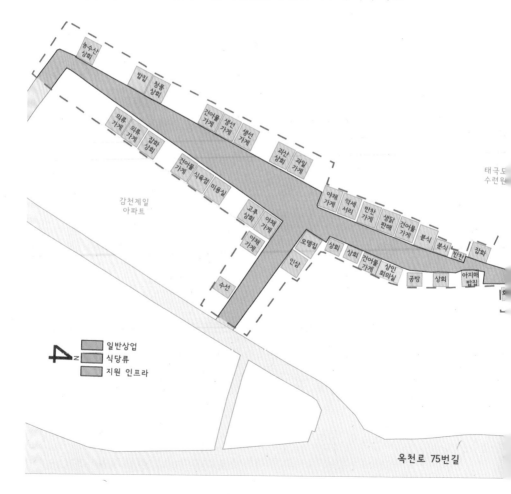

시장 변화의 중심

변화를 시도하는 시장사람들

발생적으로 생긴 시장입니다. 1970년대까지 시장은 약 3만 명이 넘던 지역민들의 애용처였다고 합니다. 감천문화마을이 가장 번성했을 때인 1960년대 후반 당시 인구가 약 1만 5천명이었다고 하니 그 규모를 짐작할 수 있습니다.

시장 입구에서 연접한 천마산과 옥녀봉 자락에 꽉 차있는 집들을 둘러보니 이 시장의 옛 위상이 짐작됩니다. 피란민 모두의 먹거리를 책임졌던 시장이었을 것 같습니다. 명절 대목이면 꽉 채워진 인파 속에서 외치던 상인들의 즐거운 비명이 전해지는 듯합니다. 시장은 1976년 용량 초과를 이유로 상가형 시장으로 재건축되었습니다. 일반적으로 골목형 재래시장의 최종 목표는 수 개 층을 가진 상가형 시장으로의 변신입니다. 그러나 아이러니하게도 상가형 시장으로 빛을 본 곳은 그리 흔치 않습니다. 왜일까요? 골목시장다움을 잃어버리기 십상이기 때문입니다. 전통시장은 사람은 그대로인데도 장소의 분위기가 바뀌면 그 힘을 잃어버릴 때가 많습니다. 불편을 없애려다 정겨움과 소박함 마저 없애버리게 되는 꼴입니다.

그럼에도 이곳이 특별한 이유는 시장을 살려내기 위한 창의적인 노력이 진행되고 있기 때문입니다. '엄마손협동조합'이라는 시장조합이 2014년에 설립되어 시장 재생을 위한 노력을 전개하고 있습니다. 스스로의 능력 계발을 통해 상인으로서의 자긍심 함양과 경제성 확보가 주된 지향점입니다. 주민작가를 양성하기 위해 시작한 교육사업(목공예, 천연염색 등)은 방문자체험활동으로 확대되었습니다. 뭐니 뭐니 해도 이곳의 명소는 감천아지매밥집입니다. 특미는 '고등어추어탕'입니다. 고등어가 미꾸라지를 대신하는데, 맛에 대한 의문은 첫 숟갈을 뜸과 동시에 깨끗이 잊혀집니다. 이들의 활동들은 감천문화마을과 연계하여 시장을 살리려는 융합형 재생의 모델이라 할 수 있습니다.

부산의 골목시장들 중 규모에 비해 가장 상반된 힘을 가진 시장을 꼽으라면 '해운대전통시장'을 들 수 있습니다. 이 시장은 시작부터 끝점까지 빈틈이 없습니다. 해운대전통시장은 과거 해운대 국철 및 해운대 지하철역과 근접한 구남로 좌측에 펼쳐져 있습니다. 시장의 길이는 230m에 불과하지만, 해운대해수욕장 곁에 입지하여 부산의 골목시장 중에서는 최고의 입지이자 활력을 자랑합니다. 해수욕장과 관광지와 연결되어 있다 보니 생활소품과 찬거리를 파는 가게들 보다는 현장에서 직접 먹을 수 있는 가게들이 주를 이룹니다. 국시, 당면, 튀김, 만두, 꼼장어, 떡볶이 등 다양한 먹자골목이 시장의 주제입니다.

해운대는 마린시티나 센텀시티라 불리는 초대형 개발지의 화려함으로 대

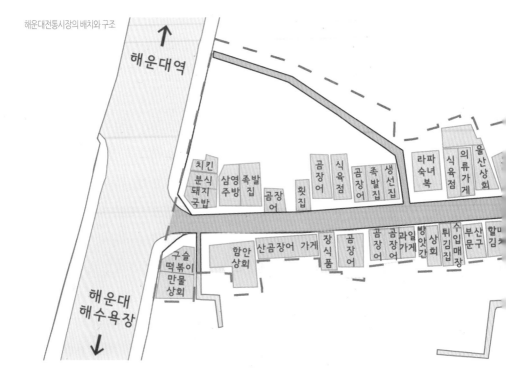

해운대전통시장의 배치와 구조

도심 속에 별천지

해운대전통시장의 틈새(골목)에
자리 잡은 국시집

변되곤 하지만, 해운대만의 소박함을 갖춘 곳들도 꽤 있
습니다. 가령, 해운대해수욕장 끝자락에 자리한 미포, 해
운대역 너머의 해리단길, 장산역 근처 좌동재래시장 일
대 그리고 이곳 해운대전통시장과 뒷골목 등이 그러합
니다. 특히 이곳 뒷골목에는 부산의 다양한 서민음식을
파는 가게들, 골목에 차린 국시집, 저마다 특색을 자랑하
는 동네 빵집들, 오래된 온천목욕탕들, 보세가게들, 사진
갤러리, 표구점, 중국음식집, 그리고 허름한 도시한옥들
이 함께 공존하고 있습니다. 그래서 이곳에서는 화려한
해운대를 넘어, 또 다른 별천지 같은 고즈넉함이 느껴지
는 특별한 해운대를 만날 수 있습니다.

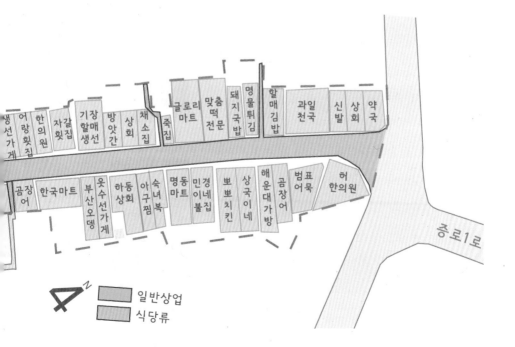

부산의 전통시장과 유사한 전통시장들

오사카는 부산과 매우 흡사한 조건을 가지고 있습니다. 일본 제2의 도시라고 하는 위상과 성격도 닮았지만, 사람들이 살아가는 모습이나 성격과 기질까지도 닮았습니다. 그래서 오사카사람들도 정이 많고 따뜻하며 약간 거친(?) 기질을 가졌다고 얘기합니다. 부산사람들과 거의 흡사합니다. 그래서 그런지 오사카의 '쿠로몬 黒門 시장'도 부산의 오래된 전통시장들과 매우 흡사합니다.

허름한 쿠로몬 시장의 입구

'쿠로몬 시장'은 오사카 사람들의 삶과 기질을 대변하는 시장입니다. 시장은 오사카 중심가인 난바, 우리로 치면 서면의 돼지국밥골목 주변의 서면시장이나 원도심 쪽 부평깡통시장 정도의 입지라고 보면 됩니다. 1820년대에 개장했으니, 200년의 역사를 자랑하는 역사적인 시장입니다. 현재도 매일 2만여 명이 방문하는데, 지역의 주부나 시민들도 방문하지만 상당수는 관광객입니다.

해체 직후 손님을 기다리는 참치살

이곳에서는 기발한 마케팅과 아이디어들을 발견할 수 있습니다. 좌판에 진열된 딸기에 길쭉한 꼭지가 달려 있습니다. 보통 딸기는 꼭지를 제거하고 팔지만, 이곳 딸기들은 줄기를 붙인 채 판매합니다. 3~4cm 길이의 줄기를 붙여서 딸기의 싱싱하고 생생한 모습을 소비자에게 전달하려는 의도라고 합니다. 이러한 기발한 생각은 참치에게도 똑 같이 적용됩니다. 쿠로몬시장은 자전거를 탄 채 장을 볼 수 있는 역발상의

특별한 자전거 손님들

시장으로도 유명합니다. 복잡하고 좁은 시장에서 자전거로 쇼핑을 볼 수 있을지 언뜻 상상하기 어렵겠지만, 이용자의 20~30%에 이르는 근거리 고객들을 위한 배려이자, 자전거족을 시장으로 끌어오기 위한 그들만의 지혜라고 합니다.

200년 정도 된 시장이다 보니 상당수 상점들의 주 수입은 단골고객들로부터 발생됩니다. 3, 4대에 걸쳐 가업으로 계승되는 수 십 개소의 작은 가게들을 포함하여 180여 개의 상점들마다 약 200명에서 2,000명의 단골을 보유하고 있다고 합니다. 우리의 전통시장과는 완전히 다른 경제구조를 가지고 있습니다. 아무도 생각지 않는 역발상과 함께, 시장과 가게의 전통을 계승하기 위한 노력이 매우 돋보이는 시장입니다.

다음은 호주 멜버른의 '퀸 빅토리아 Queen Victoria 시장'입니다. 이 시장은 넓은 공지에 만들어진 가설형 시장입니다. 원래 이곳은 공공소유의 공동묘지였습니다. 19세기 중반 경 서민들의 물물교환 장소로 사용되다 대형시장으로 발전하게 됩니다. 1878년에 공식 개장한 후, 초기에는 건초, 축

널직하게 자리잡은 도심 속 시장 ©shutterstock

마치 공원 같은 퀸 빅토리아시장, 금새 공연장으로 변하기도 한다.

산물, 채소 등을 거래하였으나 지금은 과일과 채소를 유통하는 도매시장
이자 생활소매시장으로 유지되고 있습니다.

현재 이곳은 멜버른에서 가장 큰 도심시장으로 기능하고 있습니다. 시장
을 둘러싼 초고층 빌딩들과는 전혀 다른 평평하고 낮은 가설 건물로 이루
어진 모습입니다. 엉뚱해 보이기까지 합니다. 마치 도심 속 오아시스 같은
분위기입니다. 이같이 공원 같은 시장의 분위기가 시장의 최고 매력이자
자랑꺼리입니다. 수요일 밤마다 열리는 나이트 마켓은 불야성을 이룹니
다. 멜버른 사람들의 자유로운 근무시간과 라이프스타일에 맞춘 시장의
변신이 돋보입니다.

조금 다른 스타일의 시장 한 곳을 소개합니다. 미국 포틀랜드에 있는 '주
말농부시장'입니다. 이 사례는 포틀랜드만은 아니고, 미국 전역의 도심 광
장이나 공원에서 주로 열리는 '파머스마켓 Farmer's Market '의 전형이라 할
수 있습니다. 주말마다 열리니, 우리로 치면 이곳은 육칠일장이라고 할
수 있겠습니다. 거래품은 주로 유기농 농작물과 지역 특산물입니다. 시민
들은 현장에서 산 것을 이웃한 공원이나 광장에서 바로 먹는 것이 시장의
일상 풍경입니다. 유기농 직거래시장인 셈입니다.

겉으로는 특색있는 유기농 생산물을 파는 소규모 임시시장으로 보이지

만, 가게마다 친환경 또는 자신만의 특산품을 창안하고 이를 지속시켜가
려는 장인 정신이 돋보이는 시장입니다. 조금 과장하면 미래 먹거리와 관
련된 창조적인 농업혁명의 현장이라고도 할 수 있겠습니다. 건강한 음식
을 파는 시장, 공원 같은 시장, 온 가족이 주말에 즐기는 시장 바로 이곳이
미국식 주말농부시장입니다.

유기농 과일은 주말농부시장의 기본

보케리아시장의 화려한 색감

세계적인 관광문화도시인 스페인의 바르셀로나에는 800여 개 점포로 이
루어진 '보케리아 Boqueria'라 불리는 오래된 시장이 있습니다. 바르셀로나
의 관광명소 중 대표주자입니다. 전통시장이 명소가 되는 일은 최근의 관
광 트렌드입니다. 현장에서 직접 먹고 살 수 있는 역동성 때문이라 할 수
있습니다. 이곳도 즉석에서 먹고, 사고 즐길 수 있는 관광형 시장입니다.
흥미로운 점은 이곳이 식품들이 가진 다양한 색감을 이용하여 식품 가치
를 드러내는 디스플레이를 매우 중시하는 시장이라는 것입니다.

최근 우리나라에도 관광형 시장이 여러 곳 등장했습니다. 서울 통인동에
있는 '통인시장'은 전통시장의 문화를 바꾼 관광형 시장의 대표주자라고
할 수 있습니다. 10여 년 전, '通仁通信 통인통신'이라는 시장신문을 처음으
로 만든 곳이기도 합니다. 시장신문은 판매되는 각종 물품을 소개하고 또
상인들의 이야기를 담아 방문객들이 통인시장을 이해하고, 상인들이 시
장을 스스로 사랑할 수 있는 계기를 만들어 냈습니다. 심지어 통인시장은

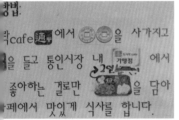

우리나라 최초, 전단지 형식의 통인시장 신문
ⓒ헤럴드경제

지역화폐(엽전)와 통인도시락

전통시장 최초의 세일문화를 도입하기도 했습니다.

통인시장에는 '통인도시락'도 유명합니다. 엽전 한 냥이 500원입니다. 엽전이 지역화폐인 셈입니다. 엽전을 사서 가맹 가게에 가면 500원에 해당되는 반찬들을 받을 수 있습니다. 떡볶이에서부터 잡채, 튀김 등 다양한 음식들을 받아 특정한 곳에서 함께 먹는 새로운 시장문화를 만들어 냈습니다. 통인시장은 반찬과 연결된 도시락 문화를 통해 전통시장이 가진 숨어있는 가치를 드러내는데에 혁혁한 공을 세운 사례로 평가됩니다.

통인시장 사례에서도 나타나지만, 창의적인 역발상은 이 시대 전통시장이 가져야 할 최고의 무기입니다. 야채와 생선, 고기를 사는 곳만이 아니라, 즐기고 머물고 느끼는 시장 그리고 전통적인 서민음식이 계승되고 그것이 새로운 맛과 형태로 발전해나가는 음식문화의 보고로서 우리의 전통시장들이 바쁘게 움직여가야 하겠습니다.

사람들이 전통시장을 즐겨 찾는 핵심의 이유는 외형적 조건이 아닌 물품의 질과 고유성과 창의성이 더해진 '시장의 즐거움' 때문입니다. 살펴본 시장들은 모두 달랐지만 그들만의 방식을 추구했습니다. 남의 것을 흉내 내지 않고 자신의 것을 발전시키고 이를 지켜가려 하는 것, 그것이 전통시장을 지켜갈 수 있는 핵심의 원칙이라 할 수 있습니다.

영원히 함께 가야 할 길

우리나라가 전통시장의 회복과 지속가능한 발전을 위해 고민을 시작한 지 약 20년이 넘었습니다. 정부 문화체육관광부 에서 '문전성시 門前成市'라는 기획을 통해 전국의 전통시장들을 상대로 한 상권 회복의 시도가 계기가 되었습니다. 이 과정 속에서 꽤 많은 전국의 시장들이 위상을 되찾거나 관광형 시장으로 발전되었습니다. 그러나 전통시장의 활성화는 여전히 풀리지 않는 난수표를 닮았습니다.

전통시장 발전의 최대 난제는 대형마트 등장으로 인한 '전통시장의 왜소화를 극복하는 것'입니다. 왜소화란 상대적으로 빈약해지는 상황을 말합니다. 대형마트들은 전통시장에 있어 따라잡아 보려고 무던히 노력을 하는데 영원히 이길 수 없는 거대한 산과 같습니다. 이런 경우에 약자가 살아남기 위한 최선의 비책은 '함께 살 수 있는 방법을 찾는 것'입니다. 공존의 이유를 발견하는 것이 최선의 카드라는 것입니다.

전통시장을 개선할 때면 비를 맞지 않게 지붕을 씌우거나 간판을 바꾸는 등 외형적인 변화부터 시작하는 경우가 많습니다. 필요한 일이지만, 이것으로 대형마트를 따라잡을 수 있을까요? 백퍼센트 불가능합니다. 외형적인 덩치 키우기나 화려한 장식보다는 라이프스타일을 고려한 전통시장만의 내적 에너지의 확장이 왜소화 극복의 지름길입니다.

그 길을 찾으려면 많은 생각과 논의, 그리고 지속가능한 기획과 추진이 필요합니다. 시장을 시기고 사랑하는 사람들이 없으면 왜소화를 절대 극복할 수 없습니다. 먼저 경쟁력을 가진 상인들을 발굴하고 육성해야 합니다. 최근 일부 전통시장에서는 상인들의 세대교체가 일어나고 있습니다. 이 현상이 더욱 더 활성적, 지속적으로 일어나 전통시장은 경제적으로 어려운 상인들이 단순히 물건을 파는 곳이 아니라, 젊은이들의 통통 튀는 아이디어로 창의적인 발상으로 거래가 이뤄지며, 지역의 다양한 마음들이 모이는 신新 문화의 현장이 되어야 할 것입니다.

수원 못골시장, 전통시장 살리기의 역발상

수원의 '못골시장'이 갑자기 떠오릅니다. 수원 못골시장은 1975년에 오픈 했으니 다른 전통시장에 비해 역사가 무척 짧습니다. 그러나 이 시장은 우리나라 전통시장의 변화에 중요한 모멘텀을 제공했습니다.

못골시장을 살려내기 위해 지붕을 씌우고 간판을 개선하고 바닥포장을 깨끗하게 하는 등 환경개선사업도 했지만, 가장 중요하게 생각했던 것은 '행복한 상인들을 위한 마음 여는 일'에 대한 집중이었습니다. 상인들이 행복해야 시장도 살아날 수 있다고 생각했던 것입니다. 이 이야기를 할 때 빼면 안 되는 사람이 있습니다. ㈜지역활성화센터의 오형은 대표입니다. 2000년대 초중반 농촌과 어촌, 전통시장 등을 색다른 시선으로 바라보며 창조적 활성화와 재생의 길을 연 선각자입니다.

일반적으로 디스플레이와 간판을 예쁘게 하고 또 비를 맞지 않게 하는 것이 중요하다고 생각할 때 오대표의 생각은 달랐습니다. 상인들 모두와 긴 인터뷰를 하면서 왜 장사를 하고 있는지, 어떤 꿈을 갖고 있는지 등을 알아본 다음에 상인의 마음과 꿈을 간판과 시장 곳곳에 담기 시작했습니다. 예를 들면, "내 딸이 발레리나를 꿈꾸고 있고, 딸의 꿈을 이루어 주기 위해서 내가 이렇게 힘든 가게 일을 하고 있다." 이런 경

가수의 꿈을 담은 간판

먹음직한 반찬이 가득한 큰 호수

우에는 발레리나의 꿈을 간판에다 담았습니다. 그 상인이 간판을 볼 때마다 스스로 자긍심을 느끼고 더 열심히 행복하게 일을 해야 하겠다는 다짐이 들게 하는 그런 방법들이었습니다.

당시 유명했던 영화에서 아이디어를 얻어 '라디오 스타'라고 하는 음악방송 부스도 만들었습니다. 상인들이 직접 DJ가 되어 자기가 좋아하는 노래를 틀고, 자신의 생각도 얘기하는 시간을 가졌습니다. 그랬더니 상인

책으로 엮은 라디오스타 이야기

들부터 마음이 열리고 또 변하기 시작했습니다. 마음을 여니 함께해야 하는 여러 일들이 연이어 진행되었습니다. 상인 밴드가 결성되고 요리교실을 운영하는 등 상인이 행복한 시장으로 바뀌어 갔습니다. 못골시장 활력의 핵심 이유는 '상인들의 마음, 즉 생각의 변화'였습니다.

못골시장라디오스타의 옛 모습 ⓒ이뉴스투데이

학생들과 함께했던 전통시장 살리기

왜소화를 극복하기 위한 두 번째 대응책은 '시장과 동네를 하나로 묶는 일'입니다. 부산의 전통시장 속의 작은 가게들, 작은 골목들, 주변 동네들이 하나로 어우러지는 즉, 시장을 나누며 머물 수 있는 동네의 특별한 장소로 여길 수 있다면 전통시장들이 지속가능한 시장으로 남게 될 확률은 크게 올라갈 것입니다.

몇 년 전, 경성대의 도시공학과, 디자인학과, 실내인테리어학과 학생들이 모여 '반여2동시장'을 살려내는 일을 실험한 적이 있었습니다. '하늘 아래 첫 시장: 백년시장, 백년손님 만들기'라는 다소 거창한 슬로건도 내걸었습니다.

반여2동시장은 1960년대 판자촌 철거 정책으로 도심에서 집단으로 이주한 정책이주지 옆에 형성된 골목시장입니다. 5m정도 폭의 길 양쪽으로 가게들이 줄지어선 전형적인 전통시장의 모습입니다.

대학과 시장의 협력을 통해 시장의 정체성을 살려내고, 좀 더 나은 시장으로 나아갈 수 있는 방법을 찾아보았습니다. 상인 교육과 다양한 재능 기부를 통한 시장 활성화를 도모하기도 하고, 또 학생들이 직접 참여하여 시장 개선의 여러 방안도 찾아보았습니다.

여러 실험들 중 가장 기억에 남는 것은 손님들의 라이프스타일에 맞추어

판매 물품을 선택하고, 물품 특성을 고려한 시장의 재생 방법에 대한 고민이었습니다. '소포장된 반찬과 떡을 파는 가게들이 상당히 많다'는 특이점이 학생들의 눈에 포착되었습니다. 반찬가게들이 좀 더 나은 서비스를 제공하고 또 활성화될 수 있는 방법 찾기는 결국 용두사미(?)가 되고 말았지만, 학생들이 시장밀착형 재생에 눈을 뜨는 계기가 되었습니다.

칼 가는 장인과의 만남

진정한 골목시장

전형적인 골목시장 모습을 한 반여2동시장

발견 ① : 맛있는 반찬집들과 떡집들이 있다.

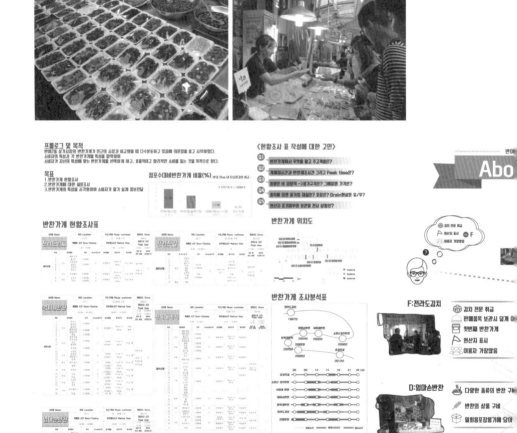

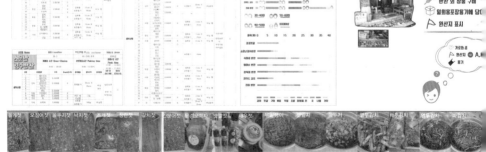

학생들의 반찬가게 프로젝트 (김수빈, 박민주, 진채문, 이재혁)

두 번째 발견한 점은 '시장 내 쉼터가 부족한 것'이었습니다. 장을 보러 왔을 때 시장 내에 쉼터가 없고, 특히 시장의 주 이용자들이 어르신들이었기에 이런 쉼터가 꼭 필요하다는 생각을 했습니다. 시장 곳곳에 쉼터를 만들어서 시장이 잠시 머무는 쉼터가 될 수 있기를 바라는 마음으로 방안을 찾아보았습니다. 손재주가 좋았던 여학생들이 대단한 도전에 나섰습니다. 손님의 휴식이 아닌 상인들의 휴식에 관심을 가지고, 특별한 상

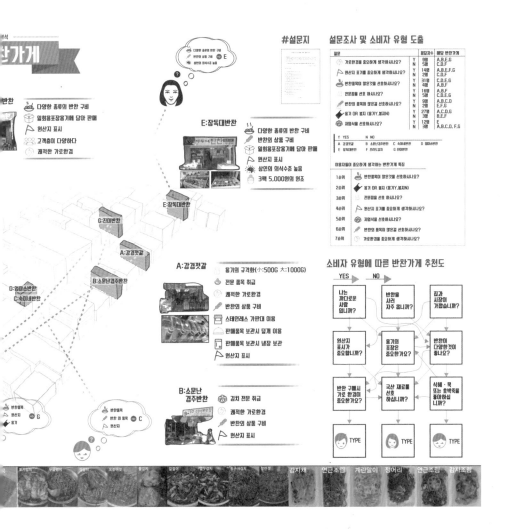

발견 ② : 주민들의 쉼터가 없다.

인의자를 제작해 보았습니다. 가게 안은 물론 길가 어디든 턱하고 놓으면 근사한 자신만의 의자가 되었습니다.

학생들의 눈에 세 번째로 들어온 것은 '빈 가게들'이었습니다. 군데군데 빈 가게는 물론이고, 시장 한 켠 커다란 상가시장 전체가 방치되어 있었습니다. 학생들이 다루기에는 덩치가 커서 힘은 들었지만, 방치된 유휴공간의 재생 실험을 위한 최고의 장소였습니다.

발견된 세 가지 점에 착안하여 학생들은 전공의 개성을 살린 작업과 성과 발표회, 상인들과 지역민들의 투표를 통한 시상, 경성대 교수들의 공연 등 함께 소통을 위한 다양한 도전에 나서 보았습니다. 그런데 쉽지가 않았습니다. 상인들의 마음을 연다는 것, 삶의 이야기가 담긴 시장으로 만들어간다는 것, 그것이 일시적인 아이디어들이나 생각만으로는 달성할 수 없는 것이라는 진리 아닌 진리를 깨달았습니다.

그때 학생들은 나름 이런 결론을 내렸습니다. "상인의 마음을 열도록 해야 한다. 그래야 시장에 삶의 이야기가 녹아들 수 있다." "정성이 담긴, 품질이 좋은 물품을 공급해야 한다. 그래야 안전한 먹거리와 살거리가 풍성

박경은 2011558012
조은별 2011958036
최희원 2011858037

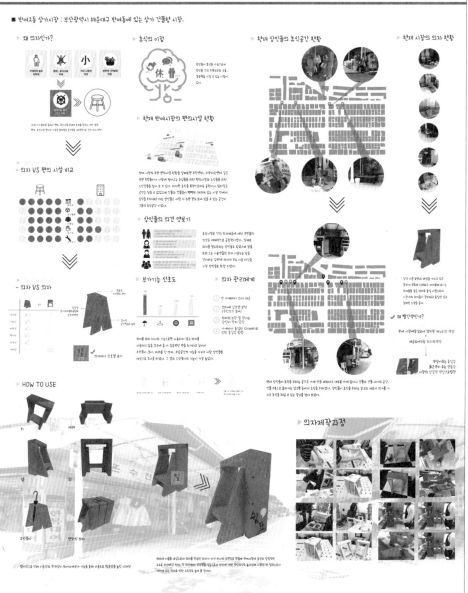

발견 ③ : 상가시장이 방치되어 있다.

한 지속가능한 시장이 될 수 있다." "시장을 사랑하는 시민이 많아져야 한다. 상인들만으로는 힘이 들기에, 시민들의 마음이 전통시장에 모여 공감되어야 되고 또 이를 통한 감동이 전해져야 모두가 공생할 수 있다."

학생들의 아이디어를 평가하는 상인들

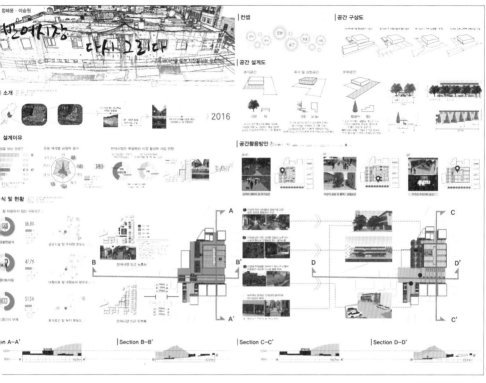

전쟁의 발발로 수많은 피란민들이 부산을 찾게 됩니다.

그러나 부산은 100만 여 명의 피란민을 감당할 만한 안정된 도시기반을 갖추고 있지 못했습니다.

가장 큰 문제는 '먹고사는 문제'였습니다.

대부분의 피란민들은 부두와 원도심 근처에서 조선업, 수산업, 물류업 등과

관련된 단순 노무직으로 생계를 유지하며 자식들을 키우고 교육시켰습니다.

또 다른 문제는 '집 문제'였습니다.

당시 피란민들이 거주할 수 있는 곳은 산 밖에 없었습니다.

피란민들은 공유지였던 야산에 가마니를 엮고 천막을 치고,

구호물품의 포장지로 사용되었던 기름먹은 시레이션 박스들을 모아 하꼬방을 지었습니다.

층층의 지형을 따라 집터를 만들고, 그 위에 집을 다닥다닥 붙여지었습니다.

집과 집을 연결하는 골목과 계단길은 피란민들의 삶의 통로였고 애환의 흔적이었습니다.

바라크 주택에서의 삶은 그나마도 괜찮은 편에 속했습니다.

가마니 움막들은 몇 번의 리모델링을 거쳐 판잣집이 됩니다.

판잣집은 시멘트벽돌집과 슬레이트집으로, 시멘트 블록에 빨간 타일을 붙이거나 벽돌조로 지은

다세대 다가구주택으로 변하며 산복도로는 점점 더 많은 사람들로 채워져 갔습니다.

그러나 2000년대 들어, 산복도로는 급속한 퇴락에 직면하고 있습니다.

주차장 확보, 편익시설의 양과 질, 교육과 안전한 환경 등에 있어 개선 속도가 매우 느리기 때문입니다.

주택 자체의 열악함도 한 몫을 합니다.

산복사람들의 미래는 어떻게 될까요? 산복도로는 어떤 모습으로 변해 갈까요?

산복도로와 피란마을

산으로 올라간 사람들

피란민과 산복도로의 관계

산복도로?

부산에서 산복도로가 탄생된 배경을 살펴보겠습니다. 부산은 원래 30만 계획도시였습니다. 해방으로 귀환한 동포들 중 상당수가 부산에 정착하며 인구는 40만으로 증가하였고, 한국전쟁으로 수십만의 피란민이 더해지며 부산은 100만 도시가 되었습니다. 숫자만 놓고 보면 약 60만 이상의 타지인들이 부산사람이 된 것입니다.

피란민들은 협소한 부산에서 살아남기 위해 치열한 경쟁을 뚫어야만 했습니다. 경쟁은 피란민들의 고단한 삶을 낳았지만, 풍성한 이야기보따리를 만들기도 했습니다. 결과적으로 전국 각지에서 모여든 다양한 사람들은 부산에 혼종성을 부여했습니다. 부산의 이러한 역사적 배경이 거칠고 급하지만 정이 많은 부산사람들의 기질 형성에 많은 영향을 주었다고 얘기합니다.

전쟁이 일어난 직후인 1950년 가을의 부산 모습입니다.

바다 ^{북항} 쪽으로 1, 2, 3, 4 부두가 나란히 돌출되어 있고, 산과 구릉지들은 거의 민둥산으로 보입니다. 항구와 마주한 구봉산, 수정산, 봉래산 등의 산자락 구릉지대는 피란민들이 공짜로 집을 지을 수 있는 공간이었습니다. 피란민들이 산 위에 집을 지음과 동시에 집과 집을 연결하는 길들이 생겼고, 시간이 흘러 이곳저곳에 동네들이 생겼습니다. 산 위에 있는 여러 갈래의 동네 길들과 아래 큰 도로가 연결됨으로써 산복도로의 꼴이 잡혀져 갔습니다. 산복도로는 1964년에 첫 구간이 개통되었습니다. 지금의 엄광로, 망양로, 천마산로, 중복로, 봉래길 등이 산복도로에 해당됩니다.

산복 ^{山腹} 은 '배의 배꼽에 해당하는 산의 중간부분'이라는 뜻을 가집니다. 산복의 사전적 의미는 '산의 꼭대기와 기슭 중앙의 비탈진 곳' 그리고 '산 허리와 산꼭대기까지 뻗어 올라간 서민들을 위해 우마차가 다닐 수 있도록 연결해준 도로'입니다. 산복도로는 구릉지 경사를 따라 수평으로 움직이는 길입니다. 그러나 이 길을 연결시키기 위해서는 아래쪽에서부터 중간 길들, 즉 수직으로 올라가는 경사와 계단으로 이뤄진 '오름길'이 반드시 필요합니다. 그렇기 때문에 수평으로 놓인 도로뿐만 아니라 위쪽을 연결하는 수직의 경사길들과 계단길들을 모두 합친 영역이 산복

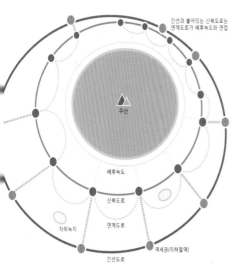

산복도로의 구성체계 ⓒ싸이트플래닝

켜켜이 쌓인 산복도로의 패턴, 1969년 ⓒ부산시 동구청

도로라 힐 수 있습니다.

부산시 공식자료에 의하면, 산복도로의 총
연장은 약 65km이며, 총 면적은 54㎢에
이릅니다. 중구, 동구, 서구, 영도구, 부산
진구와 사하구를 합쳐 총 6개구 54개동이
산복도로와 연결되어 있습니다. 개략적으
로 산복도로의 영역을 표시해 보았습니다.
붉은 영역으로 표시된 모든 영역이 산복도
로에 해당됩니다.

산복도로의 영역

아래 사진은 멀리서 본 산복도로의 모습입니다. 산 쪽으로 올라가는 구릉
지에 집들이 가득 차있습니다. 부산역에서 부터 중앙로, 산복도로, 민주공
원, 충혼탑으로 연결되는 지형을 잘라 보면 산복도로의 영역이 확연히 드
러납니다. 중간 구릉지에 형성된 도로의 이름만이 산복도로이지만, 주변
공간 모두가 이 도로와 연결되어 있기 때문에 산복도로는 한 도로만을 지
칭하는 것이 아니며 즉, 수평의 길 뿐만 아니라 도로와 아래 위로 연결된
정주환경 모두가 산복도로에 해당된다고 정의할 수 있습니다.

꽉 차있는 산복도로

산복도로에서의 삶

산복도로의 풍경은 매우 복잡합니다. "어떤 집이 가장 먼저 지어졌을까?"
에 대한 답 찾기는 거의 불가능해 보입니다. 집짓기 순서를 가늠하기 위
해 산복도로의 탄생 상황을 추론해 보겠습니다.

산복도로가 형성되던 초기 피란민들은 부두와 시장 주변에서 모은 널판
지 조각들과 미군 부대에서 흘러나온 구호물품의 박스 등을 사용하여 임
시 거처를 지었습니다.

가마니도 집의 지붕과 벽체 재료로 이용되었습니다. 철사로 가마니를 연
결해 만든 움막 같은 집들이 산복도로에 존재했던 피란주택의 원형이었
다고 할 수 있습니다. 번듯한 건설자재를 활용할 수 없었던 당시 상황을
고려해 보면, 10여 가구 이상이 함께 살았던 대형 천막집이나 산록과 물
가의 움막집들은 그나마 양호한 주거 공간이었습니다.

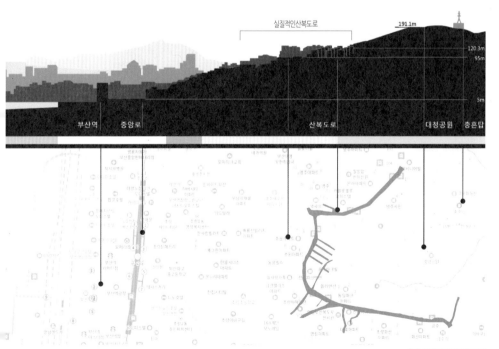

층층 쌓여 형성된 산복도로

1952년 보수천변의 피란 움막들 ⓒ부경근대사료연구소

1953년 7월 18일자 국제신문이 발견된
비석주택 벽지 ⓒ부산대 건축학과

하꼬방 벽지로 사용된 원조물품 박스 포장
ⓒ부산대 건축학과

임시로 지은 바라크 Baraque 주택도 편히 다리를 뻗을 수 있던 집이었습니다. 하지만 구호물자 포장지였던 기름먹인 시레이션 박스들과 나무판자 쪼가리로 민든 하꼬방에서의 생활은 싱싱힐 수 없을 징도로 열악했습니다. 2019년 아미동 비석주택에서 발견된 1953년도 신문지, 구호물자 종이박스, 시멘트 포장지, 원조물품 포장박스 등으로 볼 때, 피란민들은 넓고 편편한 면을 가진 재료라면 가리지 않고 모두 주택을 만드는데 사용했음을 확인할 수 있습니다.

영주동 산자락에 남아있던 바라크주택

1964년경 영주동 판자촌 전경
ⓒ부경근대사료연구소

1952년 산복도로의 판잣집들
ⓒ경향신문 1952-01-31

움막과 하꼬방에 이어진 다음 버전의 피란민 주거공간은 나무판자들을 연결한 판잣집이었습니다. 판잣집들의 탄생은 하꼬방의 리모델링 및 재건축과 연관이 있습니다. 변신의 주재료는 나무 합판이었습니다. 이런 시대상황 속에서 부산에서는 1970년대까지 판자를 생산했던 합판산업이 크게 발달하게 되었고 '동명목재', '성창목재', '태창목재' 등 굴지의 합판회사들이 자리 잡았습니다. 동남아시아로부터 원목을 직수입할 수 있었던 부산항의 존재도 합판산업 발달에 크게 기여했습니다.

이제 부산의 시대 역할론 즉, 대한민국에서의 부산의 위상을 간단히 짚어보겠습니다. 부산은 해방 후 귀국동포들의 안식처가 됨과 동시에 1950년 8월 18일부터 1953년 8월 14일까지 1,023일 동안 피란수도의 역할을 담당했습니다. 부산 전역이 피란민들의 삶터가 되었기 때문에 부산은 주택공급뿐만 아니

라 피란민의 먹고사는 문제까지 모두를 감당해야
했습니다. 부산은 외부와의 소통이 가능했던 항구
도시였고, 한국전쟁 당시 전쟁의 화마를 피한 유일
한 대도시였기 때문이었습니다.

사진●은 1951년 7월, 피란학교 천막교실의 한 장면
입니다. 칠판에 "나무와 풀은 어떻게 살아가는가?"

사진● 이경모 사진가가 촬영한 부산의 천막교실 ©눈빛출판사

라고 적혀있습니다. 아마 자연시간이지 않았나 싶습니다. 학교시설이 부
족했기 때문에 평평한 야산이나 운동장 등 야외에 임시로 지은 천막교실
에서 피란학교가 운영되었습니다. 중고등학교는 물론, 대학들도 부산에
서 학교를 재개했습니다. 서울대, 연세대, 이화여대 등 대학들을 포함한
80여개 소 이상의 학교들이 부산에서 피란학교를 열었습니다.

휴전 후에도 부산은 수도로서 역할을 이어갔습니다. 전쟁으로 새로운 인
프라와 산업체계를 구축할 수 없었던 시대적 혼란 속에서 온전한 부산의
산업인프라는 국난 극복에 있어 유효한 수단이 되었습니다. 한때 우리나
라에서 가장 큰 방직 기업이었던 '조선방직'은 전쟁을 거쳐 1968년까지
동천 옆에서 운영되었습니다.

삼성그룹의 기반을 제공했던 '제일제당'이 1953년부터 서면 동천 변에서
설탕과 밀가루를 생산하며 기업의 초석을 세웠고, LG그룹의 전신 '락희

북 항

동천과 연결되어 있던 1950년대 초반의 조선방직 ©부경근대사료연구소

화학공업사'는 럭키 Lucky 치약과 동동구리무라 불렸던 우리나라 최초의 화장품을 생산하며 대기업으로서의 기반을 갖추었고, 50년대 말에는 금 성사 Gold Star 라는 전자회사를 설립하기도 했습니다.

'타이아표', '범표', '말표', '기차표', '왕자표' 등 오륙십대라면 귀에 익숙한 상표가 붙은 고무신과 운동화 제품을 만들었던 삼화고무, 보생고무, 태화 고무, 동양고무, 진양고무, 국제상사, 대양고무 등의 공장이 있던 곳도 서 면이었습니다. 전쟁 이후 1970년대까지 우리나라 굴지의 기업들은 동천 과 서면 일대에 집중되어 있었습니다. 그야말로 당시 부산은 경공업의 메 카였습니다. 왜 이렇게 많은 공장들이 이곳에 모여 있었을까요?

부산항, 부산역과 부전역 등과 연접하여 '원료와 제품 수송·유통에 유리 한 조건'과 냉각수 공급과 하수구로 사용되었던 '동천의 존재'가 핵심 이 유일 것입니다. 또 다른 이유는 서면 배후의 산복도로에 정착했던 피란민

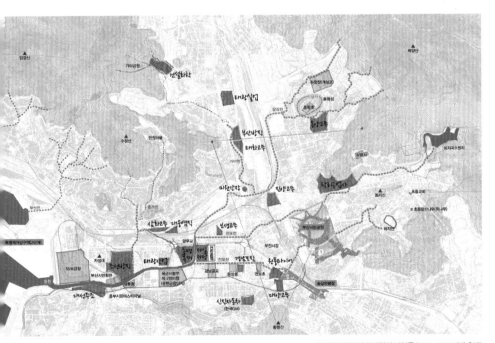

서면 동천 일원에 존재했던 기업들(1950~1970년대 초반)

들, 즉 '고급 노동력의 존재'였습니다. 노동력이 밀집된 산복도로는 기업들의 존립에 매우 중요한 기반을 제공했습니다. 하지만 현재 모든 공장들은 서면과 동천에서 사라졌습니다. 한두 곳을 제외하고는 모두 부산을 떠났습니다.

아쉬움을 뒤로 하고, 산복도로와 피란마을이 어떤 모습으로 변했는지 살펴보겠습니다. 1950년 부산항·산복도로 일대의 지도와 똑같은 규격의 현재 지도입니다. 현재와 비교했을 때 상당한 변화가 있었음을 확인할 수 있습니다. 우선 매축으로 인해 부산항이 상당히 좁아졌고, 산복도로 일대는 다양한 건물들로 채워졌습니다.

1950년대부터 본격화된 산복도로 채우기는 지금도 계속되고 있습니다. 피란민들은 왜 이렇게 좁고 경사진 지역에 거주했을까요. 당연히 먹고사는 문제 때문이었습니다. 일자리가 풍부했던 부두와 시장들이 모두 산복도로 아래 항구 주변에 집중되어 있었습니다. 이런 상황이다 보니 피란민들은 항구 배후의 야산에 머물렀습니다. 특히 부산역은 물론, 버스터미널, 연안여객터미널 등도 모두 항구와 그 주변에 있었으니 언제든 전쟁 상황이 호전되면 고향으로 돌아가려 했던 피란민들에게 있어 산복도로는 최적의 정착지였습니다.

70년 시간으로 채워진 부산항(1950/2020년)

다양한 주거 유형들의 집합소

켜켜이 쌓여진 산복도로

피란민들에게 집 짓는 속도와 건설자재의 수급은 매우 중요했습니다. 가마니, 시레이션 박스, 철사와 못 등은 집을 가장 빠르고 쉽게 지을 수 있는 최고의 재료였습니다. 흥미로운 에피소드가 있습니다. 지금은 철강회사로 크게 번성한 동국제강이 당시 못과 철사를 생산해서 큰돈을 벌었다고 합니다. 이어 유행했던 판잣집도 못과 양철이 필수재료였으니 동국제강의 번영은 당연한 것이었습니다. 모든 것이 때를 잘 만나야 하듯 기업의 흥망성쇠도 그런 가봅니다.

1960년대부터 산복도로에는 시멘트 블록과 슬레이트 지붕의 집들과 양옥이라 부르던 슬라브 주택이 지어졌습니다. 시멘트 벽돌과 철근 콘크리트가 더해지면서 산복도로의 집들은 큰 변화의 시기를 맞았습니다. 1990년대 초반, 시멘트 벽돌에 빨간 타일을 붙이거나 벽돌조로 지은 다세대·다가구 주택의 탄생은 산복도로에 있어 큰 사건이 되었습니다. 단독주택 한 채를 헐어 8~9가구가 살 수 있는 다세대·다가구 주택들이 등장하면서 산복도로의 밀도는 급격히 상승했습니다. 이것은 수개 층 규모의 조적조 주택들과 철근 콘크리트로 된 공동주택의 건설이 가능하게 되며 생긴 일이었습니다. 1~2층의 판잣집과 슬라브 주택들이 가득했던 급경사지에 3~5층 규모의 다세대·다가구 주택들이 등장하면서 산복도로의 풍경은 크게 변화되기 시작합니다. 연이어 마이카 붐이 불면서 자동차들이 골목길을 점유하고, 높은 집들이 바짝 붙어 지어지면서 일조권 제약과 프라이버시 침해 등 산복도로의 주거환경이 급격하게 나빠지고 말았습니다.

사진에서 확인 할 수 있듯 산복도로의 주택밀도는 상당히 높아 보입니다. 어디가 길인지 어디에 잠시라도 쉴 수 있는 공터가 있을지도 확인이 어려워 보이는 난삽한 풍경입니다. 외형적으로 답답해 보이고 힘이 들어 보입니다. 그러나 풍경 뒤에는 곤고했던 지난 시간들과 연결된 여러 의미들이 숨어 있습니다. 대표적인 것이 '골목 이야기'와 '동네 문화'입니다.

동구에 '안창마을'이라는 피란마을이 있습니다. 우연히 만난 동네아이들을 카메라에 담았던 때가 15년을 훌쩍 넘었습니다. 2007년 사진 속 개구장이들은 지금 건장한 청년이 되어 있을 것 같습니다. 멀리 골목 귀퉁이에서 배꼼 내다보고 있는 벽화 속의 아이(주황색 상의)가 사진의 주인공(노란색 상의)이지 않았나 싶습니다. 피란마을 곳곳은 동네 아이들의 안방과도 같았습니다. 집과 집사이의 공터와 골목길, 심지어 좁은 도로들도 그들의 마당이 되었습니다. 집과 마당의 구분이 애매했던 산복도로의 상황은 모두가 함께하며 부대끼며 살았던 산복사람들의 일상을 보여줌

친구가 되어 주었던 안창마을의 아이들, 2007

1970년 산복도로 옥상에서

*산복도로 아카이브 기본계획 수립시 주민들에게 받은 귀중한 자료들입니다.

아카이빙을 통한 산복사람들의 모습 ⓒ싸이트플래닝

요강도 작품!

니다.

2010년대 초반을 지나며 산복도로는 또 다시 바뀌기 시작했습니다. 문화예술이 산복도로에 들어오며 생긴 일이었습니다. 벽화를 그리기도 하고, 산복생활을 상징하는 조형물도 설치되었습니다. 산복도로에 사는 사람들의 이야기를 모아 '이바구공작소'라는 특별한 전시공간도 만들어졌습니다. 이바구공작소에서는 산복사람들의 이야기가 자주 전시되는데, 오래전 특별한 전시가 기억납니다. 전시품이 '요강'이었습니다. 시집올 때 마련했던 요강에서 대를 이은 요강까지 요강의 사연도 정말 다양했습니다. 전시를 위해 요강을 소장(?)하거나 사용 중인 어르신들을 설득하느라 얼마나 애를 먹었을까요? 그때 전시를 떠올려 보면 지금도 미소가 멈추질 않습니다.

산복도로의 상징이 된 감천문화마을

'어린왕자와 여우'는 감천문화마을의 유명한 모델입니다. 주말이면 많은 방문객들이 어린왕자와 어깨동무삼아 사진을 찍고 싶어 하는 명소가 되

어깨동무를 할 수 없었던 어린왕자(2014년)   마을 주민이 된 어린왕자와 여우(2015년)

었습니다. 퀴즈를 내 보겠습니다. 어린왕자와 여우의 뒷모습을 찍은 두 사
진의 차이가 무엇일까요? 2014년에는 어깨동무가 불가능했던 어린왕자
가 이듬해부터 어깨동무를 할 수 있게 되었습니다. 얼핏 방문자를 위한
배려 같지만, 실상은 어린왕자와 여우를 약 50미터 정도 이전할 수밖에
없는 상황 속에서, 어린왕자와 콘크리트 교각이 분리되지 않아 교각 자체
를 통째로 잘라서 옮긴 것이었습니다. 어찌되었던 결과적으로 감천마을
은 방문객에게 더욱 친근한 장소가 되었습니다. 감천항과 마을을 내려다
보고 있는 어린왕자와 여우는 과연 무슨 생각을 하고 있을까요?
수 십 개에 이르는 부산의 피란마을들 중 감천문화마을은 대표적인 피란
마을입니다. 감천문화마을은 태극도 신앙공동체가 1955년에 감천으로 집
단 이주하며 탄생했습니다. 1950~60년대 사진 속 풍경을 보면 언덕을 따
라 좌우로 길게 연결되게 집을 지었고, 피란민들은 골목들을 연결시켜 화
재가 나더라도 모두가 살 수 있는 방법을 취했습니다. 자연스럽게 앞집을
가리지 않는 건축적 원칙도 적용되었습니다. 마을 탄생기부터 마을 만들
기의 원칙이 있었기에 지금의 감천문화마을이 존재하게 된 것입니다.
맞은편에서 마을을 바라보면 성냥갑 같은 집들이 켜켜이 층을 이루고 있
습니다. 그런데 이 풍경만으로는 감천문화마을을 온전히 설명할 수도 이

해할 수도 없습니다. 마을을 이해하려면 풍경 속에 내재되어 있는 주민들의 삶의 애환과 이야기를 만나야 합니다.

십여 년 전, 마을에 새로운 힘을 공급했던 예술가들과 주민들로부터 이런 얘기를 들은 적이 있습니다. "마을의 골목길을 걷다보면 집으로 올라가는 수없이 많은 계단을 만날 수 있어요. 거의 모든 계단의 모서리 부분이 깎여 있는데 모두 의도적으로 깎은 것이예요." 마을에는 길에서 수평으로 진입하는 집들이 거의 없고, 두 세단 올라가든지 내려가는 구조입니다. 그러다보니 이런 계단들이 골목으로 돌출될 수밖에 없었고, 어둔 밤에 골목을 걷다가 계단에 부딪쳐 무릎이 까이거나 다치는 것을 최소화하기 위

얼마나 상상할 수 없는 이야기가 숨겨져 있을까요?

해 주민들은 계단 끝부분의 모난 부분을 깎았다고 합니다. 주민들의 배려가 진하게 배어있는 에피소드가 아닐 수 없습니다.

마치 고무새총을 닮은 이 풍경은 지금 마을에서는 만날 수 없는 풍경입니다. 빨랫줄입니다. 빨래를 널 수 있는 공간이 부족했고 골목에 빨래를 널 수밖에 없었기 때문에 탄생한 것입니다. 나뭇가지를 수평으로 세워 빨래를 널다가 말린 후에는 내려서 통행에 불편이 없도록 했던 것입니다.

마을 전역에서 벽에 잔뜩 붙어있는 물고기 떼를 쉽게 발견할 수 있습니다. 오래 전 진영섭 작가의 기획으로 주민들과 함께 제작한 고등어 떼를 형상화한 오브제입니다. 오브제는 떼를 이루며 감천마을이 부산의 대표마을임을 자랑도 하고, 꼬불꼬불하여 방향 판단이 어려운 골목길의 방향안내를 위한 길잡이가 되기도 합니다.

마을이 널리 알려진다는 것은 좋은 일만은 아닙니다. 마을이 유명해지면 미처 생각하지 못했던 부작용들이 발생하게 됩니다. 가장 큰 문제는 협소한 공간 조건으로 발생하는 '사생활 침해'일 것입니다. 이런 부분도 있습니다. 마을의 색이 점차 단순해지고 강해져 버린 것입니다. 방수도료를 한꺼번에 칠하고 개개별로 드러내고 싶은 마음이 강해지면서 생긴 현상입니다. 상업시설들의 지나친 등장도 큰 문제입니다. 마을 내 상업시설 운영은 주민들이 하는 것이 상식인

모서리가 깎여있는 골목 계단

공존의 빨랫줄

주민들의 손길로 제작된 고등어

랜드마크가 된 고등어 떼

데, 외부자본에 의한 상업화가 과해지고 말았습니다.

반면, 주민들 스스로 일터와 일자리를 만들어 자립 갱생하려는 노력이 진행되고 있습니다. 주민 스스로가 자원봉사자로, 또 문화예술사가 되어 찾아오는 방문객들에게 마을 역사를 안내하고 그들의 삶 이야기를 진솔하게 들려주는 활동이 점차 늘어나고 있습니다. 주민 스스로 마을기업들을 만들어서 일자리를 창출하고, 그 수익금으로 마을 어르신들을 돌보고 마을의 숙원사업들을 하나하나 해결하고 있습니다. 각박한 현대사회에서 결코 쉽지 않은 일입니다.

조금 다가서보면 감천문화마을에서는 뭔지 모를 힘이 느껴집니다. 그 힘은 주민의 결속과 마을 애착에서 시작되는 것 같습니다. 갑자기 그리워지는 이름들이 떠오릅니다. 진영섭, 김태홍, 이명희, 문정현, 이경훈, 손창민, 전순선, 심상보, 이귀향, 손판암… 이외에도 얼굴은 떠오르나 이름을 기억하지 못하거나 모르는 많은 분들이 있습니다. 부산시민의 한사람으로 지금까지 감천문화마을을 지키고 이끌어준 모든 분들께 감사의 마음을 전합니다.

부산의 산복도로와 세계의 산복도로

부산의 산복도로와 닮은 해외의 다른 마을들을 찾아보았습니다. '일본 나가사키 長崎 의 산복마을'은 부산 산복도로와 상당히 유사한 모습을 갖고 있습니다.

좁은 계단길과 경사진 마을을 지키기 위한 그들만의 노력이 독특합니다. 비닐 봉지를 든 어르신 한분이 계단 위쪽에서 매달려 오는 하얀 박스를 기다리고 있습니다. 일종의 사면이송기계인 이 시설은 계단길을 올라가기가 힘든 어르신들을 위한 생활필수품입니다. 아래쪽 정류장에서 안전 바를 내린 후 버튼을 누르면 위로 올라갈 수 있습니다. 일종의 경사 엘리베이터라고 할 수도 있는 개인용(최대2인) 모노레일입니다. 이 시설은 2002년에 설치된 '사면이송시스템1호기 てんじんくん'이며, 나가사키에는 총 4기가 있고 경사진 산복도로에서의 생활로 무릎과 다리가 불편한 어르신들을 돕고 있습니다.

이 시설에서 가장 흥미로운 점은 시설들을 누가 관리하고 지키느냐 하는 것입니다. 나가사키에서는 공공기관이 아닌 시민 스스로가 시설을 관리하고 지키고 있었습니다. 사진 속 어르신이 시설관리자입니다. 또 이 시설은 아무나 이용하는 것이 아니라, 시설을 이용하고 운전할 수 있는 카드를

나가사키의 산복마을 풍경

사면이송시스템1호기를 기다리는 어르신

총길이 80m, 32도 경사 극복 중

이용자 스스로 작동하는 시스템

주민 스스로 관리하는 시스템

주민에게 배포되는 카드

야간 보행의 안전을 위한 흰색 페인팅

가져야 가능합니다. 이는 이용자가 직접 운영함으로서 고장이 나거나 훼손될 확률을 줄이기 위한 선택이었습니다.

나가사키 산복도로의 모든 계단 길 끝에는 흰색 페인트가 칠해져있습니다. 야광물질이 더해져 밤에도 계단을 눈으로 쉽게 확인할 수 있도록 한 것입니다. 가로등이 있다고 하더라도 밤이 되면 골목길 계단은 상당히 어둡습니다. 그래서 낙상 사고가 잦습니다. 페인팅을 통해서 보행 안전을 도모하는 이 방법은 나가사키가 원조입니다.

또 하나 관심을 끄는 것은 '순환주택'입니다. 순환주택은 집수리 등 여러 이유로 잠시 이사를 해야 하는 사람들을 위해 일정 기간 최대 2년 동안 머물 수 있는 기회를 제공하는 집입니다. 한마디로 주민들이 영원히 마을을 떠나지 않도록 돕는 주택인데, 나가사키 시가 직접 짓고 관리하고 있습니다.

순환주택에서 가장 특별한 것은 주택의 중간 지점을 지나는 주홍색 길입니다. 이 길은 공동주택을 관통하는 도시계획시설입니다. 공동주택 내에 도시계획시설이 함께 결합된 것입니다. 이 길은 보행자를 낮은 곳에서 높은 곳으로 이동시키는 즉, 엘리베이터와 결합된 입체도로로 사용됩니다. 순환주택을 관통하여 3층으로 올라오면 구릉 위의 평지와 연결됩니다.

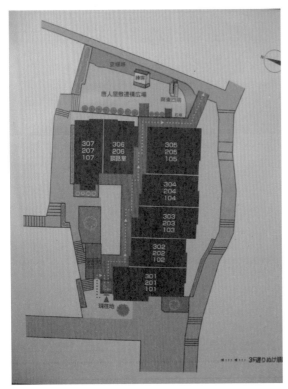

순환주택을 관통하는 도시계획시설인 보행자통로

공동주택 내의 보행자통로

3층 통로와의 입체 연결

공동주택은 거처를 제공할 뿐만 아니라 보행이 불편한 이웃들의 발 역할
도 하고 있습니다.

해외의 두 번째 사례는 미국 '샌프란시스코의 소살리토 Sausalito'입니다. 소
살리토는 샌프란시스코의 금문교 건너 맞은편 해안가에 자리한 작은 항
구마을입니다.

소살리토는 매력 덩어리입니다. 휴양분화와 수상레저, 도시생활 등의 측
면에서 빠질 것이 없습니다. 이 중 하나가 경사진 언덕에 올망졸망 모여
있는 주택들의 풍경입니다. 이곳에서 바라다 보이는 샌프란시스코항의
풍경 또한 정말 매력적입니다. 항구와 잇닿은 언덕 경사지에 자리한 주택
들은 녹지가 풍부하고 규모가 비교적 큰 규모이기에 부산의 산복도로와

소살리토의 언덕에서 만날 수 있는 샌프란시스코

는 달라 보이지만, 바다와 연결된 경사지에 집들이 층층으로 메우고 있는
공간구조는 매우 흡사합니다.

지형을 거스르지 않고 또 지형 스케일에 맞는 집들을 지은 결과라고 할
수 있습니다. 이처럼 지형을 어떻게 살리는가에 따라 후손들에게는 아름
다운 풍경이 되기도 하고 명소가 되기도 합니다.

소살리토의 산복마을 풍경 ⓒMarin Independent Journal

경사를 이용한 소살리토의 옥상주차장

이곳도 경사지이기 때문에 주차 공간을 확보하는 일이 그렇게 쉽지 않습니다. 그래서 집 지붕을 주차장으로 사용하는 경우가 많습니다. 이런 시스템은 부산 산복도로의 망양로에서도 만날 수 있습니다. 1960년대 말 산복도로보다 높게 집을 짓지 못하도록 규정한 '최고고도지구'의 적용 덕분에 탄생한 옥상주차장들입니다. 도로와 연결된 지붕 옥상 위에 수평으로 주차하는 방식입니다. 부산 산복도로에는 옥상주차장이 소살리토보다 훨씬 더 광범위하게 발달해 있습니다. 안전 문제가 있기는 하지만, 평지가 귀한 경사지대에서 주차장을 확보한 지혜로운 방법이라 할 수 있습니다.

세 번째 사례는 서울 성북구 삼선동의 '장수마을'입니다. 원래 이곳은 재개발지역이었습니다.

최고고도지구 때문에 생긴 수평의 옥상지붕들   부산 산복도로의 옥상 주차장

그러나 마을이 한양도성과 연접하여 있어 재개발이 쉽지 않던 차에 주민들은 특별한 결단을 내렸습니다. 주민들은 기존 공간을 밀어내고 새로운 것으로 채우는 재개발이 아닌, 개량을 통해서 주거환경을 바꾸는 방식으로 마을 개선을 진행했습니다. 2008년부터 마을에는 주민 스스로 마을을 바꾸어 보자는 의지가 확장되었고 다양한 재생의 노력들이 전개되기 시작되었습니다. 그 과정 중 한 가지를 얘기하려 합니다.

'동네목수'라는 마을기업이 2011년 장수마을에 설립됩니다. 박학룡 대표 전 서울도시재생지원센터 집수리지원단 단장 가 탄생시켰습니다. 동네목수는 집수리를 통해서 집을 개량하고 더 나은 주거환경 속에서 살아갈 수 있도록 서비스를 하는 마을기업입니다. 동네목수는 마을 중앙의 공가 한 채를 확보하여 순환주택으로 개조를 했습니다.

한양도성 아래의 장수마을 ⓒGuga 도시건축

우리나라 최초의 장수마을 순환주택

장수마을의 골목길

나가사키의 순환주택과는 규모와 스타일은 다르지만 쓰임새는 유사합니다. 피치 못하게 집을 잠시 떠나있거나 집을 수리해야 하는 동네사람들이 이곳에서 거주하다 집 수리가 완료되었거나 조건이 개선이 되었을 때 다시 집으로 돌아가는, 말 그대로 순환주택입니다. 이곳은 우리나라 최초의 순환주택 사례로 기록됩니다.

순환주택이 자리를 잡는 과정에는 여러 고비가 있었습니다. 박 대표가 타지 사람이었기에 더더욱 그랬다고 합니다. 동네목수를 설립하고 처음 일을 시작하려 했을 때 주민들은 박 대표와 동네목수를 그렇게 달갑게 여기지 않았다고 합니다. 주민들이 마음을 열

'평상'만으로도 마음을 열 수 있습니다.

게 된 계기가 감동스럽습니다. 박 대표가 '어르신들을 위한 평상을 만들어 준 것'이 시작이었다고 합니다. 이를 통해 박 대표의 진심이 주민들에게 전해진 것이었습니다.

"이 사람은 개발을 원하거나 돈을 목적으로 하는 사람이 아니라 정말 우리를 좋아하고 이해하려는 사람이구나."라고 생각하며 주민들이 마음을 열기 시작했다고 합니다. 이후 동네목수가 본격적으로 마을 안에서 낡은 집을 개량하고 고쳐나가는 일을 본격적으로 시작할 수 있었다고 합니다. 장수마을은 재건축, 재개발이 넘쳐나는 이 시대에 귀담아 듣고 살펴보아야 할 소중한 이야기가 넘쳐나는 마을입니다.

산복도로가 극복해야 할 난제들

부산의 산복도로가 해결해야 할 과제에는 어떤 것들이 있을까요? 이 고민은 급증하는 빈집, 요철凹凸형 땅모양, 그리고 수많은 골목길과 계단길에서 출발하는 것이 문제 해결의 지름길이라 생각합니다. 산복도로는 다층으로 이루어져 있습니다. 바다에서부터 산에 이르기까지 여러 지층을 갖고 있습니다. 도로와 공간의 켜 마다 주어진 조건이 매우 다릅니다. 따라서 지역과 마을이 갖고 있는 지형의 높낮이와 필지의 여러 조건들을 고려한 대응이 필요합니다. 지역과 밀착된 매우 섬세한 대응이 요구됩니다.

산복도로밀착적인 미래 지향

산복도로의 미래를 위해서 세 가지 차원에서의 고민이 필요합니다. 첫 째는 '쏟아지는 공가들에 대한 대응'입니다. 현재 산복도로에는 여러 이유로 주민들이 떠나면서 공가들이 점차 증가하고 있습니다. 공가들을 잘못 관리하면 자칫 우범지대로 전락할 수밖에 없습니다. 이에 대해서는 다양한 대안이 마련될 필요가 있습니다. 가장 적극적인 방법은 공가가 집단적으로 발생하는 동네를 젊은 세대들이 살아 갈 수 있는 재생주택의 실험 현장으로 만드는 것입니다.

산복도로에는 낡고 오래되고, 궁핍한 곳이 많습니다. 그렇지 않은 곳도 있지만 전반적으로는 그런 상황입니다. 문제 극복을 위해서는 산복도로에 신문화와 경제, 그리고 새로운 사람들의 유입이 반드시 있어야합니다. 10여 년 전 학생들과 함께 동구 증산일대의 산복도로를 개선하기 위한 실험계획을 세워 본 적이 있었습니다. 경사 엘리베이터에 도전하고, 저상형 버스를 도입하여 어르신들이 마음껏 대중교통을 이용할 수 있는 시스템도 구상해보고, 재생주택의 도입을 위해 여러 유형의 주택개량 방식도 찾아보기도 했고, 부족한 주차장 문제에 대응하는 지붕 데크 주차장에도 도전해보았습니다.

가장 중요한 것은 젊은 세대들을 위한 재생주택의 건설이었습니다. 당시에는 생소했던 '미니재건축' 개념을 제안해보았습니다. 미니재건축은 대형 단지를 개발하는 것이 아니라, 몇 필지를 모아 필지들의 패턴과 골목길의 폭과 형상을 해체하지 않고 재건축하는 실험적인 방법입니다. 여기에서 가장 중요한 원칙이 있습니다. 재생주택은 리모델링과 신축으로 재건할 수 있지만 원래 골목이나 동네의 분위기와 형상은 반드시 지켜야 한다는 것입니다.

산복도로 곳곳에서 재생주택과 비슷한 노력들이 진행 중에 있습니다. 이러한 노력들 중 하나는 게스트 하우스로 사용 중인 '초량 이바구 캠프'입니다. 이바구 캠프는 4채의 집과 골목 등을 있던 그대로 리모델링했습니다. 분명히 전과 다른 모습으로 크게 변화되었는데 마을의 분위기와 잘 어울립니다. 집과 길이 원래대로 작동하도록 만들었습니다. 지형구조를 그대로 살렸기 때문에 원래 가지고 있었던 풍경을 지킬 수 있음은 물론이고, 골목길의 따뜻한 정감이 물씬한 휴먼스케일의 느낌이 고스란히 묻어납니다.

이곳은 주민중심의 사회적 기업이 운영하고 있습니다. 동네 이미니들이 위생관리를 책임지고 있고 신청을 하면 아침밥도 차려 주십니다. 게스트 하우스, 아트팩토리, 또 멀티센터, 인접지의 민박집들까지 하나로 연결하는 온라인 네트워크 덕분에 마을은 활력 있는 부산의 명소로 자리를 잡았습니다.

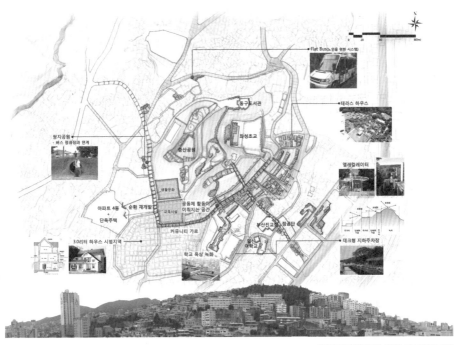

학생들과 고민했던 증산일대 산복마을의 미래

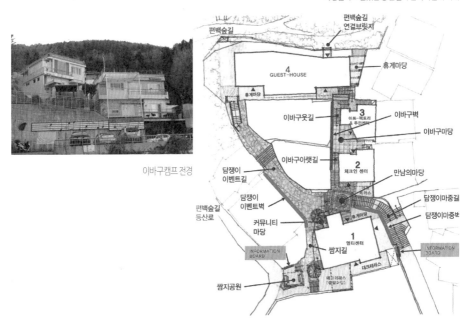

이바구캠프 전경

이바구캠프의 배치도 ⓒ부산시

이바구캠프의 '산복도로 칠일살이'라는 기획이 재밌습니다. 7일 동안 이바구캠프에 머물면서 산복도로를 다양하게 경험하는 프로그램입니다.

1일 : 홀로? 때론 같이!
2일 : 캠프 주변의 재미난 장소들
3일 : 초량전통시장을 가다
4일 : 직접 고른 재료로 이웃과 함께 맛있는 요리를!
5일 : 미루던 책 한 권을 꺼내어
6일 : 내가 정한 나만의 피톤치드 time!
7일 : 정든 마을에서의 칠일살이

두 번째는 '걷기 힘든 길에 대한 대응'입니다. 산복도로는 지형적 특성상 도보 이동이 어려운 공간입니다. 무릎이 아프고 또 자칫하면 다칠 수도 있는 매우 위험한 구조를 가지고 있습니다. 하지만 '이 경사와 계단을 모두 걷어내고 평지를 만들어 대형 아파트단지를 짓는다.'는 발상은 더 큰 문제를 가져올 수 있기에 신중한 판단이 필요합니다.

십여 년 전, 영주동 일대에 계단길 구조를 극복하기 위한 실험을 시도해보았습니다. 걸어 다닐 수 있도록 고저차를 극복할 수 있는 입체형 시설을 도입하기 위한 시도였습니다. 더 나아가 이 시설과 연결된 주변 골목길들이 부산의 명소가 되도록 하는 일이었습니다.

수차례의 계획 변경과 시행착오를 겪은 후인 2014년 8월 9일, '영주동 오름길'이란 명칭으로 경사 엘리베이터가 오픈했습니다. 오름길은 계단 옆의 사용하지 않던 데드 스페이스 Dead Space인 학교 옹벽 부지를 활용하여 조성했습니다. 그래

걷기 힘든 산복도로 (도울 수 없는 할아버지)

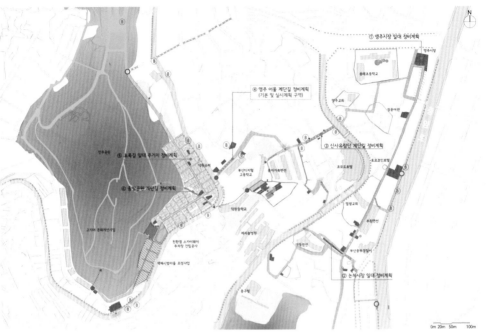

영주동 오름길 마스터플랜 ⓒ싸이트플래닝

서 이곳 탄생에는 특별한 의미가 더해졌습니다. 비록 쓸모없던 옹벽이지
만 교육청 산하의 땅을 전용하는 것은 만만치 않은 일이었습니다. 해결의
실마리는 당시 중구청장님과 교장선생님 간의 꽉 막힌 행정의 벽을 허물
며 도전했던 '서로를 위한 협약 체결'이었습니다. 산복도로와 같이 오랜
시간을 두고 자생적으로 형성된 곳 대부분은 여러 관리주체들이 얽혀 있
는 경우가 허다합니다. 이러한 공간에 새로운 변화를 시도하다 보면 예상
치 못했던 갈등이 발생하고, 관련 주체들이 서로를 불신하며 공조 체제를
깨는 일이 비일비재하게 발생합니다. 유일한 해결책은 지속가능한 대화
를 통해 실천을 위한 공감을 함께 이끌어내는 것입니다.

부산국제영화제가 열리는 10월의 어느 밤, 영주동 오름길은 이렇게 계단
영화관으로 바뀔 수 있습니다. 계단참에 스크린을 설치하면 계단길은 동

완성된 영주동 오름길(경사 엘리베이터 부분)

동네영화관으로 변신할 수 있는 계단길

네 주민들의 계단 영화관으로 변신할 것입니다. 계단길이 고통스럽게 올라가고 내려가는 길이 아니라 우리 삶속에 살아있는 공간으로 얼마든지 변신할 수 있으니, 이런 실험과 노력들을 다양하게 넓혀간다면 부산의 계단길들은 시민들과 영원히 공존할 수 있을 것입니다.

산복도로를 향한 우리 모두의 마음

부산 산복도로와 관련하여 믿기 힘든 '팩트'가 하나 있습니다. 이곳이 '우리나라 의료보험의 발상지'라는 사실입니다. 위대한 이 일을 시작한 사람이 '의사 장기려'입니다. 장기려는 한국전쟁 중 월남하여, 피란민을 도우며 이들을 위한 복음병원 _{고신대학교 부속병원} 을 설립하고, 또한 우리나라 의료보험의 산파역에 도전했던 의사였습니다.

그는 피란세대입니다. 월남 후 금방 끝날 줄 알았던 전쟁이 3여 년 동안 끝나지 않았고 결국 돌아가지 못한 채 부산사람이 됩니다. 평생 피란민들과 서민들을 위한 의료봉사인으로 살았습니다. 1968년 부산 지역의 23개 교회 단체의 대표들이 주축이 되어 우리나라 최초 민간(자영자) 의료보험조합인 '부산청십자의료보험조합'을 창립했습니다. 장기려는 조합장을

맡았습니다. "가난한 환자를 구제하고, 조합원 서로가 돕는 정신을 가지
며, 질병과 경제적 부담을 극복하고 사랑으로 가득 찬 사회를 만드는 것
이었다."라는 설립 목적처럼 조합은 1989년 국가의료보험제도에 통합되
어 해체될 때까지 영세민 환자의 구호와 질병 치료를 위한 지역의료보험
의 모델로서 뚜렷한 족적을 남겼습니다.

장기려의 처방전에 "닭 2마리 살 수 있는 값을 주시오." 라는 처방이 적
혔던 적이 있었다고 합니다. 간호사에게 닭 2마리의 구입비용을 환자
에게 주라는 뜻이었습니다. 그 환자의 병은 다름 아닌 영양실조였기 때
문이었습니다. 고신대복음병원의 병원신문 2018년 1월 5일자 http://www.
khanews.com 에서 '장기려 박사와 약속 지키는 기부천사'라는 기사를 발견
했습니다.

"모두가 어렵던 시기에 한 의사가 베푼 온정을 잊지 않고 50여 년 만에 되갚으려
한 사람이 있어서 화제다. 본인을 49세 기업가라고 밝힌 이 사람의 이름은 박종
형 ㈜무한 대표이사다. 박 대표는 2018년 정초에 고신대학교복음병원 병원장 임학
에 찾아와 "48년 전 고신대병원에 진 마음의 빚이 있어서 다시 병원을 찾아왔다"
고 말했다. 1970년, 진주시 외곽의 시골마을에서 매우 가난하게 살던 박우용 씨
는 심한 복통으로 찾아간 복음병원에서 간암이라는 청천벽력 같은 소식을 접했
다. 당시에는 손을 쓸 수도 없는 중병이었지만 주치의였던 장기려 박사는 한 달
동안 성심성의껏 박우용 씨를 치료했다고 한다. 박씨 가족이 가난해 병원비를
도저히 지불할 수 없는 형편이라는 것을 알고 장 박사는 자신의 월급으로 박씨
의 병원비를 대납해주었다. 이 뿐만 아니라 당시 만삭의 몸에 간병으로 지쳐 임
신중독까지 왔던 박 대표 모친의 치료까지 무료로 책임져 주었다. 장기려 박사
의 도움으로 박 대표 가족은 자택에서 부친의 임종을 맞게 됐고, 모친도 임신중
독에서 회복해 무사히 순산하게 됐다. 그때 태어난 아기가 박종형 대표다.

박 대표는 "돌아가신 어머니께서 항상 입버릇처럼 '우리 가족은 장기려 박사님께 큰 빚을 졌다. 언젠가는 꼭 갚아야 한다'고 말씀하셨다"며 모친의 유언을 품고 살다 2018년 정초에 고신대병원을 찾았다고 밝혔다. 그는 올해부터 매년 1천 800만원씩 후원할 것을 약정하면서 계속해서 어려운 이웃을 위한 의료봉사에 써 줄 것을 당부했다. 1천800만원은 48년 전 장기려 박사가 대납해줬던 부친의 병원비 금액을 요즘의 가치로 환산했을 때 대략적으로 책정한 금액이라고 했다. 박 대표는 "장기려 박사님의 도움이 없었더라면 지금의 나는 세상에 존재하지 못했을 것이다"면서 "사람에 대한 투자 그리고 이웃에 대한 나눔이야말로 모두가 행복해지는 시작이라는 것을 모두가 기억했으면 좋겠다"고 밝혔다. 한편 돈이 없어서 병원비를 낼 수 없었던 가난한 환자를 병원 뒷문을 열어 도망가게 했던 일화는 장기려 박사의 일대기에서 빼놓을 수 없다. 그 같은 일화가 50여 년이 흘러 아름다운 사연이 되어 돌아온 것이다.

의사 장기려의 헌신을 기억해야 하고, 후손들에 물려주어야 할 그의 정신가치가 너무 큼을 알게 된 부산시에서 그분의 삶을 기리기 위해 청십자의료보험조합이 설립되었던 장소 근처 산복도로에 '장기려 더 나눔센터'를 조성했습니다. 작은 기념관으로 의사 장기려의 정신을 기리기에는 부족함이 있지만, 그럼에도 그곳을 찾을 때면 산복도로의 고난을 이겨내기 위해 도전했던 그분의 헌신이 떠오릅니다.

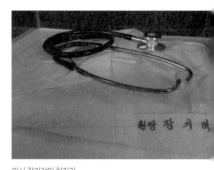

의사 장기려의 청진기

이처럼 부산의 산복도로와 피란마을은 '살아있는 부산의 마음'이라고 생각합니다. 산복도로 풍경 속에는 군집을 이루어 표출되는 미적이고 정서적인 맥락이 존재하고 있습니다. 그 맥락은 '부산의 문화적 풍경'으로 정의할 수 있습니다. 그런데 그 풍경이 반드시 좋은 것만은 아닙니다. 산복

초량산복도로ⓒ이인미

도로의 풍경에는 닳고 닳아 불편하고 가난한 궁핍이 숨어 있기 때문입니다. 빈곤을 없애겠다고 산복도로의 맥락을 무시한 채 무분별한 개발의 변화를 가한다면 오랜 시간 동안 일구어온 부산의 문화풍경과 그 분위기가 깨질 수밖에 없습니다. 난제가 아닐 수 없습니다. 이러한 개발 행위를 무시하거나 모른 채하는 것은 산복도로에 녹아있는 부산의 유·무형의 가치는 물론 후손의 책무 또한 포기하는 것이라 생각합니다. 어떤 것이든 산복도로밀착적인 혁신의 방안을 찾아 이곳을 지속가능하도록 지키는 일에 도전하고 또 도전해야 합니다.

보수동 책방골목은 약 30여 곳의 헌책방들이 모여 있는
세계에서 가장 밀집도가 높은 유일무이한 책방 거리입니다.
영국 웨일즈의 헤이온 와이, 벨기에와 프랑스에도 비슷한 곳들이 있지만
모두 마을 규모이고 헌책방들이 군데군데 흩어져 있어,
이곳처럼 헌책방들만 길가에 집결되어 있는 곳은 세상 어디에도 없습니다.
보수동 책방골목의 탄생은 한국전쟁과 밀접한 관계를 갖고 있습니다.
전쟁 당시 책방골목 일대는 보수산 자락에 있던 피란학교들의 주통학로였습니다.
그러다보니 자연스럽게 헌 교과서들을 팔고 사는 일이 시작되었고,
미군부대에서 흘러나온 서양 잡지들의 거래가 이루어지며 책방골목으로 자리 잡게 되었습니다.
책방골목은 1990년대 초반까지 성업을 이루었습니다.
이후 대형서점의 등장과 인터넷 거래가 활발해 지면서
책방골목은 어쩔 수 없이 쇠퇴할 수밖에 없었습니다.
지금의 책방골목 현장 분위기는 밀려들고 있는 개발의 물결로 곧 사라질 것만 같습니다.
그러나 시민들은 책방골목이 이 자리에서 영원히 지속되기를 희망하고 있습니다.
이를 위해서는 해야 할 일이 참 많습니다.
가장 먼저는 책방골목에 내재되어 있는 '시대 가치를 뚜렷하게 드러내는 일'입니다.
조금이라도 책방골목의 존속에 공감하는 시민들의 수를 늘리는 일에 주력해야 합니다.
다음은 책방골목을 넘어 '주변 배후지대와 함께 이곳의 미래를 바라보는 것'입니다.
책방골목 대부분은 도심 상업지역에 속해 있어,
이대로 그냥 두면 자연적으로 해체될 수밖에 없습니다.
배후지대이기도 한 보수동과의 상보적 관계를 깊게 하고
또한 강하게 묶어야만 반전을 기대할 수 있습니다.
고치며 살고, 다른 곳과 다르게 살며
또한 모두 함께 살아가기 위한 노력들이 책방골목에서 지속되어 지길 바래봅니다.

네 번째 이야기

보수동 책방골목

세계
최고의
헌책방
집합소

명소의 반전^{反轉} 보수동

보수산, 보수동, 보수동책방골목

보수동의 약 2/3는 최고 40도에 이르는 급경사지 위에 형성된 영세 주거 밀집지역으로 사회·경제적으로 큰 어려움을 겪고 있습니다. 그야말로 응급조치가 필요한 곳입니다. 보수산 가장 높은 곳에는 1969년 완공되어 낡고 붕괴 우려마저 있는 보수아파트가 있고, 아래쪽 급경사지역에는 다양한 형상을 한 주택들과 높고 낮은 소규모 공동주택들이 밀집해 있습니다. 보수동 책방골목은 바로 그 아래 경사 끝자락에 입지하고 있습니다.

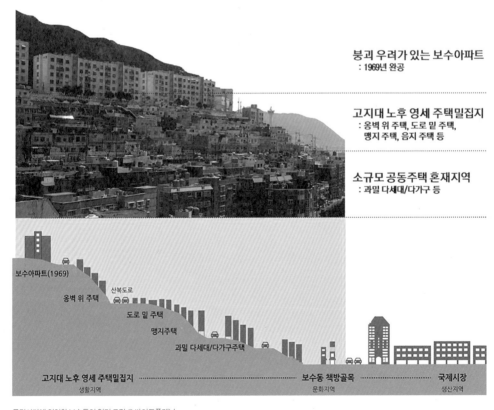

급경사지에 위치한 보수동의 입지 조건 ⓒ싸이트플래닝

1924년 보수동 ⓒ근대부산지도 모음집　　　　　거의 변화가 없는 보수동(2021년)

보수동 일대가 표기된 지도들과 기록들을 살펴보면 이곳의 탄생 역사는 조선시대로 거슬러 올라갑니다. 보수동의 우측 경계부에는 원래 보수천이 흘렀습니다. 17세기 중반 초량왜관을 새로이 짓기 위해 그려진 〈초량지회도 草梁之繪圖 〉에는 초량천으로, 19세기 풍속화인 〈부산고지도〉에는 법수천 法首川 으로 기록되어 있습니다. 보수천은 고원견산이라 불렸던 엄광산과 구덕산에서 발원하여 송도만 남항 으로 유입되는 불과 3.8km밖에 안 되는 짧은 하천이었지만, 보수천의 기능은 여느 강보다 중요했습니다. 개항 후 전관거류지가 보수천 바로 옆에 형성되며 강물이 식수원으로 사용되었는데, 그때 사용한 수도관 재료가 대나무였다고 합니다. 비록 대나무관이긴 했지만 당시 수도관은 부산 상수도의 효시가 되었습니다.

바다와 잇닿은 평지를 흐르는 강가 주변부는 사람들이 모여 살 수 있는 최적의 조건이었습니다. 보수동, 부평동, 광복동, 대청동, 부민동, 대신동 등으로 이루어진 보수천 일대는 도심이자 주거지로서 개항기와 일제강점기에 전성기를 누렸습니다. 보수천과 연결된 넓은 습지대로 추정되는 보수동 일대를 '초량 草梁 '이라 불렀습니다. 초량왜관의 '초량'이란 명칭이 여기서 유래된 것입니다. 보수동에는 전관거류지 일인들의 활동을 지원하기 위한 상업, 산업, 교육 등의 각종 지원시설들이 건설되었습니다. 대표적으로 부산공립심상고등소학교와 부산공립고등소학교, 그리고 여성 교육기관이었던 성금회 成錦會 등이 설립되었습니다. 부산공립심상고등소

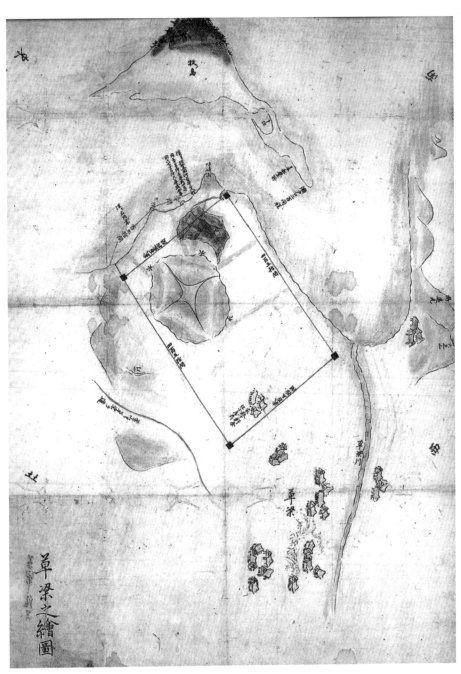

〈초량지회도〉(17세기 후반)에서의 보수천

학교는 제2심상소학교와 직업학교, 부산제1공립공업학교를 거쳐 현 보수
초등학교가 되었고, 부산공립고등소학교는 제5심상고등소학교와 공업
보습학교를 거쳐 1938년부터 부산세무소로 기능하다 현 중부산세무서가
되었습니다. 성금회는 부산여고의 전신이 되었습니다. 이외에도 술, 간장
등을 주조하는 양조장들과 담배제조공장이 들어섰습니다. 특히 1906년
에 설립된 죽학주조장 竹鶴酒糟醬 은 보수양조주식회사를 거쳐 현재 보수종
합시장 1978년 으로 사용되고 있습니다. 보수양조 시절인 1950년대에는 부
산의 대표 음료였던 '보수사이다'를 생산하기도 했습니다.

이러한 지역의 번성 가운데, 1928년 개장한 공설운동장 현 구덕운동장 을 시점
으로 영도, 범일동, 동래온천장을 잇는 다섯 노선의 부산전차가 운영되기
시작했습니다.● 전차 노선이 전관거류지를 중심으로 부산역과 부두 일
대를 넘어, 전통적인 지역 중심이었던 부산진과 동래까지 확장된 것은 부
산과 동래를 근대식민도시로 통합하려는 일제의 책략이었다고 볼 수 있
습니다. 공설운동장에서 출발한 전차들이 분기되었던 대신동, 보수동, 토
성동 일대는 항상 많은 사람들로 붐볐고, 전관거류지를 지원했던 각종 교
육, 산업시설들이 집결했습니다.

해방 후 조선와사는 남선전기주식회사
로 개편되었고, 현재 한국전력공사 중
부산지사로 맥이 이어지고 있습니다.
조선와사와 전차를 배경으로 한 사진
속에서 당시 보수동 일대의 활발했던
분위기가 전해집니다.

조선와사주식회사와 전차 ⓒ부산시 서구청

● 5노선은 다음과 같다. 범일정(凡一町)선:3,979m, 목도(牧島)선:1,966m, 장수(長手)선: 3,376m,
　대청정(大廳町)선:1,488m, 동래선:10,906m ⓒ위키백과

이처럼 전차 이야기를 장황하게 설명한 이유는 '1920년 9월 14일 부산경찰서 폭탄투척의거를 일으킨 의열단원 박재혁 의사가 상해로 망명하기 전 1916년 4월부터 부산전차 차장으로 일했다.'는 기록에 대한 호기심 때문입니다. 이와 관련된 더 이상의 기록을 찾지 못했지만, 분명한 것은 의사가 차장으로 일한 까닭은 망명 자금을 모으기 위한 의도였다는 사실입니다. 이왕 얘기가 나온 김에 의사의 행적을 조금 더 쫓아 보겠습니다. 부산경찰서 폭탄투척의거는 3·1운동의 정신을 잇는 항일투쟁의 실천이자, 의열단 투쟁의 최초 성공 거사였습니다. 의사가 단식으로 순국한 날이 1921년 5월 11일이었습니다. 2021년 '부산경찰서 투탄 순국 100주년'을 기념하여 부산시는 의사 유적을 부산미래유산에 선정하였습니다. 그런데 유적들이 곳곳에 흩어져 있고, 의사를 집중 소개하는 기념관조차 없는 상태입니다. 빠른 시간 내에 박재혁 의사의 애국심과 공적을 알고 싶어 하는 많은 시민들이 유적에 쉽게 다가설 수 있기를 바라는 마음입니다.

이처럼 식수공급이 가능했고 일자리가 많았던 보수동은 전쟁피란민들에게 놓칠 수 없는 땅이었습니다. 보수천변은 물론 보수산 자락 대부분에 피란주거가 형성되었고, 지금까지 그 맥락이 이어지고 있습니다.

그러나 지금의 보수동은 미래가 불투명한 곳으로 급변하고 말았습니다. 60대 이상의 인구가 30% 이상이며 경사주거지 일대의 고령화율도 40%를 넘어 섭니다. 주거환경도 매우 열악합니다. 주민들은 집과 옹벽의 붕괴 위험, 일조와 환기 관련 문제, 그리고 급경사지로 인한 협소한 보행로 등 다양한 어려움을 토로하고 있습니다. 부산의 여느 곳보다 사회·물리적인 환경이 취약합니다. 경제도 마찬가지입니다. 보수동의 유일한 전통시장인 보수종합시장도 공실률이 50%가 넘을 정도이고, 책방골목도 포토 존이나 호기심으로 들르는 곳이지 책과 연결된 산업구조가 구축되지 못한 상황입니다.

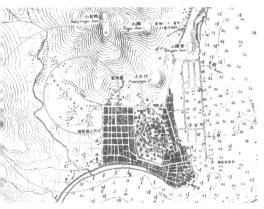

1905년 〈부산항지도〉 중 보수동 일대 ⓒ근대부산지도모음집

그럼에도 불구하고 세계에서 유일무이한 책방골목이 자리한 보수동은 신중히 다루어질 필요가 있습니다. 책방골목은 놀랍게도 1905년 〈부산항지도〉에 등장합니다. 부산항지도에 골목을 따라 작은 집들이 줄줄이 서 있는 모습을 확인할 수 있습니다. 1910년대에 건립된 학교들(하얀 공백 부분)의 통학로로서의 조건을 이미 갖추고 있었습니다.

금새 끝날 줄 알았던 한국전쟁은 무려 3년이나 지속됩니다. 그러다 보니 부산에 피란 온 학교들이 부산에서 학교를 재개할 수밖에 없었습니다. 중·고등학교 50여개를 포함하여 80여개 소가 넘는 피란학교들이 한꺼번에 운영되다보니 교실 부족은 물론이고 가르칠 사람도 부족했습니다. 그래서 짜낸 묘안이 평평한 야산이나 큰 공원, 학교 운동장에 천막을 쳐서 학교를 운영하는 것이었습니다. 그런 가운데 1951년 5월 〈대학교육에 관한 전시조치령〉에 따라 공동으로 대학을 운영하는 전시연합대학이 부산에 탄생되기도 했습니다.

보수동에도 피란학교들이 들어섰습니다. 학교 운동장은 물론, 산기슭에도 들어섰습니다. 1951년 2월 20일 보수공원에 피란학교를 연 서울사대부중은 최초 피란학교로 알려져 있습니다. 1951년 3월 17일에는 서울고교도 보수공원에 피란학교를 열었습니다. 현 혜광고교 자리는 서울 무학여고

이름 모를 어느 여학교의 피란학교 모습 ⓒ부산시교육청

의 피란학교 더였습니다.

보수공원에 열었던 피란학교 모습이 담긴 장면은 현재 알려져 있지 않습니다. 다른 피란학교 사진들을 고려해 보면 운동장을 칸칸이 나누거나 한 천막 속에 서너 개 이상의 학급들이 운영되었을 것 같습니다. 환경은 매우 열악하였지만 교육에 대한 열망은 도리어 높았던 시대였습니다. 당시 피란학교의 모습을 이해할 수 있는 사진들 중 가장 인상 깊은 사진입니다. 카메라를 응시하고 있는 이 여학생은 과연 누구일까요?

피란학교에서 공부중인 아이들(1952)
ⓒ대한민국역사박물관

책방골목의 탄생 연유에 대한 가장 정확한 이야기는《디지털부산문화대전-보수동 책방골목을 지키는 사람들》에 기록되어 있습니다. 책방골목의 첫번째 헌책 노점상은 평양에서 피난 온 청년 손정린과 김제에서 피란 온 처녀 임씨였다고 합니다. 임씨의 동생이자 책방골목에서 헌책방을 운영 중인 임춘근은 이렇게 증언하고 있습니다. "전쟁으로 피란민이 복작거리던 시절, 누나는 부산에서 매형을 만나 결혼하고 보수동 골목 근처 판잣집에서 살았어. 보수동 사거리 입구 골목 안 목조 건물 처마 밑에서 포장지를 깔아놓고 책을 팔았어, 호구지책으로. 처음엔 미군부대에서 흘러나온 만화책 몇 권을 놓고 번역문을 오려붙여 빌려주다가 본격적으로 헌책을 모아 팔기 시작했어. 그럭저럭 장사가 제법 되는 거야. 그래서 두어 칸짜리 문간방을 빌어 가게를 열었는데, 그 뒤를 이어 비슷한 책방들이 쭉 생겨나기 시작했고, 세월이 지나면서 책방골목이 자연히 형성되었지."

정리를 해보면, 보수동 근처에는 임시정부청사를 중심으로 한 행정기능, 부평시장과 국제시장(도떼기시장)을 위시한 상업기능 그리고 피란대학들이 하나로 뭉쳐 만든 부산전시연합대학과 여러 피란학교들의 교육 기능 등이 집중되어 있었습니다. 자연적으로 전국에서 모여든 학생들을 비롯한 지식인들과 문화예술인들이 지역에서 북적였고, 출판사나 인쇄소들도 동광동과 보수동에 밀집했던 것입니다. 이러한 여건들은 책방골목 성장의 기폭제가 되었습니다.

전쟁이 끝난 후에도 헌책 거래는 이어졌습니다. 1960~70년대는 아직 우리나라의 출판문화가 제대로 자리잡지 못했고 새책이나 새 교과서를 만나기가 쉽지 않았던 시절이었기에 헌책은 매우 소중한 대상이 되었습니다. 무려 80여 점포가 들어설 정도로 성업했다고 합니다. 학생들은 자기가 쓰던 책을 팔아 용돈에 보태기도 하고, 가난했던 사람들은 헌책을 다시 사는 등 헌책을 매개로 한 순환경제의 발달은 책방골목의 존재 이유를 점차 강화시켰습니다.

그러나 80년대 이후 조금씩 골목의 열기가 식어가다, 90년대 들어서는

미지의 세계로 들어가던 책방골목 입구 2011년

너무 변해 버린 안타까운 모습 2022년

현실이 냉혹해지기 시작했습니다. 경제 등락과 서적 거래 방식의 변화에 따라 책방골목은 어려운 고비를 수차례 겪었습니다. 최근에는 대형 서점들이 헌책 사업에 뛰어 들고 인터넷을 통해 헌책을 거래하면서 또 한 번 존폐의 위기를 맞고 있습니다. 이미 존재하지 않는 곳이 10여 곳이나 되며, 지금도 문을 닫고 새 주인을 기다리는 곳도 여러 군데입니다. 그럼에도 보수동 책방골목은 지금까지 그랬던 것처럼 분명 해체되지 않고 지탱해 가리라 생각합니다.

보수서점이 있는 이곳은 책방골목의 주 진입구입니다. 부푼 마음으로 헌책방 마을로 빨려 들어가는 듯한 이 장소가 책방골목의 시작점입니다. 3m 남짓한 골목길 양쪽으로 헌책방들이 쭉 들어서 있고 골목 내에서 헌책

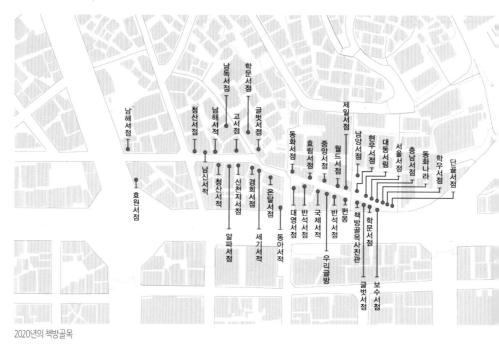

2020년의 책방골목

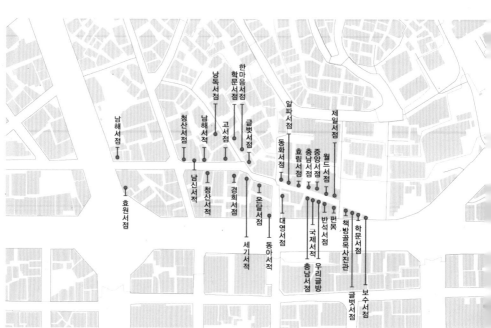

8개 책방이 사라짐(2022)

과 관련된 여러 행위들이 일어납니다.

책방골목의 역사를 대변하는 손때 묻은 사다리

옆의 사진은 20여 년 전 헌책방 '고서점'에서 찍은 사진입니다. 사다리가 아직도 존재한다 하니, 책방골목에서 가장 나이 많은 소품일지 모릅니다. 2016년 과거 한센인들이 사용하던 단추 고리와 주전자 등 한센인 생활소품이 국가등록문화재로 지정되었습니다. "그 소품들이 사라졌을 때는 한센인들의 과거의 생활상을 살펴볼 수 없다."는 것이 문화재 등록의 이유였습니다. 세상이 이렇게 변화되고 있습니다. 그렇다면 언젠가 책방골목을 수십 년 동안 지켜오고 있는 이 오래된 사다리도 또한 헌책방의 여러 소품들도 소중한 문화유산이 될 수 있을 것입니다.

책방골목의 여러 모습들입니다. 보편적으로 골목에서 헌책방 안쪽을 바라보지만, 책방 안에서 책을 고르다가 골목 쪽을 봤을 때의 풍경 또한 굉장히 매력적입니다. 지나가던 어르신이 어떤 책이 있나 하고 허리 굽혀 살펴보고 있는데, 이러한 정겨운 모습들을 골목 곳곳에서 만날 수 있습니

사람의 표정과 모습을 바꾸어 주는 책

책방골목 기슭에 자리한 중부교회

故 최성묵 목사 (그림 / 공동환)

35년이 지났음에도 똑 같은
보수동의 새진주식당

다. 책방골목은 처음부터 계획적으로 시작된 것이 아니라 지속적
으로 리모델링되고 개축되면서 형성되었기에 각 집의 서고와 책
장 모습이 모두 제각각입니다. 그래서 책방골목은 한집 한집의
개성이 뚜렷한 독특한 근대문화유산의 집합소라고 정의할 수 있
습니다.

맥락이 조금 다른 얘기를 하겠습니다. 보수동과 책방골목 일대는
부산민주화운동의 산실이었습니다. 1970~80년대 군사독재시절
에 항거했던 부산민주화운동의 성지였습니다. 책방골목 뒤편 계
단 중간쯤에 자리한 '중부교회'가 그 역사의 현장이었습니다.

중부교회는 서울로 치면 명동성당의 역할이 아니었나 싶습니다.
20년 동안 1972~1992 목회를 했던 최성묵 목사가 중심에 있었습니
다. 보수동은 당시 민주사회를 위한 지역변호사모임이었던 '부민
변'이 결성된 곳이기도 했습니다. 부민변에서 활동했던 변호사들
의 이름들을 보면 눈에 익은 이름들이 여럿 보입니다. 대통령이
두 사람이나! 그곳이 바로 보수동이었습니다.

1977년경 책방골목에 새 바람이 분 적이 있었습니다. 중부교회 대

부산·울산지역 변호사 22명 '부민변' 결성

[부산=이수윤 기자] 부산·울
산지역 변호사 22명은 22일 오후
7시 부산시 중구 보수동 새진주
식당에서 '민주사회를 위한 부산
지역 변호사 모임'(부민변)을 결
성하고 대표간사에 조성래 변호
사를 선임했다.

'부민변'은 기본적 인권의 옹호
와 사회정의의 실현을 위한 조
사, 연구, 변론, 여론2형성 및 연

대활동을 통해 사회의 민주적 발
전에 기여할 것을 목적으로 한다
고 밝혔다.

회원 변호사는 다음과 같다.
△부산=이흥록 김광일 장두경
노무현 조성래 문재인 김대회 김
영수 심연택 박윤성 박욱봉 정일
수 정철섭 김상국 김태갑 조헌래
신용국 전극수 이남열 조우래 △
울산=송철호 권오영.

부민변 결성을 알렸던 1988년 7월의 기사

학부의 전도사였던 김형기에 의해 양서를 매개로 한 협동
조합 운동이 제안되었고, 기독교 청년, 대학생, 지식인 등
이 호응하여 1978년 4월 2일 '부산양서판매이용협동조합'
이 창립된 것입니다. 이 조합은 소비자 협동조합인데, "좋
은 책을 통해서 지적·문화적 수준을 높이고, 인재를 발굴
하고 협동과 신뢰를 바탕으로 사귀면서 사회의 어둡고 병
든 곳을 개혁하여 참다운 인간애가 넘치는 복지 부산을 건
설하는데 기여하는 문화적 센터의 역할"을 한다는 의미심
장한 목적으로 탄생되었습니다. 그 장소가 바로 책방골목
내 2층 13.2㎡ 규모의 협동서점 현 청산서적 옆이었습니다. 그러

부산양서판매이용협동조합으로
활동 당시의 협동서점 ⓒ부산민주항쟁기념사업회

나 조합은 1979년 10월 부마민주항쟁의 배후로 지목되어
11월 19일에 계엄당국에 의해서 강제해산을 당했습니다.
해산은 되었지만 독서모임 등으로 활동을 지속하다, 1981
년 용공조작 사건이었던 부림사건으로 이어지기도 했습
니다. 이 사건이 영화 '변호인'의 배경이었습니다. 이처럼
보수동과 책방골목일대는 부산이 고뇌했던 시기의 아픔
이 서려있는 장소입니다.

책방골목의 생존 투쟁기

1996년 본격적으로 책방골목에서 점주들의 생존 투쟁이
시작되었습니다. 부산시와 중구청의 지원으로 한 새로운

협동서점이 있던 자리의 현재 모습

실험도 있었습니다. 첫 번째 시도는 '골목축제'였습니다.
당시 크게 가시화되지는 못했지만, 이런 일이 시작될 수
있었다는 것만으로도 책방골목 사람들에게는 기쁜 일이었습니다.
이런 시도 때문인지 2000년대 들어 책방골목을 상행위의 현장이 아닌

문화 장소로 바라보는 움직임이 본격화되었습니다. '우리글방'을 중심으로 주제별 서고 정리와 북카페 개념이 시도되며, 책방골목에는 새로운 문화 바람이 확산되기 시작했습니다. 관의 관심과 투자도 덩달아 시작되었습니다. 상인들이 모여 결성한 '보수동책방골목번영회'도 탄생되었습니다. 그러나 포장 교체, 조형물 설치, 시설물 보강 등과 같은 가로환경개선 사업만으로는 책방골목을 살려낼 수 없다는 결론에 이르게 됩니다.

이러던 중, 부산국제건축제가 주관한 '주민참여형 공공미술사업'이 시도되었고, 건축사 한영숙의 제안으로 '보수동 책방골목 그라피티 축제'가 진행되게 됩니다. 이 축제는 '여닫개 갤러리 조성사업'이라 하여, 한 달에 한번 쉬는 세 번째 일요일 지금은 1,3주 화요일이 휴무일 에 내려진 책방 셔터에 그라피티 작가들이 그림을 그리는 사업이었습니다. 그래서 셔터가 내려온 쉬는 일요일은 책방골목이 골목 갤러리로 변신되는 매우 흥미로운 사업이었습니다.

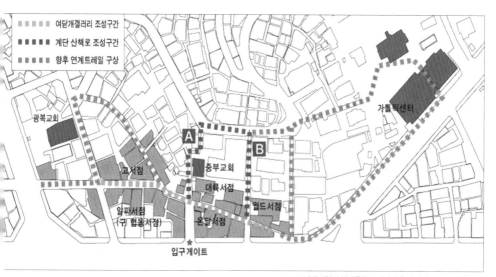

2009년에 시행된 책방골목 그라피티 축제 배치도 ©싸이트플래닝

2009년 5월 17일(일) 그라피티 축제가 진행되었던 그날! 책방골목의 대반전이 시작된 날로 기록됩니다. 우연히 '다큐 3일'이라는 KBS TV프로그램에서 그라피티 작업의 전 과정을 촬영한 것입니다.

작가들의 캔버스가 된 책방 40여개소의 내려진 셔터 80여개를 대상으로 한 그라피티 작업 과정이 고스란히 '다큐 3일'에 소개되었습니다. 작업과정이 공중파를 타게 되면서 책방골목은 전국적으로 호기심 가득한 장소로 알려지기 시작했습니다. 그라피티가 그려진 날이 5월 17일 일요일이었고, 다큐 3일 촬영팀은 전전날인 15일 금요일부터 현장에서 72시간 촬영을 시작했습니다. 필자 또한 서울서 부산을 구경하러 내려온 동학들을 안내하느라 정말 우연히 16일 토요일에 책방골목에 갔었습니다. 덕분에 다큐 3일에 출연하는 영광스런(?) 경험도 하였습니다.

벽화를 비판하는 사람들이 많습니다. 그림만 그려서 어떻게 지역을 바꿀 수 있겠느냐는 의문 때문입니다. 그러나 다르게 볼 필요가 있습니다. 오래되고 낙후된 곳이 이목을 끌고 다양한 만남을 유발하기 위해서는 벽화만큼 효율적인 것이

그라피티 작업과 다큐3일의 촬영

조금씩 채워져 가는 책방골목의 셔터 캔버스들

살아남기 위해 분투 중인 책방골목

없습니다. 물론 벽화의 내용과 수준이 어떠하고 또 누가 그렸냐는 것이 중요하겠지만, 오래된 동네의 변화를 시도할 때 초기 관심의 집중에는 벽화사업이 매우 좋은 방법 중 하나라고 생각합니다.

2009년 이후, 책방골목 사람들의 자발적인 노력이 본격화됩니다. '책은 살아야 한다.', '책 마을로 가자' 등 매년 슬로건을 정해 시민들에게 책방골목의 존재감을 알리고 헌책의 소중함을 드러내기 위해 다양한 문화축제와 활동들을 시도 중에 있습니다. 그럼에도 책방골목이 있는 지역은 도시계획용도 상 용적률 1000% 이상으로 개발 가능한 일반상업지역입니다. "후~"하고 불기만하면 금방 꺼져 버릴지도 모르는 마치 풍전등화와도 같은 신세입니다.

책방골목과 유사한 곳은 어디인가?

보수동 책방골목과 유사한 사례는 전 세계에 그리
많지 않습니다. 왜냐하면 시대가 바뀌면서 헌책 거
래의 수요가 줄고, 도시가 (재)개발되면서 경제 효율
성이 떨어지는 헌책방의 설 자리가 사라지고 있기
때문입니다.

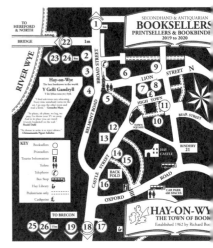

마을의 헌책방들

그나마 널리 알려진 사례는 영국, 벨기에, 프랑스 등
주로 유럽에 있습니다. 보수동 책방골목과 같이 도
심 내에 헌책방들이 집단으로 모여 있는 곳은 어디
에도 없습니다. 일본 도쿄 진보초 일대에도 헌책방
들이 모여 있지만, 산재해 있어 보수동 책방골목과
는 다른 모습입니다.

가장 유명한 곳은 영국 웨일즈의 브레콘 비컨스 국립공원과 연접한 '헤이
온 와이 Hay On Wye' 입니다. 이곳은 11세기 말에서 12세기 초반에 조성된 헤

헤이성의 열린 책장들 ©shutterstock

이성 Hay Castle 을 중심으로 형성된 마을로, 마을 중심부에 26개소의 헌책방들이 존재합니다. 헌책방들은 백과사전만 파는 곳, 소설책만 파는 곳, 그림책만 파는 곳 등 제각기 특정한 주제를 가지고 있습니다. 그러다 보니 서로 경쟁하지 않고 또 마을 전체가 헌책방을 주제로 하는 국제명소가 되었습니다.

마을은 1970년대부터 '책 마을 The Town of Books '로 알려지기 시작했지만, 국제적인 명성을 얻게 된 계기는 1988년부터 개최 5월과 6월에 걸쳐 10일간 되기 시작한 마을 문학축제인 'Hay Festival of Literature & Arts' 때문입니다. 1995년에 헤이 페스티벌에 참여한 적이 있었습니다. 기억을 더듬어 보면 문화충격의 연속이었던 것 같습니다. 책을 주제로 화려하지 않으면서도 소박함과 세련미가 더해진 다양한 전시와 공연들에 대한 기억은 지금도 새롭습니다. 오래된 중세 마을에서 만났던 '조용한 역동성'을 잊을 수가 없습니다.

마을 책방 풍경 ⓒshutterstock

지금은 이 문학축제가 어떻게 진행되고 있을까요? 놀랍게도 단기에 치러내는 이벤트를 넘어 이 시대에 요구되는 국제사회의 작은 목소리들을 문학과 연결시키고 있습니다. 지구환경의 지속가능성을 얘기하는 'HAY ON EARTH'라는 프로그램도 있고, 아프리카와 디아스포라 작가들을 중심으로 전세계의 40대 미만 작가 39명을 발굴해 나가는 '39 PROJECTS'도 있습니다. 2020년과 2021년에는 코로나로 인해 온라인으로 개최되었고, 2022년에는 5월 29일부터 6월 4일까지 열렸습니다.

헤이 온 와이의 역사를 다시 쓴 부스
ⒸHAY FESTIVAL

축제의 역동성은 '리처드 부스 Richard Booth'의 엉뚱한 발상에서 출발되었습니다. 그는 1962년 옥스퍼드대학을 졸업한 후 고향이었던 헤이 온 와이의 옛 소방서를 매입하여 헌책방 Richard Booth's Bookshop 을 시작합니다. 요즘 얘기 많이 하는 오래되고 낡은 건물, 특히 기능을 잃은 공공건물을 새로운 기능으로 전환시킨 유휴공간 리모델링의 모범사례라고 할 수 있습니다. 당시 부스를 이상하게 여긴 사람들도 많았다지만, 그는 시대를 앞서가는 특별한 혜안을 가진 창의적인 사람이었습니다. 당시 많은 사람들은 "3개월 안에 당신은 망할 거야", "그 시골마을에서 어떻게 책을 파는 서점

미니도서관을 닮은 부스의 책방 Ⓒshutterstock

변신을 거듭하는 Hay Festival Ⓒshutterstock

전북 완주 삼례문화예술촌의 정직한 서점

을 낼 수가 있어" 등 비난하고 손가락질도 했다고 합니다. 그러나 좋은 책이 있다면 반드시 팔릴 것이라는 그의 신념으로 인해 지금까지 존속됨은 물론, 세계적인 명소가 되었습니다.

성벽을 따라 뱀같이 긴 책장은 장관을 이룹니다. 고객이 원하는 책을 가져가고 책값은 알아서 저금통에 넣는 '정직한 서점' 개념도 헤이 온 와이에서 창안됩니다. 우리나라에서도 최근, 정직한 서점을 모방하여 무인 서점을 운영하는 곳이 생기기도 했습니다.

두 번째는 우리나라 사례입니다. 인천에 '배다리'라는 지역이 있습니다. 이름이 특이합니다. 1900년 경인선(철도) 개설로 인해 생긴 동인천역 근처의 철교가 있던 지역을 말하는데, 이곳까지 바닷물이 올라와 작은 배들이 드나들던 모습 때문에 얻게 된 지명이라 합니다. 배다리 지역은 외국 열강들이 인천 곳곳에 자리 잡았을 때, 개항장을 뺏긴 인천사람들의 산업 현장이기도 했습니다. 부산으로 치면 부산역 건너편의 초량지역 정도가 될 것입니다. 원도심에는 주로 일인들이, 옆 지역인 초량에는 객주 등

수산업에 종시했던 부산의 원주민들이 주로 살았습니다. 그래서 초량지역은 자연스레 민족적인 성향을 띠게 되었는데, 인천의 배다리 역시 이와 유사한 성격을 가진 곳이었습니다.

배다리지역은 인천 토박이들이 오래전부터 살며 삶을 일궈온 곳입니다. 그래서 우리나라 최초 시설들이 많습니다. 선교사 부부 존스 목사와 벵겔 선교사 에 의해 서구식 신식교육이 처음 실시된 영화여학당 1892년 과 영화남학당 1893년, 최초 공립보통학교인 창영학교 1907년, 최초 성냥공장인 조선인촌주식회사 1917년 등이 있습니다. 교육시설들이 집결되다 보니 관련 시설들도 모여들었습니다. 헌책방들도 그 중 하나였습니다. 조선인촌주식회사는 사라졌지만 2019년 공장 터 옆에 자리한 동인천우체국이 리모델링되어 배다리성냥마을박물관으로 개관되기도 했습니다. 결론적으로 배다리는 근대문화유산들이 집결되어 있는 인천 근대역사의 보고라 할 수 있습니다.

비교적 평온했던 이곳이 2006년부터 지역 갈등에 휘말리게 됩니다. 인천시가 해양매립을 통해 송도신도시와 청라신도시를 건설하기 시작하면서입니다. 두 신도시를 연결하는 산업도로(동구 송현동~중구 신흥동 연결도로, 일명 배다리 관통도로)가 필요하게 되었고, 이 도로가 배다리지역의 정 가운데를 관통하게 되었습니다. 당연히 배다리 사람들은 이곳이 지켜지기를 원했습니다.

보존운동이 본격화되면서 오히려 배다리의 정체성이 재정립되었고, 또한

인천 배다리 지역의 현황

도로 개설이 추진되었던 현장

"배다리 본모습을 지켜주세요"

"인천시 배다리 본모습을 지켜주세요"
경향신문 2009.10.30.일자

배다리 보존운동의 기원이 된 '아벨서점'

보존운동을 주체적으로 이끌던 '스페이스 빔'

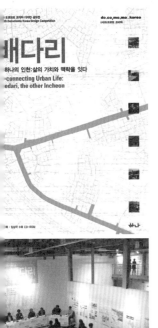

제7회 도코모모 코리아디자인공모전 당선작 : 배다리 골목에서 만나는 오래된 풍경(부분)
ⓒ전남대 건축학과 강준성, 김용수, 김선아

제7회 도코모모 코리아디자인공모전 시상식

새로운 지역문화운동으로 확장되어 갔습니다. 그 중심에 '아벨서점'이 있었습니다. 2006년 말 아벨서점 점주를 포함한 3인의 여성들이 산업도로 건설을 반대하며 구청에 제출한 탄원서가 관통도로의 취소를 위한 서명운동의 신호탄이 되었습니다. 2007년 5월에 '배다리를 가꾸는 인천시민 모임'이 탄생되었고, 9월에는 배다리 내 옛 인천양조장 1927년 개관 에 민운기 대표가 주도하는 대안문화예술공간 '스페이스 빔'이 이전하며 배다리 보존운동은 본격화 됩니다. 이들은 당시 "우리가 지켜야 할 인천의 역사이다.", 또 "아무리 생각해도 배다리는 우리가 가꾸어 가야할 인천의 역사입니다." 라는 슬로건을 내걸고 시민 동참을 유도하며 배다리를 지켰습니다.

2008년 이후 3년 동안 배다리 보존을 위한 여러 일들이 집중적으로 진행되었습니다. 서명운동을 포함하여 도코모모 코리아 DOCOMOMO-Korea 와 배다리 역사문화마을 만들기 위원회가 주관한 제7회 도코모모 코리아 디자인공모전, 배다리 문화축전

등이 진행되었습니다.

하늘에서 배다리지역을 보면 가운데로 넓은 직선의 띠가 보입니다. 배다리 관통도로의 흔적입니다. 시민들이 외친 도로개설 반대에도 불구하고 인천시는 공사를 강행했습니다. 보존운동이 심화될 수밖에 없었습니다. 2011년 여름, 결국 공사가 중단되고 말았습니다. 우여곡절 끝에 배다리 지역을 관

지역민이 지켜낸 배다리 구간(유동삼거리~송림로)

통하는 유동삼거리~송림로 구간(724m)의 지하화는 결실을 맺었습니다. 그러나 지역 일대를 관통하며 지나가는 폭 50~70m, 길이 2.5km(진출입구 포함)의 도로가 가져올 지역 단절과 고속 차량으로 인한 오염 등이 제기되며 다시 미궁에 빠지고 말았습니다. 10여년의 시간이 흐른 2022년 1월, 지하도로 개설공사가 재개되었다는 소식이 들립니다. 인천시로 보아

잘려진 배다리 지역(2022.12.)

서는 좋은 일일 것입니다. 그러나 배다리는 두 동강 나고 말았습니다. 지하도로 상부를 공원과 여러 공공시설들로 채운다지만 갖은 외세의 압력 속에도 굴하지 않고 버텼던 배다리지역의 정체성은 크게 훼손되고 말았습니다. 그럼에도 이곳도 언젠가는 무엇과도 비꿀 수 없는 과거와 미래가 공존하는 의미있는 장소로 변할 것입니다. 배다리를 지키려 했던 아벨서점과 스페이스 빔 그리고 수많은 사람들의 지역사랑과 애씀의 이야기가 오랫동안 기억되기를 바라는 마음입니다.

보수동과 책방골목 재생의 명암

얼마전 보수동에서는 2016년에 시작된 '보수Plus'라는 도시재생사업이 마무리되었습니다. 여닫개 갤러리를 기획하며 책방골목의 창의적인 변신을 촉발시켰던 ㈜싸이트플래닝(한영숙 대표)이 관(중구)과 주민들과 함께 기획하고 계획한 것이었습니다. 2016년 당시 서점 주인들과 지역주민들과의 고민을 들어 보았습니다.

"책은 정말 소중한 것이야" "모두들 이런 마음을 가지면 좋겠어" "책방골목을 시작했던 사람들 중에서 이젠 나밖에 안 남았어" "책방을 젊은 사람들이 운영을 안하면 10~20년 뒤에는 누가 이 헌책방을 찾아오고 운영을 할 수 있을까?" "사람들이 많이 오면 뭐해 다들 사진만 찍고 그냥 가는데 뭐 사람들이 좀 머물 공간이 있어야지" "서비스 하나로만 힘들게 장사를 하고 있어" 등등. 점주들은 이렇게 이야기 했습니다.

일반 주민들은 이런 어려움을 토로했습니다. "처음에는 완전 하꼬방이었는데 지금 내가 사는 이집은 세 번째 고친 집이야" "1979년에 겨우 집을 샀는데 비가 새서 지붕을 2번이나 고쳤지" "우리 집을 고치는 건 좋은데 고치다보면 옆집이 깨지는 일이 발생해" 그 만큼 집들이 붙어있고 작고

ⓒ싸이트플래닝

허술하다는 것을 말하는 것입니다.

이처럼 보수동은 풀기 어려운 수많은 난제를 가지고 있었습니다. 앞으로 보수동을 어떻게 다루는 것이 현명할까? 누적된 역사와 문화 이야기를 어떻게 지속시킬 수 있을까? 주민들의 삶을 어떻게 지금보다 나아지게 할까? 조금이라도 다니기에 더 편한 방법은 없을까? 그래서 보수동을 사랑하며 올바른 변화를 꿈꾸던 사람들이 모여 힘을 합쳤던 것입니다.

ⓒ싸이트플래닝

2016 보수Plus?

당시 기획된 '보수Plus' 속으로 들어가 보겠습니다. 보수Plus는 지역의 학부모 모임인 보수동길사람들, 공간을 수리하고 수선하고 청소해주는 바꾸미&바꿈, 그리고 지역의 문화기획자들과 청년사업가들이 함께했습니다. 보수Plus는 "늙고 낡고 위험하고 문 닫는 '마이너스 보수동'에서 젊고 살맛나고 안전하고 활력 넘치는 '플러스 보수동'으로 나아가자."라는 톡톡 튀는 감각을 슬로건에 담았습니다.

보수Plus 사업은 3가지 목표를 가지고 있습니다. 첫 번째는 생활환경 업그레이드를 통한 〈고치며 살기〉, 두 번째는 마을이 정체성 강화를 통해서 지역경제에 힘을 복 돋우는 〈다르게 살기〉, 셋째는 공동체 활성화를 통해서 지속기능한 지역관리 기반을 만들기 위한 〈나함께 살기〉입니다.

주민들에 있어 〈고치며 살기〉란 뭐니뭐니해도 오르락내리락 하는 급경사지와 낡은 집을 고치는 일입니다. 보수Plus에서는 '오르미 복합 문화주차타워'와 '노후주택들에 대한 순환주택 및 집수리사업'을 선택했습니다. 오르미 복합 주차타워사업에서는 나가사키의 공동주택형 순환주택처럼

단면도

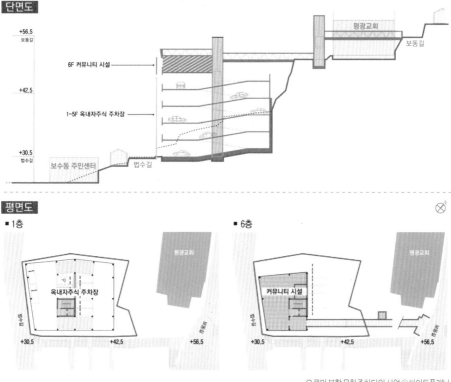

오르미 복합 문화주차타워 사업 ⓒ싸이트플래닝

　　경사지에 공동주차장을 설치한 후 엘리베이터를 통해 아랫동네와 윗동네를 연결하고 맨 위층 6층에 커뮤니티시설을 조성하는 것입니다. 다기능을 가진 주차타워를 만들어서 지역민들의 생활 편의를 도모하는 복합시설이라 할 수 있습니다.

　　부산에서 최초로 기획된 '보수동 순환주택사업'은 방치되어 있는 폐가나 공가를 매입하여 리모델링과 개축을 시도하는 것입니다. 순환주택은 관이 소유주이고 이용자는 집수리 시에 잠시 집을 떠나 있어야 하는 주민이나 여러 이유의 사정을 가진 지역민들입니다. 일정기간동안 이곳에서 생활 한 후 본가로 다시 돌아가는 순환시스템, 즉 지역민들의 재정착을 돕기 위한 특단의 조치라고 할 수 있습니다.

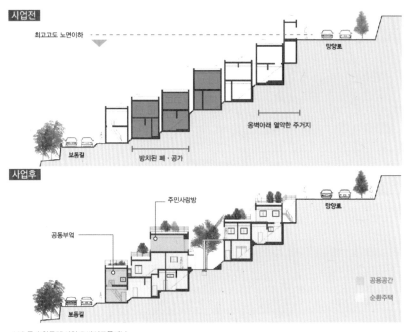

보수동 순환주택 사업 ⓒ싸이트플래닝

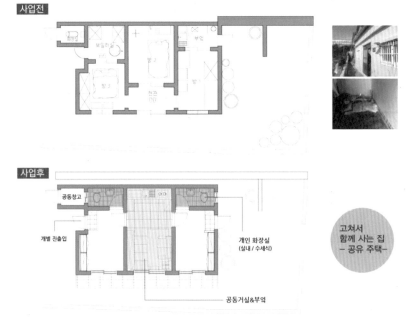

고쳐서
함께 사는 집
- 공유 주택-

보수동 집수리 사업 ⓒ싸이트플래닝

'집수리사업'은 조명등 교체 등 소소한 지원을 넘어, 집을 고친 후 함께 살 수 있는 공유주택 개념이 포함되었습니다. 부엌, 세탁실, 세면장 등을 공동으로 사용하는 '진정한 아파트Apartment'로의 방향 전환을 제안한 것입니다. 가구원 수가 줄고 1인 가구가 늘어나는 경향을 고려한 실험이었습니다.

〈다르게 살기〉의 핵심 사업은 '책방골목과 동네가게들의 활성화'입니다. 가장 흥미로운 것이 '산복서점'입니다. 보수동 언덕에서 발견되는 폐가나 공가를 관이 매입하여 그곳에 서점을 유치하는 것입니다. 아래 동네에는 책방골목이 있고 윗동네에는 계단길과 골목 곳곳에 연결된 작은 산복서점들이 자리 잡게 되는 것입니다.

산복서점에 대한 당시 책방골목번영회 양수성 대표의 설명입니다.

"부산에 특히 보수동에 오는 분들을 좀 더 이 곳에 오래 머물게 할 수 있는 방법이 무엇일까 고민하다가 탄생한 아이디어입니다. 산복도로에 있는 집들의 규모가 작습니다. 그런 작은 공간을 이용해 리모델링하여 골목 책방들 또는 소장가들이 가지고 있는 책을 전시하는 책 박물관을 만들고 싶습니다. 운영도 보수동에 살고 계신 어르신들이 직접할 수 있도록 계획하고 있습니다. 길에 머물고 있는 책방을 구릉 위로 경사주택지로 올리면 여러 가지 측면에서 새로운 변화의 바람이 불 것 같습니다. 우리는 지금 새로운 책 마을을 꿈꾸고 있습니다."

산복서점의 책을 어떻게 확보할 것인가? 고민 중에 재미있는 아이디어가 제안되었습니다. 교직을 은퇴하는 교수님들의 책을 기증받자는 것이었습니다. 예를 들어 국문학과 교수이면 '국문학 산복서점', 전자공학 교수이면 '전자공학 산복서점' 등의 식으로 '역사학 산복서점', '생물학 산복서점' 등을 조성해 보자는 아이디어입니다. 필자의 미래를 상상해 보면, '도시공학 산복서점'이나 '문화유산학 산복서점' 정도를 짐작할 수 있습니다. 처음 들었을 때 저절로 미소가 지어지던 산복서점 사업이 언젠가 본격화 된다면 책방골목의 힘이 구릉 위 보수동 전체로 확장되어 가는 일, 즉 지금까지 책방골목에서만 진행되던 책마을 축제가 산복서점들이 있는 위쪽 언덕으로 확장되어 보수동 전체가 축제 현장이 될 것입니다.

1995년 4월, '헤이 페스티벌'의 현장이 떠오릅니다. 온 마을과 주변 지역들이 그리고 세계 곳곳에서 찾아온 방문객들이 헌책 때문에 열광했던 그 기억을 다시 보수동에서 만날 수 있기를 기대해 봅니다. 이처럼 지역축제는 축제가 일어나는 장소에 한정되는 것이 아니라, 지역전체가 함께 움직이며 얼마나 크고 다양하게 후광효과를 나눌 수 있느냐 하는 것이 진정한 성공요인이자 존재의 이유입니다.

이런 아이디어도 있습니다. 보행이 불편한 경사지 산복동네 사람들의 편의를 위해 '산복편의점'을 운영하는 것입니다. 기존의 소매품 위주의 소규모 판매시설을 리모델링하여 다양한 목적으로 머물며 사용하도록 하는 곳입니다. 오래전에 사라진 일종의 공판장 기능을 부활하려는 시도입니다.

세 번째 〈다함께 살기〉는 지역공동체 활성화를 목표로 합니다. 여러 방법들이 있겠지만 보수Plus에서는 언제든 주민들이 모일 수 있는 열린 공간을 추구하고, 전체 사업들을 조율하고 관장할 수 있는 앵커시설을 확보하기로 했습니다. 그곳이 '보수마루센터'입니다. 주민들의 열린 참여 가운데 집수리 지원, 업-사이클링의 지원·제작, 그리고 보수종합시장 빈 점포들의 활용 지원 등이 이곳의 기능입니다.

지역민과 자원봉사자들이 참여하는 '옷고시 프로젝트'도 진행되었습니다. 빈집들을 모두 함께 깨끗하게 청소한 후 발생한 잔여물은 재활용하거나 업-사이클링 하는 것입니다. 옷고시가 '향기롭게'라는 순우리말이니

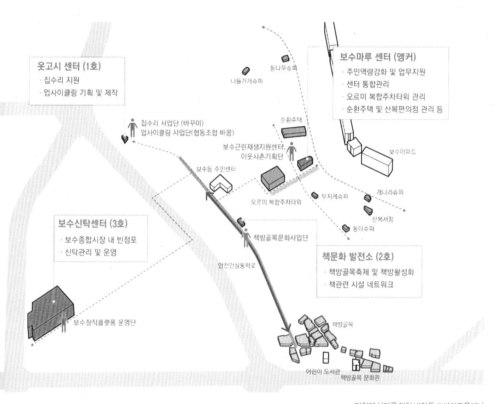

다함께 살기를 위한 방안들 ⓒ싸이트플래닝

말 그대로 보수동을 향기롭게 가꾸기 위한 방법입니다. 이를 원활히 추진하기 위해 '바꿈'이라는 협동조합도 설립되었습니다.

험난한 보수동 재생의 길

7년의 시간이 지났습니다. 그런데 지금, 보수Plus는 엉뚱한 길로 가고 말았습니다. 제시되었던 사업들의 내용이 많이 변했습니다. 변질되었다고 보는 것이 더 정확해 보입니다. 산복서점과 순환주택이 신축된 건물 한 곳에 모두 들어갔습니다. 흩어져 있는 유휴공간이나 기존 공간을 찾아내어 리모델링하는 것이 기본 출발이 되어야 하는데, 고개가 갸웃해질 정도로 딴 길로 가버렸습니다. 산복편의점은 평범한 가게로만 운영되고 있습니다. 왜 이렇게 되었을까요?

처음에 열정을 가졌던 사람들이 보이질 않습니다. 보수Plus의 변질은 '사람의 부재'라고 결론지을 수밖에 없을 것 같습니다. 기획 이후 전개되어야 하는 주민들과 함께하는 시간들이 용두사미가 되고 말았습니다. 담당 공무원들은 주민들과 같은 방향을 바라보며 수년 동안은 함께 걸어가야 하는데, 매번 바뀌니 함께하기는커녕 걷기조차도 불가능했던 것입니다. 중간 활동가들의 집중력 부재도 한몫했습니다. 물론 속단은 이릅니다. 진정한 보수Plus가 다시 작동되고 책방골목을 사랑하는 사람들이 더 많이 모여들기를 간절히 바래봅니다.

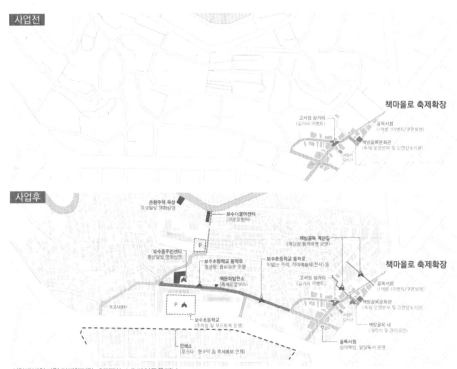

이렇게 변화되길 기대했지만.. 언젠가는! ⓒ싸이트플래닝

책방골목에 있어 2020년은 불행한 해였습니다. 골목에 (재)개발이라는 짙은 그림자가 드리워지기 시작한 해였습니다. 부산관련 책들의 집합소이자 25만 권이라는 최고 보유량을 자랑했던 대우서점이 개발의 힘에 굴복하고 말았습니다. 결국 대우서점은 형체도 없이 사라지고 전남 구례로 이전하고 말았습니다. 연이어 골목 입구의 책방들이 개발계획에 포함되면서 1953년부터 70여년의 시간을 지켜왔던 학우서점을 비롯한 8곳의 책방들도 폐업하고 말았습니다.

2021년에도 개발 압력은 가속화되었습니다. 충남서점, 우리글방, 국제서점 등 세 곳 서점이 입점해있는 토지가 매도되면서 이곳 책방들 또한 폐업 위기에 도래했습니다. 급속도로 확산되는 개발의 위기 앞에서 보수동 책방골목 번영회는 시민 동참을 위한 서명운동을 시작할 수밖에 없었습니다. "부산의 미래유산인 보수동책방골목이 난개발로 존폐의 위기에 처해 있습니다. 보수동 책방골목이 보존될 수 있도록 시민 여러분들의 동참을 호소 드립니다."

이곳마저도 사라진다면 책방골목의 생명은 끝이라는 위기의식 속에서 우리글방의 문옥희 대표와 부산대의 김승룡 교수와 우신구 교수, 김성일 교

2021년 가을에 시작된 서명운동　　　　　　'보수동 책방골목 보존과 미래 포럼' 발족식(2022년 5월 6일)

사, 이성훈 대표 등이 함께 책
방골목의 보존을 위한 논의를
시작했습니다. 변화의 움직임
은 2022년 5월 6일 '보수동 책
방골목 보존과 미래 포럼'의
발족으로 이어졌습니다.

이러한 시간 가운데 놀라운 일
이 벌어졌습니다. 토지를 매입
한 건물주가 세 곳 책방들의
보존을 전제로 신축이 아닌 리
모델링이라는 상생의 방식을
선택한 것입니다. 다분히 개발

보수책방골목 지켜낸 '통 큰 건물주'

김대권 케이엘디엔씨 대표
오피스텔 신축 계획 접고
리모델링으로 상생 결단
우리글방 등 3곳 영업지속
번영회 "금융·행정지원들"

상생의 결단을 소개한 기사(2022.5.13. 국제신문)

지향적인 속성이 강한 부산에서 그것도 도심의 상업지역에
서 큰 사건이나 다름없는 일이었습니다. 통 큰 건물주의 놀
라운 선택으로 보수동 책방골목에 새 생명이 싹트기 시작
했습니다.

2012년 서울 신촌에서 있었던 유사한 일이 떠올랐습니다.
1957년부터 지역의 터주대감이었던 홍익문고가 재개발로
사라질 위기에 처하자 5천여 지역민이 '홍익문고 지키기 주
민모임'을 결성하였고, 결국 홍익문고를 지켜낸 것이었습

리모델링을 통한 대변신(2023.05)

니다. 오래된 책방이 지역의 문화를 지탱하는 미래유산이자 지역 번영의
아이콘이 되게 했던 이 일은 보수동 책방골목에도 충분히 적용되고도 남
음이 있습니다.

우연히 TV 속에서 멋진 청소년들을 발견했습니다. 책방골목 주변 원도
심에 위치한 혜광고 학생들의 동아리 활동들을 소개하는 내용이었습니

다. 2021년부터 시작된 책방골목의 보존을 위한 학생들의 활동이 정말 대단했습니다. 인근의 구덕고, 동주여고 학생들과 함께 책방골목의 여러 모습을 담은 스케치와 글을 전시하기도 하고, 책방골목을 테마로 한 노래와 단편영화도 제작하는 등 학생들의 활동 범역이 실로 대단했습니다. 이들을 이끌고 있는 김성일 선생님에게 큰 박수를 보내고 싶습니다. 이들의 마음들이 쌓이고 쌓여 책방골목의 새로운 미래가 되면 좋겠습니다.

재개발로 인해 8곳의 책방들이 한꺼번에 골목을 떠나며 남은 책방은 31곳뿐. 3년여 동안 코로나로 또 개발로 흉흉해진 분위기의 책방골목은 이제 새로운 변화를 준비하고 있습니다. 모처럼 맞이한 변화의 움직임이 잠시 스쳐지나가는 바람이 되지 않기를 점주들은 간절히 바라고 있습니다. 최전방에서 분투 중인 책방골목 번영회의 이민아 회장은 이렇게 호소합니다. "골목 전체의 개선이나 보존 방안도 중요하겠지만, 한곳 한곳의 서점들의 생존을 위한 현실적인 방안이 필요합니다." "책방골목을 찾는 시민들이 즐거운 것만큼이나 이곳의 점주들도 모두 행복하면 좋겠습니다."

이곳에서 어떻게 시민들과 점주들의 웃음소리가 넘쳐나게 할 수 있을까요?

1950년 8월 18일, 부산은 임시수도(이하 '피란수도')로 지정된 후

1,023일 동안(1950.8.18.~10.26./1951.1.4.~1953.8.14.) 대한민국의 수도로 기능하게 됩니다.

피란수도 부산은 일반적으로 이렇게 정의됩니다.

'100만 이상의 피란민을 품었던 도시', '세계 유일의 유엔(UN)묘지가 있는 도시'.

또 '전쟁 중 폭격이나 전투가 없었던 도시', '전쟁 역전의 계기를 제공한 도시' 등.

한국전쟁 하면 가장 먼저 떠오르는 도시가 '부산'이지만

'부산에서 전투가 없었다.'는 사실은 매우 역설적입니다.

이러한 사실 때문에 부산은 100만 이상의 피란민들을 보호하며 지켜낼 수 있었고,

유엔군의 참전을 통해 질곡과도 같았던 전쟁을 이겨내는 계기도 제공할 수 있었습니다.

그래서 우리가 부산을 '포용의 도시'이자 '평화의 도시'라고 부를 수 있는 것입니다.

1953년 8월 휴전과 함께 피란수도 기능이 종료된 지 벌써 70년이 지났습니다.

긴 세월 속에서 급격한 시대변화와 도시개발 과정을 겪으며 부산은 크게 바뀌었습니다.

세월 앞에서는 장사가 없나 봅니다. 1,023일 동안 피란수도로 기능하며

국토수호와 피란민을 포용했던 기억들이 점차 흐려지며 지워지고 있습니다.

이러한 경향이 조금 더 심해진다면 자칫 기억과 연결된 흔적들

모두가 훼손되고 사라질 수밖에 없을 것입니다.

2016년, 부산의 지난 경험과 기억을 보존하기 위해 1,023일 동안

피란수도의 흔적들을 세계유산에 등재하려는 노력이 시작되었습니다.

흔적에 대한 공식 명칭은 '한국전쟁기, 피란수도 부산의 유산'입니다.

70년이 지난 시점에서 왜 이 유산들을 세계유산으로 등재하려 하는 것일까요?

다섯 번째 이야기

피란수도 부산유산

세계 유일무이의 평화 성지

세계유산이란?

유사한 개념들

본 장의 핵심 대상인 '한국전쟁기 피란수도 부산의 유산'에 대한 얘기를 시작하기 전에 먼저 '세계유산', '세계무형유산', '세계기록유산'에 대한 개념 정의를 내려 봅니다.

'세계유산 World Heritage'은 세 가지 유형으로 구성됩니다. '문화유산', '자연유산', 그리고 두 가지가 섞인 '복합유산'입니다. 세계무형유산이나 세계기록유산과는 완전히 별개의 개념이고 국가가 직접 등재를 추진하기에 그 격 또한 두 유산과는 비교할 수 없습니다. '세계무형유산 Masterpieces of the Oral and Intangible Heritage of Humanity'은 인류 구전 및 무형유산의 걸작을 말하며, '세계기록유산 Memory of the World'은 인류의 '기억'을 주제로 하는 유산입니다. 그런데 기억유산이 아닌 기록유산으로 불리는 것은 기억의 물증이 보통 기록으로 나타나니 제도 도입 초기부터 세계기록유산으로 규정되었던 것입니다.

세계기록유산 제도는 1992년 유네스코의 커뮤니케이션 프로그램의 일환으로 창설되어, 1997년부터 2년마다 인류의 유산 가운데 반드시 남겨야 할 것을 지정하고 있습니다. 여기에는 옛 기억들이 기록된 문서, 편지, 책 등은 물론이고 필름이나 화보자료까지도 유산영역에 포함됩니다. 2023년 현재 우리나라는 총 18건을 세계기록유산으로 보유하고 있습니다. 이 가운데 특이한 것들이 많습니다. 기록유산이라고 상상하지도 못했던 '새마을운동 기록물', 'KBS특별생방송 '이산가족을 찾습니다' 기록물', '5.18 광주민주화운동 기록물' 등이 포함되어 있습니다. 이와 함께 훈민정음, 조선왕조실록, 직지심체요절, 승정원일기, 조선왕조 의궤, 동의보감, 일성록, 난중일기, 유교책판 등 조선시대의 기록물들이 주를 이룹니다.

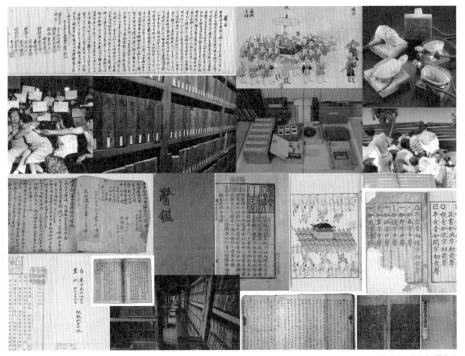

우리나라의 세계기록유산

가장 특별한 유산은 2017년 한국과 일본이 공동으로 등재한 '조선통신사에 관한 기록물 Documents on Joseon Tongsinsa(Korean Embassies)'입니다. 마치 물과 기름처럼 섞여지지 않는 양국이 이 기록물을 함께 등재시킬 수 있었던 것은 12차례 조선통신사의 일본으로의 방문 기록은 한일 양국이 가장 화친했던 시대의 물증이라는 점도 있지만, 국가기구가 아닌 관련단체가 등재를 추진할 수 있도록 한 제도가 이를 가능케 했습니다.

세계기록유산은 '기억'이 핵심 대상입니다. 오래되었다고 무조건 중요한 것이 아니라, 기억으로 표현되고 기록된 사실들이 인류 문화의 중요한 증거가 될 수 있어야 하며 미래세대에게 교훈이 될 수 있어야 합니다. 즉 기억의 가치에 따라 세계기록유산의 등재 여부가 결정되는 것입니다. 이러한 측면에서 다양한 시대의 기억들을 반영하고 있는 기록들을 정확하게

우리나라의 세계무형유산

또한 객관적으로 전승하는 것은 우리 시대에 주어진 사명이라고 할 수 있습니다.

세계무형유산 제도는 2001년 5월부터 본격화되었지만, 실제로는 1997년 유네스코 UNESCO 총회 결의가 계기가 되었습니다. "구전되어 내려오고 있지만 소멸 위기에 처한 무형의 문화유산에 대해 온 인류가 관심을 갖고 지켜주어야 할 것들을 선정·보호하자"는 것이 결의의 골자였습니다.

우리나라는 2023년 현재, 총 22건의 세계무형유산을 보유하고 있는데, 판소리, 매사냥, 농악, 택견, 강강술래, 아리랑, 한산모시짜기, 한국의 김장문화, 제주해녀문화, 연등회, 한국의 탈춤 등이 그것입니다. 2018년에는 남북한 공동으로 '씨름 Traditional Korean Wrestling, (Ssirum/Ssireum)'이 세계무형유산에 등재되기도 했습니다.

세계유산으로서의 피란수도 부산유산

세계유산 제도는 유엔이 1972년에 채택한 〈세계문화 및 자연유산 보호 협약 _{이하 '세계유산협약'}〉에 근거합니다. 이 협약은 '누비아 유적 _{Nubian Monuments} 보호운동'의 일환으로 결의되었습니다. 1950년대 이집트가 전력 수급 등의 이유로 나일강 유역에 댐 건설을 시작하여 고대 수단의 누비아 유적이 수몰 위기에 처하게 됩니다. 이러한 사실을 뒤늦게 알게 된 이집트와 수단 정부는 1959년 유적 보호를 위해 유네스코에 지원을 요청했고, 유네스코는 전 세계 50여 개국에서 약 8천만 달러를 모금하며 유적 보호에 적극 나섰습니다. 이것이 계기가 되어 1972년 인류역사의 중요한 유산들에 대한 보호 운동의 모멘텀을 제공했던 세계유산협약이 채택되었습니다. 우리나라는 현재 16점의 세계유산을 보유하고 있습니다. 이 중 '제주 화산섬과 용암동굴'과 '한국의 갯벌'은 자연유산에 속합니다. 2023년에 '가야 고분군'이 세계유산에 등재되었습니다. 2024년 이후에는 '대곡천 암각화군', '한양의 수도성곽' 등이 후보지로 준비되고 있습니다.

우리나라의 16번째 세계유산 가야고분군(함안)

이과수 폭포(자연)

짤즈부르크의 역사도심(문화)

아토스 산(복합)

예를 들어 보겠습니다. '이과수 폭포 Iguaçu National Park'는 아르헨티나와 브라질 국경지대에 있는 자연유산의 상징 사례입니다. 오스트리아 '잘츠부르크의 역사 도심 Historic Centre of the City of Salzburg'은 문화유산의 대표 격입니다. 이처럼 과거의 자연이나 문화적인 특별함을 드러내거나, 인류의 자연과 문화의 다양성을 표현하면서 파괴되거나 변질되지 않은 유산들이 세계유산으로 등재되는 것입니다.

그러나 온전한 유산만이 등재되는 것은 아닙니다. 로마 근교에 있는 '폼페이 폐허유적 Archaeological Areas of Pompei, Herculaneum and Torre Annunziata'과 같이

폼베이 폐허유적(Archaeological Areas of Pompei, Herculaneum and Torre Annunziata)

비록 폐허 상태이지만, 당시의 문화적 원형과 역사를 통해 그 근거를 확인할 수 있다면 세계유산이 될 수 있습니다.

우리나라에 있는 세계유산은 낱개의 하나만이 유산으로 등재된 경우는 매우 드뭅니다. '조선왕릉 Royal Tombs of the Joseon Dynasty '은 무려 40개의 조

선시대 왕과 왕후의 능들이 포함되어 있는데, 이런 유형을 '연속유산 Serial Heritage '이라 부릅니다. 이 유산은 흩어져 있으나 같은 주제로 묶일 수 있는, 곧 하나로 이해되는 집합적 유산을 의미합니다. 조선왕릉은 세계적으로 가장 높은 평가를 받는 왕릉 집합체입니다. 519년 동안 지속된 한 왕조(27명의 왕)의 모든 왕들의 묘가 남아있는 경우는 전 세계 어디에도 없습니다. 조선 왕조의 무덤은 총 119기로 알려져 있으며, 그중 왕과 왕후가 포함된 왕릉은 총 42기입니다. 이 중, 총 40기가 2009년 세계유산에 등재되었습니다. 나머지 2기는 북한지역(개성)에 있어 함께 등재되지는 못했습니다. 앞으로 통일이 되면 42기의 완전체로 조선왕릉은 확장 등재될 수 있을 것으로 생각합니다. 이처럼 조선왕릉은 세계에서 유일하게 한 왕조의 모든 왕릉이 완벽하게 보존되어 있어 세계유산에 등재될 수 있었던 것입니다.

그리스의 아토스 산 Mount Athos 과 같이 자연과 문화가 함께 어우러져 있는 유산은 복합유산이라 정의합니다. 복합유산은 현재 전 세계에 총 39점 3.9% 에 불과할 정도로 희귀합니다.

조선왕릉·융릉

앞으로 우리나라도 이렇게 희소가치가 있는 복합유산을 보유할 가능성이 있습니다. '비무장지대 Demilitarized Zone, DMZ'가 바로 그 대상입니다. DMZ 등재에 대한 고민은 있습니다. DMZ의 탄생(원형)은 한국전쟁(사건)이 벌어졌던 1950년 6월 25일부터 1953년 7월 27일 휴전까지의 시기에 이루어졌습니다. 그렇다면 70여 년이 흐른 현재는 '재자연화', 즉 전쟁의 상흔들이 원래 자연으로 돌아가는 회복의 과정 중에 있다고 규정할 수 있습니다. 따라서 DMZ는 사건 중심의 문화유산이 아닐 수 있음을 인지하게 됩니다. 충격적인 전쟁의 현장을 보여주는 유산이 아니라, 그 충격이 자연에 덮히고 원래의 자연으로 돌아가는 재자연화 현상이 세계유산이 요구하는 '탁월한 보편적 가치'의 대상이란 것입니다. 그렇다고 DMZ를 자연유산으로만 보기에도 애매합니다. 그렇다면 DMZ를 어떻게 바라보아야 할까요?

전문가들은 '문화경관 Cultural Landscape'의 개념을 대안으로 생각하고 있습니다. 유네스코에서는 문화경관을 '자연과 인간의 결합된 노작 Combined

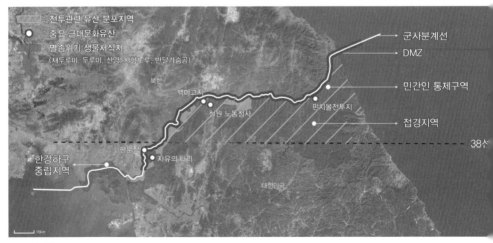

DMZ의 유산들

Works of Nature and of Man '으로 정의하며, 인간에 의해 의도적으로 창조되어 규정된 경관 Defined Landscapes , 자연과 연계되거나 반응하여 유기적으로 진화된 경관 Organically Evolved Landscapes , 그리고 자연적 요소가 강한 종교, 예술 또는 문화적 연계를 가지는 경관 Associative Cultural Landscapes 으로 구분합니다. 이 분류에 따르면 DMZ는 유기적으로 진화된 경관이자 현재에도 살아 지속되는 경관 Continuing Landscapes 으로 정의할 수 있습니다.

유네스코와 전 세계의 많은 국가들이 왜 이렇게 세계유산을 보유하기 위해 노력하고 있을까요? 그 이유를 한 마디로 설명하기는 어렵지만, 시대정신의 변화에서 그 이유를 찾을 수 있습니다. 한 때는 높은 건물, 강력한 경제력 등이 국가 수준을 좌우하는 기준이 되기도 했지만, 최근 들어서는 국가가 보유한 상징성과 정체성이 얼마나 강하냐, 문화적인 권위를 설명할 수 있는 역사와 문화환경의 보유 정도와 질적 수준에 따라 해당 국가의 위상이 결정되는 시대로 나아가고 있습니다. 이와 함께 세계유산이 관광산업과 연결되어 지역경제 활성화와 밀접한 관계를 가진다는 사실이 입증되면서 세계유산에 대한 관심이 급증하고 있는 것입니다.

'피란수도 부산' 유산은 문화유산의 유형에 해당됩니다. 문화유산은 물리적 환경의 역사적인 수준이 등재의 핵심 요건입니다. 어떤 문화유산이 세계유산에 등재되었을 때 해당 지역이 미래사회에 어느 정도 중요한 영향을 줄 수 있는가의 여부도 등재의 부가 요인이 되기도 합니다. 현실적으로 문화유산의 등재는 관광 활성화 즉, 지역경제 활성화와의 관련성이 점차 높아지는 경향을 보이고 있습니다.

세계유산은 등재될 때 '탁월하고도 보편적인 가치 Outstanding Universal Value(이하 'OUV') '의 보유 여부가 판명되어야 합니다. 이와 관련하여 문화유산은 6가지, 자연유산은 4가지의 기준을 갖고 있습니다. 복합유산은 양자 모두를 가져야 합니다.

공통	세계유산은 공통으로 완전성 (Integrity: 유산의 가치를 충분히 보여줄 수 있는 충분한 제반요소 보유)이 반드시 필요	
문화 유산	I	인간의 창의성으로 빚어진 걸작을 대표할 것 (Masterpiece)
	II	오랜 세월에 걸쳐 또는 세계의 일정 문화권 내에서 건축이나 기술 발전, 기념물 제작, 도시계획이나 조경 디자인에 있어 인간 가치의 중요한 교환을 반영 (Values/Influence)
	III	현존하거나 이미 사라진 문화적 전통이나 문명의 독보적 또는 적어도 특출한 증거일 것 (Testimony)
	IV	인류 역사에 있어 중요 단계를 예증하는 건물, 건축이나 기술의 총체, 경관 유형의 대표적 사례일 것 (Typology)
	V	특히 번복할 수 없는 변화의 영향으로 취약해졌을 때 환경이나 인간의 상호 작용이나 문화를 대변하는 전통적 정주나 육지·바다의 사용을 예증하는 대표 사례 (Land-Use)
	VI	사건이나 실존하는 전통, 사상이나 신조, 보편적 중요성이 탁월한 예술 및 문학작품과 직접 또는 가시적으로 연관될 것 (다른 기준과 함께 적용 권장) (Associations)
	모든 세계문화유산은 진정성 (Authenticity: 형태와 디자인, 재질, 기법, 의식 등에서 원래 가치 보유)이 반드시 필요	
자연 유산	VII	최상의 자연 현상이나 뛰어난 자연미나 미학적 중요성을 지닌 지역을 포함할 것 (Natural Beauty)
	VIII	생명의 기록이나, 지형 발전상의 지질학적 주요 진행과정, 지형학이나 자연지리학적 측면의 중요 특징을 포함해 지구 역사상 주요단계를 입증하는 대표적 사례 (On-going Geological process)
	IX	육상, 민물, 해안 및 해양 생태계와 동·식물 군락의 진화 및 발전에 있어 생태학적, 생물학적 주요 진행 과정을 입증하는 대표적 사례일 것 (On-going Ecological and Biological Process)
	X	과학이나 보존 관점에서 볼 때 보편적 가치가 탁월하고 현재 멸종 위기에 처한 종을 포함한 생물학적 다양성의 현장 보존을 위해 가장 중요하고 의미가 큰 자연 서식지를 포괄 (Biological Diversity)

세계유산의 등재 기준

세계유산에 등재되기 위해서 표에서 제시된 모든 기준에 부합할 필요는 없습니다. 한 가지 이상의 기준에 해당되어도 세계유산에 등재될 수 있습니다. 문화유산의 첫 번째 기준은 '인간의 창의성으로 빚어진 걸작을 대표할 것'이며, 이집트의 피라미드와 같은 랜드마크가 이에 해당됩니다. 2번, 3번, 4번, 5번, 6번 모두 기준이 다릅니다. 가장 특이한 기준은 6번입니다. 6번 기준에 근거해 어떤 사건과 직접적으로 또는 가시적으로 연관되는 물증들이 세계유산으로 인정됩니다. 대표적인 사례가 폴란드에 있

6번 기준으로 등재된 아우슈비츠 유태인수용소 ⓒUNESCO

는 '아우슈비츠 비르케나우 – 독일 나치 강제 수용소 및 집단 학살 수용소 Auschwitz Birkenau: German Nazi Concentration and Extermination Camp(1940-1945)'입니다. 이곳은 나치가 100만 명 이상의 유태인을 학살했던 장소입니다.

아우슈비츠 수용소의 등재를 계기로 부정적인 성격을 가진 유산들에 대한 본격적인 논의가 시작됩니다. 학술적으로 불편문화유산 Difficult Heritage●, 네거티브유산 Negative Heritage, 부負의 유산 등으로 부르고 있습니다.

아우슈비츠 수용소와 같은 불편문화유산들이 세계

● 이현경 교수는 '디피컬트 헤리티지(difficult heritage)'를 이렇게 정의하고 있습니다(이현경, 〈'불편문화유산(difficult heritage)'의 개념 및 역할에 대한 고찰〉 도시연구 20 (2018): 163-192.)
"디피컬트 헤리티지는 샤론 맥도날드(Sharon MacDonald)라는 학자에 의해 사용된 용어로서 세계 2차 대전 이후 나치가 남긴 흔적이 문화유산화(heritagization) 되는 과정에서 형성된 문화유산을 통칭하는 용어로 알려져 있다(Macdonald, Sharon. Difficult Heritage: Negotiating the Nazi Past in Nuremberg and Beyond. London and New York: Routledge. 2009.) 고통과 아픔의 역사적 사건과 연결된 장소가 그 역사적 사건 이후 문화유산화 되면서, 국가/공동체의 정체성 형성에 영향을 주면서 수반되는 기억 분쟁과 정치적 분쟁을 통칭하는 용어라고 볼 수 있다. 또한, 기억과 연관된 정치적 분쟁 가운데 놓인 '디피컬트 헤리티지'는 기억 정치(memory politics) 영역으로까지 확대되어 형성된다. 또한 '디피컬트 헤리티지'는 이러한 아픔과 고통의 역사에서 탄생한 문화유산이 완성되어 그 작용이 끝나는 것이 아니라 계속된 해석의 어려움 속에서 지속적으로 갈등 상황에 놓일 수밖에 없는 숙명을 나타내는 개념이라고 볼 수 있다. 보다 구체적으로 설명하면, 시간이 지나감에 따라서 그 역사적 사건에 대한 평가가 다각적으로 분화되기에, 그 해석의 변화가 끊임없이 일어난다는 것이다 (예, 아우슈비츠 강제 수용소, 히로시마 평화 기념관(원폭돔). '디피컬트 헤리티지'란 용어는 '어려운 문화유산'이라고 문자 그대로 해석하거나 '해석이 어려운 문화유산'으로 풀어서 번역하기보다는, 한국 근현대문화유산 중 고통과 아픔의 역사와 연관된 문화유산의 상황과 그 뉘앙스를 고려할 때 '불편문화유산'이라고 명명하는 것이 적합하다고 여겨진다. 과거의 역사적 사건으로 인해 발생된 고통과 수치, 아픔의 기억을 바라보는 국내의 시선이 불편하고, 문화유산으로 기념화 되는 과정에서 발생되는 국내외적 갈등상황에서 불편한 상황이 지속되며, 그 해석에 대한 논쟁이 지속되기에 그 해석의 난해함과 논쟁에 대한 불편한 감정이 발생된다는 점을 고려하였다. 동시에 이 불편한 상황, 해석과 감정이 부정적인 형태 그대로 굳어지는 것이 아니라, 갈등이 해소될 때 그 문화유산의 의미가 달라질 수 있는 변화의 상황도 포함하였다."

유산에 등재되는 이유는 다음과 같습니다. '부정의 사건과 관련된 유산들은 일반적으로 미래 세대에게는 교훈의 대상이 될 수 있고, 아우슈비츠 수용소가 파괴되어 지구상에서 없어졌을 때 한 민족이 한 민족을 학살했던 현장이 사라질 수밖에 없기에, 전 세계인들은 함께 이곳을 보존하여 다시는 그런 일이 반복되지 않도록 하는 교훈으로 삼기 위함입니다.'

유산의 속성은 기념물 Monuments , 건축물 Buildings , 유적 Sites 으로 대별되고, 유적에서 문화경관 Cultural Landscape 이 분류됩니다. 문화경관의 대표사례로는 '필리핀의 다락논 Rice Terraces of the Philippine, Cordilleras '을 꼽을 수 있습니다. 수천 년 전부터 존재했던 다락논을 경작하며 지켜 온 마을 문화와 농민들의 삶, 다락논의 형태와 재배방법 그리고 이 모든 것들을 총체적으로 표현하고 있는 다락논 풍경 등이 유산의 요소이자 가치의 증거입니다.

2023년 현재, 168개국 1,199점의 유산이 세계유산에 등재되어 있습니다.

문화경관의 대표사례 : 필리핀의 다락논ⓒUNESCO

문화유산은 933점, 자연유산은 227점, 복합유산은 39점입니다. 유네스코 통계를 보면 '56점'이라는 수치가 강조되어 있습니다. 이는 '위험유산 Heritage in Danger'의 수량입니다. 시리아, 이라크, 팔레스타인 등과 같이 전쟁으로 인해 유산이 파괴되었거나 콩고, 케냐 등과 같이 자연유산의 보전이 힘들거나, 인도네시아 수마트라 열대우림처럼 기후변화에 대처가 필요할때, 네팔과 같이 지진으로 인해 유산이 파괴되었거나, 또는 비엔나 도심부, 볼리비아의 포토시 광산지대 등과 같이 완충구역의 개발에 의해 유산가치의 훼손이 염려되는 경우 위험유산으로 지정됩니다. 지정이 반드시불명예스럽거나 나쁜 것만은 아닙니다. 유네스코의 특별 관리를 받아 유산의 파괴에서 벗어날 수도 있기 때문입니다. 그런데 개발 압력을 이기지못하고 또 대처가 지지부진하던 영국의 리버풀항은 2021년 세계유산위원회에서 결국 세계유산 등재가 취소되고 말았습니다. 세계유산 사상 세번째의 불명예 사례가 되었습니다.

전 세계적으로 세계유산을 보유하려는 경쟁이 심화되고 있습니다. 이탈리아의 세계유산은 59점이며, 중국은 57점입니다. 유네스코에서는 이런과도한 경쟁을 막기 위해 2020년부터 매년 한 국가가 한 유산만을 등재신청할 수 있도록 제도를 변경했습니다. 그럼에도 시간이 흐를수록 유산들이 무궁무진한 것으로 알려져 있는 중국은 압도적인 유산 보유국이 될것으로 생각합니다. 세계유산 분야에 있어 중국의 영향력은 점차 커질 것입니다. 이는 세계유산의 양적 편중이 우려되는 좋지 못한 현상이기도 합니다.

최근 여러 나라가 함께 유산을 등재하는 '초국경 유산 Trans-national Heritage' 개념이 본격화되고 있습니다. 현재 전세계에서 48점의 유산이 초국경 유산으로 등재되어 있습니다. 2017년 세계유산에 등재된 '르코르뷔지에의 건축 작품들 The Architectural Work of Le Corbusier, an Outstanding Contribution to the Modern

현대기의 세계유산 : 르코르뷔지에의 건축 작품들

Movement '을 예로 들 수 있습니다. 7개국 아르헨티나, 벨기에, 프랑스, 독일, 인도, 일본, 스위
스에 흩어져 있는 17점의 르코르뷔지에의 건축작품을 연속유산으로 모아
세계유산에 등재한 것입니다.

지금도 사용 중인 현대기의 건축물이 세계유산이 될 수 있다는 사실은 우
리에게 많은 시사점을 던져줍니다. 건축물이 경제적인 물건의 개념을 넘
어 문화 척도의 기준이 될 수 있다는 사실 앞에서 많은 반성을 하게 합니
다. 도시에 만들어지는 건축물을 신중하게 계획하고, 짓고, 관리하여 건
축물의 문화적 가치를 더욱 끌어올릴 필요가 있습니다. 건축행위는 현실
조건을 우선 고려해야 하겠지만, 결국 그것이 후대가 살아갈 도시 수준을
결정할 수 있기에 더더욱 그러한 것입니다.

피란수도 부산의 형성과 전개

1950년 8월 18일, 피란수도 부산의 탄생

세계유산에 대한 개념 정의가 되었으니 이제 부산으로 들어가 보겠습니다. 사진은 1950년 전쟁이 발발했던 당시의 부산입니다.

1950년 가을의 부산

전쟁이 시작된 6월 25일 당일 '제1차 유엔안전보장이사회'가 개최됩니다. 북한에 대해 불법적인 무력공격을 경고하고, 북한 당국은 침략행위를 즉시 중지하고 철수하라는 요구가 결의되었습니다.

유엔 안전보장이사회 제1차 결의문(국가기록원)

1. 북한 당국은 침략(侵略)행위를 즉시 중지(中止)하고, 그 군대를 북위 38도선까지 철수(撤收)시킬
   것을 요구한다.

2. 유엔 한국위원단(韓國委員團)에 대하여
   (a) 이번 사태에 관하여 충분히 검토된 여러 가지 건의를 가능한 한 지체 없이 통보할 것.
   (b) 북위 38도선까지의 북한군(北韓軍)의 위치를 감시할 것.
   (c) 본 결의 이행에 관하여 계속적으로 안전보장이사회(安全保障理事會)에 통보해줄 것을
       요청한다.

3. 모든 회원국에게 본 결의를 이행함에 있어서 유엔에 모든 지원을 제공할 것과 북한 당국에
   대해서는 지원을 삼갈 것을 요청한다.

그러나 북한의 반응이 없자 이틀 뒤인 27일에 '2차 결의'를 하게 됩니다.
조금 더 강한 논조의 결의였습니다.

유엔 안전보장이사회 제2차 결의문(국가기록원)

안전보장이사회(安全保障理事會)는 북한군(北韓軍)의 대한민국(大韓民國)에 대한 무력 공격(攻擊)
이 평화(平和)를 파괴하는 요인이 된다고 단정하고, 전쟁행위의 즉각적인 중지(中止)를 요구하고,
북한당국이 그 군대를 즉시 북위(北緯)38도선까지 철수 시킬 것을 요구한다.
북한 당국이 전투행위를 중지하지도 않았고 그 군대를 북위 38도 선까지 철수시키지도 않았다는
것과 국제적인 평화와 안전을 회복시키기 위해서 시급한 군사적 조치가 요청된다는 유엔 한국위
원단(韓國委員團)의 보고서에 주목하여, 유엔 회원국들이 대한민국에 대하여, 이 지역에서의 무력
공격을 격퇴하고 국제평화(國際平和) 안전을 회복하기 위하여 필요한 지원(支援)을 제공할 것을 권
고(勸告)한다.

요컨대 2차 결의는 전쟁 행위에 대한 즉각적인 중지 요구 및 철수와 함께
국제평화와 한국의 안전을 회복하기 위한 지원에 대한 제공을 권고하였
습니다.
다시 10여 일이 지난 7월 7일, 안전보장이사회의 '3차 결의'가 있었습니
다. 회원국은 병력과 기타 지원을 할 수 있으며, 미국이 주도하는 유엔군

2차 유엔안전보장이사회의 투표 장면

통합부가 사령부를 구축하여 지원할 것을 결의하였습니다. 이를 통해 맥아더 장군이 유엔군 총사령관으로 임명되고, 한국전쟁에 대한 유엔의 개입이 본격화되었습니다. 안전보장이사회의 3차 결의 후 60여 개 국이 넘는 유엔군이 직·간접적으로 전쟁에 참전했습니다. 한국전쟁은 유엔 소속의 많은 국가들이 참전했던 대규모의 전쟁이었고, 무엇보다 유일한 전쟁으로 남아 있습니다.

유엔 안전보장이사회 제3차 결의문(국가기록원)

1. 유엔의 각 정부와 국민들이 무력 공격에 대한 대한민국의 자위(自衛)노력을 지원하고, 이 지역의 국제평화와 안전을 회복하기 위한 1950년 6월 25일, 27일 표명한 결의에 대하여 신속하고 강력하게 지지해준 데 대해 환영한다.
2. 유엔 회원국들이 대한민국에 대한 지원 제의에 호응하였음을 주목한다.
3. 전술(前述)한 안전보장이사회의 여러 결의에 따라서 병력과 기타 지원을 제공하는 모든 회원국은 이러한 병력, 기타 지원 내용을 미국이 주도하는 통합군(유엔군)사령부이 이용할 수 있도록 해줄 것을 권고한다.
4. 미국에 이러한 군대(유엔군)의 사령관을 임명하는 것을 위임한다.
5. 통합군사령부에 북한군에 대한 작전 중에 참전 각국의 국기와 유엔기를 임의대로 병용(竝用)할 권한을 부여한다.
6. 미국에는 통합군사령부 지휘하에 취해지는 활동과정에 관하여 적절한 시기에 안전보장이사회에 보고서를 제출할 것을 요청한다.

1950년 8월 18일, 부산은 피란수도로 결정됩니다. 부산이 피란수도로 결정되기 전 대전이 20일간, 대구가 33일 동안 피란수도 _{당시는 임시수도} 로 명명되기도 했습니다.

부산의 피란수도 지정 시기는 두 차례로 구분됩니다. 1차는 1950년 8월

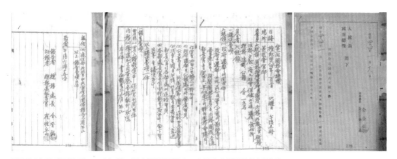

정부천도(2차)에 관한 건 : 1951년 1월 12일자 국무회의록(1951) ⓒ국가기록원 부산기록관

18일부터 10월 27일입니다. 10월 27일로 끊어지는 이유는 9월 15일에 전개된 인천상륙작전으로 9월 28일에 서울이 수복 收復 되고 10월 27일 정부가 서울로 환도했기 때문입니다. 중공군 개입으로 시작된 1.4후퇴, 즉 1951년 1월 4일부터 휴전협정 1953년 7월 27일 후 서울 환도 8월 15일 가 이루어진 직전 일인 8월 14일까지 총 1,023일 동안 부산은 피란수도로 기능하였습니다. 1,023일은 전쟁기간의 90.6%에 해당하는 긴 시간이었습니다.

부산은 한국전쟁 시기중 유일하게 전투가 없었던 지역이었기에 100만 명이 넘는 피란민들의 삶터이자 생존 현장이 될 수밖에 없었습니다. 하지만 30만 인구 계획도시에 40만 명이 거주하며 이미 포화상태였던 부산에 또다시 100만 명 이상의 피란민이 유입되다 보니 부산은 수도이기에 앞서 아비규환의 현장이 되었고, 도시기능의 마비현상과 사회적 혼란은 이루 말할 수 없을 정도로 컸습니다.

그럼에도 수도로서의 기본 체계는 갖추어야 했습니다. 당시 지도를 근거로 부산 도심부 모습을 간단하게 그려 보았습니다. 내륙부는 행정, 입법, 사법의 삼권 및 외교기능의 대부분을, 산지부는 피란민들의 주거기능을, 항구부는 각종 물자들이 들어오고 나가는 유통기능을, 그리고 외곽 주변부는 유엔군과 관련된 군사 및 구호기능을 담당토록 했습니다.

푸른색의 바다는 부산항입니다. 중심부 수직의 굵은 검정선이 '대청로'입

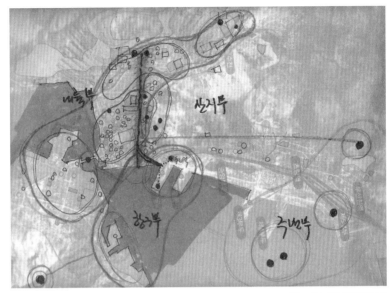

대강 그려본 피란수도의 공간구성

니다. 이 길은 서울의 세종로와 유사한 역할을 했습니다. 대청로 가장 위 끝점 우측에 경남도청이 있었습니다. 좌측에는 경남도지사의 관사가 있었습니다. 경남도청은 피란수도 행정의 수반시설인 중앙청이 되었고, 관사는 대통령이 머물던 경무대가 되었습니다.

대청로 아래 끝 부분에 제1부두와 제2부두가 있었습니다. 유엔군의 각종 군사 및 구호물자들이 두 부두를 통해서 들어왔습니다. 그리고 대청로 좌우에는 국제시장, 자갈치시장, 부평시장 등의 시장들과 미대사관, 기상대, 상공부 등의 각종 공공시설들과 피란민의 생활지원을 목적으로 했던 여러 시설들과 장소들이 자리했습니다. 대청로 우측의 산지와 영도다리 너머 산지에는 피란민들의 거주지였던 산복도로가 있었습니다. 결과적으로 대청로가 피란수도의 등뼈 역할을 맡았고, 그 일대가 내륙부, 산지부, 항구부로 구분되며 수도로서의 공간·기능적 틀이 갖추어 졌습니다.

한편, 바다는 피란민들에게 매우 소중한 공간이었습니다. 특히 월남했던 피란민 디아스포라 Diaspora 들에게는 바다가 고향과 연결된 공간이었습니다. 바다가 없었다면, 부산항이나 거제도가 없었다면 피란민들의 삶이 어떻게 되었을까요?

전쟁 당시의 대규모 피란 상황을 잠시 살펴보겠습니다. 1950년 12월 15일에서부터 24일까지 약 열흘 동안 미국 10군단과 국군 1군단이 피란민과 함께 철수했던 사건을 '흥남철수작전'이라 부릅니다. 당시 상황이 촬영된 흥남부두의 모습을 보면 얼마나 급했고 처절했는지를 가늠할 수 있습니다.

철수작전에 참가했던 선박들 중, 14,000명의 피란민을 태우고 12월 23일 흥남항에서 남으로 내려왔던 '메러디스 빅토리호 SS Meredith Victory '가 가장 유명합니다. 길이 455피트 약 138.7m 7천600t 급의 화물선이었지만, 14,000명의 피란민을 태우기 위해 모든 화물을 버렸던 일화는 생명 존중을 위한 실로 대단한 결단으로 알려져 있습니다. 남쪽으로 내려오는 중에 배 안에서 5명의 새 생명이 탄생했던 에피소드도 특별한 기록으로 남

흥남철수기념비(거제) ⓒAsfreeas

아있습니다. 결과적으로 3일 동안의 항해 끝에 12월 25일 크리스마스에 14,005명이 거제 장승포항에 도착한 것입니다. 우연히 흥미로운 언론 기사 2018년 4월 를 접했습니다. 메러디스 빅토리호의 선원 중 한명 이었던 미국인 벌리 스미스(89)씨와 배에서 탄생했던 두 사람(예명으로 김치1과 김치5로 불리었다고 함)과의 재회 소식이었습니다. 흔히들 한국전쟁을 아직 끝나지 않은 전쟁이라 부르지만, 피란의 역사 또한 아직 끝이 나지 않았습니다.

피란수도의 유산들

부산 앞바다와 낙동강이 만나는 접점에 가덕도가 위치하며 그 남쪽 끝점에 '가덕도등대'가 있습니다. 이 등대는 피란선이 부산과 거제를 오갈 때 방향과 위치를 알려주었고 군수·구호물자를 선적한 선박들을 부산항으로 유인했던 희망의 불빛이었습니다. 메러디스 호도 가덕도등대의 불빛

1950년 8월 부산항에 들어온 미해병 1사단 ⓒ부경근대사료연구소

덕에 장승포항으로 들어갈 수 있었을 것입니다.

부산항에서의 부두들, 특히 제1,2부두의 역할은 정말 중요했습니다. 유엔군이 오가며, 각종 군수품과 구호품이 들어왔던 부두의 역할은 전쟁을 대역전시킬 수 있었던 계기를 만들었습니다.

'영도다리 당시 명칭 부산대교'는 피란민들에게 또 다른 의미의 등대이자 표상이었습니다. 다리 근처에는 항상 점치는 사람들이 많았다고 합니다. 영도다리는 언제쯤 전쟁이 끝나고 고향으로 돌아갈 수 있는지, 잃어버렸거나 헤어졌던 가족들을 언제 만날 수 있는지를 확인하는 기대의 장소였습니다. 그리고 피란민들이 돈을 벌기 위해 낮에 떼어 놓았던 아이들과 재회했던 약속의 장소였습니다. 영도다리는 200m 정도에 불과한 짧은 다리였지만, 피란민들에게는 없어서는 안 될 유일한 희망의 끈이었습니다.

영도다리 아래에서 점치는 사람들(1951년) ⓒ부경근대사료연구소

한편, '성지곡수원지'도 피란민들과 뗄 수 없는 곳입니다. 성지곡수원지는 대한제국기에 건설된 우리나라 최초의 콘크리트 중력식 댐입니다. 대한제국 정부와 일본 거류민단이 공사비를 분담하고 공동운영의 합의에 따라, 1907년 4월에 착공하여 1909년 ^{융희3년} 9월에 완공되었습니다. 백양산에서 흘러 내려 저수된 성지곡수원지의 물은 약 15km 이격된 수정산배수지와 복병산배수지 등으로 이동하여 전관거류지 일인들에게 공급되었습니다. 전쟁 중에는 산복도로 주변에 살던 수십만 피란민들의 생명줄이 되었습니다. 이러한 성지곡수원지의 급수체계는 휴전 후에도 지속되며 약 20여 년 동안 부산의 원도심과 항구지역에 식수를 공급하며 근대식 수도로 기능했습니다.

복병산 산정에 자리한 '국립중앙관상대 ^{현재명:부산기상관측소}'는 1905년 보수동에 설립되어 우리나라에서 가장 오래된 관측시설로 기능했던 부산측후소를 전신으로 합니다. 1934년 현재의 복병산정에 개축되었고, 국립중앙관상대는 전쟁 발발 후 수산업과 관련된 피란민 생업 유지의 나침반 역할과 해상구호활동을 위한 기상정보를 제공했습니다. 2017년 이곳은 세계기상기구 ^{WMO} 의 '100년 관측소'로 선정되기도 했습니다.

복병산 위 국립중앙관상대(1952년) ⓒ부경근대사료연구소

경무대에서의 사법관 접견 기념(1952년)

한국전쟁 발발 1주년 기념식이 열린 임시중앙청(1951.6.25.)
ⒸNARA

'경무대 현재명: 임시수도대통령관저'는 경상남도 도지사가 살던 경남도청 관사였습니다. 피란수도기에는 이승만 대통령이 머무는 경무대로 기능했고, 그곳에서 대통령의 각종 회담과 접견이 이루어졌습니다. 1951년 3월 20일 리지웨이 유엔군총사령관 대담과 무초 미국대사와의 회의, 1952년 5월 27일 유엔군사령부 및 미국과의 회담 등이 대표적이었습니다. 경무대는 2002년 5월 6일부터 부산광역시 기념물 제53호로 지정·관리되어 오다, 2018년 11월 6일 대한민국 사적으로 승격 지정되었습니다.

현재 동아대학교에서 박물관으로 쓰고 있는 '임시중앙청 현재명: 석당박물관'은 원래 경남도청이었습니다. 이곳은 국무회의소, 국무총리실, 8개 정부 부처 총무처, 공보처, 법제처, 기획처, 내무부, 외무부, 국방부, 법무부 와 대통령·부대통령·국무총리비서실 등이 소재했던 피란수도의 심장과도 같은 곳이었습니다.

임시중앙청에서는 1950년 8월 21일 기자단 회견을 통하여 정부이전의 상황이 발표되고 이어 8월 24일에는 피란민대책요강이 수립되는 등 피란수도의 시작을 공식화한 곳입니다. 또 이곳에서는 유엔안전보장이사회의 결의에 따라 한미경제조정협정 대한민국과 유엔통일사령부와의 경제조정에 관한 협정 이 1952년 5월 24일에 체결되기도 했습니다.

'미국대사관 겸 미국공보원 현재명: 부산근현대역사관 별관'은 일제가 조선의 경제

미국대사관 겸 미국공보원 앞에 도열한 미군
ⓒ부산역사문화대전

피란수도 당시 미군 부산기지사령부(1952년)
ⓒ부산시

독점과 토지·자원의 수탈을 목적으로 세웠던 국책회사 ^{동양척식주식회사} 였지만, 1949년부터 미국문화원으로 사용되었습니다. 이 때문에 이곳은 피란 정부의 외교중계의 장으로 긴급 활용되며, 1950년 8월부터 미국의 실질적인 군사·외교·경제관련 정책이 시달되고 추진되었던 미대사관이자, 피란수도에 주둔했던 유엔군, 국제기구, 세계인 그리고 국민 간의 소통과 교류의 창구였던 미공보원으로 활용되었습니다. 전쟁 후에는 부산미국문화원으로 사용되다, 1982년 미문화원 방화사건으로 한국사회 전체를 깜짝 놀라게 한 곳이기도 했습니다. 1999년 반환되어 지금은 부산근현대역사관 별관으로 사용되고 있습니다. 이곳이 거쳐 온 95여 년의 시간 속에는 아팠던 우리 근대사의 단면들이 고스란히 담겨있습니다.

'하야리야기지 ^{현재명: 부산시민공원}'는 1930년대 경마장 ^{부산경마구락부} 으로 조성되었으나, 1941년부터 1945년까지 일본군 및 외국인포로 임시수용소 등으로 활용되었고, 해방 후 주한미군 기지사령부로 사용되었습니다. 피란수도기에는 '유엔 관련 복합기지'로 명명되며, 유엔한국위원회 ^{UNCOK}, 유엔통일부흥위원회 ^{UNCURK}, 유엔한국재건단 ^{UNKRA} 본부, 후방기지사령부 ^{KCOMZ}, 유엔한국민간원조사령부 ^{UNCACK} 등 유엔의 다양한 기구들이 보육, 의료, 건설 등 다양한 인도주의 활동을 펼쳤던 곳입니다.

이 뿐만 아니라 이곳은 콜롬비아와 에티오피아의 군대 즉, 유엔군이 주둔했던 역사의 현장이었습니다. 비록 전투는 없었지만, 이곳은 대한민국을 구한 최전선의 현장이었다고 할 수 있겠습니다. 현재 여기에는 피란수도 시절에 존재했던 24개동의 건축물들과 부분적이지만 경마트랙과 수목 등이 남아있어 당시 상황을 이해하는 장소로 활용되고 있습니다.

'유엔묘지 현재명: 재한유엔기념공원'는 전 세계 유일의 유엔군 전사자 묘역이자 추모공간입니다. 전쟁 중에 유엔군 묘지는 금천, 신동, 마산과 밀양, 대구를 비롯하여 개성과 선천, 원산, 북청, 유담리 및 고토리 등의 지역에 있었다고 전해집니다. 그곳들은 묘지 근처 전투지에서 사망한 군인들의 임시묘역이었습니다. 전쟁이 장기화될 조짐을 보이고 유엔군 사상자가 급증하자 1951년 1월 18일 유엔군은 선박과 열차의 접근이 용이하고 일조량이 풍부했던 분포마을 일대의 나대지를 긴급 활용하여 '유엔군묘지 United Nations Military Cemetery'를 조성 28.2헥타르 하기로 결정하였습니다. 4월 5일 매슈 리지웨이 대장의 봉헌과 함께 유엔묘지의 역사는 시작되었습니다 4월 6일이 개원일로 기록되기도 함. 이후 개성, 인천, 대전, 대구, 밀양, 마산 등지에 가매장돼 있던 유해들이 이곳으로 이장되었습니다.

유엔기념공원(옛 유엔묘지) 개원식(1951.4.5.) ⓒ부경근대사료연구소

그러나 모든 전사자들이 매장 대상은 아니었습니다. 1954년까지 이곳에는 21개국 유엔군 전사자 약 11,000여명의 유해

조성 직후 1951년의 유엔묘지 ⓒ부경근대사료연구소

국명	파병자수	전사자수	봉안 유해수 (+ : 가족합장자)
오스트레일리아	8,407	346	281
캐나다	27,000	516	378(+2)
프랑스	3,760	270	44(+2)
네덜란드	5,320	124	117(+3)
뉴질랜드	5,350	41	32
남아프리카공화국	900	37	11
터키	14,936	1,005	462
영국	56,000	1,177	887(+2)
미국	1,600,000	36,492	40
노르웨이	623	3	1
벨기에	3,590	106	-
콜롬비아	5,100	213	-
에티오피아	3,518	122	-
그리스	4,440	186	-
룩셈부르크	89	2	-
필리핀	7,500	120	-
태국	6,326	136	-
이탈리아	185	-	-
덴마크	630	-	-
인도	346	-	-
스웨덴	380	-	-
총계	1,754,400	40,896	-
비전투요원	-	-	11
무명용사	-	-	4
대한민국	-	-	36(+1)

유엔기념공원 안장 현황 ⓒ유엔기념공원

가 안장되어 있었으나, 벨기에, 콜롬비아, 에티오피아, 그리스, 룩셈부르크, 필리핀, 태국 등 7개국 용사들의 유해와 일부 국가의 유해들이 본국으로 이장되었습니다. 현재 유엔군에 파견 중 전사한 국군 36명을 포함하여 11개국 2,314구의 유해가 안장되어 있습니다.

유엔묘지 내에는 다양한 스토리를 가진 유산들이 많
지만, 특히 두 가지의 유산은 반드시 기억해야 합니
다. 첫 번째는 유엔군 초대 사령관으로 임명된 맥아더
장군이 넘겨받았던 '유엔기'에 대한 것입니다. 그 날
은 1950년 7월 1일이었습니다. 맥아더 장군이 유엔기
를 받아든 찰라는 유엔군의 전쟁 참여를 공식화함과
동시에 전쟁의 상황이 결정적으로 전환된 순간이기도
했습니다. 하지만 그 당시 유엔기가 안타깝게도 거의
방치된 수준으로 관리되다 2019년에서야 부분적으로
복원되었습니다. 기의 우측 부분은 삭아서 사라진 상
태입니다. 그러나 조만간 문화재로 지정하여 길이 보
존해야 할 중요한 유산입니다.

유엔기를 받고 있는 맥아더 장군(1950년 7월 1일)

2019년에 복원된 유엔기

두 번째는 1953~1954년에 부산 미군군수기지사령관
을 지낸 '리차드 위트컴 Richard S. Whitcom 1894~1982 장군의
묘역'입니다. 구호, 의료, 교육 등 한국의 재건과 부흥
원조와 관련된 장군의 인류애 정신은 실로 대단한 것
이었습니다. 알려져 있는 것만 해도 1953년 11월 27일
에 발생한 부산역전 대화재 때의 헌신적 지원, 주한미
군민간원조단 AFAK 의 지원을 활용하여 메리놀, 침례,
성분도, 복음, 독일적십자병원 등의 건립지원, 영도 조
산소 건립, 양정과 청학동 후생주택 건립, 보육원과 요
양원 건립, 부산대 건립지원 등 그가 남긴 공적은 이루
말할 수 없습니다. 가장 중요한 사실은 1982년 7월 12
일 타계한 뒤 그가 준공한 유엔묘지에 안장되었다는
것입니다. 유엔군 가운데 유일하게 장군으로 안장된

고아원의 지원 활동(1954.10.16.) ©11thport.wordpress.com

위트컴 장군의 묘역

분이기도 합니다. 대한민국을 향한 그의 사랑은 어느 누구도 흉내 낼 수 없는 위대한 유산입니다.

'아미동 비석 피란주거지'는 천마산 중턱 경사지에 위치하고 있으며 1906년부터 일본인 공동묘지로 사용되던 곳이었습니다. 해방 후 일인들의 귀국으로 방치되어 있던 중, 선생을 피해 온 피란민의 임시주거지로 활용되면서 이곳의 역사는 재개되었습니다.

피란민들의 공동묘지 활용법은 묘지 구조물 위에 집을 짓는 매우 간단한 것이었습니다. 현존하는 비석주택은 일본식 묘지 구조물 상부의 석조 외책 外柵 을 (벽체)기초로 삼아 각목재로 기둥을 세운 후, 외벽은 비늘판벽으로 내벽은 넓은 판자 위에 신문지, 목판, 루핑지 등을 덧댄 판잣집입니다.

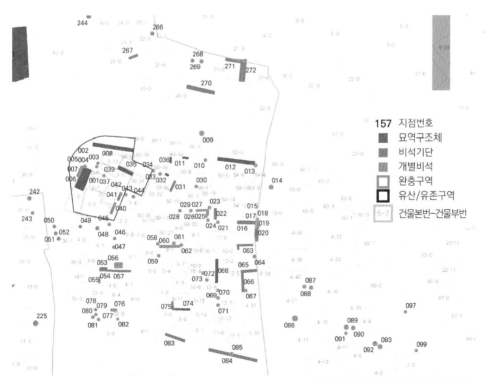

현존하는 비석들(부분) ⓒ부산대 건축학과(우신구 교수)

피란민의 전형적인 임시주거 판잣집의 모습을 잘 보여주는 전국 유일의 건축물로 평가됩니다.

비석주택은 불법건축물이라 문화재 지정이 어려운 상황이었습니다. 부산시에서는 문화재 대상을 건축물이 아닌 장소, 즉 '비석주택의 터'로 지정하였는데 이 역시 전례가 없어 난항을 겪기도 했습니다. 그러나 비석마을의 정체성, 즉 공동묘지 위에 형성된 주거지라는 총체적인 특성의 중요함이 부각되면서 부산광역시 최초 등록문화재로 지정 2021.12.23. 결정 되었습니다. 특히 의미가 있는 것은 등록문화재의 지정 범위를 비석주택에 국한한 것이 아니라 주변 1필지 서구청 매입 를 포함한 2필지 내 총 9개호 주택을 포괄하여 '아미동 비석마을 피란민 주거지'라는 명칭으로 지정된 것입니다. 즉, 주택을 주거지 위의 살림유적이나 생활유적으로 이해하고, 피란민들이 살던 비석마을을 대변하는 피란 주거지 住居址 로 접근하였다는 점에서 의의가 있습니다.

또한 이것은 비석마을의 외형적 가치보다는 보이지는 않지만 내재된 피

묘단 위에 지어진 비석주택

란마을로서의 가치를 인정하고 제도적으로 보호할 수 있게 되었다는 점에서 매우 큰 시사점이 있습니다. 장기적으로는 500여개가 넘는 산재한 비석들의 흔적이 발견되는 길과 옹벽, 주택 기단 등에 이르는 장소들 전체를 보존관리 할 수 있는 온전한 체계를 갖추어야 할 것입니다. 이는 분명 비석마을이 한국전쟁의 아픔과 이를 이겨낸 우리 근대역사의 현장과 시민의 공존을 설명할 수 있는 '살아있는 유산'으로 거듭나는 계기를 제공할 것이라 여겨집니다.

'우암동 소막 피란주거지' 일대는 원래 조선 후기 일본의 표류민을 관리하기 위한 표민수수소 漂民授受所 가 운영되었던 곳입니다. 그러다 1909년 조선의 소를 일본으로 반출하기 위한 '수출우검역소'로 전환되었습니다. 한일강제병합 이후 '이출우검역소'로 개칭되어 해방될 때까지 그 기능이 이어졌습니다. 이곳 현장에서는 여러 사진과 도면들을 통해 19개 동의 소막사 1층 목조 와 해부실, 소독실, 검사실 등과 부두시설, 잔교, 철로궤도, 상·하수시설 등의 잔존 흔적을 확인할 수 있습니다.

소막사가 피란주거지로 변화된 것은 1950년 12월경 함경도에서 내려온 피란민들이 정착하기 시작하면서였습니다. 소막사 한 개동의 규모는 건축면적 259.14㎡(연면적 275.67㎡)이었고, 규격화된 한 동은 약 85평의 제법 널찍한 공간이었습니다. 기록에 따르면, 한 개 동별 평균 25가구 내외 총 100여 명이 거주하였고, 19개 동 소막사에 총 370여 세대 약 1,900여 명이 살았다고 합니다. 약 3평을 1가구가 사용했던 것으로 추정됩니다. 그럼에도 열악했던 당시 피란 주거지의 여건을 생각해 보면, 이곳은 요즘의 쾌적한 아파트 정도의 삶터였다고 상상할 수 있겠습니다. 1952년 일부 시설이 화재로 전소되자 정부는 단층 목조 집합주택을 건립하여 무상 입주시켰는데, 피아노 건반처럼 나란히 줄지어선 주택의 형상 때문에 '피아노집'으로 불렸고 지금도 일부는 남아있습니다.

소막사의 공간 흔적

남아있는 소막사의 공간 흔적

우암동 피란민 수용소의 모습 (1951.8.29.)
ⓒ국사편찬위원회 전자사료관

우암동 소막사에서 밥 짓는 피란민
ⓒ부경근대사료연구소

국가등록문화재 715호 소막사 ⓒ부산대 건축학과 (유재우 교수)

켜켜이 쌓인 역사

소막사의 풍경(복원 전)

현재 소막마을에는 국가등록문화재로 지정된 소막사 1개동과 훼손되고
변형된 소막사들 일부가 남아있습니다. 주변에 골목길, 시장, 우물 등이
함께 잔존하여 당시 피란생활상을 엿볼 수 있는 소중한 현장입니다.

피란수도 부산유산의 가치

아래 사진은 1950년 전쟁발발 직후의 시가지 전경입니다. 부산에 남아있
는 전쟁의 흔적들을 피란수도 유산으로 지칭하고, 이를 세계유산으로 등
재하려는 노력이 2016년부터 시작되었습니다. 유산의 공식 명칭은 '한국
전쟁 피란수도 부산의 유산 이하 '피란수도 부산유산'' 입니다. 피란수도 부산유산
은 '냉전기 최초 전쟁인 한국전쟁 중 국민안전을 위한 피란수도의 기능
유지와 피란민 보호를 위해 정부·시민·유엔의 상호공조로 긴급 활용된

전쟁 발발 직후 원도심 시가지(1950년) ⓒ부산박물관

① 경무대 (임시수도 대통령관저)
② 임시중앙청 (부산임시수도정부청사)
③ 아미동 비석 피란주거지
④ 국립중앙관상대(부산기상관측소)
⑤ 미국대사관 겸 미국공보원(부산근대역사관)
⑥ 부산항 제1부두
⑦ 하야리아기지(부산시민공원)
⑧ 유엔묘지(부산재한유엔기념공원)
⑨ 우암동 소막 피란주거지

피란수도 부산유산의 위치 ⓒ부산시

특출한 증거물'로 정의됩니다. 피란수도 부산유산은 피란수도 기간 중에
긴급 활용되어 흔적으로 남아있거나, 기록과 기억을 통해 그 존재를 확인
할 수 있는 부산의 유·무형의 유산들 중 정부 유지, 피란생활 그리고 국제
협력과 관련된 피란수도의 기능과 피란민 보호의 방식을 이해할 수 있는
건축물 5개와 장소 4곳으로 구성되어 있습니다. ●

● '피란수도 부산 유산' 잠정 목록 등재 신청서, 2022.

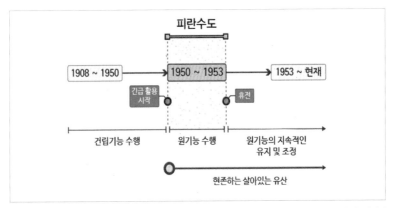

피란수도의 탄생과 전개

피란수도 부산유산의 OUV는 세계유산 등재기준 6가지 중 iii번과 vi번으로 정의됩니다. 먼저 iii번은 그 시대의 '특별한 증거Testimony'로 인정되어야 합니다. 피란수도 부산유산은 '급박한 전쟁기에 긴급 활용되어 1,023일 동안 유지되었던 피란수도의 기능과 생활상을 보여주며, 지금도 살아있는 특출한 증거'라고 할 수 있습니다.

특별한 증거로서 피란수도 부산유산의 가장 큰 특이성은 '긴급 활용된 유산'이라는 점입니다. 유엔묘지를 제외한 8개 유산은 구한말 대한제국시대 과 일제강점기에 조성되거나 건립된 공공시설들이었습니다. 이곳들은 모두 원래 조성 목적과 달리 국가수호와 피란민 보호를 위해 긴급히 활용되었다는 것입니다. 전쟁 중에 신규 조성된 유엔묘지 또한 나대지가 시신 안치소로 긴급 활용된 곳이기에 긴급 활용된 유산의 맥을 같이 한다고 볼 수 있습니다. 원래 만들어진 시대의 원형 가치가 아닌 전쟁 중에 긴급 활용된 순간의 가치는 피란수도 부산유산의 핵심 가치입니다.

'정부유지'를 수행했던 유산은 경무대, 임시중앙청, 국립중앙관상대이며, 국가존망의 긴박함 속에서 국민안전 보장과 국가 정책들을 지속시켰습니다. '피란생활' 유산은 우암동 소막 피란주거지와 아미동 비석 피란주거지가 해당됩니다. 소막사와 공동묘지 위에 피란민의 주거시설이 들어선 채 70년이 지난 지금까지 이향 離鄕 의 애환이 지속되고 있습니다. '국제협력'과 관련된 유산은 미국대사관 겸 미국공보원, 부산항 제1부두, 하야리아기지, 유엔묘지 등이며 이 유산들은 세계 최초로 유엔의 이름으로 참전하여 전쟁 극복을 위해 노력했던 인류애의 증거물들입니다.

물론 이 정도만이 유산의 범주에 들어간 것은 아쉬운 일입니다. 한국전쟁과 부산을 놓고 볼 때 중요한 곳들이 누락되어 있기 때문입니다. 예를 든다면 영도다리, 국제시장, 보수동책방골목 등입니다. 이곳들이 유산에서 빠져야만 했던 이유는 있습니다. 영도다리는 2014년에 재신축된 다리입니다. 즉 원래 있었던 다리가 아니라는 것입니다. 그래서 장소성과 그 의미는 무척 강하지만 원래의 것이 아니다 보니 제외된 것입니다. 보수동책방골목은 상업지역에 속해 있다 보니 토지소유주들의 반대가 커서 함께 아우르는 데 실패한 경우입니다. 아쉬운 일이 아닐 수 없습니다.

등재기준 vi번은 피란수도 부산유산에 있어 iii번만큼이나 더 중요한 기준으로 평가됩니다. vi번은 특정한 '사건과의 관계 Associations' 를 인정의 근거로 삼습니다. 피란수도 부산유산은 '20세기 냉전기 최초로 발발한 한국전쟁으로 인해 발생한 피란민을 정부와 시민 그리고 유엔이 상호공조로 구호했던 인류애의 메시지를 상징한다.'로 정의됩니다. ●

피란수도였던 부산은 전쟁 중 발생했던 수많은 사람의 고통과 희생을 품어 안았습니다. 피란수도에서 가장 중요한 기능은 삼권의 수행과 부산시민보다 두 배 이상으로 많았던 피란민의 수용과 보호였습니다. 그리고 부산은 냉전기의 피란수도였었기에 유엔차원에서의 각종 구호활동의 근거지가 되었습니다. 피란민의 거처 마련, 생계를 돕기 위한 일자리 제공은

● 2023년 현재, 피란수도 부산유산의 OUV는 iii과 vi번을 통합하여 iii번으로 정의하고 있습니다.

피란수도 부산이 실천해야 할 시대적 소명이었습니다. 대부분의 공공공
간과 시설들이 피란민들의 거처로 활용되었고, 가장 대표적인 곳은 항구
와 도심 배후의 야산 구릉지였던 산복지대였습니다. 사실 산복지대보다
더 선호된 곳은 비를 피할 수 있는 지붕과 평평한 바닥을 가진 비어있던
공공시설이었는데 소 반출과 검역을 위한 소막사, 말 관리를 위한 매축지
의 마구간, 경사지였지만 반듯한 묘대를 가진 일본인공동묘지, 태평양전
쟁 때 뚫었던 방공호 등이 해당되었습니다.

1950년 10월부터 시작된 약 60개국으로 구성된 유엔의 피란민 구호활동
은 휴전 후 3년이 지난 1956년까지 이어졌습니다. 3천여 명의 의료인력,
총 42개국에서 지원(1950.7.~1956.6.)한 7백만 달러 상당의 물자 등을 중
심으로 의료, 교육, 건설, 물품보급 등 인류애 차원에서의 다양한 구호활
동이 이루어졌습니다. 이 활동은 유엔헌장의 최초 실천이었습니다. 더군
다나 피란수도 부산은 전쟁의 사망자를 포용할 수 있는 최적지였습니다.
용호만 주변 나지막한 해안 경사지에 조성된 묘지는 1959년 묘지 전체가
유엔에 증여되어 영원하면서도 유일한 유엔묘지가 되었습니다.

1952년 제1부두에 정박 중인 의료선(하벤호) ⓒ부경근대사료연구소

한 가지 의문이 생깁니다. 피란수도 부산이 이렇게 유엔과 공조하여 피란
민을 보호하고 인류애를 표출할 수 있었던 이유가 무엇이었을까요? 단연
코 국토의 끝단이자 태평양으로 나아가는 관문에 자리한 부산의 입지 때
문이었습니다. 부산은 1407년부터 부산포라는 이름으로 대한민국 ^{당시 조선}
최초로 항구를 열었고, 1876년 개항을 거쳐 한국전쟁이 발발했던 1950년
즈음에도 우리나라 수출입의 전반을 담당하는 물류도시의 기능을 수행하
고 있었습니다. 이러한 외적 여건이 해양을 통한 유엔의 자유로운 활동을
보장했던 것입니다.

경무대(임시수도대통령관저) / 임시중앙청(부산임시수도정부청사) / 아미동 비석 피란주거지 / 국립중앙관상대(부산기상관측소) / 미국대사관 겸 미국공보원(부산근대역사관) / 부산항 제1부두 / 유엔묘지(부산재한유엔기념공원) / 우암동 소막 피란주거지 / 하야리아기지(부산시민공원)

피란수도 부산유산의 현재 모습 ©부산시

부산과 닮은 세계의 피란도시들

피란수도 부산유산은 세계유산의 유형 중 '문화유산'이자 9개소의 유산
들이 합쳐진 '연속유산'이며, 1,023일간의 피란수도의 상황을 증언하는
'근대문화유산'입니다. 유산에 내제된 주제를 기준으로 하면 '전쟁군사관
련 유산', '냉전시대의 유산', '특수목적으로 조성된 유산', '긴급활용된 유
산', 그리고 '국제적 사건에 연류된 추모유산' 등으로도 구분할 수 있습니
다. 유사한 곳들을 살펴보겠습니다.

전쟁군사관련 유산

피란수도 부산유산은 분명 전쟁군사관련 유산입니다. 보다 정확하게는
전쟁으로 인한 상황 극복을 지원했던 유산입니다.

전쟁군사관련 유산은 관점에 따라 여러 유형으로 나눌 수 있습니다. 가장
대표적인 곳인 폴란드의 '아우슈비츠 비르케나우 - 독일 나치 강제수용소
및 집단학살수용소 Auschwitz Birkenau-German Nazi Concentration and Extermination Camp,
1940~1945'는 민족 학살의 악행은 반복되지 말아야 한다는 결의 아래 1979
년 세계유산에 등재되었습니다. 수용시설들은 적나라하게 보존·전시되
어 있고, 당시 실상을 이해하는 교육 현장으로 사용되고 있습니다.

아우슈비츠 비르케나우의 현장 ⓒUnesco

프랑스의 '르 아브르 Le Havre'는 노르망디 상륙작전 시에 폭격으로 크게 파괴된 도시입니다. 1945년부터 1964년까지 20여 년에 걸쳐 건축가 '오귀스트 페레 Auguste Perret'의 지휘 아래 국제주의 스타일의 도시계획과 건설기술을 이용하여 빠르게 재건되었습니다. 모든 공간구조를 6.24㎡의 격자구조에 근거하여 효율성과 통일성을 강조했습니다. 전쟁의 상흔 극복을 위해 당대 최고의 도시계획술과 건축기술이 집결된 곳이라는 의미로 세계유산에 등재된 사례입니다.

황폐화 된 느 아브르(1945.01)
©Archives Municipales du Havre, collection Fernez

재건된 느 아브르 ©NormandieTourism

성격은 조금 다르지만 일본 히로시마의 '평화기념관 원폭 돔 原爆ドーム'도 전쟁군사유산에 포함됩니다. 1945년 8월 6일 히로시마에 원자폭탄이 떨어졌습니다. 거의 모든 것이 파괴되었지만 원자폭탄 투하의 목표점이었던 T자형 교량 근처에 있던 히로시마 상업전시관은 반파된 채 유일하게 잔존하게 됩니다. 이 건물은 파괴적인 무기가 초래한 참상을 보여주는 현장이자 핵무기를 다시는 쓰지 말자는 세계평화에 대한 희망을 보여주는 물증으로 인정되어 세계유산으로 등재됩니다. 그러나 이 유산에 대해서는 안타까운 마음이 큽니다. 수십만의 생명을 앗아간 전쟁을 일으켰던 가해자가 죄 값을 치른 흔적임에도 불구하고, 어찌된 일인지 피해자의 현장이자 평화의 상징물로 성격이 바뀌어 버린 것입니다.

피폭 직후의 원폭 돔 ©Hiroshima city

현존하는 원폭 돔

냉전관련 유산

1946년 수소폭탄 실험 장면 ©UNESCO

제2차 세계대전 후 부터 소련이 해체됐던 1989년까지의 기간을 '냉전기 Cold War Era '라 부릅니다. 미소양국의 대립이 심각했던 시기였습니다.

냉전관련 세계유산은 단 한 곳 밖에 없습니다. 남태평양 마셜제도의 '비키니 환초 Bikini Atoll '입니다. 이곳은 1946년도부터 1958년까지 미국의 수소폭탄 실험장이었습니다. 그 횟수가 무려 67회나 됩니다. 미소양국의 대립 속에서 희생된 공간이었습니다. 유네스코에서는 '이곳을 다시는 이런 핵실험이 없어야 되겠다.'라는 점을 시대 교훈으로 삼기 위해 세계유산으로 등재하였습니다.

특수목적관련 유산

피란수도 부산유산과 관련된 특수목적은 크게 세 가지로 분류됩니다. 긴급한 사유로 인한 도시 이전 또는 건설, 고향과 고국을 떠나 떠돌 수밖에 없었던 디아스포라, 그리고 국제평화와 화해가 그것입니다.

아프리카의 감비아는 아프리카 노예무역이 시작된 곳이고 또 마무리 된 곳이기도 합니다. 서양 국가들의 아프리카 식민지화, 특히 노예화 과정에서 크게 희생됐던 곳입니다. 감비아의 '쿤타킨테 섬과 관련 유적들 Kunta Kinteh Island and Related Sites '은 대표적인 희생의 현장입니다. 원래 이곳의 이름은 제임스 섬이었는데 쿤타킨테라는 실존 인물의 이야기가 시작된 곳이라는 사실이 확인된 후 2011년에 쿤타킨테 섬으로 이름을 변경하였습니다.

유사한 성격의 유산들이 아프리카 곳곳에 있습니다. 아프리카 연안 인도양의 섬 모리셔스에는 '아프라바시 가트 Aapravasi Ghat '라는 유산이 있습니다. 점령국이었던 영국이 사탕수수 생산을 목적으로 대체 노동력을 구하기 위해 거대한 실험장으로 삼았던 곳입니다. 1834년부터 1920년 사이에 인도로부터 약 50만 명에 달하는 계약노동자들을 아프라바시 가트로 강제 이주시켰습니다. 아프라바시 가트는 전 세계 역사상 가장 많은 집단 이주를 통한 현대판 노예노동 계약이 시작된 곳입니다. 아프리카에서 유럽이나 북남미로 나갔던 노예시설들과는 정반대의 경우였습니다.

아프라바시 가트ⒸUnesco

1999년도에 등재된 남아프리카공화국의 '로벤섬 Robben Island'도 살펴봐야 할 곳입니다. 이곳은 넬슨 만델라 Nelson Rolihlahla Mandela 대통령과 관계가 매우 깊습니다. 로벤섬 주변은 급한 해류로 탈출이 어려워 17세

로벤섬의 입구ⒸUnesco

기말부터 감옥으로 사용되었습니다. 19세기에서 20세기 초반까지는 나병환자 격리와 동물검역소로 사용되었고, 1959년부터 1996년까지는 정치범 강제수용소로 사용되기도 했습니다.

만델라 대통령은 1990년 출소할 때까지 약 18년 동안 이곳에 수감되어 있었습니다. 만벨라는 대통령이 된 후 이곳에 자신을 수감시켰던 사람들에게 화해의 손을 내밀었습니다. 자연스럽게 로벤섬은 화해를 통해 억압과 인종차별에 저항했던 자유민주주의의 상징 장소가 되었고, 1999년 세계유산에 등재되어있습니다.

긴급활용된 유산

1,000여개가 넘는 세계유산들 중 긴급 활용된 유산은 세계 어디에도 없습니다. 모든 세계유산들이 처음 조영되었을 때의 성격과 쓰임새 때문에

세계유산 등재가 이루어졌습니다. 유산이 탄생된 후, 어떤 사건이 발생하여 원래의 쓰임새와 달리 변화된 새로운 활용 가치 때문에 등재된 유산은 없다는 뜻입니다. 이것은 피란수도 부산유산의 가장 큰 차별성이기도 합니다.

국제적 사건에 연류된 추모유산

냉전기를 열었던 국제적 사건이라고 할 수 있는 한국전쟁과 관련된 추모유산으로는 워싱턴 D.C에 있는 '한국전쟁 메모리얼 The Korean War Veterans Memorial'이 가장 대표적입니다. 조형물은 판초우의를 입은 19명의 군인들이 한국의 거친 산야를 누비며 순찰, 경계하고 있는 모습입니다. 작가 프랭크 C. 게이로드 Frank C. Gaylord 가 스테인레스 스틸로 제작한 용사들은 육군, 해병대, 해군, 공군 등 다양한 소속과 백인, 흑인, 히스패닉계 등 다양한 인종으로 구성되어 있습니다. 즉, 이 조형물은 한국전쟁에서 전사한 미군 소속 3만 6천여명의 참전용사들을 추모하는 특별한 성격을 가진 추모유산입니다.

추모는 보통 탑을 만들거나 대규모의 광장을 만드는 경향으로 나타나는데, 이 경우는 사람 크기와 거의 유사한 실제는 실물 크기보다 크며 2.2m에서 2.29m 규모의 조형물로 제작되었고 전쟁의 긴박한 상황을 형상화해 추모로 연결한 사례입니다. 삼각형 형상의 메모리얼 끝 지점의 봉헌석에 새겨져 있는 글귀입니다.

"Our nation honors her sons and daughters who answered the call to defend a country they never knew and a people they never met."

전혀 알지 못하고 만나본 적 없는 나라의 국민들을 지키기 위해 국가의 부름에 응했던 우리의 아들과 딸들에게 경의를 표합니다.

한국전쟁 메모리얼   베트남전쟁 메모리얼

한국전쟁 메모리얼 건너편에는 1982년에 설치된 '베트남전쟁 메모리얼 Vietnam Veterans Memorial'이 있습니다. 아이러니하게도 국제설계공모에 당선작이 당시 예일대학에 다니고 있던 베트남 출신의 여성 건축학도의 작품이었습니다. 지면에서 3.1m까지 조금씩 파고 내려간 꺾인 형상의 검은 벽은 수렁 같았던 전쟁을 떠올리게 합니다. 꺾인 한쪽 벽은 워싱턴 기념비를 향하고, 다른 쪽 벽은 링컨 기념관을 향합니다. 검은 벽에는 베트남 전쟁에서 순국했던 용사 57,939명의 이름이 새겨져 있습니다.

세계유산은 아니지만 '추모의 끝판 왕'이 있습니다. 뉴욕의 '그라운드 제로 Ground ZERO'가 그렇습니다. 2001년 9.11 테러에 의해서 세계무역센터 두 동이 갑자기 사라집니다.

완전히 폐허가 된 이곳의 재건을 위한 첫 계획은 'Vertical Garden'이라는 식물원이 포함된 초고층의 유리 건물을 짓는 것이었습니다. 그러나 이 프로젝트는 시민 동의를 얻지 못한 채 취소됩니다. 긴 논의 끝에 세계무역센터 두 동이 서있던 터는 추모공간으로 보존하기로 결정했고, 그 옆에 새로운 무역센터인 '원 타워 One Tower'를 세웠습니다.

추모공간의 이름은 'Ground ZERO'인데, 폭격 받은 푹 파인 공간이란 뜻
을 가진 군사용어입니다. 하늘에서 보면 건물 자리가 두 개의 큰 정사각
형으로 보입니다. 그날이 9월 11일이었습니다. 그날이 되면 두 줄기의 빛
이 맨해튼의 밤하늘로 올라갑니다. 그러면 마치 원래 있었던 무역센터의
쌍둥이 빌딩이 우뚝 서있는 것처럼 보여 집니다.

검은색 건물 자리 공간들은 아래로 푹 파여 있습니다. 물이 폭포처럼 떨
어져서 아래쪽으로 끊임없이 빨려 들어갑니다. 폭포의 물소리가 화염과
연기 속에서 죽어갔던 희생자들의 외침인 듯 저절로 숙연해 지게 합니다.
단순히 물리적인 환경만이 아닌 상황 연출을 통해서 추모할 수 있는 창의
적인 발상이 발현된 장소라고 할 수 있습니다.

뉴욕의 그라운드제로

피란수도 부산유산의 논점과 고민

피란수도 부산유산이 가진 논점 몇 가지를 살펴보겠습니다. 세 가지로 압축이 가능합니다.

세계유산인가에 대한 확신

첫 번째 논점은 '피란수도 부산유산을 세계유산에 등재해야 하는 이유에 대한 우리 스스로의 확신'입니다. 1950년 8월 18일은 단순히 피란수도가 시작된 날이 아니라 대한민국을 지켜내고 회생시키게 했던 터닝 포인트가 됐던 날이었습니다. 제2차 세계대전 때 독일군 침공을 29개월 동안 막아내며 전쟁을 역전시키며 '영웅 도시'라는 애칭을 가지게 된 러시아의 상트페테르부르크 Saint Petersburg 가 떠오릅니다. 상트페테르부르크는 독일군의 폭격으로 인한 파괴와 고립으로 40만 명 아사 餓死 라는 결과를 낳았습니다. 그러나 부산에서는 전쟁이 일어나지 않았고, 단 한 번의 폭격도 없었습니다. 한국전쟁하면 가장 빨리 떠오르는 또 회자되는 도시임에도 '부산에서는 전투가 없었다.'는 사실은 어떻게 보면 참으로 역설적입니다. 8월 18일을 기억하고 다시 보자는 이유는 오직 한 가지뿐입니다. 21세기의 국제중심도시로 나아갈 수 있는 부산의 정체성과 상징성을 다시 세우기 위함입니다. 8월 18일을 기억해야 하는 것은 부산 인구가 서너 배 이상 증가하며 모든 것을 뒤바꾸며 경제, 정치, 생활, 행정 등 부산의 모든 것을 나시 쓰기 시작했던 반전의 날이었고, 그 날이 지금의 부산을 재탄생케 한 날이었기 때문입니다. 8월 18일을 이렇게 인식해야 하는 것은 '피란수도 부산'에 대한 자존감을 시민 스스로 높이고 부산에 대한 사랑을 가지기 위함입니다. 또한 부산은 전쟁도시가 아니라 전쟁극복도시이자 국제평화도시였음을 온 세계에 자신 있게 알리기 위함입니다. 결국 이것은

'대한민국에서의 부산 역할론을 재정립하는 것'입니다. 그래야만 부산을
바라보는 기존의 시각이 바뀔 수 있습니다.

언젠가는 만날 헤어진 가족들을 기다리거나 자식들을 먹여 살리기 위해
시민들이 동분서주하며 땀 흘리며 뛰어다녔던 1950~60년대의 부산을 떠
올려 봅니다. 그들은 우리의 아버지와 어머니들이었고 산업역군이었습니
다. 한편으로 그들은 그리움과 외로움에 울던 희생자들이었습니다. 그들
이 누볐던 광복동과 남포동은 부산 최고의 번화가로, 그들의 무한한 노동
력을 제공했던 서면 동천 일대는 국가경제를 책임지는 산업지대로, 자갈
치아지매와 깡깡이아지매로 또 지게꾼으로 살았던 부둣가는 우리나라 최
고의 무역항으로 변신했습니다. 갑자기 100만 도시가 된 후 부산은 단 하
루도 쉼 없이 달려왔습니다. 과밀에 따른 혼잡과 오염은 당연한 일이었습
니다. 주체할 수 없을 정도로 밀도가 올라 조정과 절제라는 단어를 사용
할 수 없었고, 그래서 총체적인 관점에서의 도시계획을 시행할 여유조차
없었습니다. 결국 부산에 남은 것은 혼종을 두려워하지 않는 창의적 기질
과 산복도로와 부산항, 그리고 복잡한 도시구조와 풍경들입니다.

사실, 지난 수십 년 동안 우리는 개발만이 도시를 살려내는 길이라 여겨
왔습니다. 전쟁기, 피란기, 재건기로 이어지는 질곡의 역사를 지우는 것이
부산이 선택할 수 있는 최선의 길이라 생각해왔는데, 근자에 들어 세상이
급하게 바뀌고 있습니다. 지나간 부산이 무조건 지워야 할 부정적 대상이
아니며, 부산이 걸어온 과정과 결과들이 모두 대한민국의 근대문화유산
이자 전 세계에서 찾아볼 수 없는 부산만의 유일성이라는 사실이 알려지
기 시작했습니다. 부산이 우리나라에서 근대문화유산의 양과 질이 가장
뛰어난 도시라는 사실도 알게 되었습니다.

2016년 등재 추진을 시작할 때 세계유산 등재가 목표나 목적이 되어서는
안 된다고 생각했습니다. 궁극적인 목적은 부산이 갖고 있는 개발지향적

인 도시 성격과 체질을 바꾸어가는 실마리로 삼아야 한다는 것이 가장 큰 지향점이었습니다. 고질적인 도시 병폐를 치료하고 그 속에서 지친 시민들의 삶을 치유하는 수단으로 세계유산 등재 과정이 활용되어야 합니다.

갖추어야 할 것 : 완충구역 Buffer Zone 의 확보

세계유산의 등재는 일차적으로 유산이 중요하지만, 유산 주변에 완충구역을 어떻게 설정하고 관리하느냐 하는 것도 매우 중요합니다. 유엔묘지 유엔기념공원 주변의 하늘은 부산의 어느 지역보다 크게 열려있습니다. 이처럼 높은 건물이 주변에 없는 이유는 공원 주변에 경관지구와 관련된 관리지침들이 오래전부터 적용되어왔기 때문입니다. 유엔기념공원은 운이 좋은 곳입니다. 1960년대 말부터 묘역 보호를 위한 실천 조치가 있었기에, 주변이 보호될 수 있었습니다.

피란수도 부산유산의 개별유산들은 모두 토지 가격이 높은 도심에 위치하고 있습니다. 세계유산 등재에는 유산 보호를 위한 완충구역을 반드시 확보해야 하는데, 구역의 규모가 크면 클수록 환영받습니다. 안타깝게도 부산은 지난 5~60여 년 동안 도심을 경제물건으로 여겨 개발의 수단으로만 다루어왔습니다. 개발지향적인 도시에서 역사직인 장소와 건물을 지키기 위해서는 선도적이면서도 강력한 실천력이 필요합니다. 많이 늦었지만, 지금부터라도 보호구역을 확보하는 일을 더 이상 미루지 말아야 합니다.

선제적으로 확보된 유엔묘지의 완충구역

갖추어야 할 것 : 유산 보존관리의 강도를 높이는 일

부산은 아직 9개소 유산들에 대한 완결된 보존관리계획을 갖고 있지 못합니다. 현재 세계유산에 등재되어 있는 우리나라의 유산들은 모두 등재 논의 시작 이전부터 이미 사적급 이상의 문화재였거나 보호 대상이었습니다. 문화유산들은 모두 조선시대 이전에 조성된 것으로 수 십 년 전부터 국가차원에서 체계적으로 보존관리되어 왔고, 보호구역 또한 체계적으로 설정되어 있어 세계유산 등재 과정상에 큰 갈등이 없었습니다.

그러나 피란수도 부산유산의 여건은 매우 다릅니다. 유산별 보호구역에 편차가 매우 큽니다. 이러한 관점에서 피란수도 부산유산은 세 가지 유형으로 나눌 수 있습니다. 첫째는 '보호구역을 이미 가지고 있어 완충구역 설정이 용이한 유산'으로, 경무대 임시수도대통령관저/사적, 국립중앙관상대 부산기상관측소/부산광역시 시지정기념물, 미국대사관 겸 미국공보원 부산근대역사관/부산광역시 시지정기념물 이 해당됩니다.

둘째는 '보호구역은 없으나 해당시설이 국가등록문화재나 근대건조물로 지정된 유산'으로, 임시중앙청 부산임시수도정부청사/국가등록문화재 과 유엔묘지 부산재한유엔기념공원/국가등록문화재 가 해당됩니다. 다행스럽게도 임시중앙청은 주변이 학교부지에 의해 보호되고 있으며, 유엔묘지는 경관지구 및 공공부지 문화시설, 공원 등 로 위요되어 있습니다. 또한 장교클럽 부산광역시 기념물 을 포함하는 하야리아기지 부산시민공원 는 대규모 공원부지에 속해 있어 주변 개발압력으로부터 보호되고 있습니다.

셋째는 '아무런 보호 조치가 없는 유산'으로 아미동 비석 피란주거지, 우암동 소막 피란주거지, 부산항 제1부두가 해당됩니다. 그래서 부산시는 아미동 비석 피란주거지와 우암동 소막 피란주거지 소막사 주택 1동은 국가등록문화재로 지정 는 특화경관지구지정을 위한 지구단위계획을 수립하여 관리할 계획입니다. 그리고 최근 북항재개발 계획을 변경하여 보존하기로 결정한

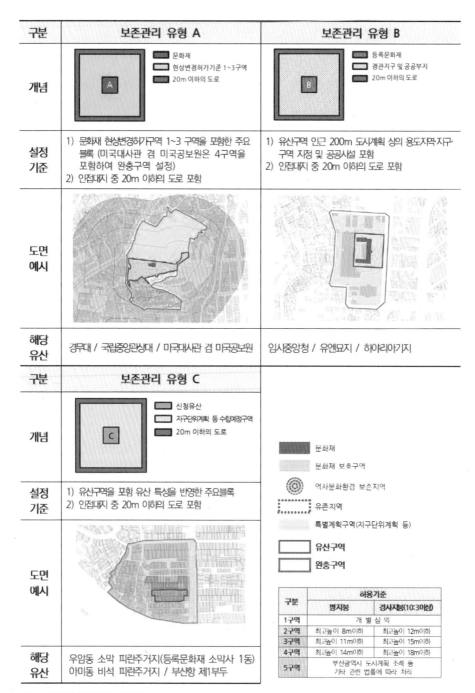

구분	보존관리 유형 A	보존관리 유형 B
개념	■ 문화재 ■ 현상변경허가기준 1~3구역 ■ 20m 이하의 도로	■ 등록문화재 ▨ 경관지구 및 공공부지 ■ 20m 이하의 도로
설정 기준	1) 문화재 현상변경허가구역 1~3 구역을 포함한 주요 블록 (미국대사관 겸 미국공보원은 4구역을 포함하여 완충구역 설정) 2) 인접대지 중 20m 이하의 도로 포함	1) 유산구역 인근 200m 도시계획 상의 용도지역·지구· 구역 지정 및 공공시설 포함 2) 인접대지 중 20m 이하의 도로 포함
도면 예시		
해당 유산	경무대 / 국립중앙관상대 / 미국대사관 겸 미국공보원	임시중앙청 / 유엔묘지 / 하야리아기지

구분	보존관리 유형 C	
개념	■ 신청유산 ■ 지구단위계획 등 수립예정구역 ■ 20m 이하의 도로	▨ 문화재 ▨ 문화재 보호구역 ◉ 역사문화환경 보존지역 ⋯ 완충지역 ■ 특별계획구역(지구단위계획 등) □ 유산구역 □ 완충구역
설정 기준	1) 유산구역을 포함 유산 특성을 반영한 주요블록 2) 인접대지 중 20m 이하의 도로 포함	
도면 예시		

구분	허용기준	
	평지붕	경사지붕(10:30이상)
1구역	개 별 심 의	
2구역	최고높이 8m이하	최고높이 12m이하
3구역	최고높이 11m이하	최고높이 15m이하
4구역	최고높이 14m이하	최고높이 18m이하
5구역	부산광역시 도시계획 조례 등 기타 관련 법률에 따라 처리	

해당 유산	우암동 소막 피란주거지(등록문화재 소막사 1동) 아미동 비석 피란주거지 / 부산항 제1부두

보존관리 유형별 완충구역 설정기준 및예시 ⓒ부산시

부산항 제1부두는 역사공원이자 부산광역시 등록문화재로의 지정을 추진하고 있습니다.

3가지 유형으로 나눠본 피란수도 부산유산의 상황은 세계유산 등재의 관점에서 볼 때 매우 열악합니다. 세 곳은 보호구역을 가진 문화재이고, 세 곳은 보호구역이 없는 등록문화재입니다. 나머지 세 곳은 아무런 보호 조치가 없는 그냥 도시 내의 오래된 시설이나 동네의 한 공간일 뿐입니다. 사실 이런 상황과 실태는 역설적으로 전 세계적으로 유래를 찾아보기 힘든 경우입니다.

이런 열악한 조건 속에서 유산을 등재시키려 하니 참으로 힘이 들고, 문화재청도 매우 난감해 합니다. 지금까지 개발하고 싶은 대로 다하며 보호에 대한 노력은 등한시 하다 갑자기 세계유산 등재를 하겠다고 하니 그렇습니다. 국가경제 발전과 빈곤 타파라는 과제 앞에서 어쩔 수 없었던 지난 상황은 이해되지만, 유산에 대해 지키고 가꾸려는 노력이 크게 부족했다는 것은 주지의 사실입니다. 지난 70년 동안 우리가 취해온 부산에 대한 전면적인 의식 변화가 전제되지 않는다면 세계유산 등재의 길은 순탄하지 만은 않을 것입니다.

거저 얻을 수 없는 세계유산

일의 경중을 떠나 어떤 경우든 일이 성사되기 위해서는 대가를 치러야 합니다. 중요하거나 큰 일 일수록 대가는 커지기 마련입니다. 한 도시가 미래를 위한 새로운 변화나 혁신의 길을 걷고 싶다면, 더군다나 우리나라를 대표하는 어떤 것을 가지고 싶다면 이에 상응하는 자기희생과 대가를 치러야 하는 것은 상식입니다.

세계유산을 얻기 위한 자기희생은 두 가지 유형으로 나눌 수 있습니다. 첫째는 '유산을 지키고 살려내기 위한 시민들의 열정에서 나오는 희생'

입니다. 이 유형은 해당 유산에 대한 시민들의 사랑과 애착에서 시작됩니다. 등재를 위해서는 긴 시간동안 많은 에너지를 쏟는 자기희생이 필수적이라는 것입니다. 둘째는 '등재를 위해 관행을 밀어낸 후 선택되고 취해지는 새로운 도시관리 방식의 선택과 투자에 따르는 희생'입니다. 이 유형은 보통 해당 도시의 행정과 전문가들, 그리고 시민들의 의식 변화에서 시작됩니다. 이 또한 긴 시간동안 치러야 할 싸움과 함께 도전과 실행에 따르는 다양한 투자가 필수적입니다.

우리나라가 보유한 세계유산들 중, 1990년대 중후반에 등재된 석굴암·불국사, 창덕궁, 종묘 등은 식은 죽 먹기(?)였지만, 2000년대 들어 국가들 간의 경쟁이 본격화되면서 세계유산 등재는 하늘에 별 따기가 되었습니다. 이러한 현상은 강제동원이 자행된 군함도와 미쓰비시조선소가 포함된 '메이지 산업혁명 유산'을 등재시키려 온갖 권모술수를 동원하고 국제사회에 대한 거짓말도 서슴지 않는 일본의 경우를 보면 쉽게 이해할 수 있습니다. 이리도 험한 일을 대범하게(?) 하고 있는 것은 그 만큼 가치가 있다고 판단했기 때문입니다. 세계유산 등재는 국격 상승이나 관광을 통한 경제효과만을 기대하진 않습니다. 유산 하나로 국민과 시민의 마음잡기는 물론 도시의 체질까지도 바꿀 수 있기 때문입니다. 모든 경우가 똑같지는 않겠지만, 등재에 대한 집중 여부에 따라 도시의 운명을 바꿀 수도 있다는 얘기입니다.

피란수도 부산이란 용어를 본격적으로 사용하기 시작했던 해가 2016년이었으니, 햇수로만 벌써 7년이 지나갑니다. 필자에게 있어 지난 시간은 부산이란 도시에 내재된 특별함을 다시금 깨닫는 시간이었습니다. "1950년에 부산이 없었다면" "그해 8월과 9월에 부산항이 없었다면"이라는 상상 아닌 상상은 대한민국에 있어 부산의 존재 이유를 떠올리게 합니다.

2016년의 상황을 회상해봅니다. 부산연구원 부산학센터의 발의로 시야에서 급속도로 사라지고 있고 기억마저도 희미해지고 있던 피란수도 역사의 물증들을 찾기로 했습니다. 1000여개의 후보군에서 280여개로 다시 16개로 그리고 지금의 9개로 좁혀졌습니다. 옥석이라고 골랐지만, 그마저도 반수이상은 문화재는커녕 그저 오래되고 낡은 하찮게 여겼던 것들이었습니다. 많이 늦었지만, 부산시는 문화재로 인정받기위한 조치를 취하고 등급도 올려보았습니다. 그러나 대부분 도심 속에 있어 추가적인 보호조치가 만만치 않고, 여전히 국가기준에는 턱없이 부족했습니다. 그럼에도 포기는 있을 수 없었습니다. 이유는 "세계유산 등재를 위한 희생은 절대 손해가 아니다."라는 명제 때문이었습니다. 그 희생은 새로운 변화와 도약의 시작점이 될 것으로 확신했습니다.

다행히도 2023년 5월, 피란수도 부산유산이 등재의 예선전이라 할 수 있는 '세계유산 잠정목록'에 올랐습니다. 피란수도 부산유산의 잠정목록 등재에 가장 큰 역할을 한 효자는 제1부두였습니다. 제1부두는 우리나라 최초 부두로서, 100년이 넘는 시간 동안 다양한 소임을 다해 왔습니다.

<제1부두의 지난 소임>
- 대한민국 최초의 부두시설
- 김마리아 열사에 의해 3.1만세운동의 불씨가 도착했던 역사적 장소
- 140만 귀국동포가 귀국했던 영광의 부두
- 강제동원된 선조들이 떠난 애환의 현장
- 한국전쟁과 피란수도기, 피란민과 유엔군이 들어온 후방 군수기지이자 역사의 현장
- 1952년 최초 수출화물선(고려호) 출항지점
- 대한민국의 원양산업과 수산업(공동어시장)의 개척지
- 최초 크루즈선 팬스타 허니호의 출항 부두

그러나 2016년 당시, 북항재개발 부지 내 중심도로는 제1부두를 관통하

도록 되어 있었습니다. 난제가 아닐 수 없었습니다. 제1부두를 아끼던 시민들이 도로 선형의 변경을 강력히 요청했고, 2년 후 염원이 이루어졌습니다. 부산시와 부산항만공사(해양수산부) 간의 특별한 협약이 2018년에 있었습니다. 덕분에 도로 선형이 뒤로 물러나게 되었고 제1부두는 살아남게 되었습니다. 비록 부두의 안쪽이 잘려나갔고, 도로 선형도 어색한 모습이 되었지만 현실적인 측면에서 최선의 결과로 평가됩니다. 숨을 돌리던 차에 연이어 제1부두의 보존과 활용의 범위와 방식을 놓고 이견이 생겼습니다. 부두 안쪽의 공유수면을 매립하여 매각용지를 확보하겠다는 측과 매립에 따른 부두 안벽의 훼손을 염려했던 시민들과의 의견 차이였습니다. 또 부두(물양장) 위에 새로운 건물을 세워 활용의 범위를 넓히자는 관의 주장도 있었습니다. 콘크리트 덩어리인 부두를 문화유산으로 인식하는 것이 이리도 어려운 일임을 새삼 깨닫게 되었습니다.

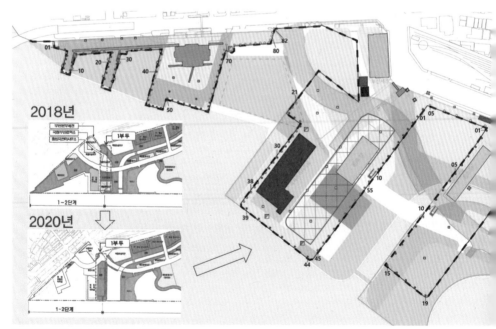

특별한 선택의 시간 - 2018년에서 2020년으로의 변화

'계획적 방치'라는 엉뚱한 개념을 제안해 보았습니다. 유산은 비가역성 非
可逆性 의 성질을 가지고 있어, 한 번 훼손되거나 파괴되면 원래 모습으로
돌아올 수 없는 대상입니다. 더군다나 세계유산은 원형 보존을 매우 중시
합니다. 활용을 위해 어설프게 변화를 주거나 복원하는 일은 절대 금기
사항입니다. 일반적으로 세계유산 등재는 준비 시간과 과정 자체가 목적
이 되어야 합니다. 그렇다면 보존·관리에 대한 방향이 구체화되지 않은
유산이라면 방향성이 정확히 정립되기 전까지 그 어떤 변화도 지양될 필
요가 있습니다. 그런 차원에서 계획적 방치의 개념을 설명할 수 있습니다.
안타깝게도 부산은 개발도시로 치부되며 오해 아닌 오해를 받고 있습니
다. 그러나 부산은 조선시대부터 끊임없이 반복된 왜의 침략과 19세기 중
반부터는 일제의 침략을 버텨낸 보루의 도시였고, 연이은 전쟁과 백만 이
상의 피란민을 품었던 포용의 도시였습니다. 특히, 1023일 동안 그리고
이후 30여년은 대한민국의 존립을 결정짓고 확증했던 중요한 시간이었
지만, 부산은 전쟁의 후유증에서 결코 벗어날 수 없었습니다. 전쟁이 끝
났는데도 떠나지 못했던 육칠십만의 피란민들은 부산사람이 되었고, 결
과적으로 부산은 수용력의 세배 이상을 초과한 초고밀의 도시가 되었습
니다. 그래서 부산은 생존을 위해 다투어야 하는, 마치 용광로와 같이 끓
어오르는 개발의 도시가 될 수밖에 없었습니다.

이러한 진실에 대한 이해와 오해 풀기는 피란수도 부산유산에 대한 전폭
적인 공감에서 시작되어야 할 것입니다. 이를 위해 피란수도와 관련된 부
산 역할론에 대해 시민들의 마음을 모을 수 있는 방안을 찾아야 하겠습니
다. 공감이 모아지면 공조로 나아가게 될 것입니다. 결국에는 그것은 모두
가 함께 살아갈 수 있는 공생의 기반이 될 것입니다. 10여년 후를 상상해
봅니다. 세계유산에 등재된 이후의 미래 상황입니다. 물론 등재에 실패할
수도 있겠지만, 된다는 가정 하의 상상입니다.

"이런 것도 세계유산이 될 수 있구나," "조선시대에 과거에 아주 화려했던 역사문화만 세계유산이 아닐 수 있구나," "아하! 그래서 부산이 이렇게 소중한 도시였구나," "대한민국의 근대가 아픈 기억은 있지만 정말 소중하구나."

이런 말들을 쉽게 어느 누구나 내뱉을 수 있는 시대가 분명 올 것입니다. 그렇게 되면 부산은 지난 삶이 소중하게 인지되는 도시, 지나온 시간이 이해되는 도시, 그리고 이를 바탕으로 미래를 예측할 수 있는 매우 좋은 도시로 성장해 갈 것입니다.

세계유산은 돈이 많다고, 갑자기 열심히 한다고 얻어지는 것은 아닙니다. 오랜 기간 동안의 끈질긴 준비와 미래에 대한 특별한 선택과 약속이 전제되어야 만이 세계유산에 등재될 수 있습니다. 지난 70여 년 동안 부산이 처해 온 여러 유형의 판단들, 특히 개발만을 목적으로 하는 지향에서는 이제 벗어나면 좋겠습니다. 그래야만 등재 논의도 더 활발해 질 것이고, 부산의 지속가능한 미래도 보장될 수 있을 것입니다. 지속가능한 근대도시라는 미래비전을 이번 기회에 부산이 잡았으면 좋겠습니다. 그래서 세계유산의 등재를 위한 과정과 노력을 (재)개발에 찌들어 있는 부산을 치료하는 침술이자 백신으로 삼았으면 좋겠습니다.

2026년은 부산항 개항 150주년이 되는 해입니다.

전 세계적으로도 이처럼 오래된 탄생 역사를 가진 항구는 그리 흔치 않습니다.

부산항은 대한민국을 상징하는 최고의 항구라 할 수 있습니다.

부산항은 부산에 속해 있는 항구들을 총칭하는 말이지만, 좁게 보면 북항과 남항을 지칭합니다.

북항은 부산포를 시작으로 수백여 년 동안 왜(일본)와의 교류, 방어, 침탈과 관련된

역사의 현장이자 우리나라의 물류를 책임졌던 항구였습니다.

또한 남항은 우리나라 조선업의 발상지이자 수산업이 번성한 항구입니다.

앞으로 부산항의 산업들에 큰 변화가 예상됩니다.

대한민국 물류산업의 전진기지였던 북항은 외곽부의 신선대부두와 감만부두 외에는

모두 새로운 용도로 대체될 예정입니다. 남항의 경우 수산업은 명맥을 유지하겠지만,

조선업과 이와 관련된 제조업 기능은 점차 이전이나 도태의 수순을 밟을 것으로 보입니다.

연안여객부두, 제1부두, 제2부두, 중앙부두, 제3부두, 제4부두,

그리고 제5부두와 6부두가 결합된 자성대부두로 구성된 북항은 지난 약 70년 동안

우리나라의 수출입을 책임졌던 국제물류항의 기능을 다한 후

2009년부터 재개발이 진행되고 있습니다.

제1~4부두의 물류기능은 부산신항으로 이동하였고

5,6부두(자성대부두)는 이전이 진행 중에 있습니다.

150여년의 시간을 보낸 역사적인 항구, 특히 한 나라의 물류를 책임졌던

대형 재래항구의 재개발을 추진하는 일에는 매우 특별한 준비 과정이 요청됩니다.

유사 경험이 없는 상황이어서 꽤나 좌충우돌의 시간을 보내고 있습니다.

앞으로의 시간은 진정한 공감과 자발적인 참여에 기반 한

태평양 시대로의 번영에 대한 희망과 기대로 채워지길 바래봅니다.

여섯 번째 이야기

부산항

대한민국
물류업,
수산업,
조선업의
원조

부산항의 탄생 배경과 현재

1407년 vs. 1876년

19세기 말에 제작된 동래부를 포함하는 군현 지도들이 많으나, 부산항의 모습을 가장 정확히 규정하는 지도는 〈두모진 지도〉라고 생각합니다. 한 가운데 솟은 섬이 영도이고, 그 주변부가 부산항입니다. 영도 좌측에 입지한 장방형의 초량왜관에서부터 부산진성을 지나 동천 하구까지 연결된 해안이 부산항의 핵심 영역입니다. 초량왜관 일대는 17~19세기 조선의 (왜와의)외교와 무역의 주된 역할을 담당했고, 부산이 국제물류도시로 나아가는 근거이자 시발점이 되었습니다.

당시 초량왜관은 왜와의 일상적인 무역은 물론, 일본에서 생산된 은을 중국으로 보내는 중계무역지로서의 중요 역할을 수행했습니다. 이러한 관점에서 볼 때, 부산항 일대는 동북아시

1872 군현지도, 두모진지도

아의 해상무역에 있어 중요한 결절 역할을 담당했던 것으로 이해할 수 있습니다.

그렇다면 부산항의 무역 역사는 해방 이후 또는 1960년대부터 시작된 것이 아니라, 15세기 경 조선의 외교와 무역의 전개과정 가운데 시작되었음을 이해 할 필요가 있습니다. 보다 정확하게는 2포 ^{부산포와 내이포(제포)}가 개항된 1407년 ^{태종 7년} 을 1차 개항기로 보고, 강화도조약 ^{朝日修好條規} 이 체결된 1876년을 2차 개항기로 볼 수 있겠습니다. 1407년과 관련된 개항 논의는

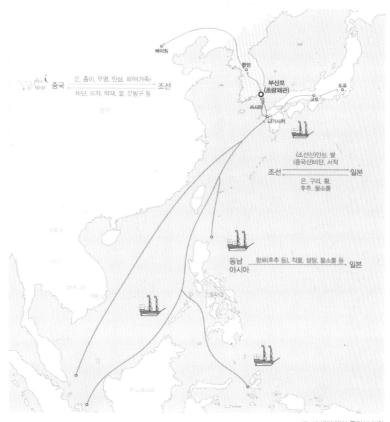

17~19세기 해상 무역의 상황

공식화된 것은 아니지만, 자주적 개항의 원년이었다는 점에서 의의를 가질 수 있다고 생각합니다.

한편, 1883년 부산해관의 개청과 함께 용미산 앞 해안의 잔교식 부두를 통해 부산항의 입출항과 무역활동이 시작되었습니다. 그러나 잔교식 부두만으로는 개항장으로서의 업무 수행이 원활치 못하여, 1902년부터 매립을 통한 항구 축조가 본격화되었습니다. 1902~1905년에 현 연안부두 일대를 매립하는 '제1차 북빈매립공사'가 출발점이었습니다. 이를 기점으로 부산항은 매축기, 발전기, 활성기, 재개발기 등의 시기를 거쳐, 현재는 재개발기에 들어선 지 십수 년이 흐른 상황입니다.

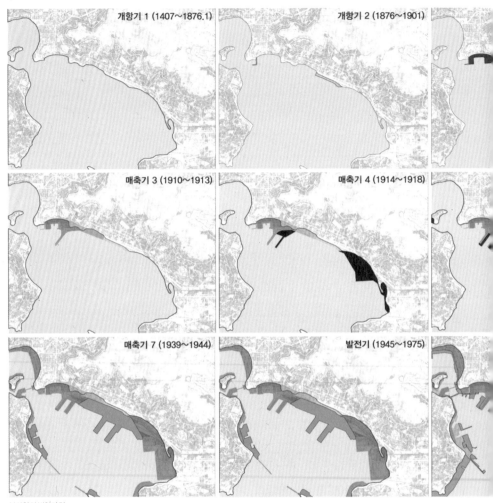

개항기 1 (1407~1876.1)　개항기 2 (1876~1901)

매축기 3 (1910~1913)　매축기 4 (1914~1918)

매축기 7 (1939~1944)　발전기 (1945~1975)

부산항의 변천과정

개항기 ❶	1407~1876.1	1407년(태종) 부산포 개항 이후 초량왜관 시대까지의 시기
개항기 ❷	1876~1901	1차 북빈 매립이 시작되기 전까지의 시기
매축기	1902~1944	1차 북빈 매립에서 부터 3, 4부두 완료까지의 시기
발전기	1945~1975	광복 이후에서부터 1단계 부산항개발사업 시작 전까지의 시기
활성기	1976~2008	5, 6부두 매축 이후 북항재개발 사업 시작 전까지의 시기
재개발기	2009~현재	북항재개발의 본격적인 추진 시기

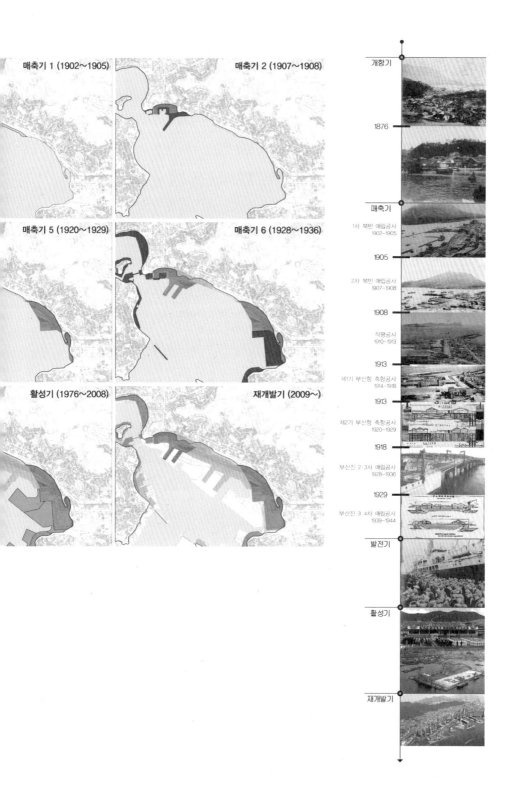

매축기 1 (1902~1905)

매축기 2 (1907~1908)

매축기 5 (1920~1929)

매축기 6 (1928~1936)

활성기 (1976~2008)

재개발기 (2009~)

개항기

1876

매축기

1차 북빈 매립공사
1902~1905

1905

2차 북빈 매립공사
1907~1908

1908

착평공사
1910~1913

1913

제1기 부산항 축항공사
1914~1918

1913

제2기 부산항 축항공사
1920~1929

1918

부산진 2·3차 매립공사
1928~1936

1929

부산진 3·4차 매립공사
1939~1944

발전기

활성기

재개발기

부산항의 변천 : 개항기

1407년의 제1차 개항은 왜의 침략을 근본적으로 막고, 제어하기 위한 조선정부의 결단으로 이루어진 개항이었습니다. 외교차원에서 국가의 주체성이 확립된 시기로, 부산항 ^{당시 부산포} 이 공식 무역항으로 나아가는 기점이 되었다는 점에서 큰 의미를 가집니다. 이포 개항 이후 염포를 포함한 삼포개항, 1510년 삼포왜란, 1512년 임신조약, 1544년 사량도왜변 등으로 인한 왜와의 국교 단절과 재개가 반복되는 혼란스런 과정 속에서도 부산포의 역할은 변하지 않았습니다. 절영도왜관 시대를 거쳐 부산진성에서 불과 1.3km 남짓 이격된 두모포에 1607년 왜관이 설치됩니다. 두모포왜관은 70여 년 동안 존속되었고, 현재에는 '고관 古館'이란 지명만이 남아있습니다. 무역량 증가로 인한 공간 협소와 선박관리 문제 등으로 왜관 이전이 재추진되어, 최적지로 용두산 자락의 초량 일대가 선정되었습니다. 6여 년의 공사 끝에 1678년 초량왜관의 역사는 시작되었습니다.

놓치지 말아야 할 것이 있습니다. 조선통신사와 초량왜관과의 관계입니다. 조선통신사가 1607년부터 1811년까지 총 12차례 일본에 파견되었는데 그 시기가 제1차 개항기, 특히 초량왜관의 존속기간과 거의 중첩됩니다. 제1차 개항기는 해안선에 인공적인 변화 없이 원지형이 그대로 유지된 시기였습니다. 부산진성과 왜관을 오가던 가파른 해안길 ^{현 영선고갯길} 이 해안선의 경계였습니다.

1876년 개항 이후 1901년까지의 시기를 '제2차 개항기'로 부를 수 있습니다. 1901년을 끝점으로 정한 이유는 1902년부터 부산항의 본격적인 매축이 시작되었기 때문입니다. 1883년 우리나라에서 가장 오래되고 단 한 번도 문을 닫지 않은

로버트가 촬영한 해안 전경 ⓒ부산세관박물관

공공기관인 '부산해관 ^{현 부산세관}'이 개청된 후 부산항의 국제무역은 본격화
됩니다.

부산해관의 제1대 해관장은 영국인 넬슨 로버트 ^{William Nelson Lovatt} 였습니다.
2대 해관장은 1886년 부임한 프랑스인 피리 ^{Alexandre Theophile Piry} 였고, 3대
해관장인 영국인 헌트 ^{Johnathon H. Hunt} 는 1888년부터 1898년까지 무려 10
여 년 동안 해관장을 역임했습니다. 4대는 프랑스인 라포트 ^{E. Laport} , 5대는
영국인 오스본 ^{W. M. C. Osborne} 이었고, 6대는 페코리니 ^{D. M. Pecorini} 라는 이탈
리아인이었습니다. 7대는 일본인 야마오카 요시고로 ^{山岡義五郎} 였으며, 이후
일제강점기 동안 12명의 일본인 해관장이 근무하였습니다. 정부수립 후
1948년 4월에 장기빈 초대 부산세관장이 취임한 후 현재 55대에 이르고
있습니다.

초기 부산해관의 주 무대는 잔교식 부두였고, 부두 너머의 북항 전체는 긴
백사장이 이어진 채 간헐적으로 어촌마을이 형성되어 있는 전형적인 남해
연안의 모습이었습니다.

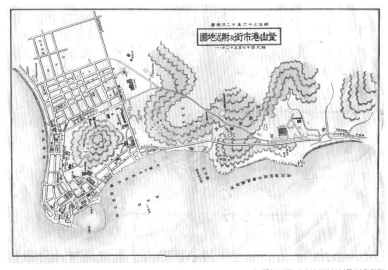

1903년, 매립이 시작되기 전 잔교식 부두(좌측 하단)

부산항의 변천 : 매축기

1902년부터 '매축기'가 시작되었습니다. 1차 북빈매립공사는 선박 접안의 효율 확보를 위해 凹자 형태로 돌출된 형상으로 건설되었고, 1907년부터 2년여 동안 진행된 2차 북빈매립공사를 통해 제1부두의 모습이 최초로 드러납니다.

2차 매립 완료 후, 촬영된 사진 속에 제1부두와 옛 부산역이 크게 보입니다. 옛 부산역의 가장 큰 특징은 부두와 역이 결합된 통합형이란 점입니다. 부두 안으로 경부선 철로가 인입되어 시모노세키 下關 에서 출항한 관부연락선 關釜連絡船 (현재는 부관페리호라 부름)의 각종 물자와 사람들이 경성 서울 으로 직접 연계되었습니다. 이를 통해 도쿄~부산~경성~만주로 이어지는 원스톱 서비스가 완성되었고, 한반도와 대륙 침략을 위한 일제의 교두보가 되었습니다.

1907년 1차 북빈매립공사 장면 ⓒ부경근대사료연구소

세 번째 매축기 1910년~1913년 의 핵심 사안은 영선산이라고 불리던 쌍산을 착평한 후, 절토된 흙을 다시 성토하여 넓은 토지를 확보하는 것이었습니다. 이 공사를 '부산항착평공사'라고 불렀습니다. 해안 쪽으로 돌출된 영선산 때문에 철로 개설과 도로 건설이 어려웠기에, 영선산을 착평하여 평지를 얻고 그 흙으로 또 다른 평지를 확보하면서 제1부두와 경부선이 연결되는 기반이 구축되었습니다. 결과적으로 전관거류지와 서면을 연결하는 도로 중앙로 의 개설도 가능해졌습니다.

완성된 제1부두 일대 ⓒ부경근대사료연구소

절토 작업이 한창인 영선산 ⓒ부경근대사료연구소

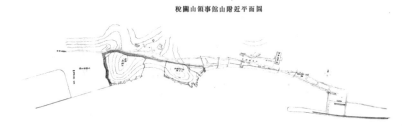

절토 전 쌍산 일대(세관산영사관산부근평면도) ⓒ부경근대사료연구소

네 번째 매축기 1914년~1918년 에는 제2부두 건설과 부산진 매축이 핵심 사업으로 진행되었습니다. 1920년대 초반에 완공된 제1,2부두의 모습 속에서 고전르네상스 양식의 2층 벽돌조 건물인 부산역과 뾰족한 지붕을 가진 고딕양식의 부산세관이 뚜렷이 드러나 보입니다. 두 건물은 일본 근대건축사에도 등장할 정도로 위상을 가졌던 것으로 전해집니다. 두 건물이 1910년에 완공되었으니, 일제는 강점이 시작되기도 전에 이미 부산을 침략도시로, 또한 조선을 식민국으로 만들겠다는 확고한 의지(?)를 표명했던 것입니다. 부산역은 1953년 11월 27일에 발화된 부산역전대화재로 인해 그만 소실되어 사라졌고, 부산세관은 부산대교를 건설하면서 도로 확장의 이유로 1979년에 해체되고 말았습니다. 화재는 어쩔 수 없었다고 하

제1부두와 제2부두의 완공된 1910년대의 부산항 ⓒ부경근대사료연구소

더라도, 도로 확장 때문에 부산세관을 없애버린 것은 두고두고 후회할 일이었습니다.

1920년부터 1929년까지는 다섯 번째 매축기입니다. 1920년대는 삼일운동의 영향으로 일제가 우리의 민족의식을 개조하기 위한 문화식민지배가 본격화된 시기였습니다. 그런 시대 흐름 탓인지, 북항에서도 매축공사로 인한 큰 변화는 발생하지 않았습니다. 당시 부산항과 시모노세키항을 오갔던 관부연락선을 탔던 사람들 중에는 독립운동과 관련된 선조들이 포함되어 있었습니다. 당시 제1부두는 그들과 일제 경찰들과의 쫓고 쫓기는 긴박함이 늘 감돌았을 것입니다. 백산 안희제 선생이나 박재혁 열사가 제1부두를 오가며 활동했던 것은 주지의 사실이며, 1919년 2·8독립선언에 참여했던 김마리아 열사가 기모노 속에 독립선언서 10여 장을 감추어 들어와 3·1만세운동의 불씨가 전국에 전해졌던 곳도 제1부두였습니다.

여섯 번째 매축기는 영도다리 건설 공사기간: 1931년 10월~1934년 11월 을 핵심으로 하는 1936년까지의 시기를 말합니다. 영도다리는 규모 길이 214.8m, 폭 18.3m 가 그리 크지는 않지만, 위로 드는 도개 기능을 가진 매우 특별한 다리 Bascule Bridge, 跳開橋 였습니다.

영도다리와 연관된 개인적인 에피소드가 있습니다. 2004년 9월 동아대 강영조 교수의 지인을 통해 일본 쓰쿠바 토목연구소에서 영도다리 설계도면 부산도진교설계도 釜山渡津橋設計圖 를 입수하였습니다. 당대 천재적인 교량 설계자로 알려져 있던 마스다 준 增田 淳 이 1931년 10월 29일과 11월 4일에 그렸다고 표기된 청사진 설계도였습니다. 300분의

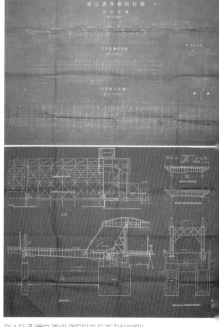

마스다 준(增田 淳)의 영도다리 도개 장치(대안)
ⓒ일본 쓰쿠바 토목연구소

1 축척의 평면도 및 측면도 1매와 도개 부분에 대한 상세도 2매 등 모두 3매였고 구조계산서 31장도 포함되어 있었습니다.

영도다리의 보존과 철거를 놓고 논쟁하던 때인 만큼 도면의 발견은 다리 보존을 주장할 수 있는 중요한 근거가 되었습니다. 그런데 도면에서 실제 영도다리와 교각 사이의 길이가 수십 센티미터 정도 다르고 디테일은 흡사했지만 현황과 다른 부분들이 확인되었습니다. 아니나 다를까 영도다리의 (실시)설계는 야마모토 우타로 山本卯太郎 가 한 것으로 밝혀졌습니다. 마스다 준의 설계는 공사가 착공 후, 보다 더 성능이 좋거나 재원 절약이 가능한 도개의 방식을 찾기 위한 대안으로 제안된 것으로 보여집니다. 그럼에도 이 도면의 발견은 영도다리의 보존과 활용, 그리고 영도다리의 실체를 밝히는데 길잡이가 되어 주었습니다.

당시 또 한 가지의 논점은 영도다리가 비록 일제가 만든 다리였지만, '우리의 다리이자 부산의 다리'라는 정체성에 대한 논쟁이었습니다. 개발론자들은 일제의 잔재라고 주장하며, 이제는 무용지물로 전락한 도시발전의 장애물이라고 폄하하며 영도다리의 철거를 주장했습니다. 부산을 깊게 몰랐던 시절이었지만, 영도다리를 해체해야 한다는 사람들을 도무지 이해할 수 없어 소심하게(?) 독자 투고란에 '영도다리 보존의 당위성'이란 글을 보냈습니다. 신문사에서 개제를 허락해 주었고, 이를 계

독자칼럼

영도다리 보존의 당위성

지난해 12월 29일 제2롯데월드 교통영향평가 주민공청회가 열렸다고 한다. 롯데쇼핑㈜ 측이 기술적인 이유를 들어 영도다리의 철거를 또 다시 제기하였다고 한다. 그동안의 논란을 지켜보면서,영도다리 보존에 대한 시민의 뜻이 관철되는 듯하여 안도의 숨을 쉬었던 얼마전의 기억이 난다. 그러나 이번 공청회 소식에 도시역사의 중요함을 배웠고 가르치는 도시학자로서 안타까움을 넘어 분개 속에서 영도다리 보존의 당위성을 주장하려한다.

건설기술이 발달하면 할수록 도시가 능은 언제든 수정과 조정이 가능하다. 그러나 너무나 당연한 얘기이지만 도시역사는 한번 파괴되면 원래의 가치를 회복할 수 없다는 사실은 그 동안의 우리 국토개발사에서 너무나 흔하게 보아왔다. 현재 부산에 흔적으로 남아있는 그 모든 것을 수용하고 인정하여야 한다. 그래야만 부산에 대한 정확한 역사 인식과 미래에 대한 올바른 비전을 후손들에게 일러줄 수 있는 당위성을 가지기 때문이다.

기술력이 부족해서 못하는 것인지, 아니면 그냥 쉽게 또 기업에 떠밀려 헐강 처리하려는 것인지를 분간할 수가 없다. 전자라면 선진국의 기술을 접목하면 되고,후자라면 의식구조를 전환하여야 한다.

우리가 접하는 부산의 강한 정체성(正體性)은 근대라는 짧았던 역사 속에서 표출되고 있다. 이 역사 속에서 영도다리는 부산 시민들의 생활공간이었다. 단순한 콘크리트 다리가 아니라,삶에 대한 소중한 실마리이자 매개체였다. 도시에 녹아있는 역사가 치욕스러웠다고,또 문화재적인 가치가 없다고 인위적으로 지울 수는 없는 것이다. 이는 그곳에서 삶을 영위했던 모두의 기억을 지울 수 없기 때문에 더욱 그러하다.

부산의 얼굴이자 상징인 오륙도와 연접된 해변에 40층이 넘는 초고층아파트단지의 조성을 허용할 수밖에 없는 이 무기력한 도시에서,또 다시 제2롯데월드 때문에 영도다리가 사라진다면 전국은 물론 전세계인들이 부산을 손가락질 할 것은 자명한 일이다.

만약 영도다리가 사라진다면 본인을 포함한 부산시민 모두도 철거를 주장하는 사람들과 똑같은 책임을 면할 수 없을 것이다.

강동진·경성대학교 도시공학과 조교수

당시 밝혔던 필자 생각(2004.1.2.) ⓒ부산일보

기로 영도다리는 우리 다리이고, 문화재로 지정하여 보행교이자 바다 위의 광장으로 사용하자는 주장을 펼칠 수 있었습니다. 우리 다리라는 주장의 시작은 영도다리의 보조설계자가 한국인인 최규용이라는 사실을 알게 된 것이 계기가 되었습니다. 국제신문 조봉권 기자가 그를 인터뷰한 기사 2001.5.31.일자 가 근거가 되었습니다.

일제는 도개교인 영도다리의 건설을 위해 순수 공사비로 91만 6천원이라는 거금을 투입했습니다. 이렇게 거금이 투입된 다리를 식민지였던 조선에, 그것도 부산에 만든 이유가 궁금하지 않을 수 없습니다. 영도다리는 당시 일본에서도 흔하지 않던 형식과 기술이 접목된 교량이었습니다. 영도를 병참기지로 삼으려고 했던 일제의 강력한 책략이 있었기에 가능했던 일이었습니다. 일제는 남포동과 광복동 시가지만큼이나 영도를 중시했습니다. 남포동과 광복동 일대는 상업, 교육, 주거 등 생활중심의 도심으로, 영도는 공업과 군사 목적의 도심으로 개발하려는 의도 속에서 두

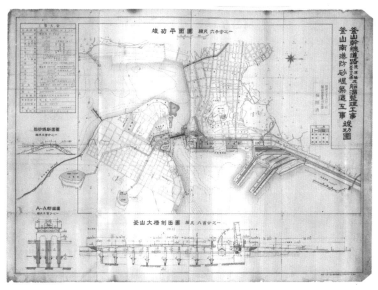

영도다리(옛 부산대교) 준공도 ⓒ부경근대사료연구소

1934년 개통식에 모인 수십 만의 인파 ©부산광역시

지역의 연결을 위한 영도다리를 선택했던 것입니다. 영도다리의 탄생으로 영도는 섬이 아닌 육지처럼 인식되고 사용되었습니다. 당시 부산에는 일본인들이 경영하던 여러 기업들이 있었는데, 수산업을 필두로 도자기, 면제품, 술 등을 생산하는 제조업, 매축과 부두건설을 주로 했던 토목업, 쌀 반출을 위한 정미업 등의 생산과 유통관련 산업이 집중되었습니다. 영도 연안에는 도자기를 중심으로 한 제조업, (수리)조선업, 물류저장업 등이 성황을 이루었습니다.

영도다리의 명칭은 세 차례 변경되었습니다. 처음에는 '도진교' 강이나 내, 또는 좁은 바닷목을 건너도록 만든 다리 로 불리다가, 준공 후에는 '부산대교'로, 그리고 1980년 연안부두에서 영도를 잇는 두 번째 다리가 건설되면서 부산대교의 명칭은 '영도대교'로 재변경됩니다. 공식 명칭에는 영도다리가 등장하지 않습니다. 그럼에도 영도다리로 기록하는 것은 '대교'라는 말이 생활용어로는 다소 어색하고, 해방기와 전쟁기를 거치며 선조들이 일상으로 불러 온 이름이 '영도다리'였기 때문입니다.

개인사를 하나를 더 소개하려 합니다. 돌아가신 어머께서는 울산 출신이었지만, 영도에서 하숙하며 남성고녀 어머니 표현 를 다니셨습니다. 영도다리가 통학로였다고 합니다. 도개 시간을 만나게 되었고, 서두르다 그만 다리에 걸려 하늘로 달려 올라갔다고 합니다. 물론 사람들의 도움으로 무사하셨습니다. 이 사실을 들어 알고 있던 필자는 영도다리의 도개장면을 촬영한 지난 사진을 볼 때 마다 혹시 하는 마음에 끝 부분을 확인하는 습관 아닌 습관이 생겼습니다.

1954년의 부산항 ⓒ부경근대사료연구소

일곱 번째 매축기는 1939년부터 해방 직전까지의 시기입니다. 태평양전쟁을 일으킨 일제는 보급과 지원을 위해 제3,4부두와 중앙부두를 급하게 건설했습니다. 이로써 부산항은 총 5기의 부두로 해방을 맞게 됩니다. 일제 침탈과 전쟁을 연이어 겪는 가운데, 우리 정부는 부두를 새로이 축조할 수 있는 능력이나 여력을 갖지 못했습니다. 1970년대 중반까지 약 30년 동안 5기의 부두에 의존할 수밖에 없었습니다.

한국전쟁 직후인 1954년 중앙부두와 제3부두 일대의 사진을 통해 부두 주변에 얼마나 많은 사람들이 경제활동을 했었는지 상상할 수 있습니다. 전쟁은 끝났지만 수많은 피란민들은 고향으로 돌아가지 않았습니다. 당시 부산에는 수많은 일자리가 있었고, 경제활동이 원활했던 거의 유일한 도시였기에 피란민들은 부산을 떠날 수가 없었습니다. 결과적으로 부산은 100만이 넘는 도시로, 또한 전국에서 가장 다양한 지역 출신자가 공생하는 혼종성이 뛰어난 도시가 되었습니다.

부산항의 변천 : 발전기와 활성기

1960년대에는 부산항 부두 자체의 변화는 없었지만, 배후지에서는 엄청난 변화가 진행된 시기였습니다. 평지로 된 도심 공간이 매우 부족했기 때문에 철도시설을 부두 쪽으로 이동시킨 후 내륙에 도심부를 확보하는 공사였습니다. 철도가 있던 자리는 일반상업지역으로 용도 변경되었고, 이후 완성된 토지이용과 개발 양상은 최근까지 이어지고 있습니다.

이와 함께 1953년 화재로 소실된 옛 부산역은 중앙동 임시가설역사를 거쳐, 1968년 지금의 자리에 이전·신축되었습니다. 부산역의 신축으로 부산역 일대는 경부선 종점지대로서의 본격적인 역할을 시작했습니다. 사진 속 부산역의 영문명이 흥미롭습니다. 당시 부산은 'Busan'이 아니라 'Pusan'이었습니다. 그 전에는 'Fusan'이었습니다. 시대 변화에 따라 부

1960년대 말 부산항 배후지의 변화(철도시설의 이동에 따른 내륙도심 확보) ⓒ부산시

산의 영어 이니셜이 F->P->B로 변천해 온 것입니다. 광복동의 비프 BIFF 광장도 원래는 피프PIFF 광장이었습니다. 부산시에서 피프에서 비프로 선뜻 바꾸지 못했던 기억이 떠오릅니다. 'BIFF'가 'beef'로 오인될 수 있다는 생각 때문이었는데, 지금 돌이켜보면 쓸데없는 걱정이었습니다.

사진은 1970년대 초반 부산역의 모습입니다. 역 도착 후 광장과 2층을 연결하는 경사로를 따라 내려오며 만났던 부산의 첫인상은 매력적이었습니다. 지금은 에스컬레이터와 계단을 통해 내려오지만 과거에는 이 경사로가 부산의 첫 이미지를 결정짓곤 했습니다.

1970년대 초반 부산역의 모습ⓒ이용득

1970년대에 들어 국가 경제력이 급상승하면서 기존 부두만으로는 부산항의 수출입 물동량을 감당할 수 없게 되었습니다. 국내의 거의 모든 수출입관련 저장과 유통이 부산항에서 이루어졌기 때문입니다. 정부는 30여년 만에 신부두를 건설하기로 결정했습니다.

5부두를 매립 중인 부산항ⓒ이용득

제5부두와 제6부두가 연이어 건설된 후 두 부두는 함께 가칭 '자성대부두'로 명명되었습니다. 자성대부두는 우리나라 최초의 컨테이너 물류부두입니다. 자성대부두의 완공으로 부산항은 인력으로 화물을 저장·운반하던 벌크화물의 시대에서 크레인과 컨테이너, 화물차가 세트로 움직이

자성대부두ⓒ부산시

는 새로운 물류시대로 나아가게 됩니다.

다시 40여년의 시간이 흘러, 자성대부두도 역할을 마치고 부산신항으로의 이전을 준비하고 있습니다. 자성대부두는 북항재개발 2단계 사업지로 결정되어 워터프런트 Waterfront 로의 재개발 논의가 한창 진행 중에 있습니다.

자성대부두 아래쪽의 양곡부두에 '사일로 Silo'라고 부르는 곡물전용창고가 있습니다. 이 사일로는 컨테이너부두에 조성된 국내 최초의 사일로이며, 대한민국의 근대물류사와 항구사적 측면에서 중요한 위상을 가진 산업유산으로 평가됩니다. 자성대부두가 우리나라 컨테이너물류부두의 기원을 이루기에, 부두 탄생과 역사를 같이하는 모든 시설들이 우리나라 최초의 것으로 기록됩니다. 예를 들어, 물양장과 안벽, 부두창고 2동, 1978년에 도입된 겐트리 크레인 1기와 우리 기술로 제작된 1982년의 크레인 2기, 그리고 각종 계선주와 조명탑들이 이에 해당됩니다.

부산항의 변천 : 재개발기

2009년 이후는 부산신항의 조성과 함께 북항재개발이 본격적으로 진행되는 시기입니다. 2014년 국제페리터미널이 완공되었고, 2020년에는 북항오페라하우스가 착공되었습니다. 2018년 12월에 '북항통합개발 추진위원회'가 발족되었고, 2019년 3월에서 해양수산부의 주도로 국토교통부, 부산항만공사, 부산광역시, LH공사 등이 함께하는 '북항통합개발추진단'이 출범되었습니다.

북항재개발의 기폭제는 지난 2009년 노무현 대통령의 "슬리퍼를 신고 시민들이 항구를 즐길 수 있도록 해 달라."라는 요청에서부터 본격화되었습니다. 사업 추진에 있어 여러 어려움과 갈등들이 있지만 새로운 시대로 나아가기 위한 부산항의 변신은 본격화되고 있습니다.

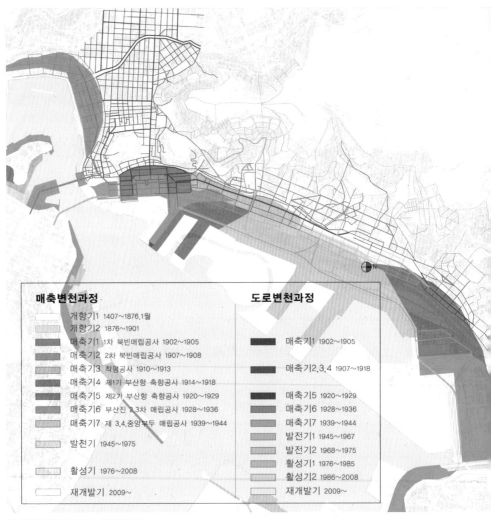

매축변천과정

	개항기1 1407~1876.1월
	개항기2 1876~1901
	매축기1 1차 북빈매립공사 1902~1905
	매축기2 2차 북빈매립공사 1907~1908
	매축기3 작평공사 1910~1913
	매축기4 제1기 부산항 축항공사 1914~1918
	매축기5 제2기 부산항 축항공사 1920~1929
	매축기6 부산진 2,3차 매립공사 1928~1936
	매축기7 제 3,4,중앙부두 매립공사 1939~1944
	발전기 1945~1975
	활성기 1976~2008
	재개발기 2009~

도로변천과정

	매축기1 1902~1905
	매축기2,3,4 1907~1918
	매축기5 1920~1929
	매축기6 1928~1936
	매축기7 1939~1944
	발전기1 1945~1967
	발전기2 1968~1975
	활성기1 1976~1985
	활성기2 1986~2008
	재개발기 2009~

개항기에서 재개발기에 이르는 부산항의 변천

개항기에서부터 재개발기까지 부산항 변천의 전 과정을 결합해 보았습니다. 북항은 원래 해안선에 7차례의 매립이 더해지며 바다 쪽으로 크게 돌출된 형상입니다. 현재 북항은 중앙부두, 제3부두, 제4부두 일대를 중심으로 일부 시설이 건축되었거나 건설 중에 있고, 이외 토지에 대한 본격적인 재개발은 진행 중에 있습니다.

한편, 2022년 12월 30일에 해양수산부는 북항 1단계 재개발사업의 부지조성 및 주요 기반시설공사를 완료한다고 발표했습니다. 앞으로 2단계 재개발사업 부지인 자성대부두와 철도부지 그리고 바다 건너 영도 연안지대의 조선소들과 각종 산업시설 부지의 변화 방향과 정도에 따라 북항의 모습은 크게 달라질 것입니다.

북항의 탄생은 매립에 의한 결과였지만, 사실 바다를 매립하여 새로운 토지를 확보하는 것은 구태의 방식입니다. 과거에는 어쩔 수 없었다지만, 기후변화시대에는 바다를 매립하여 땅을 넓혀가는 일은 이제 지양되어야 합니다. 그럼에도 아직도 유사한 일들이 부산을 비롯하여 전국 곳곳에서 일어나고 있습니다.

부산항의 변화가 물류업 중심의 북항을 중심으로 진행되다 보니, 부산항에서 남항의 이야기는 소외될 때가 많습니다. 남항은 수산업 중심의 항구이자 우리나라 조선업의 태동지입니다. 이러한 이유로 연안 배후지대에는 조선업과 수산업을 지원하는 중·소규모의 다양한 생산시설 공장 들이 집결되어 있었습니다.(이에 얽힌 남항 이야기는 영도 이야기에서 다루겠습니다.)

부산항은 이와 같이 부산의 원原 산업, 즉 물류업, 수산업, 조선업, 제조업이 탄생되고 연루된 부산 성장과 존립의 바탕이었습니다. 항구를 중심으로 한 산업군의 집중은 부산을 국가경제 활력의 중심체로 발전시켰습니다. 그러나 수산업을 제외한 나머지 산업들은 기능 이전과 시대 변화에 따라 축소와 쇠퇴가 진행 중에 있습니다. 그러나 부정적인 상황만은 아닙니다. 북항재개발사업을 중심으로 다양한 활로가 모색 중에 있으니, 조만간 부산항은 대변신을 이룬 후 우리 앞에 다시 등장할 것입니다.

북항의 산업유산

억세게 운이 좋았습니다. 2012~2013년도에 걸쳐 북항의 제1~6부두까지
의 흔적과 기억들을, 2020~2021년에는 북항의 5~6부두 ^{자성대부두} 와 철도
변의 유산들을 조사하는 기회를 가졌습니다.

검정색과 빨간색으로 표현된 것들이 북항의 물류산업을 지원했던 각종
저장시설, 철도시설, 그리고 배후 지원시설들입니다. 검정색은 해체되거
나 사라진 것들이고, 빨간 색은 현존하는 것들입니다. 남아있는 빨간 색
들 모두가 지켜질 수는 없겠지만, 최대한 많은 것들이 산업유산으로 이해
되어 시민들을 위해 다양하게 활용되기를 기대합니다.

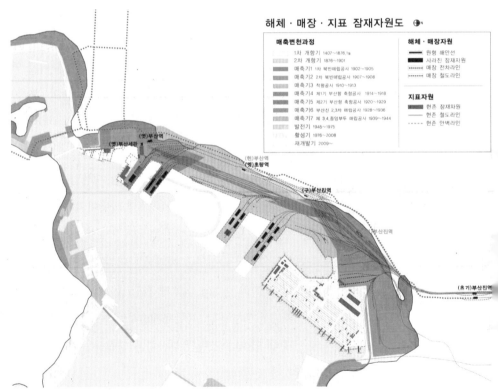

해체, 매장, 그리고 잔존하는 북항의 산업유산들

북항의 부두들

북항은 초량왜관의 터전, 관부연락선의 취항지, 귀환동포의 귀환지, 한국 전쟁으로 인한 피난민과 군수물자의 유입항구, 파월장병들의 출항장, 국내 최대 물류산업 기지 등 다양한 측면에서 국가의 중추역할을 담당해 왔습니다. 특히 국가가 국난 일제강점기, 한국전쟁 등 에 처했을 때도, 경제 재건을 위한 산업 발전의 시기에도 북항의 부두들은 나름의 역할을 담당했습니다. 아무래도 유엔군이 오갔고 군수·구호물자들이 들어왔던 제1,2부두의 역할에 주목할 수밖에 없습니다.

한국전쟁기 북항의 부두들은 유엔군과 미군들을 위한 병참기지이자 후방기지였고 제2의 전선이기도 했습니다. 제2부두에서 미군 통역관으로

제2부두의 미해병 1사단(1950.8.6.) ⓒ부경근대사료연구소

일했던 故 김열규 교수는 당시 흑인 장교의 말을 이렇게 회고했습니다. "부산에 이만한 부두 시설이 없었더라면, 전쟁에 이기는 것은 어림도 없는 일이야."● 정말 그랬습니다. 부산은 특히, 북항은 전쟁에서 대한민국을 구했고 냉전시대의 세계 평화를 지켜냈던 으뜸의 공로자였습니다. 따라서 북항의 가치는 개항장이자 국제물류부두로서의 역할을 넘어, 국가수호와 피란민 보호 그리고 60여 개 국의 유엔군을 연결하는 인류애의 상징물로 보아야 하는 것입니다.

부두의 개별적인 가치를 살펴보겠습니다. 잔교에서 시작된 제1,2부두의 경우 변천기

● 부산일보 2011년 9월 1일자 〈김열규 교수의 '내부산 내 옛 둥지' 24〉

록과 증축 부두의 형태와 재료 등을 통해 부두 축조기술의 변천을 이해할 수 있고, 제3,4부두와 중앙부두는 해체작업 중에 추출된 멍텅구리블록을 통해 1940년대 당시의 케이슨식 매축기술을 확인할 수 있습니다. 또한 우리나라 최초의 컨테이너부두인 자성대부두 ^{양곡부두 포함} 를 통해 70~80년대 물류(항만)산업의 시스템과 축조기술을 확인할 수 있으며, 특히 현재 작동 중인 우리나라 최초의 컨테이너 크레인 ^{일본 미쓰이사 제품} 및 국내 기술 ^{삼성중공업 제작} 로 최초 생산된 컨테이너 크레인 등을 통해 물류관련 기계류 산업유산의 기술적 계보를 파악할 수 있습니다. 이외 물류관련 하역 및 저장시스템, 선박인도 및 인양기술, 안전관리기법 등에 대한 소프트웨어관련 기술과 기능도 유산적 가치가 큰 것으로 판단됩니다.

북항의 부두들 중 가장 사연이 많은 부두는 단연 '제1부두'입니다. 해상으로 외국과 소통하는 유일한 공식 통로였던 제1부두는 여러 분야에 걸쳐 우리나라 근대역사의 도화선이 되었습니다. 김마리아 열사에 의해 삼일운동의 불씨가 제1부두를 통해 들어 온 것은 널리 알려진 사실입니다. 강제노역과 학병으로 울며 떠난 애환의 현장이기도 했고 140만의 귀환동포를 품에 안았던 영광의 부두이기도 했습니다. 뭐니 뭐니 해도 제1부두의 가장 큰 의미는 한국전쟁에서 찾을 수 있으며, 전쟁 역전의 근거를 만들었고 부산이 인류애의 도시로 나아가는 계기를 제공했습니다.

제1부두는 흥미로운 스토리의 보고입니다. 예를 들어 보겠습니다. 1952년 11월 27일, 미국 오리건주 포틀랜드 항에 'M.S. KOREA ^{고려호}'라는 이름을 가진 한국 화물선이 최초 입항했습니다. 이 사실은 당시 기사 ^{The Oregonian, Nov.11.27.} 를 통해 확인됩니다. 고려호는 부산항 제1부두에서 출항하여 미국으로 항해했던 수출 화물선이었습니다. 당시 고려호가 실어간 수출품은 1460톤의 고철이었는데, 전쟁 중이었기에 고철 외에 수출할 것이 없었던 것 같습니다. 회항할 때는 밀가루와 전쟁구호물자를 실어왔다고 합

한국 선박의 미국(포틀랜드항) 최초 입항 사실을 알리는 기사
(The Oregonian, Nov.11.27.1952.)

경무대 마당에서의 기념 촬영(1957.10)

니다. 어찌되었든 고철이 우리나라 화물수출 1호 상품이었고, 제1부두가 우리나라 화물수출의 시작점이 되었습니다.

전 세계 어디에도 대통령이 생선과 기념사진을 찍은 예는 없을 것입니다. 1957년 이승만 대통령이 경무대 마당에서 생선과 사진을 찍었습니다. 이 장면은 우리나라의 본격적인 원양산업의 출범을 알리는 순간이었습니다. 대통령이 직접 '남쪽으로 향한다.'라는 의미를 가진 지남 指南 호를 명명했다고 합니다. 1957년 6월 26일 지남호는 인도양으로 출항하여 긴 조업 끝에 큰 생선들을 잡아 옵니다. 뭘 잡아왔는지 궁금해 하던 대통령을 위해 잡은 생선 중 가장 큰 것을 싣고 서울로 향하다 도중에 생선 이름을 결정하게 됩니다. 꽁치, 멸치, 갈치에 이어 "이건 진짜 '치'다."라는 의미에서 참치로 결정했다고 전해집니다(추후 그 생선은 청새치였다고 밝혀짐). 지어낸 얘기가 아니라 실제 참치라는 이름은 이렇게 탄생되었습니다. 제1부두는 대한민국의 공식 수출과 원양산업이 시작된 역사의 현장이 되었습니다.

부산세관박물관 이용득 관장의 글에 살을 보태 제1부두의 기념적인 특성을 정리하면 다음과 같습니다.

최초 크루즈선
팬스타 허니호의
출항 부두

최초
국제여객선의
입출항 부두

1952년
최초 수출화물선의
출항 지점

대한민국의
원양산업과 수산업의
개척지

해양관광사

국제물류사

수산경제사

한국전쟁과 피란수도기,
피란민과 유엔군이 들어온
후방 군수기지이자
역사의 현장
전쟁사

김마리아 열사에 의해
3.1만세운동의 불씨가
도착했던 역사적 장소
독립운동사

최초
근대식 부두시설
해양토목사

140만 귀국동포가 귀국했던
영광의 부두
근대사회사/독립운동사

강제노역과
학병으로 울며
떠났던 애환의 현장
민족수난사

제1부두가 품고 있는 의미들

최초의 근대식 부두시설 : 해양토목사

최초 국제여객선의 입출항 부두 : 국제여객사

김마리아 열사에 의해 3·1만세운동의 불씨(2·8독립선언서)가 도착한 역사적 장소 :
독립운동사

강제노역과 학병으로 울며 떠난 애환의 현장 : 민족수난사

140만 귀환동포가 귀국했던 영광의 부두 : 근대사회사/독립운동사

한국전쟁기 피란민과 유엔군이 들어온 후방 군수기지이자 역사의 현장 : 한국전쟁사

1952년 최초 수출화물선의 출항점 : 국제물류사

대한민국의 원양산업과 수산업의 개척지 : 수산경제사

최초 크루즈선 팬스타 허니호의 출항부두 : 해양관광사

많은 사람들이 북항을 오갔습니다. 독립운동을 했던 선각자들, 귀환동포
들과 이민단, 파월장병들. 그리고 고국과 부산을 떠날 수밖에 없었던 많
은 사람들이 북항의 부두들을 이용했습니다.

제3부두에서의 월남 파병 환송식(1965~66년,
맹호부대 환송식으로 추정) ⓒ釜山地方海運港灣廳

제3부두에서 만났던 파월용사들(2012.08.31.)

부두마다 사연은 많지만, 1964년 9월부터 1973년 3월 철수 종료 3월 20일 까지 8.5년 동안 지속된 30만 월남 현재 베트남 파병 역사로 채워진 제3부두의 사연은 매우 특별합니다. 비둘기부대, 청룡부대, 맹호부대, 백마부대, 백구부대 등 익숙한 이름의 부대들이 월남으로 출발했습니다. 월남 파병은 관점과 입장에 따라 달리 얘기할 수 있겠지만, 2012년과 2013년에 걸친 파월장병들과 나눈 수차례의 인터뷰는 제겐 감동을 넘어 평생의 기억으로 남아 있습니다.

여러 이야기들 중 가장 기억에 남는 것은 혹 돌아오지 못할 수도 있는 아들과의 이별이 안타까웠던 어머니가 큰 꾸러미의 실 끝을 아들에게 주고 배가 멀어질 때까지 풀리는 실타래를 통해 교감했다는 사연이었습니다. 제3부두에서 30만 명의 파월 용사들이 월남으로 출국했습니다. 그러나 다시 3부두로 돌아온 용사는 29만 5천명뿐이었습니다. 5천명은 현지에서 순국했던 것입니다. 파월용사들은 제3부두 자리에 5천명 파월장병들의 추모 공간을 만들어 달라는 요청을 했습니다. 충분히 가능한 일이고 반드시 해야 되는 책무라고 생각합니다. 분명 그런 추모공간이 3부두 일원에 조성되기를 바래봅니다.

북항의 산업유산

부산항은 보물창고입니다. 보물들을 종류별로 살펴보겠습니다. 먼저 규모가 작거나 왜소해 보이지만 항구에서는 없어서는 안 될 소중한 보물들

여러 형상을 가진 북항의 계선주들

을 소개합니다. 배가 항구에 들어오면 배를 고
징시키는 계선주, 회물을 내리는 크레인, 부두
임을 알리는 입구의 문주, 밤에도 일을 했던 조
명탑 등이 포함됩니다. '장치물'로 통칭할 수 있
습니다.

'계선주 '볼라드'라고도 부름'는 항구에 선박이 들어오
면 줄을 묶는 곳 정도로 가볍게 생각합니다. 그
러나 계선주가 없다면 항구는 성립될 수 없습
니다. 배가 정박할 수 없기 때문입니다.

1953년 사진 속의 낙지머리를 닮은 계선주
ⓒ부경근대사료연구소

북항의 계선주들은 나이가 얼마나 되었을까요? 제1부두에 낙지머리(?)를
닮은 7개의 계선주들은 100살이 되어 갑니다. 우리나라 어디에도 없는 오
직 이곳에만 있는 계선주입니다. 계선주는 죽어있는 쇳덩어리가 아니라
항구의 역사를 설명하는 생명체라 할 수 있습니다.

조만간 문화재가 되어야 하는 크레인

영원히 남아 활용되길 바랐던 조명탑들

조명탑도 도시의 랜드마크가 될 수 있다!

화물선에서 컨테이너를 물양장으로 옮기는 로봇을 닮은 '크레인'은 컨테이너부두의 상징물입니다. 우리나라에 컨테이너 부두가 처음 조성된 1978년에 도입된 겐트리 크레인 Gantry Crane 이 아직 현존합니다. 그런데 일본에서 수입되었고 전범기업인 미쓰이사 제품이라 맘이 조금 언짢습니다. 다행스럽게도 1982년 우리나라 최초로 삼성중공업이 제작한 2대의 크레인도 현장에서 작동하고 있습니다. 2003년에 매미태풍으로 6기의 크레인이 손상될 때 살아남은 크레인들입니다. 3대의 크레인들은 물류사적 관점에서 '기계유산'이라 부를 수 있으며, 곧 문화유산으로 대우받는 날이 올 것입니다.

밤낮을 가리지 않는 화물 선적을 위해 불을 밝히는 조명탑들은 물류부두에 어둠이 찾아오면 비로소 역할을 시작합니다. 북항의 조명탑 종류는 10여 가지에 이릅니다. 북항에 현존하는 것들 중 사각형 탑두의 조명탑들이 가장 오래되고 튼실합니다. 몇 개만이라도 남겨서 다시 활용하면 좋겠습니다. 불을 다시 켜도 좋고, 조형물이나 공공편익시설로 리모델링해도 좋을 것입니다.

우리는 도시를 건설하거나 변화시킬 때 기존 것을 모두 없애고 새롭게 다시 만드는 것을 일상으로 해왔습니다. 그러다보니 여느 도시에서 내세우는 랜드마크가 비슷합니다. 초고층 빌딩이나 높은 산에 세운 타워를 크게 벗어나지 못합니다. 그런데 만약 항구도시인 부산의 랜드마크가 크레인이나 조명탑으로 인정되고 또 이해될 수 있다면 부산의 이미지와 차별성에 대한 논의는 두 세 차원 높은 수준으로 올라갈 것입니다.

현존하는 가장 오래된 안벽

하지만 뭐니 뭐니 해도 부두의 본질은 바다와 육지가 만나는 '접점'이라는 속성에서 드러납니다. 그 만남의 자리에는 배가 접안하고 부두를 지지하는 안벽이나 계단 등 땅과 결합된 '구조물'이 필수적으로 존재합니다.

부산에는 100여년 이전의 해안선과 당시 건설된 안벽들이 곳곳에 남아 있습니다. 그런데 이에 대한 가치 부여를 크게 하지 못하고 있습니다. 부산항에는

매립이 시작된 벽 앞공유수면(2021.1.)

1909년부터 현존하는 우리나라에서 가장 오래된 480m에 이르는 안벽이 남아있습니다. 그곳은 현 부산본부세관 정면부의 물양장입니다. 안타깝게도 안벽 앞의 수면 매립이 2020년 11월부터 시작되었습니다. 110년이 넘은 안벽을 스스로 해체시키고 있습니다. 안벽의 외관은 남기겠다고 하지만, 육지에 갇힌 안벽은 그냥 옹벽에 불과합니다. 유산을 홀대

매립이 진행 중인 공유수면(2021.10.)

하는 후진적인 현실이 애통할 따름입니다.

1979년 부산대교 건설 시에 도로 확폭의 명분으로 당시 이미 문화재였던 옛 부산세관을 철거했고, 다시 40여년이 지나 개발 부지를 확보한다고 1909년에 조성된 안벽마저 그 기능을 소멸시키고 있는 것입니다. 우리나라의 최초 개항장이었던 도시가 취

매립이 완료된 공유수면(2022.11.)

할 수 있는 선택은 결코 아니라고 생각됩니다. 역사적 사실 그 자체를 온전히 인정할 수 없음이 안타까울 뿐입니다.

구조물 중 가장 흥미로운 것은 '멍텅구리 블록'입니다. 이 블록은 부두 매립을 위한 양생된 콘크리트 덩어리를 말합니다. 아무 쓸모가 없다고 하여 멍텅구리 블록이라 불렀다지만, 이것은 바다 매립 시 미리 만들어 놓은 콘크리트 덩어리를 해수 아래에 침설하는 케이슨 공법 Caisson Method 에서 필수적으로 마련해야 하는 구조물입니다.

제3부두, 중앙부두, 제4부두가 이 방식으로 건설되었습니다. 재개발을 위해 2012년부터 중앙부두와 제3부두를 해체하던 중 70여 년 만에 세상 빛

70여 년의 세월을 이겨낸 멍텅구리 블록

을 다시 보게 되었습니다. 200여개의 명텅구리 블록 전부를 남겨 명텅구리가 아닌 쓸모 있는 블록으로 재탄생시키고 싶은 맘이 간절했지만 거의 모든 블록들이 다시 분쇄되어 매립에 다시 사용되고 말았습니다. 그래도 염원 덕분인지 몇 개는 부두 한 켠에 보관 중에 있습니다. 북항의 뜻깊은 상징물로 사용되면 좋겠습니다.

부두의 건물들은 저장을 위한 창고이거나 여객 수송을 지원하는 터미널이 대부분입니다. 북항에도 국제페리터미널, 연안부두터미널, 곡물전용창고 사일로 를 비롯한 창고 3동이 건축물로 남아있습니다. 아쉽게도 위풍당당하고 멋졌던 많은 창고들은 이미 사라졌습니다.

2012년에 '2026년, 개항 150주년을 어떻게 맞을 것인가?'라는 제목의 글을 기고한 적이 있었습니다.

약 1달 전, 북항 3부두의 '마지막 창고'가 사라졌다. 3부두를 외롭게 지키던 '31호 창고'였다. 창고 한 채를 가지고 무슨 호들갑이냐 하겠지만, 세계적인 물류도시이자 국내 최고의 수산도시인 부산에 있어 창고는 '씨족마을의 종택'에 버금가는 존재라 필자는 여겨왔다. 그런 창고가 내륙도 아닌 항구, 그것도 선창 부두 에 자리 잡고 있었으니 얼마나 귀해 보였겠는가. 늘 이런 생각을 했다. "저 창고를 세상에 하나 뿐인 수변미술관으로 바꿀 수 있을 텐데," "저 창고는 창의적인 젊은이들이 살아 움직이는 국제창작센터의 최적지인데," "창고가 있는 3부두를 멋진 예술광장으로 재활용할 수 있을 텐데." 그런데 모두 허상이 되어 버렸다. 지난 3년여 동안 가슴을 두근거리게 했던 31호 창고는 완전히 사라졌다. 뭐가 그리 조급했는지. 당장 헐지 않고 내년쯤에 헐 수 있는 여유도 분명 있었는데.

항구는 부산의 '생명 같은 곳'이다. 항구가 없는 부산은 상상할 수 없다. 근대이후 부산의 항구는 대한민국의 항구였다. 120여 년 동안 그 명제는 변함이 없다. 그렇다면 부산의 항구는 전 세계와 경쟁할 수 있는 최고의 아이템이라 할 수 있

2011년 겨울에 철거된 제3부두의 31호 창고

다. 이 논제는 결국 부산이 가져야 할 '차별성' 문제에 직결된다. 부산의 항구만큼 강한 에너지를 가진 항구가 우리나라 어디에 또 있는가? 남과 구분되는 차별성이 제대로 작동하려면 그 속에 '부산만의 것', 즉 진정성이 담겨야 한다. 부산만의 것을 정확히 파악하지 못한 채, 어정쩡하게 남 따라 하기에 급급하다면 그만큼 어리석은 일은 없다. 이는 자칫 부산만의 것에 대한 판단마저 흐리게 하여 결국 '경쟁력 없음'으로 전락케 할지 모른다.

이쯤에서 '북항'과 '남항'을 둘러보자. 이 항구들은 광복·피난기에 우리 민족의 '보이지 않는 소통공간'이었고, 국가경제의 기반이 된 물류업, 조선업, 수산업, 제조업의 '역동적인 활성지'였다. 또 시민들의 '삶을 이어주던 생산현장'이자, 근대기의 진한 향수를 품고 있는 '기억의 장소'이기도 하다. 그래서 두 항구는 부산의 '살아있는 역사 현장'이자 사회·산업사가 누적된 '종합 유산세트'인 것이다. '부산만의 것'을 위한 차별성 확보에 최우선되어야 하는 것은 그것만의 '흔적과 기억을 지키는 일'이다. 두 항구의 흔적과 기억에는 어떤 것이 있을까? 1, 2부두, 연안부두, 영도다리, 대풍포, 보세창고, 해안석축, 선창, 방파제, 제뢰등대, 조선소, 화물철도, 항구풍경, 부두노동자와 그들의 곤고했던 삶, 이별과 만남의 순간과 애환들...

2026년은 부산이 개항된 지 150년이 되는 해다. 앞으로 남아있는 14년은 북항과 남항을 진정한 '부산만의 것'으로 변화시켜가는 '집중의 시간'이 되어야 한다. 그러나 조급한 마음에 한치 앞만 내다보거나, 2012년 현재의 생각, 기술, 재정 능력만으로 모든 것을 판단하는 오류는 절대 범하지 말아야 한다. 2026년 이후 부산에서 살아갈 우리 후손들에 초점을 두자. 그들의 항구이자 그들의 워터프런트라 생각하자. 그렇다면 우리가 맘대로 모든 것을 손댈 수는 없는 일이다. 넘겨주어야 한다. 그들에게 기회를 주어야 한다. 무엇을 손댈 것이고, 또 무엇을 넘겨주어야 하는가?

늦은 줄 알면서도 제안을 해본다. 근현대 부산항의 근거가 되었던 '1, 2부두'를 지킬 수 없는가? 두 부두의 매립이 코앞에 다가왔지만 지금은 약간의 숨 고름, 즉 시민 모두가 잠시라도 고민할 수 있는 '공유의 시간'이 필요한 시점이다. 1부두는 독립에 대한 열망을 가슴에 품었던 선각자들과 수많은 동포들이 오갔던 대한민국 근대사의 '방점'이었고, 2부두는 6.25전쟁의 반전反轉 을 가져오게 했던 '전환점'이자 물류도시 부산의 '출발점'이었다.

이 부두들이 흙으로 메워져 곧 사라지게 된다. 14년 후 개항 150년이 되는 날, 후손들은 부산항의 진정이자 초석을 스스로 포기했던 선조들의 판단에 강력한 물음표를 던질 것이다. 150년을 확인할 수 있는 최소의 물증조차 남겨주지 못한 선조들을 원망할 것이다. 사진들만으로 어떻게 개항 150년을 기념하고 또 한 번의 150년을 염원할 수 있겠는가.

(국제신문 2012.1.5.)

북항재개발 성공의 잣대가 될 곡물전용창고(사일로)

항구의 건축물들을 다시 사용하는 예는 부지기수이며, 일반적으로 다양한 기능을 가지는 복합문화공간이나 수변호텔 등으로 리모델링하여 재활용합니다. 최근 항구 건축물과 관련된 세계적 이슈는 '창고 재생'입니다. 창고 하나가 워터프런트의 최고 명소가 되고 그 도시의 새로운 랜드마크가 되기도 합니다.

앞으로 북항의 가장 뜨거운 감자는 '양곡부두의 곡물전용 창고인 사일로'가 되리라 예상합니다. 온전히 남겨 어떻게 활용하느냐에 따라 북항재개발의 성공 여부를 결정짓는 잣대가 될 것입니다. 분명 사일로는 힙 Hip 과 핫 Hot 을 오가며 북항의 미래를 리드할 최고의 아이템이 될 것입니다.

북항을 닮은 세계의 도시들

산업혁명과 제1,2차 세계대전, 그리고 전후 경제발전과정 속에서 국제 항구로 발전했던 유럽과 미주의 도시들이 1960년대에 시작된 에너지 체제 전환과 산업구조조정의 여파로 급격한 쇠퇴를 경험하게 됩니다. 1980년 대까지 진행된 혹독한 고난의 시간을 보낸 항구도시들 중 신산업과 문화예술에 기반 한 창조적인 미래도시로의 전환에 도전해 온 특별한 도시들이 있습니다. 스페인의 빌바오, 스웨덴의 말뫼, 영국의 게이츠헤드 등을 예로 들 수 있습니다.

또한 국제물류항구로 기능했던 대형의 재래부두에서 새로운 미래지대로의 변신을 시도하는 항구들도 있습니다. 미국 볼티모어의 이너하버, 영국 런던의 도크랜드, 호주 시드니의 달링하버, 일본 요코하마의 MM21, 독일 함부르크의 하펜시티 등이 대표적입니다. 이런 곳을 요즘 말로 '워터프런트 Waterfront'라고 부릅니다. 워터프런트는 육지와 바다를 연결하는 매개공간으로 통칭되는데, 쇠퇴한 항구시설에 신기능이 접목되어 재탄생된 부두를 뜻할 때가 많습니다. 따라서 접목된 새로운 활력의 수준과 정도에 따라 워터프런트의 재개발과 재생의 성공 여부가 결정되곤 합니다.

재개발이 진행되는 워터프런트에서는 물류운송, 수산, 조선 등의 고유 기능에 레저, 문화, 상업 등의 친수 기능이 더해져 복합 기능이 유발되는 경우가 일반적입니다. 그러나 새롭게 창출되는 워터프런트의 활력은 기능들의 단순한 연결이나 나열만으로는 발생하진 않습니다. '그 항구만의 것'과 '새로운 라이프 스타일'을 어떻게 얼마나 접목하고 융합시키느냐에 따라 활력이 결정됩니다. 항구재개발에 있어 항구역사와 라이프 스타일을 생각한다는 것은 워터프런트와 함께 살아갈 사람들 간의 관계, 즉 네트워킹과 융합을 키워드로 하는 문화예술, 청년산업, 문화관광, 해양문화,

스마트항구 등과 관련된 업역 창출을 기대하는 것입니다.

살펴보는 곳들은 해양문화와 미래경제의 만남을 다양한 방식으로 추진하여 '뉴 컬처노믹스 New Culture-nomics'의 현장으로 평가되는 곳들입니다. 이곳들은 워터프런트의 미래 경향을 이해하는 길잡이가 되어 줄 것입니다. 비교적 북항의 여건과 유사한 네 곳을 살펴보려 합니다. 볼티모어 항구에 있는 이너하버, 요코하마 미나토미라이21^{MM21}, 시드니의 달링하버, 그리고 함부르크의 하펜시티입니다.

볼티모어 이너하버 Baltimore Inner-Harbor

볼티모어는 대서양과 연결된 체서피크 만에서 약 300km 안쪽 워싱턴 D.C.와 연결된 볼티모어 광역권 으로 연결된 패타스코 강을 끼고 있으며, 볼티모어 항은 18세기 중엽이후 철광석, 석탄, 각종 농업 및 공업제품 등 유통을 중심으로 한 무역업 및 상업, 조선업 등으로 번성했습니다. 그러나 1950년대에 들어 급변하던 컨테이너 수송 시스템에 대한 늦은 대응으로 볼티모어항 일대는 쇠락을 맞게 됩니다. 항구와 도심 사이에 입지했던 철로와 도로는 시민 접근을 차단하는 결과를 초래하여 항구는 시민의 삶과 격리된 채 방치되고 말았습니다. 이 상황은 도시 전체로 확장되어 인구 감소와 도심공동화 문제까지 떠안게 되었습니다.

볼티모어 시는 상황 극복을 위해 항구에서 가장 안쪽이자 원도심과 연접한 '이너하버 Inner Harbour'에 주목했습니다. 1963년에 '볼티모어 이너하버 마스트플랜'을 작성하고, 1965년에는 '찰스센터-볼티모어 항구법인'을 설립하면서 항구 변신은 본격화되었습니다. 이너하버의 재생은 기본적으로 세 가지 목표에 주안점을 두었습니다. 첫째는 국제 수준의 디자인이 적용된 업무용 빌딩들을 수변에 건설하여 낡은 이미지의 변신과 도심 활성화를 유도하는 것이었습니다. 둘째는 부두 배후지대에 조성된 신 주거지역의 공동화 방지였고, 셋째는 부두안벽을 따라 형성된 선형의 물양장 ^{하역공간} 에 시민을 위한 수변공원과 보행로를 집중 조성하는 것이었습니다.

이의 결과로 얻게 된 이너하버의 성공 요인은 다음과 같습니다.

첫 번째는 항구 전체의 부두들^{pier 1~6} 을 보존하여 조성한 '7.5마일 수변보행로의 탄생'이었습니다. 이너

안벽 전체를 보존한 7.5마일 수변보행로

하버에서는 수 십 년 동안 수많은 선박들이 정박하고 어부들과 노무자들의 땀과 숨결이 배어 있는 안벽을 매우 소중히 다루었습니다. 지금은 어떻게 되었을까요? 7.5마일 수변보행로는 죽어가던 볼티모어 항 일대의 생명력 공급의 원천이 되고 있습니다. 안벽선을 따라 확보된 이너하버의 공공성은 항구를 넘어 도시 전역으로 확장되는 시너지효과를 거두고 있습니다.

두 번째는 이너하버의 옛 모습을 지키기 위한 '항구역사 보존사업'이었습니다. 해안선 보존을 기반으로, 각종 항구시설들의 재활용이 핵심 내용이었습니다. 1989년 둥글며 납작한 형상의 필로티 구조를 가진 놀 등대 Knoll Lighthouse 의 문화재 National Register of Historic Places 지정이 역사보존의 화룡점정을 찍었습니다. 놀 등대는 1856년, 체서피크 만을 밝히며 첫 불을 킨 후 1988년 피어5로 이전되었고 이듬해인 1989년에 문화재로 지정되었

국가문화재로 지정된 놀 등대 ⓒGetty Images Bank

이너하버의 랜드마크가 된 발전소 ⓒGetty Images Bank

습니다. 복합시설로 리모델링한 옛 발전소 Hard Rock Cafe 는 이너하버의 랜드마크입니다. 낡은 부두와 오래된 계선주들과 어우러지며 예스런 항구로 재현되었습니다. 발전소 굴뚝에 덧붙인 '기타 조형물'은 이너하버를 상징하는 시그니처 장면입니다. 이외에 기능을 잃은 군함과 선박들을 모아 해양문화 체험공간으로 조성하였는데, 1854년에 건조된 미해군 전함 콘스텔레션호 USS Constellation 가 중심체입니다. 볼티모어 항의 낡은 부두들과 물양장들은 1960년 및 70년대 미국의 항구문화가 전해지는 레트로 Retro 한 풍경을 연출함과 동시에 365일 축제의 장인 '페스티브 마켓플레이스 Festive Marketplace'로 변신하여 21세기를 선도하는 워터프런트로 거듭나고 있습니다.

세 번째 요인은 '1976년에 있었던 두 가지 사건'과 연관됩니다. 하나는 미대륙 발견 200주년을 기념하는 '국제범선축제의 개최'였고, 다음은 미국 전역에서 가장 오래된 역사를 가진 과학기관 중 한 곳인 메릴랜드 과학아카데미가 직접 운영하는 '메릴랜드 과학센터의 준공'이었습니다. 범선축제는 이너하버의 존재감을 전 세계에 알리는 계기가 되었고, 과학센터의 설립은 국민들의 집중적인 관심 조명의 근거가 되었습니다.

요코하마 미나토미라이21 MM21

요코하마는 일본 최초 개항장으로 일찍부터 서양 문물을 받아들였고, 20세기 들어 항구를 기반으로 하는 공업도시로 발전했습니다. 그러나 태평양전쟁 중 공업기반의 상당수가 파괴된 후, 요코하마와 전철로 1시간 거리 내에 있는 도쿄의 위성도시로 그만 전락하고 말았습니다. 1960년대에

들어 일본 사회개혁그룹의 리드였던 아스카타 이치오 飛鳥田一雄 가 시장에 취임하며 요코하마는 특단의 조치를 취했습니다. 도시 혁신을 위한 '6대 사업 도심부강화사업, 가나자와해안매립사업, 도후쿠뉴타운건설사업, 고속도로망건설사업, 지하철도건설사업, 베이브리지건설사업'을 추진키로 한 것이었습니다. 아스카타 시장은 1964년 당시 요코하마의 혁신적인 미래를 기획했던 타무라 아키라 田村 明 를 기획조정국장에 특별 임명하면서 사업을 본격화했습니다. 6대 사업 중 한 사업이 항구재개발이 포함된 '도심부 강화사업'이었고, 이 사업은 전쟁 후유증으로 엉망이 된 구도심 재생의 일환이었습니다. 요코하마의 구도심은 사쿠라기초역 ちくら木驛 을 중심으로 한 간나이지구를 말하며, 결과적으로 도심부 강화사업은 요코하마가 오늘날의 모습을 갖게 된 중요한 시발점이 되었습니다.

이 과정 속에서 일본 최대 항구재개발 프로젝트인 '미나토미라이21 MM21' 이 탄생되는 기반이 마련되었습니다. 타무라 국장은 18년 동안 재임하며 일본 최초로 도시디자인과를 설치하고 항구의 각종 산업유산들을 발굴·보존하는 등 혁신적인 항구재개발과 연동된 요코하마 스타일의 생존 전략을 추진했습니다.

1965년부터 추진된 외항 건설과 함께 내항에 있던 미쓰비시 조선소와 중공업, 다카시마 조선소, 항만철도부 등의 이전과 이 부지들에 대한 재개발이 MM21의 핵심 사업이었습니다. 내항의 가장 넓은 면적을 차지하고 있던 미쓰비시 조선소의 이전 결정과 ㈜요코하마미나토미라이의 설립은 MM21의 출범을 본격화시켰습니다.

요코하마는 MM21의 미래 개념을 국제문화도시, 21세기 정보도시, 물과 숲으로 둘러싸인 인간환경도시, 역사적인 기념물을 보존하는 역사도시로 설정하였습니다. 당시 항구에 적용된 개념이 매우 독특했습니다. '쐐기에서 꺽쇠로'라는 개념이었습니다. 1963년 신칸센의 개통으로 신요코하마

MM21의 '쐐기'와 '꺽쇠' 개념

역이 건설되었고, 기존 요코하마역 일대와 구도심 ^{간나이 지역} 의 쇠퇴가 크게 예상되고 있었습니다. 단절된 두 지역의 연결을 내륙이 아닌 바다를 활용하겠다는 도전장을 내민 것이었습니다. 쐐기처럼 박힌 단절된 두 지역을 바다, 즉 옛 부두들을 묶어 꺽쇠를 통해 강력하게 연결하겠다는 것이었습니다.

1891년부터 부두지역에 입지했던 '미쓰비시 중공업'의 이전은 재개발의 필수사업이었습니다. 약 20년의 시간이 흐른 1985년, 모든 이전을 완료하고 MM21은 일본 최초의 워터프런트이자 항만복합지구로 나아갔습니다. 1988년 MM21 마찌츠쿠리 요강 확정, 1989년 요코하마박람회 개최, 1993년 랜드마크타워 오픈, 1994년 하네다공항지역과 항만을 직접 연결하는 해상교량 ^{베이 브리지} 개통과 광역고속도로망 구축, 일본 최초 도크의 발굴과 보존, 2001년 요코하마 트리엔날레 개최, 2002년 아카렌카 창고의 개관과 요코하마 국제페리터미널 완공 등 다양한 사업들이 이어졌습니다. 결과적으로 현재 MM21에는 약 20만 명 ^{거주 1만여 명, 3천여 가구} 이 생활하고, 연 2천만 명의 방문객이 찾는 세계적인 워터프런트로 발전하였습니다.

MM21에서 인상적인 한 곳을 소개합니다. 건물 한가운데가 뚫린 네이비스 호텔이 보이고 아래쪽으로 임항철도의 화물열차 라인이 개구부를 지나고 있습니다. 개구부 안쪽 멀리 창고가 보입니다. 이 호텔은 창고에 시선이 집중되도록 의도적으로 구멍을 뚫은 것입니다. 이렇게 축선으로 볼 수 있는 시선을 전문용어로 '비스타 ^{Vista} '라고 합니다. 시선 축을 만들어 사람들의 관심을 끌어들이는 경관 기법입니다. 이 호텔은 창고로의 비스타와 보행 공공성을 위해 건물의 중심을 과감하게 포기한 것입니다. 이 일이 어떻게 가능했을까요? 호텔 소유주나 건축가의 탁월한 판단 때문이

임항철로와 창고를 연결하는 조망축

었을까요? 모든 일의 바탕에는 타무라 국장의 혜안과 의지가 있었습니다. 그는 국 산하에 일본 최초의 도시디자인과를 설치하여 MM21의 모든 사업을 주도하게 했습니다. 전체 부지를 체계적으로 엮고 융합시킬 수 있는 지침 Guideline 을 만들고 다양한 인센티브를 개발하여 재개발을 시행했습니다. 그의 표현으로는 이것을 '마치즈쿠리 まちづくり'라 불렀고, 요즘 말로는 '도시설계 Urban Design'를 한 것이었습니다.

옛 사진 가운데 부분에 비스타의 주인공인 창고가 있습니다. 내륙에서 이어지는 화물철도 라인이 창고들과 연결되어 있는 것이 확인됩니다. 창고 두 동은 1960년대 중반의 고비를 넘기고 보호되어 남겨집니다. 1963년 신칸센이 개통되고 1964년 도쿄올림픽을 개최했던 당시 일본 전역은 무시무시할 정도로 변화를 추구했던 개발시대였습니다. 그 틈새에서 창고 두 동이 지켜진 것입니다. 창고를 지키는 데에도 타무라 국장의 역할은 결정적이었습니다. 모두가 재개발을 위해 창고를 헐자고 했을 때 국장은 창고의 미래가치를 예견하고 버텨냈습니다. 지금은 어떻게 됐을까요? '붉

아키라 국장이 지켜내어 MM21의 상징이 된 창고와 도크

요코하마의 특별한 지역유산 : 창고의 바닥포장

제자리를 찾은 석재

은벽돌창고 赤レンガ倉庫 '라고 불리며 요코하마 항의 심장이 되었습니다.

창고 뒤쪽에 오래된 바닥포장이 있습니다. 놀랍게도 이 포장은 요코하마의 유산입니다. 개항기의 바닥포장이기에 보존을 넘어 지역유산으로 지정하여 영원히 남겨두었습니다. 세상이 이렇게 바뀌어가고 있습니다. 바닥포장도 유산이 될 수 있는, 그래서 과거 조상이 밟았던 이곳을 현대인들이 밟고 있고 다음세대도 밟을 것이라는 상상 속에서 그 현장을 지속시키고 있습니다. 관점의 변화가 절대적으로 필요한 시대라 할 수 있습니다.

석재를 소중히 다루는 지혜는 또 다른 장소에서 확인할 수 있습니다. 2009년은 요코하마가 개항된 지 150주년이 되던 해였습니다. 기념사업으로 해체되었던 개항기 부두의 복원을 선정했습니다. 복원된 부두의 석축이나 콘크리트들은 거의 모두 새 것이었지만, 해체 전에 남겨 두었던 일부 석재를 복원된 선창에 끼워 넣었습니다. 양이 더 많았다면 좋았겠지만, 1960~70년대에 이것을 남겨두어야 한다는 발상을 했다는 것만으로도 가상합니다.

MM21에는 또 다른 명소 두 곳이 있습니다. 요코하마 국제페리부두의 윗층이 마치 거북이 등을 닮았습니다. 아래쪽은 터미널이고 상부는 바다 위에 떠 있는 널찍한 광장처럼 사용할 수 있습니다. 페리부두는 2005년에

특별한 피부를 가진 페리터미널

하늘에서 본 요코하마 페리 터미널 ©요코하마시

널찍한 거북이 등처럼 생긴 페리터미널의 상층부(광장)

완공되었습니다.

두 번째 명소는 우연히 발견된 장소입니다. 미쓰비시조선소 부지의 재개
발을 위해 바닷물을 빼니 30미터 정도 깊게 움푹 파인 '凹'자형의 도크가
나타났습니다. 처음에는 이 도크의 정체를 아무도 몰랐다고 합니다. 1884

숨겨져 있었던 일본 최고의 도크(원 부분) ©요코하마시

도크 내부 측면의 모습   역사 중심의 항구재개발을 촉발시킨 도크(현재 모습)

년에 준공된 것으로 밝혀진 이 도크 船渠第2號ドック 는 토목구조물의 문화재 지정이라는 새로운 이슈를 일본에 던졌고, 토목구조물이 국가문화재로 지정되는 일본 최초의 사건으로 남게 됩니다. 이 때부터 일본에서는 '산업유산'에 대한 관심이 폭증됩니다. MM21의 성공은 항구 풍경을 지속시키려 했던 그들만의 독창적인 실험과 도전으로 가득 차 있습니다.

시드니 달링하버 Daring Harbor

달링하버는 시드니 관광의 일번지입니다. 과거 시드니 만으로 불렸던 '달링하버 Darling Harbour '는 호주를 대표했던 항구지역으로, 대단위 공업지대의 배후물자 보급기지이자 방직물, 곡물, 석탄 등을 운반하던 물류항구였습니다. 1980년대 이후에 인근의 보타니 만 Botany Bay 이 시드니 만을 대체하는 신항으로 성장함에 따라 달링하버의 낡은 창고들과 철로는 방치되며 소형선박들의 정박 항구로 전락했습니다.

이러한 과정 속에서 '피어몬트 브리지 Pyrmont Bridge 의 보존'은 달링하버의 운명을 바꾸게 합니다. 피어몬트 브리지가 보행교로 전환된 1981년 이후 달링하버의 변신은 본격화됩니다.

뉴사우스웨일스 주 탄생 200주년 기념 해였던 1984년, 주정부는 '달링하버를 시민들에게 돌려주자'라는 슬로건과 함께 달링하버 재개발계획을 확정한 후 법령 Darling Harbour Authority Act, 1984 을 제정하였고, 이어 '달링하버공사 Darling Harbour Authority'를 설립하여 사업 추진의 주체로 삼았습니다. 달링하버는 1985년 시드니 컨벤션센터 건립을 시작으로, 문화·업무·상업·위락 등 복합기능을 가진 멀티-엔터테인먼트 중심지로 탈바꿈되었습니다.

달링하버 재개발의 성공요인으로는 집객력을 유도하는 고도의 교통정책과 공공성 확보를 위한 엄격한 제도의 적용과 창의적인 경영기법을 도입한 주정부의 재개발 정책 추진을 꼽을 수 있습니다. 요인들의 바탕에는 매우 간단하면서도 명확한 원칙이 있었습니다. 그것은 '자연해안의 철저한 보전'과 동시에 시설물은 반드시 '교체가 가능한 잔교식 구조물로 설치'하고 어떠한 경우에도 '해수역의 무분별한 매립 금지'라는 원칙이었습니다. 이것은 달링하버 정체성의 핵심 기반이 되었습니다.

하나를 더 꼽으라면 '수변 조망에 대한 관리'입니다. 수변 조망이 개인 소유가 되는 것을 철저히 방지하고, 건축물에 대한 적절한 높이규제를 통해

달링하버 탄생의 계기를 제공한 피어몬트 브리지

달링하버의 모든 지역에서 수변 조망이 가능하도록 했습니다. 동시에 엄격한 높이 규제의 적용을 통해 수변 스카이라인을 확보했습니다. 스카이라인의 중심에는 1973년에 준공된 하얀 조가비를 닮은 '시드니 오페라하우스 Sydney Opera House'가 자리합니다. 그들은 푸른 바다와 진초록의 해안 녹지, 그리고 일정한 원칙 속에 배열된 건축물들을 배경으로 한 하얀 조가비 풍경을 이미 1950년대부터 상상했습니다. 조가비 모양의 특이한 지붕을 만드느라 건설 기간이 예정보다 6년이 늘어난 총 16년이 걸렸고, 공사비는 무려 10배나 증가되었다고 합니다. 가장 놀라운 점은 오페라하우스의 세계유산 등재를 위한 호주정부의 결단이었습니다. 2006년 세계유산 등재를 위해 유네스코에 제시했던 유산면적은 5.8ha $^{58,000㎡}$ 인데 유산을 보호하는 완충구역은 무려 438ha $^{4,380,000㎡}$, 그러니까 유산의 약 75배나 되는 면적을 보호구역으로 설정한 것이었습니다. 더 놀라운 것은 이 원칙이 2006년에 정한 것이 아니라, 1950년대 중반 오페라하우스가 기획될 때부터 항구 재탄생을 위해 그들이 선택했던 고집스런 관리전략이었다는 사실입니다. 스카이라인 풍경을 조금 자세히 살펴봅니다. 오페라하우스와 하버브리지로 연결되는 도심 풍경이 일체의 모습으로 인지됩니다. 그러나 이 시설들은 함께 뭉쳐있는 것이 아니라, 직선거리로 무려 500미터나 이격되어 있습니다. 이 풍경은 신기하게 느껴집니다. 그들은 중첩되어 읽혀지고 전해지는 풍경의 원리를

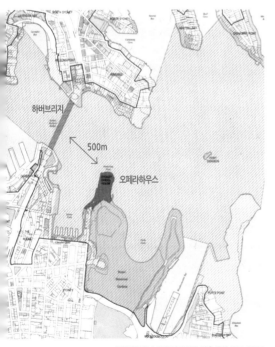

오페라하우스의 유산구역과 완충구역 ⓒUNESCO

하버브리지와 오페라하우스가 연결된 매력적인 수변 스카이라인

도시계획과 정책에 반영하고 있는 것입니다. 항구풍경이 도시의 주인공이 되도록 만드는 대단한 노하우가 아닐 수 없습니다.

이처럼 공공시설들이 바다에 연접하거나 연동될 때 엄청난 후광효과를 기대할 수 있습니다. 부산과 같은 항구도시는 공공시설의 입지에 따라 발생하는 이러한 효과에 대해 진중하고 까다롭게 고민할 필요가 있습니다.

2010년대에 들어 시드니 시는 또한 번의 결단을 내렸습니다. 달링하버의 명물 중 하나였던 도심 지하철역에서 수변으로 연결되던 모노레일을 철거한 것입니다. 달링

시드니항 스카이라인의 근거 : 고도제한 ©Sydney Harbour Foreshore Authority

사라진 피어몬트 브리지 위의 모노레일

하버가 유명세를 타게 된 이유 중 하나가 모노레일이었고, 도심의 보행자들을 수변으로 유인하는 중요한 역할을 담당했던 모노레일을 과감히 없애 버린 것입니다. 우리 상식과는 정반대의 결정입니다.

이것은 모든 차들을 완전히 동선에서 배제하여 모두가 걸어 다닐 수 있는 곳으로 달링하버를 지향하겠다는 의지의 표현이었습니다. 이와 함께 장애자를 포함한 도시약자들을 위한 베리어 프리 시스템 Barrier Free System 을 갖추기 위한 보행 정책도 대대적으로 추진하고 있다고 합니다. 지금의 우리는 모노레일과 같은 시설을 도입하고 싶어 안달(?)인데, 달링하버는 다음 시대로 한발 더 나아가고 있습니다.

그렇다면 이러한 미래적이고 창의적인 판단을 누가 결정하고 추진하고 있는지 궁금해질 수밖에 없습니다. 시드니는 항구 전체를 융합하여 제어할 수 있는 시드니항 통합운영시스템 Sydney Harbour Foreshore Authority 을 구축하고 있습니다. 구축의 이유는 시설관리와 해양관리, 보행과 차량 관리 등 연관된 각 부서마다 생각이 다르고 업무 영역이 다르기 때문에, 부서 간의 벽을 허물고 통합적으로 운영할 수 있는 시스템 구축이 워터프런트 활성화의 핵심이기 때문입니다. 연 2천 5백만 명 이상의 관광객이 찾는 세계 최고의 워터프런트가 된 달링하버의 비밀은 미래 항구를 향한 사람들의 합심이라 할 수 있습니다.

함부르크의 하펜시티 ^{Hafen City}

800여 년의 항구역사를 가진 함부르크항은 18세기 중엽부터 북유럽 제1
의 무역항으로 발전했습니다. 그러나 1960년대 이후 함부르크항 일대는
쇠퇴하기 시작했고, 1980년대 들어 항구와 연접해 있던 도심 기능이 내륙
안쪽으로 이전되며 본격적인 슬럼화가 시작되었습니다. 1997년 시의회는
엘베강 항구 일원에 대한 재생을 결정하였고, 약 155ha ^{수공간 55ha 포함} 에 이
르는 수변공간에 새로운 도심기능을 유입하는 워터프런트 계획을 수립하
였습니다. 이로써 북유럽 최고의 항구역사와 21세기 첨단도시의 공존을
슬로건으로, 단절된 도심과 항구의 공간·기능 융합을 목표로 한 '하펜시
티 ^{Hafencity}'의 대역사가 시작되었습니다.

하펜시티 프로젝트는 1989년 '함부르크 바우포럼 ^{Hamburger bauforum} 건축
워크샵'에서의 창고구역에 대한 논의에서 비롯되었습니다. 이어 창고구
역 서쪽 커위더피제 ^{Kerrwierderspitze} 지역에 한자무역센터 ^{Hanseatic Trade Center}

모델을 통해 본 하펜시티의 미래

가 건설되면서 하펜시티 재개발이 본격화되었습니다. 1996년 건축가 볼킨 마르 Volkin Marg 는 혼합 및 단계별 재개발을 중심으로 한 시나리오를 제시하였고, 1997년 'Vision Hafencity'를 발표하며 재개발이 본격화되었습니다. 하펜시티 재개발은 1995년에 설립된 시의 자회사인 Hafencity Hamburg GmbH가 맡고, 민간자금 55억 유로와 공공자금 13억 유로의 재원을 투자하여 2025년 완공을 목표로 하고 있습니다.

현재 재개발의 완성은 약 80%선에 도달한 상태입니다. 하펜시티의 최고 매력 포인트는 항구의 배후 지역이자 도심과 항구의 연계점에 위치한 '슈파이허슈타트 Speichestadt'라 불리는 창고구역입니다. 창고들의 나이가 그리 많지는 않습니다. 모두 100년이 채 안되었는데도 유명해진 이유는 이곳이 중세말기 길드 연합체였던 '한자동맹 Hanseatic League'의 현장이었기 때문입니다. 물론 이 창고들은 한자동맹과는 직접적인 연관성은 없습니다. 하펜시티 일대는 제1차 세계대전 종전 후 독일에 대한 제재 내용을 담은 베르사유조약 1919년 에 따라 자유무역항으로 지정되었습니다. 이후 하펜시티는 주로 관세무역을 담당했고, 이곳 창고들도 관세창고로 사용하기 위해 조성되었습니다.

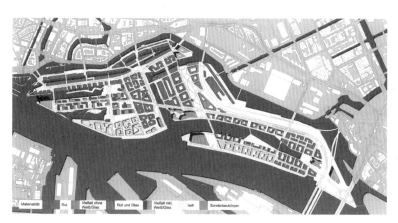

특별해 보이는 토지이용과 배치 ⓒHafenCity

하펜시티 재개발의 출발점을 제공한 슈파이허슈타트(창고군)

창고 높이와 규모를 고려한 하펜시티 ⓒHafenCity

이 창고들이 'Speicherstadt and Kontorhaus District with Chilehaus'란 이름으로 2015년 세계유산에 등재되었습니다. 창고가 세계유산이 되는 엄청난 일이 벌어지게 된 것은 '도시역사의 존중', 즉 창고를 위한 하펜시티 재개발의 선제적인 배려 덕분이었습니다. 엘베강 수로 변 20여 곳의 창고블록 1,100×150m의 규모 의 폭과 길이도 고려되었지만 결정적인 것은 높이였습니다. 재개발의 높이 기준을 창고 높이를 근거로 창고의 왜소화 현상을 방지하고 외연적 위상이 훼손되지 않도록 했습니다. 창고군의 반입, 수송, 저장, 판매, 유통 과정에 대한 흔적과 기억들을 고스란히 보전하여, 분명 새롭게 재개발된 하펜시티 속의 길을 걷고 있는데도 옛 항구의 진한 향기가 강하게 전해지도록 했습니다.

흥미로운 도면이 있습니다. 함부르크 도심과 하펜시티의 공간구조가 닮았다는, 아니 하펜시티가 도심의 공간 맥락을 그대로 반영한 재개발임을 증명하는 도면입니다. 하펜시티는 고층개발이 아닌 도심과 유사한 '중·저층 고밀개발'을 추구했습니다. 중·저층 고밀개발은 자연스레 보행 활성화를 가져왔습니다. 아파트로 인한 폐해에 대한 걱정이나 선입견을 가질 필

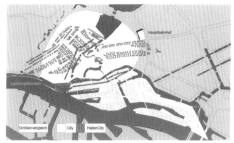

도심부

도심의 공간조직의 맥락을 이은 하펜시티 ©HafenCity   하펜시티

요가 없는 곳이 바로 하펜시티입니다.

중·저층 고밀의 공간패턴과 함께 하펜시티의 또 다른 중요 개념은 항구의 역사, 형태, 기능을 고려하는 '수복 중심의 복합재개발'입니다. '고쳐서 다시 사용하다.'라는 의미를 가지는 '수복 修復, Rehabilitation ' 개념에 따라 하펜시티는 기존의 항만 형태와 구성을 유지하면서 주거·상업·문화·레저 등이 어우러진 복합수변도시를 지향하고 있습니다. 7,000호의 주거 14,000 명 거주 를 조성하여 24시간 살아 움직이는 워터프런트를 지향하고, 45,000여 개의 일자리와 35,000여 곳의 다양한 회사 설립을 유도하며 오랫동안 단절되어있던 도심과 항구를 하나의 공간으로 통합하였습니다. 이와 함께 10.5km에 이르는 수변보행로와 3.1km에 이르는 엘베강변의 리버프런트 확보, 항구 특성을 고려한 대학 유치 3개소 , 바다와 육지를 하나로 묶는 대중교통 시스템 전철, 시내버스, 페리, 자전거 등 도입 등은 수변도시 하펜시티의 배경이 되었습니다.

수복 개념과 관련하여 하펜시티에서 가장 두드러지는 점은 옛 항만창고들과 발전소 등을 해체하지 않고 문화재로 지정함과 동시에 이들을 리모델링하여 과학센터, 인포센터, 국제해양박물관, 콘서트홀 엘베필하모닉 등의 랜드마크로 재탄생시킨 점입니다. 하펜시티는 항구 기능을 상징하는 역사적인 건축물들에 21세기의 미래 수요들을 융

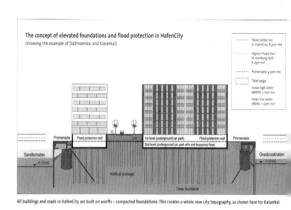

해수면 상승을 대비한 방재개념 ©HafenCity

합시켜 정체성이 뚜렷한 신개념의 워터프런트 재생 모델로 나아가고 있습니다.

함부르크는 북해에 면해 있습니다. 북극과 매우 가까운 곳입니다. 기후변화시대에 빙하가 녹을 수밖에 없다는 경고는 이미 널리 알려져 있는 사실입니다. 개발 가능지 대부분이 홍수와 해일 등에 노출되어 있는 하펜시티는 해수면 상승에 대한 나름의 대비책을 세워 놓았습니다. 하펜시티에서는 해수면 상승으로 인한 침수에 대비하는 방재체계가 확실히 구축되어 있습니다. 우선적으로 예측되는 해수면 상승을 넘어서는 8~8.6m의 제방 위에 개발을 시행하였습니다. 그러나 하펜시티는 제방으로 연결되어 완전히 물에서 이격되거나 분리되어 있지 않습니다. 제방을 따라 다양한 높낮이를 가지는 공공장소들 전체면적 중 약 36% 을 도입하고, 이를 물과 접촉이 가능한 완충지대로 활용하고 있기 때문입니다.

하펜시티의 유명세를 설명하는 아이템 중 하나는 대학입니다. 함부르크 공대의 물류대학 Kühne Logistics University 을 비롯하여 3개의 대학이 자리하고 있습니다. 가장 특별한 대학은 2014년에 건립된 하펜시티 대학 HafenCity University 입니다. HCU는 건축, 토목, 지리정보학 및 도시계획만을 전공분

HafenCity University

야로 하며, 유럽 유일의 도시건축환경 전문대학입니다. 하펜시티는 물론,
함부르크와 독일 전역에 대한 미래지향적인 도시발전의 축을 정립해 나
갈 젊은 역군들을 성장시키려는 것입니다. 하펜시티가 새로운 미래 산업
의 생태계가 지속되며 살아있는 워터프런트로 나아가고 있는 이유입니
다.

2017년 5월, 하펜시티에 그토록 기다리던 국제적인 명물이 탄생했습니다.
그해 7월 1일 필자도 하펜시티를 찾았습니다. 이유는 10여년의 리모델링
공사를 마치고 완성된 '엘베필하모니 Elbphilharmonie, 이하 '엘피''를 보고 싶어
서였습니다. 이곳은 원래 코코아를 보관하던 창고시설이었는데 창고는
실내주차장으로 사용하고, 창고 위에 거대한 공연장과 호텔 등이 결합된
복합공연장으로 조성되었습니다. 2015년 여름, 리모델링이 한창이던 미
완성의 엘피를 본 후 도무지 잊을 수가 없었습니다. 공연장과 호텔을 어
떻게 만나게 했는지, 지하개발이 불가능한 상황 극복을 어떻게 했는지,
엘베필하모니는 항구에서 어떤 역할을 하고 있는지 등 그들의 지혜가 궁
금했습니다.

비싼 숙박비가 버거웠지만 내부가 너무 궁금해서 일부러 그곳을 숙소로

빛나는 엘피

정했습니다. 운이 정말 좋았습니다. 그 날 저녁 우연히 엘피에서 '노래하는 긴 밤 Lange Nacht Des Singens'이라는 행사가 개최되었습니다. 매년 여름 두 달 동안, 독일 북부지역의 57곳의 도시와 마을, 107곳의 장소에서 '슐레스비히 홀스타인 음악제 Schleswig-Holstein Musik Festival'가 개최되는데 마침 그날이 오프닝 데이 7월 1일였던 것입니다. 저녁 6시부터 12시까지 약 40여 아마추어 팀들이 모여서 합창하는 프로그램이었습니다. 다섯 무대를 돌아가며 한 팀당 약 30분씩 합창을 했습니다.

최선을 다하는 모습과 열정어린 표정에 환호로 화답하는 시민들의 뜨거운 박수 속에서 이 자리를 위해 수개월 동안 함께 했을 그들의 지난 시간이 상상되었습니다. 공연을 보는 내내 '와우'를 넘어 '대~박'을 몇 번이나 외쳤는지 모릅니다. 공연장은 분명 살아있는 공동체 회복의 현장이었습니다. 그들은 같은 동네의 주민들이고, 그냥 음악을 좋아하는 친구들이었습니다. 배나온 아주머니와 대머리아저씨, 노병 老兵 과 동네 꼬마들. 엘피

2017년 7월 1일 '노래하는 긴 밤'의 장면들

에서 그들이 만들어 가는 음악은 전문가의 전유물이 아니라 시민 모두의 것이었습니다. 늦은 햇살과 시원한 바닷바람 속에서 그들의 합창을 들으며 '문화예술을 통한 항구재생'을 떠올렸습니다. 한 순간에 수십억을 날리는 시민수동적인 이벤트가 아니라, 시민 스스로가 주체가 되는 그래서 함부르크시민임을 자랑스레 여기게 되는 그들의 선택에 박수를 보내지 않을 수 없었습니다.

대규모의 문화시설이 전문가들에 전유되고 시민들은 그냥 관객으로서만 참여하는 것이 아니라, 직접 참여 할 수 있는 기회를 제공하여 내가 함부르크 사람임을, 또 함부르크 시민임을 느끼게 하고 공감케 하는 공동체 회복운동의 현장이 바로 그 자리였던 것이었습니다. 갑자기 영국 게이츠헤드 도시재생의 핵심프로그램 중 하나인 '빅 싱 Big Sing'이 떠오릅니다. '길다'와 '크다'는 맥락이 같음을 깨닫게 됩니다. 시민 모두의 마음을 길게 또 크게 모으자는 의미이지 않을까 싶었습니다.

그러나 결코 쉬운 일은 아닙니다. 어떻게 가능했을까요? 진행 과정 속에 사회학자 '마커스 멘지 Marcus Menzi'의 개입이 있었다는 사실에서 실마리를 찾을 수 있습니다. 그는 재개발과정 속에서 시민들이 진정한 목소리를 낼 수 있도록 도왔고, 다양한 지역사회의 참여를 이끌어 냈습니다. 결국 도시의 재개발은 완공 그 자체가 목표가 아니라, 완공 후의 유지관리와 운영, 특히 시민과 함께하는 과정이 핵심 사안이 되어야 함을 깨닫게 됩니다.

엘피는 시민들과 함께 살아 숨 쉬는 진정한 산업유산이었습니다. 창고와 한 몸이었던 크레인 3대와 창고의 단순미와 벽돌재료의 섬세함까지도 다시 살려 놓았습니다. 납작한 창고 위에 놀라운 상상력의 최첨단 건축물이 올라앉았습니다. 거대하면서도 날렵한 돛대 같기도 하고 뭉글뭉글 모여있는 구름 같기도 합니다. 그 속에 엘피의 주인공 중 하나인 '북독일 방송 엘프필하모니 오케스트라 NDR Elbphilharmonie Orchestra'가 자리합니다. 함부르크가 브람스 Johannes Brahms 의 고향이란 점이 새삼 떠오릅니다. 엘피는 아마추어와 프로를 넘나들며 높이 날아오르고 있습니다.

엘피가 가진 또 하나의 장점은 뛰어난 접근성입니다. 전철 U3 에서 걸어서 단 5분이면 닿을 수 있고, 바로 앞 선창에서는 음악을 들으려는 시민들을 태운 크루즈 수상버스 가 오갑니다. 도시 곳곳에서 햇살에 따라 또 시선방향에 따라 다양하게 변하는 엘피를 만날 수 있습니다. 이것을 '엘피 풍경'이라고 정의를 내려 봅니다. 뭔지 모를 그들만의 섬세한 접근이 강하게 가슴에 와 닿았습니다. 이것은 엘피를 중심으로 재래항구와 하펜시티, 그리고 도심을 연결하는 치밀한 네드워킹 전략이 있음을 의미합니다. 엘피는 단순한 공공시설이 아니라 함부르크 전체에 강력한 영향을 주는 진정한 랜드마크이자 바다전망대인 것입니다. 왜 이리 엘피는 힘이 있어 보일까요? 왜 엘피에서 강력한 함부르크다움이 느껴질까요? 또 왜 이렇게 엘피는 역동적으로 살아 움직일까요?

북항의 논점 진단 및 미래 염원

앞으로 북항재개발의 미래는 어떻게 진행되면 좋을까요? 두 번 다시 부산에 이런 기회가 주어지지 않을 것으로 생각됩니다. 신중히 그리고 멋지게 추진되어야 할 것입니다.

7가지 논점

① 사업 촉발을 위한 계기적 사건은 무엇인가?

항구재개발에 있어 사업 초기 단계에 계기나 발단을 이루는 특정한 사건이나 사업 등 통합 조직체 설립, 대형 프로젝트 성사, 역사적인 산업유산의 보존 결정, 대학 유치 등 은 전체 공정에 큰 영향을 미치게 됩니다. 성공적인 사업 추진을 위해서는 반드시 뚜렷한 특징을 가지는 계기적 사건이나 사업을 확보할 필요가 있습니다. 10여 년 전부터 추진 중인 북항재개발의 경우 이미 유사한 기회를 가졌던 것으로 볼 수 있습니다. 2015년에 개장한 국제페리터미널이나 착공한 오페라하우스가 이에 해당될 수 있겠지만, 모두 이런 저런 이유로 촉발의 계기라고 얘기하기에는 부족함이 느껴집니다.

촉발을 위한 계기적 사건은 사업추진의 중간 지점에서도 탄생할 수 있습니다. 예를 들어 봅니다. 부산월드엑스포 개최 결정●이나 자성대부두의 사일로 리모델링은 어떨까요? 엑스포 유치 결정이 가장 강력한 계기가 될 수 겠지만, 사일로를 부산비엔날레 2024년 또는 2026년 의 현장으로 사용하거나 미래 BTS의 공연장으로 사용하는 무형의 이벤트도 촉발사업으로서 자격이 충분할 것으로 생각합니다. 어떤 것이든 북항재개발의 온전한 추진 동력으로 사용될 수 있는 계기적 사건이 절대적으로 필요한 시점입니다.

● 2030년 개최를 목표로 했던 엑스포는 유치되지 못하였음.

② 누가 어떤 방법으로 재개발계획을 추진해 가는가?

항구재개발을 추진함에 있어 합리적인 법제도, 공공조직의 체계적인 지원, 공공의 선도적인 리드십 등은 필수 사안입니다. 특히 항구재개발은 여러 유형의 변수가 발생할 수 있기에 일관된 추진체계가 요청됩니다.

2019년 3월 해양수산부, 부산광역시, 부산항만공사, 철도청, LH공사 등이 함께하는 '부산항통합추진단'이 설립되었습니다. 추진단은 북항이 국제적 위상의 워터프런트로 나아가는 데에 기폭제가 되며, 막힌 난제들을 풀어가는 실마리의 역할을 담당할 것으로 판단합니다. 그러나 시민의 목소리가 빠져있고 여전히 관주도의 폐해가 나타나고 있는 현실을 통해 볼 때, 통합추진단은 여러 주체들의 공조를 기본으로, 보다 더 전문성과 시민 총체성을 갖춘 '특별조직'으로 발전되고 확장되어야 할 것입니다. 왜냐하면 이 조직의 역할은 재개발 완료 후의 리더십, 즉 미래 북항의 바탕이 될 것이기 때문입니다.

이와 함께 북항을 살아 숨 쉬게 하는 운영관리의 주체도 필요합니다. 전자의 주체는 다분히 행정중심의 주체라면 후자의 주체는 민관협력을 바탕으로 북항의 신문화를 리드할 수 있는 '쟁이'들로 이루어진 시민공동체일 것입니다. 이 주체의 목적은 북항에 시민들의 문화 활력이 항상 넘쳐나도록 하는 것입니다. '가칭 부산항문화재단' 또는 '가칭 부산항문화예술시민협의체' 정도면 어떨까요? 행정과 문화예술을 리드하는 두 주체가 하나로 작동하며 융합될 수 있다면 금상첨화일 것입니다.

③ 옛 항구의 흔적과 기억을 어떻게 보존하여 활용하는가?

전 세계에서 진행 중인 항구재개발의 대부분은 재래항구가 가졌던 원 산업의 흔적 보존을 절대적인 원칙을 삼고 있습니다. 이러한 원 산업의 흔적을 통칭하여 '산업유산 Industrial Heritage'이라 정의합니다. 항구의 산업유산은 겉으로 웅장한 대형 창고나 도크시설에서부터 계선주처럼 녹슨 작은 쇠뭉치와 볼품없는 돌덩이로 보이는 안벽과 물양장까지를 모두 포함합니다. 광의로는 하역과 운송과 관련된 물류기술, 노동자의 활동, 발생했던 산업관련 사건과 인물도 포함할 수 있습니다.

얼핏 항구의 산업유산은 모두 유사해 보이나, 각 항구들이 가졌던 산업기능과 주어진 공간조건 그리고 산업유산에 내재된 스토리가 모두 다르기에 각 항구들은 차별화된 산업유산을 보유하기 위해 노력하고 있습니다. 또 각 항구들은 원래의 속성을 보존함과 동시에 활성적으로 살려내는 '보전 Conservation' 개념을 산업유산에 적용하고, 이에 창의적인 아이디어와 멋을 부가하여 국제적인 위상의 앵커 시설을 보유한 워터프런트로의 재탄생에 전력을 기울이고 있습니다. 워터프런트 재탄생에 있어 역사적인 산업유산, 즉 도크, 창고, 화물철도, 크레인, 안벽, 계선주, 조명탑 등을 활용한 워터프런트 브랜딩 작업은 이제 선택의 여지가 없는 필수 사안이 되었습니다.

북항도 지난 2012년~2013년에 걸쳐 부산항 내 산업유산에 대한 조사가 있었고, 이 결과는 제1단계 사업지구 내 수변공원에 부분적으로 반영되었습니다. 현재 진행 중인 2단계 사업에 속한 자성대부두 및 부산진역CY구역 내의 사일로 곡물전용창고, 크레인, 물류창고 등의 물류시설들과 부산역 조차시설부지의 철로시설 일부도 보전되거나 재활용될 것으로 예상합니다. 가장 큰 기대는 사일로에 대한 것입니다. 2013년 이후 보전에 대한 꾸준히 의견 제시가 이루어진 끝에 사일로를 리모델링 후 활용하자는 결정이 가시화되고 있습니다. 2017년 남아프리카공화국의 워터프런트에 조성된 '자이츠 아프리카 현대미술관 Zeitz MOCAA'의 탄생이 기폭제가 되었습니다. 이 사례는 사일로 재탄생의 위대한 걸작이라 평가할 수 있습니다. "이게 실제 가능하구나!", "자성대부두의 사일로가 더 웅장하고 규모가 큰데?",

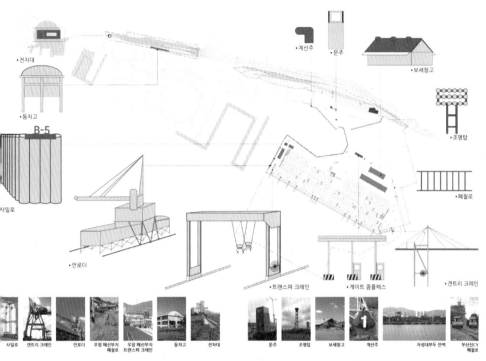

북항재개발 2단계 사업지구 내의 산업유산

"그럼 해보자!". 다소 막연했던 주장이 엄청난 탄력을 받기 시작했습니다.
그런데 아직 100%는 아닙니다. 4부두와 양곡부두^{자성대부두 내}를 잇는 교량
건설로 인해 사일로의 온전한 활용이 흔들리고 있습니다. 편리함때문에
본질을 잃어버리는 일은 없었으면 좋겠습니다.

④ 수변으로 보행활동을 어떻게 유발시키는가?

북항은 펼쳐진 바다를 앞에 두고 산을 배경으로 하는 전형적인 배산임수
의 공간구조를 가지고 있습니다. 내륙으로는 대한민국 근대역사의 대변
자이자 부산 발전의 근거지인 광복·남포동, 대청로, 초량, 부산진 등의 원
도심과 연접하며, 동천을 통해 서면과도 직접 연결되어 있습니다. 해안으

로는 우리나라의 대표적인 수산업 지대인 남항과 조선업이 번성했던 영
도 연안과 연결되어 있습니다. 이러한 북항의 입지 여건은 주변 지역과의
입체적 결합을 통한 원활한 보행시스템의 구축이 워터프런트 활성화의
핵심 요인임을 암시합니다.

내륙과 북항 간의 보행 활력에 대한 적극적인 배려는 항구 배후지에 형성
되어 있는 원도심과 산복도로와의 공간·기능적 융합은 물론 용두산, 복병
산, 민주공원, 구봉산, 수정산, 증산, 자성대로 이어지는 내륙 녹지체계와
의 네트워킹도 도모할 수 있을 것입니다. 이와 함께 수변을 따라 펼쳐져
있는 공공수변경관의 철저한 보호와 관리는 보행활동 유발에 따른 집객
효과를 가져오게 할 것입니다. 이는 해안선을 따라 이어지는 선線의 기능
은 물론 바다 건너 영도와 해운대지역, 그리고 가덕도와 강서지역을 연결
하는 새로운 광역 개념의 보행활동 유발에도 크게 도움이 될 것입니다.

⑤ 신 활력의 창출을 위한 혁신적인 시도는 무엇이고 어떻게 실천하고
있는가?

북항의 신 활력은 21세기형 경제와 문화 발전의 중심이자 다양한 목적을
가진 건강한 공동체들이 함께 창조해 가는 무궁무진한 에너지로 정의할
수 있습니다. 여기서의 에너지는 고차원적이며 그 수준과 질은 특별해야
할 것입니다. 북항 만의 로컬리티가 강조되는 것은 물론, 태평양 시대를
향한 글로벌적 지향이 우선되어야 할 것입니다. 지역정체성과 미래지향
성을 동시에 추구할 수 있는 신 활력을 찾고 담는 일은 북항재개발의 성
공 여부에 결정적인 영향력을 제공하리라 판단합니다.

신 활력에 대한 관점은 다양하겠지만, 두 가지로 한정해 보겠습니다. 첫
번째는 '24시간 작동하는 새로운 산업지대로서의 활력'입니다. 이러한 활
력 창출의 전제 조건은 시민들이 24시간 편하게 또 즐겁게 머물 수 있는

워터프런트의 상황 확보입니다. 바다와 융합된 공원이나 광장 등의 공공공간 확보는 물론, 근원적으로 초고층 빌딩형 주거가 아닌 저층·고밀형의 수변주거 개념이 전략적으로 선택될 필요가 있습니다. 북항에서의 수변주거는 해양도시의 감성을 드러냄과 동시에 일터이자 삶터로서의 복합화가 추구되어야 할 것입니다. 또한 24시간 보행 활력을 고려한 골목과 마당을 연결·공유하는 군집 가치가 우선되는 특별 기능을 가진 주택들이 실험되어야 할 것입니다.

두 번째의 신 활력은 '워터프런트의 글로벌화'와 연계됩니다. 재래항구 본연의 기능이 물류유통이었듯 워터프런트 또한 새로운 유형의 유통과 소통의 중심체가 되어야 합니다. 이때의 핵심 타깃은 글로벌 환경의 구축입니다. 세계 굴지의 다국적 또는 네트워크 기업들을 얼마나 유치하느냐에 따라 북항의 신 활력의 질과 수준은 결정될 것입니다. 이것은 결국 부산의 미래와 직결되는 사안이기에 반드시 부산 경제의 체질 개선에 이바지할 신 활력 창출에 집중해야 할 것입니다.

⑥ 주변 도심지역과의 연계를 위한 배려와 투자는 있는가?

도심과 워터프런트의 연계 노력은 성공적인 항구재개발 사례에서 공통적으로 발견됩니다. 특히 MM21과 하펜시티가 추구했던 원도심과의 보행 네트워킹 전략은 성공의 핵심 이유였습니다. 달링하버가 선택한 도심과 워터프런트를 연결하던 모노레일의 철거도 단연 돋보이는 사례입니다. 만성 적자라는 이유도 있었지만, 워터프런트 활성화를 위한 달링하버의 진정한 보행화에 대한 결단이 더 큰 요인이었습니다.

북항은 이러한 꿈을 실현시켜 줄 수 있는 특별한 잠재력을 가진 곳입니다. 고속철도 종점역이 이렇게 바다와 가까운 도시는 전 세계 어디에도 없습니다. 북항의 입지 여건은 여느 워터프런트를 능가합니다. 바로 옆이 원도심이고, 또 다른 도심인 서면과도 연결되어 있습니다. 따리서 북항은 원도심과 서면을 포함하는 도심부와 첨단의 대중교통들이 입체적으로 연계되는 복합환승 개념의 도시로 육성될 필요가 있습니다. 이와 함께 입체 데크를 통한 보행 연계를 비롯하여, 해상을 통한 크루즈 연계, 미래지향적인 신기능의 유입과 복합 연계, 산복도로와 워터프런트의 경관 연계 등 다양한 연계의 방법이 창출되고 시도되어야 할 것입니다. 특히 해상으로부터의 다양한 접근성의 확보는 부산항을 국제 크루즈산업의 거점지로 육성하는 계기를 제공할 것입니다.

⑦ 지속가능한 워터프런트 창출을 위한 노력은 있는가?

워터프런트의 지속가능성은 사회적, 공간환경적, 기술적 차원에서 검토되어야 합니다. 성공적으로 평가받는 선례들은 모두 사업 초기부터 특정인과 전문가 중심이 아닌 '시민과 함께하는 워터프런트의 지속가능성'을 논의하였습니다. 이와 함께 사업 추진을 전담하는 특별조직체를 설립하여 재개발 종료 후에도 워터프런트의 유지와 운영관리를 지속적으로 주도하고 있습니다.

북항재개발 부지는 태풍의 길목에 입지합니다. 따라서 지속가능한 워터프런트 창출에 있어 기후변화에 따른 해수면 상승과 태풍과 월파 피해 등에 대한 대비 즉, 방재 기능의 충분한 확보와 재난 발생 시에 요구되는 회복력 Resilience 확보가 매우 중요한 사안입니다. 이를 '공간환경 차원에서의 지속가능성'이리 정의할 수 있습니다. 북항은 기후변회에 따른 재난에 취약한 조건을 가지고 있습니다. 무엇보다도 해수면 상승에 따른 방재에 대한 고민은 무엇보다 우선되어야 할 것입니다. 예를 들어, 1구역 내에 조성되는 U자 인공수로와 북항으로 유입되는 부산천과 초량천 그리고 동천의 관리가 지속가능한 워터프런트 발전에 있어 중요한 사안이 될 것입니다.

이외 기후변화시대를 맞아 스마트 워터프런트를 지향하며, 탄소 감축을 위한 첨단기술의 개발과 재생에너지 사용, 에너지 절감 등에 대한 기술실험과 적용도 지속가능한 워터프런트를 위해 요청되는 실천 논제들이라 할 수 있습니다.

북항재개발의 핵심 지향점

경쟁력있는 워터프런트를 위한 일곱 가지 논점을 바탕으로 북항의 미래를 위해 요구되는 지향점을 구체화해 봅니다.

항구도시들에 있어 바다는 생명과 같은 곳입니다. 대다수 항구도시들의 형성은 바다에서 시작되었고, 바다에 접하지 않았다면 그 도시의 역사는 다른 방향으로 흘러갔을 것이고, 현실 또한 크게 달라졌을 것입니다. 그만큼 항구도시들은 바다와 서로 밀접한 관계를 가지고 있습니다. 그래서 항구재개발은 '도시와 바다의 새로운 관계 잇기'의 연장선이 되어야 합니다. 그 시작은 '항구역사와의 관계 잇기'에서 비롯될 필요가 있습니다. 항구재개발을 논할 수 있는 도시는 짧게는 사오십 년, 길게는 백 년 이상의 변천역사를 가지고 있습니다. 이것은 항구재개발의 시작이 해당 항구의 역사 알기에서 시작해야 함을 암시합니다. 역사가 바탕이 되지 않는 항구재개발은 어디서나 흔히 볼 수 있는 평범한 개발로 전락되거나 거대한 하드웨어만으로 채워질 수밖에 없을 것입니다.

두 번째는 '시민들과의 관계 잇기'입니다. 항구가 다시 살아 움직이려면 다양한 목적을 가진 지역민들이 이곳을 찾게 해야 하고, 신명나게 또 여유롭게 항구를 즐기려는 수많은 사람들이 일대에 머물게 해야 합니다. 핵심의 조건은 워터프런트가 지역민 모두가 공감하고 공유할 수 있는 누구에게나 열려있는 여가 문화의 보고이자 참여의 장이 되어야 한다는 것입니다. 이것은 항구재개발로 인한 이익이 지역민 모두에게 균형있게 돌아가야 함을 말하는 것입니다. 결국 이것은 북항이 가져야 할 공공성 확보의 기반이 될 것입니다.

이러한 관계 잇기는 '주변과의 관계 잇기'를 통해 완성될 수 있을 것입니다. 가장 이상적인 항구재개발의 결과는 주변 지역이 함께 재생되고, 그것이 결국 해당 항구도시가 가진 미래 경쟁력의 원천이 되어야 합니다. 여기서 주변이라 함은 일차적으로 항구의 배후지대인 원도심을 말하지만, 선창이나 물양장을 끼고 있는 바다와 해양의 접점지대인 해양부를 포괄합니다. 원도심과 해양부로 구성된 주변은 주류에서 벗어난 하찮은 것이 아니라 바다와 땅, 역사와 문화, 자연과 도시, 그리고 일상과 여가를 이어주는 워터프런트의 새로운 매개공간으로 작동할 것입니다. 이런 공간을 보통 '인터페이스 Interface'라고 부르는데, 이처럼 워터프런트를 위요하고 있는 여러 유형의 인터페이스들을 어떻게 다루느냐에 따라 항구재개발의 성공여부는 결정될 수 있습니다.

부산항 미래에 대한 염원

부산항은 1407년 세계 역사의 전면에 등장했습니다. 비록 한 나라만을 위한 개항이었지만 자주성에 기반 한 개항이었기에 조선정부가 주도했던 진정한 개항, 보다 정확하게는 '1차 개항'으로 정의할 수 있습니다. 그렇다면 1876년의 개항은 '2차 개항'이라 부를 수 있습니다. 더 나아가 지금의 부산항은 새로운 개항 즉, 제3의 개항을 기다리고 있습니다. 부산은 높고 넓은, 멋진 꿈을 가져야 합니다. 허황되거나 거창한 꿈이 아니라, 후손들이 부산에서 살아감을 행복으로 여길 수 있는 그런 꿈을 말합니다.

"2036년 12월 31일. 올해는 부산항이 160세로 살았던 한 해였다 1407년을 기점으로는 개항 629년이 되는 해. 참으로 다사다난했다. 1월에는 '부산항 빛 축제'

로 주말마다 부산항은 찬 바닷바람을 외투 속에 감춘 시민들과 오색찬란한 빛으로 가득했다. 2월은 '개항 160주년의 달'이었다. 한 달 내내 여러 행사로 부산항은 떠들 썩 했다. 특히 천명이 넘는 세계인들이 참가한 26일의 개항 기념식은 하이라이트였다. 3월 마지막 주말에는 부산항대교와 남항대교에서 매주말 밤 폭죽이 터졌다. 부산항의 수변 일대는 국내·외에서 몰려든 캠핑족들로 인산인해를 이루었다. 4월 마지막 토요일에는 '부산해양음악당'으로 변신한 양곡부두 사일로에서 베를린필하모닉 초청연주회가 개최되었다. 지난 2026년 개항 150주년을 맞아 리모델링된 부산해양음악당은 이제 함부르크 하펜시티의 '엘베 필하모니 콘서트홀'과 함께 21세기 최고의 음악당으로 자리 잡았다.

 5월 둘째 주말에는 가지각색의 돛을 단 백 여척의 범선들이 부산항 바다를 수놓았다. 범선들이 정박했던 북항, 대풍포, 용호만의 선창들은 마치 근대기의 무역항으로 돌아간 느낌이었다.

6월에는 옛 제1부두에 조성된 '한국전쟁 역사광장'에서 유엔 참전을 기념하는 'Sixteen Memorial' 행사가 있었다. 올해는 '에티오피아 해'로써 에티오피아 대통령이 초대되었고 삼백여명의 유엔 인사들이 초청되었다. 이와 함께 '피란수도 부산유산'의 세계유산 등재 10주년을 기념하는 음악회도 개최되었다.

7월에는 "나는 승리합니다. 그러나 만약 이길 수 없더라도, 용기를 잃지 않고 도전하겠습니다."를 슬로건으로 하는 '스페셜올림픽 하계대회'가 부산에서 개최되었다. 특히 수영 종목이 센트럴 베이의 수로에 조성된 야외수영장에서 열려 그 의미를 더했다.

8월에는 자성대 창고 두 동을 리모델링한 '부산레고하우스'에서 세계 어린이 레고대회가 개최되었다. 이 행사를 계기로 부산레고하우스에서는 매달 레고아카데미스쿨을 개최하여 전국 어린이들의 열렬한 지지를 받고 있다.

9월에는 월남파병 1964.9~1973.3 종료 50주년을 기념하며 옛 3부두 터에 조성한 '파병광장'에서 5천 순국용사들에 대한 추모행사가 있었다. 제41회 부산국제영화제가 열린 10월에는 수변공원 곳곳에서의 '돗자리영화관'과 연안크루즈터미널에서 해운대와 자갈치를 연결하는 '무비크루스'가 크게 인기를 끌었다. 11월에는 꼭 10년 만에 한국시리즈가 '부산오션베이스볼파크'에서 개최되었다. 야구 열기로 부산항은 들썩거렸고, 홈런 볼을 줍기 위해 잠자리채로 무장한 보트들로 자성대 바다는 장관을 이루었다. 지난 12월 1일에는 부산항과 마주한 한진중공업 영도조선소 터에서 높이가 무려 50미터가 넘는 크리스마스트리 점등식이 있었다. 산복도로 어디서든 볼 수 있는 이 트리가 세워진 영도조선소는 우리나라 최초의 근대식 조선소로써 부산시의 적극적인 보존 의지로 지켜진 곳이다."

이런 일들이 부산항에서 52주, 아니 365일 계속될 수 있다면 부산은 어떻게 변화될까요? 방문인구는 한해 족히 3천만 명은 넘어설 것이고, 부산은 IT와 역사문화, MICE와 축제, 스마트시티와 창조산업으로 무장한 신산업의 보고이자 미래형 산업도시로 발전할 것입니다. 2036년의 부산항은 당연히 이리 되어야 하고, 이런 모습으로 만들어가도록 심혈을 기울여야 합니다. 순리대로 북항재개발이 온전히 추진된다면 재개발 완성 이후의 발전적인 변화들로 인해 부산항 일원은 떠들썩할 것입니다.

21세기는 탈산업화와 4차산업혁명이 교차하는 전환의 시대입니다. 대한민국의 최초 개항장이자 150여 년 간 국제교류와 물류산업의 현장이었고, 이제 새 시대로의 도약을 준비하고 있는 부산항 일대는 탈산업화시대의 깃발을 꽂고 지구환경과 전 인류의 삶에 밀어닥칠 21세기 중반의 난제 해소를 위한 다양한 화두들을 품을 수 있는 자격이 충분해 보입니다. 무엇보다 이곳은 개항과 연계된 열린 항구였고, 귀환동포와 피란민을 품었던 포용의 항구였으며, 냉전시대 한국전쟁 중 위기 탈출의 실마리를 제공했고, 이어진 산업화의 후유증을 극복하며 원조수혜국에서 공여국으로 나아가게 한 회복의 현장이기에 더더욱 그러합니다.

그렇다면 지금 우리는 무엇을 준비해야 할까요? 비전을 현실로 바꾸기

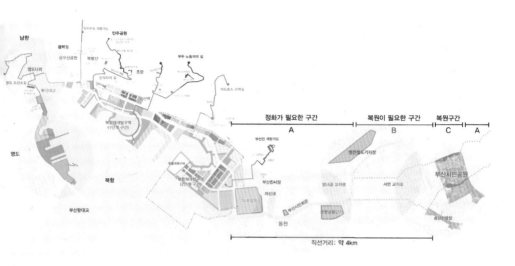

항구의 부활과 강의 회복을 통해 이루어가야 할 부산의 중심축

위해서 지금 무엇을 검토하고 대응해야 할까요? 무엇보다 먼저 새로운 도전과 실험 즉, 전 세계인의 이목을 집중시키며 투자를 끌어올 수 있는 혁신적인 발상을 하고 있는지, 이를 위해 어떤 자기희생과 개혁을 시도하고 있는지 확인해 보아야 합니다. 또한 1인당 GDP 5만 달러를 넘어설 대한민국의 미래인들이 만족하며 사랑할 수 있는 그런 진정성과 비전을 담은 부산항을 준비하고 있는지 냉정하게 되짚어보고, 이를 추구하며 또 간구해야 합니다.

영도는 부산 앞바다에 떠 있는 큰 섬입니다.

신석기 시대부터 사람이 살았던 정주지였습니다.

신라시대에서 조선 중기에 이르는 천여 년 동안 말을 키웠넌 국마장(國馬場)이 있었고,

지역관청의 건축자재를 공급했던 육송조림지(陸松造林地)이기도 했습니다.

또한 우리나라 최초의 고구마 시배지(始培地)였습니다.

조선시대에는 군사요새 절영진과 절영도왜관이 설치되기도 했습니다.

그러나 근대기에 들어 영도의 기능은 완전히 달라지고 말았습니다.

일제강점기에는 전쟁 준비를 위한 병참기지로 전락했고 해방기와 한국전쟁을 거치면서

영도는 귀국동포들과 피란민들을 보호하는 안식처로 전환되었습니다.

이는 바람 등의 자연재해로부터 항구를 보호할 수 있는 영도가 가진 천혜의 환경조건과

마치 도심과 잇닿은 듯 한 입지 때문이었습니다.

영도는 때마다, 국가와 지역을 지키며 사람을 살려내는 역할을 담당해 왔습니다.

말과 소나무 외에 관원 몇 사람만 살던 이곳이

어떻게 11여 만 명이 사는 섬으로 변할 수 있었을까요?

시간은 불과 100여 년밖에 걸리지 않았지만, 영도에 있어 그 시간은

고난과 시련의 사연으로 채워져 왔습니다.

영도는 좌향에 따라 매우 다른 형태로 발달해 왔습니다.

내륙 쪽과 해양 쪽의 개발 패턴이 크게 다릅니다.

4가지로 구분되는 공간 유형은 특별한 변화 양상과 변화 이유를 가지고 있습니다.

그러다 보니 영도는 문제가 많고 고민도 많습니다.

20세기에 시작되었던 영도의 것들은 대부분 혼재되어 보이고 또 낡았습니다.

그럼에도 그 속에 영도의 미래가 있습니다. 대를 이으며 살고 있는 영도 사람들,

오래된 포구와 선창, 기능을 다 한 창고들과 물류 부두들,

빈틈을 주지 않고 쌓여있는 구릉지의 집들, 새로운 변화를 기다리는 조선소들,

우리나라에서 가장 오래된 도개교 등

이 모든 것들이 미래의 자산이고 동력입니다.

일곱 번째 이야기

섬이 아닌 섬 영도

다리를 건너 바다로 간 사람들

섬으로 들어 간 사람들

영도는 부산 앞바다의 중심에 자리 잡고 있습니다. 영도는 규모가 큰 섬임에도 불구하고, 육지와 불과 이백여 미터밖에 떨어져 있지 않아 마치 내륙과 연이어진 반도로 여겨지기도 합니다. 옛 지도들 속의 영도 모습을 보면 지역에서의 위상을 가늠할 수 있습니다. 18~19세기에 집중적으로 그려진 각종 군현도들 속의 영도 모습은 매우 뚜렷하고 분명한 모습입니다. 1881년에 제작된 〈포산항견취도〉는 초량왜관을 가운데 두고 북항과 남항으로 이루어진 부산항을 표현하고 있는데, 초량왜관의 바로 위쪽 정 가운데에 영도가 자리합니다.

이처럼 영도가 옛 지도들의 중심부에 명확한 모습으로 그려졌던 이유가 무엇일까요? 여러 상상과 추측을 할 수 있지만, 가장 먼저 떠오르는 것은 영도의 지명에서 연유된 '신선사상 神仙思想'입니다. 신선사상은 중국 전국시대 말기의 불로장수와 관련된 사상입니다. 사마천 司马迁 의《사기 史记 진시황본기 秦始皇本记 》에 기록되어 있는 봉래 蓬莱 , 방장 方丈 , 영주 瀛洲 가 포함

영도 중심부에 우뚝 솟아있는 봉래산(1930년대)©부산시

된 삼신산 三仙山 이 중심 개념입니다. 영도의 한 가운데 솟은 산의 이름이
바로 '봉래산蓬萊山'입니다.

봉래산의 유래에는 여러 설이 있습니다. 여름의 금강산이라고 해서 금강
산의 다른 이름이라 하기도 하고, 산세 山勢 가 봉황이 날아드는 형상을 닮
았다고 하여 봉래산이라 불렀다고도 합니다. 여러 의미와 연루되어 있지
만, 어찌 됐든 영도의 봉래산은 신비로운 산임에 틀림없습니다.

영도의 옛사람들

영도에는 패총 흔적이 남아있습니다. 국가사적으로 지정되어 있는 '동삼
동 조개무지 패총 '와 '영선동 조개무지'입니다. 동삼동 조개무지는 신석기
시대 한반도 남해안 일대의 가장 큰 패총유적입니다. 출토 유물 중 뼈와
뿔로 만든 바늘, 화살촉, 낚싯바늘, 작살 등의 낚시 연장과 조개껍질로 만
든 팔찌와 얼굴 모양 조각, 그물추 등이 특별한 유물들로 널리 알려져 있
습니다. 또한 특히 함께 발견된 독널무덤 옹관묘 은 국내에서 발견된 것 중
가운데 가장 오래된 것이라 합니다. 안타깝게도 영선동 조개무지는 도로
개설 등으로 크게 훼손되고 말았습니다.

영도 탄생사의 서두에는 항상 말을 키웠다는 이야기가 등장하나, 사실 그
이전부터 사람이 살고 있었던 것입니다. 그 사람들이 영도의 첫 번째 사
람들이었을 것으로 추정됩니다. 패총을 통해, 영도의 첫 번째 주인을 신
석기 사람들로 확정하는 것은 타당해 보입니다.

이후 영도에서 말과 나무를 키웠던 사람들이 두 번째 주인이라 할 수 있
습니다. 신라시대 때부터 조선 중기에 이르는 천여 년 동안 영도는 말을
키웠던 국마장 國馬場 이었고, 또한 지역 관청에 건축자재를 공급했던 육송
조림지 陸松造林地 이기도 했습니다.

그 다음은 누구였을까요? 17세기 초, 정확하게는 1601년에서 1607년까지

영도에 매우 특별한 일이 발생했습니다. 임신왜란 후 단절된 국교 회복을 위해 조선을 방문한 일본 사절단의 접대 및 체류를 목적으로 하는 '절영도왜관'이 세워진 것입니다. 학자들은 그 위치를 북항을 사이에 두고 부산포와 마주하는 영도 봉래동과 청학동 아래 해변가로 추정합니다. 7년의 짧았던 시간이었지만 국제무역항으로 기능했던 영도에는 관원과 왜인들이 머물렀고, 그들을 영도의 옛사람들에 포함시킬 수 있습니다.

18세기 후반부터는 고구마를 생산했던 사람들도 함께 살았을 것입니다. 김무림 교수의 '감자와 고구마의 어원'이라는 글을 보니 고구마의 어원과 도입 과정을 이렇게 설명하고 있습니다.

'고구마'의 어원은 일본인 오구리 신페이 小倉進平 의 견해●와 같이 대마도 對馬島 방언인 '코코이모 koukouimo/こうこういも, 孝行藷 '를 차용한 것으로 생각됩니다. '코코이모'는 '효행 孝行 '의 일본어 발음인 'koukou'와 토란 따위와 같은 뿌리식물을 의미하는 'imo 芋 '의 합성어로서, '고구마'라는 명칭은 이 말에서 유래되었다는 것입니다. 특히 대마도에서 고구마 종자를 들여온 사람으로 알려진 영조대의 통신사 조엄 趙曮, 1719~1777 이 쓴 《해사일기 海槎日記 》의 건륭 29년 1764 6월 18일 자에 '名曰甘藷 或云孝子麻 倭音古貴爲麻'라고 하였으므로, 오구리 신페이의 견해는 타당한 것으로 생각됩니다. 다만 통신사 조엄에 의해서 대마도의 고구마 종자가 유입된 것은 틀림없는 일로 생각되지만, 《종저방 種藷方 》에서는 고구마가 선조~광해군 때 도입된 것으로 추정합니다. 그 근거로 1633년 인조 11년 비변사에서 고구마 보급에 노력한 내용을 제시하고 있으며, 아울러 '감저 甘藷 '라는 한어 漢語 용어가 사용된 점으로 미루어 그 이전에 중국으로부터도 고구마라는 식물이 유입되었을 가능성이 큽니다. 또한 일본에 고구마가 유입된 것도 중국을 통하여 이

● 小倉進平(1920), "國語及朝鮮語のため" 小倉進平著作集4(1975)에 再錄.
(김무림, "감자와 고구마의 어원", 《새국어생활》 19(3), 2009년 가을, 국립국어원.)

루어진 것이라고 하므로, 조선 및 일본의 고구마 재배는 그 기원이 중국임이 분명합니다. '코코이모 koukouimo/こうこういも'에서 '고금아 고구마'가 된 것을 설명하는 데도 어려움이 있습니다. 우선 조엄의 일기 海槎日記에서도 왜음 倭音으로 '고귀위마 古貴爲麻'라고 한 것을 보면 수입 당시부터 말음은 '마 麻/ma'에 가까웠을 가능성이 큽니다. 또는 고구마가 '마[薯]'의 일종이라고 할 수 있으므로, 우리말의 '마[薯]'에 유추하여 말음이 '-마'가 되었을 가능성도 있습니다.

글 속에 '통신사 조엄'이 등장합니다. 그는 충청도 암행어사, 동래부사, 경상도 관찰사, 통신정사, 예조와 공조참판, 공조판서, 이조판서, 평안도 관찰사 등을 역임한 영조시대의 문인입니다. 맡았던 직임 중 '통신정사 通信正使'와 고구마가 연결되고, 특히 영도와 깊은 관련을 가집니다. 영도는 말과 나무를 키웠던 곳이었지만, 더 중요한 점은 우리나라 최초의 고구마 시배지라는 사실입니다. 동래부사 조엄이 1763년 영조 39년 도쿠가와 이에하루 德川家治의 쇼군 취임 축하를 위한 제11차 조선통신사 일행 1763.8.3.~1764.7.8.의 통신정사 자격으로 일본으로 가던 중, 첫 기착지였던 대마도에서 고구마를 만나게 됩니다. 조선으로 돌아오는 길에 조엄은 대마도를 재방문하여 고구마 종묘를 가지고 옵니다. 이후 조엄은 대마도와 유사한 환경조건을 가진 거제도와 영도에서 재배 실험을 시작합니다. 당시에도 관직이 순환직이다 보니, 조엄은 재배 실험을 완전하게 다 하지 못한 채 동래를 떠나게 됩니다. 다행히도 고구마에 대한 조엄의 열정은 동래부사 강필리에 이어졌고, 결국 강필리에 의해 영도에서 고구마가 성공적으로 재배됩니다.

강필리는 고구마의 싹을 틔워 줄기를 뻗게 한 후, 줄기를 끊어서 땅에 심는 특별한 재배법을 탄생시켰습니다. 그 방법이 1766년 영조 42년에 저술된 《감저보 甘藷譜》라는 책에 기술되어 있습니다. 이 책을 통해 우리나라에 고구마가 어떻게 유래되었고, 또 고구마 재배술이 어떤 과정으로 발전되었는지를 상세히 알 수 있게 된 것입니다.

조선시대 영도에는 절영진 1881~1895 이라는 요새가 있었습니다. 조선 정부는 오랫동안 왜구 약탈로부터 영도를 보호하기 위해 '공도정책 空島政策'을 사용했습니다. 공도정책이란 섬에 일반 국민들이 살지 않도록 비워두는 섬이라는 뜻입니다. 정부는 그곳에 절영진을 두어 해안선을 지켰습니다. 영도의 네 번째 주인은 절영진의 군사들이라 할 수 있습니다.

1859년 영국인 존 와드가 그린 부산항 지도에서 영도를 '디어 아일랜드 Deer Island', 즉 사슴 섬으로 표기하고 있습니다. 작은 사슴을 닮아 이름 지어진 고흥의 소록도 小鹿島 처럼 '사슴을 닮은 형상의 섬'이라는 해석이 적절해 보이지만, 혹시 '사슴이 많이 살던 섬'이지는 않았을까? 하는 의문도 듭니다. 왜냐면 영도는 수백 년 동안 육송조림지로 기능하며 나무가 울창했었기 때문입니다.

1886년 6월부터 1888년 7월까지 2대 부산해관장으로 근무했던 프랑스인 피리 A.T.Piry 가 영도에서의 사냥 전후의 장면을 사진으로 남겼습니다. 1887년에 찍은 것으로 알려진 사진들 속에서 사냥터로서의 영도를 상상할 수 있습니다.

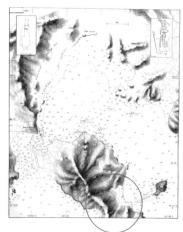

사냥을 위해 영도를 찾았던 피리 일행 ⓒ부산세관박물관

사슴섬(Deer Island) 지명이 보이는 1859년의 지도(작성 : 존 와드)

근대기, 영도에서의 삶

1876년 개항은 영도를 급변시켰습니다. 육지와 근접한 이점이 있어 쉽게 배로 오갈 수 있었고 또 사람이 살기 시작하면서 조선 정부의 공도정책에 균열이 가기 시작했습니다. 급하게 정부는 절영진을 설치하여 영도를 지켜보려 했지만, 당시 대륙 침략에 이미 눈이 멀기 시작했던 일제였기에 영도를 그대로 내버려두지 않았습니다. 항구를 보호할 수 있는 입지 여건과 육지와 거의 붙어 발생하는 영도의 공간 잠재력을 알아챈 일제는 고도의 책략을 부리기 시작했습니다.

일제는 1908년 <동양척식주식회사법> 제정 후, 1909년 서울 본점과 전국 9개 도시에 지점을 두고 강제적인 토지 매수와 수탈을 시작했는데, 영도 또한 수탈의 희생양이 되었습니다. 일제는 내륙과 마주한 영도의 연안지대를 집중 매입하여 제조업을 위한 공장 건설을 추진했습니다. 나아가 청일전쟁, 러일전쟁에 이어 만주사변, 중일전쟁, 태평양전쟁을 연이어 일으켰던 일제는 영도를 전쟁의 보조병참기지로 점찍었습니다. 전쟁에 필요한 각종 병참 지원시설들과 군함을 수리하기 위한 조선시설이 영도에 건설되었습니다. 결과적으로 영도는 소규모 제조업 공장들로 이루어진 단순 공업지대에서 군수품을 생산하고 지원하는 병참기지의 성격으로 확장되었습니다.

영도를 다각도로 활용하기를 원했던 일제는 항구와 연결된 넓은 물양장의 확보를 위해 연안 매축을 급선무로 삼았습니다. 당시 모습을 표현한 그림지도 속에서 붉은색 부분은 원래 영도의 해안선이고, 짙은 회색은 매축된 부분입니다. 결과적으로 항구기능을 갖추게 된 영도는 부산에서 가장 발달한 산업지대로 기능하게 됩니다. 연안지대의 매축은 해안변 구릉에 드문드문 자리했던 집과 마을의 풍경들도 사라지게 하고 말았습니다. 영도의 병참기지화는 영도다리 옛 부산대교 의 건설이 기폭제가 되었습니다.

다리 상판을 거의 수직으로 들어 올리는 도개교인 영도다리는 당시 세계 첨단의 토목술이 적용된 것으로 알려져 있습니다. 영도다리만으로도 영도에 대한 일제의 평가와 판단을 충분히 가늠할 수 있습니다.

영도다리의 탄생은 영도를 완전히 새로운 시가지로 재탄생하는 계기를 제공했고, 영도는 부산항의 산업지대로 나아가게 됩니다. 당시 영도다리의 도개 장면은 매우 경이로운 풍경이었다고 합니다. 부산시민들은 물론 전국에서 이 장면을 보기 위해서 많은 사람들이 부산을 찾았다는 기록으로 볼 때, 일종의 문화충격의 현장이었을 것으로 추정됩니다.

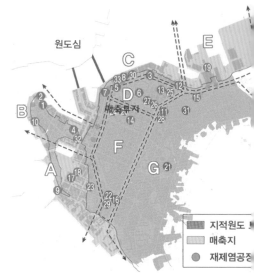

대풍포의 매축과 연안에 들어선 공장들 ⓒ배연한

매축과 개발로 사라진 풍경 : 동삼동 상리마을 ⓒ부경근대사료연구소

1966년에 멈춰 섰던 영도다리의 도개는 47년이 지난 2013년에 재개되었습니다. 원래의 도개 각도에는 훨씬 못 미치고, 불과 하루 1회 15분의 도개시간 현재는 매주 토요일 1회 에도 불편함을 느끼는 시민들이 있지만, 방문객들은 도개를 통해 옛 추억과 기억을 떠올리고 있습니다.

1966년 영도다리의 마지막 도개 장면 ⓒ부산박물관

전쟁 속의 영도, 그리고 새로운 사람들

해방으로 수십만의 귀국 동포들이 부산항으로 들어옵니다. 독립운동가와 강제동원되었던 선조들이 있었고, 또 어쩔 수 없이 고국을 떠났던 동포들도 있었습니다. 강제동원에서 풀려나 고국으로 향하다 일제의 폭침으로 수장된 우키시마호 浮島丸 ●의 선조들처럼 여러 이유로 귀국하지 못한 한 마저도 떠돌던 곳이 부산항이었습니다. 우여곡절 끝에 부산항으로 들어온 귀환동포의 상당수는 비교적 일자리가 풍족했던 부산을 제2의 고향으로 삼아 정착했습니다. 정확하지는 않지만, 그 수가 10만여 명에 이르렀던 것으로 기록되어 있습니다.

연이어 한국전쟁이 발발합니다. 마치 도심 같은 입지 조건의 영도는 귀환동포들에 이어 피란민들까지 합쳐져, 부산이 고향이 아닌 비주류(?)의 사람들이 눈치 보지 않고 도심에 의지하며 살아갈 수 있었던 안성맞춤의 땅이었습니다. 피란민들은 봉래산 자락에 집을 짓기 시작했습니다. 또한 서울에서 내려온 연세대, 경기여고, 이화여고 등의 피란학교들도 영도에 자리 잡았습니다. 영도는 외부와 단절된 섬이 아닌, 도심과 연동하는 독자성을 갖춘 특별 지대로 나아가기 시작했습니다.

이 모든 일은 영도다리가 존재했기 때문에 가능했습니다. 영도다리는 도개가 중지된 1966년까지 도심과 영도를 연결하는 교통거점의 역할을 했고, 도개를 하루 6회나 하여 도심 어디서나 눈에 띄었기에 피란민들에게 있어 최고의 약속 장소로 활용되었습니다. 고향으로 돌아갈 날을 기다리

● 1945년 8월 22일 아모모리항에서 부산항으로 향하다 마이즈루항에서 폭침으로 수천 명이 목숨을 잃은 사건이다. 공식적으로는 사고 당시 일본은 한국인 3,725명과 일본 해군 승무원 255명이 타고 있었으며, 이 중 한국인 524명과 일본 해군 25명 등 549명이 사망하고 수천 명이 실종되었다고 발표되었으나, 사망자가 5000명을 넘는다는 자료도 있고, 2014년에는 일본 외무성에 의해 기록되어 보존하고 있었던 우키시마 호의 탑승자가 8천여 명이 넘었다는 공식 문서가 공개 폭로되었다(부산일보. 2020년 6월 14일자).

영도다리를 건넜던 사람들 ⓒ부경근대사료연구소

며, 자신과 가족의 미래가 궁금했던 피란민이 몰려들다 보니 영도다리 아래에는 항상 점을 보려는 사람들로 붐볐고 또한 점집들이 성행했습니다. 피란민들에게 있어 영도다리는 단순히 공간과 공간을 연결하는 다리가 아니라, 전쟁으로 인한 사람들의 마음을 치유하고 고통을 나누는 장소였던 것입니다.

1957년 영도는 새롭게 재탄생됩니다. 행정체계의 변화로 영도는 영도구가 되었습니다. 섬이 단일한 구가 되었다는 사실은 획기적인 일입니다. 당시 영도의 인구가 몇 명이었는지는 정확히 확인되진 않지만, 단일 구로 인정받았다는 사실은 영도의 규모와 위상을 충분히 상상할 수 있습니다. 1963년 부산시의 직할시 승격과 함께 영도의 경제도 급격하게 발전하였는데, 최전성기였던 1970년대에는 무려 30여만 명이 영도에 살았던 것으로 기록됩니다.

이러한 번성의 이유가 무엇이었을까요? 중구에서 영도구로 넘어가기 전 영도다리 좌측에는 부산시청이 자리하고 있었습니다. 시청과의 근접은

원도심의 한 축을 이루었던 영도 : 1969년 ⓒ부경근대사료연구소

다양한 도심 세력의 유입을 유발하여 영도가 도심과 일체로 움직이게 했습니다. 그런데 1980년 1월 부산대교가 완공되면서, 영도의 활력은 도리어 부산역과 도심 쪽으로 유출되기 시작했습니다. 다리가 추가로 건설되면 더 발전되리라 생각했던 영도의 경제상황이 역전되고 말았고, 1980년대 중반 이후 영도의 경제는 내리막을 타기 시작했습니다.

더욱이 1995년 광역시로의 개칭과 이어진 IMF는 영도를 더욱 고립시켰습니다. 조선업의 중심이 거제로 옮겨가고, (수리)조선업과 수산업의 비중이 약해지기 시작했습니다. 가장 큰 타격을 입게 된 것은 영도와 근접해 있었던 시청사와 법원, 검찰청의 이전 때문이었습니다. 이때부터 영도다리를 중심으로 했던 영도 경제는 크게 휘청거렸습니다.

현재 영도의 인구는 1970년대에 비해 1/3 이하로 축소되었고, 감소율은 전국 어느 지역보다 심각합니다. 통계에 의하면, 영도구는 인구30%가 고령(65세 이상)에 속하는 전국 두 번째이자 부산 최고의 지역이 되었습니다. 그럼에도 불구하고 지금 현재 영도는 과거의 위상과 경제를 회복하기 위해 여러 노력을 기울이고 있습니다. 아직 그 결과가 두드러지진 않지만, 언젠가 영도는 더 나은 방향으로 회복되고 새롭게 재탄생하리라 예측합니다.

자세히 살펴본 영도의 속살

1920년대에서 현재까지 영도가 변해 온 모습을 표현한 그림입니다.

영도다리 건설 이전

부산대교 건설 이후

남항대교·부산항대교 건설 이후

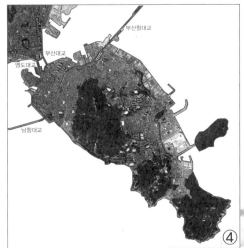

2023년 현재

영도의 변천 ⓒ배연한

영도의 북쪽 연안은 상대적으로 변화 정도가 커 보입니다. 가운데 큰 녹지 덩어리는 봉래산입니다. 봉래산에서 뻗어 내린 태종산의 끝단이 태종대입니다. 이곳은 명승으로 지정될 만큼 아름다운 곳입니다.

이와 같이 영도의 위쪽, 즉 북서와 북동 지역은 개발지이고, 남쪽의 경사지대 대부분은 보존되어 있습니다. 전체적으로 한쪽으로 편중된 개발 양상을 보이는데, 크게 네 공간으로 구분할 수 있습니다. '사겹살 영도'라고 붙여봤습니다. 일겹살은 매립을 통해 가장 빠른 시기에 개발된 지역으로 남항대교를 경계로 영도다리와 부산대교와 연결되는 지대입니다. 이겹살은 해양대가 있는 조도를 포함하여 한진중공업 영도조선소 등의 조선소들과 한국타이어 등의 공장 부지로 구성된 연안산업지대입니다. 삼겹살은 봉래산 자락에 여러 유형의 집들이 모여 있는 구릉지의 주거지대이며, 사겹살 부분은 보존된 자연환경지대입니다.

일겹살 지역은 일제의 병참기지화로 인해 발달된 공업지역입니다. 1914년의 지적원도 속의 영도는 지금의 영도와 크게 다르지 않습니다. 균질하

게 나누어진 격자구조 속에서 유난이 돋보이는 길이 한 곳 보입니다. 남항사거리에서 대평초교 방향의 대각선으로 뻗어 있는 '절영로(부분)'이 그 길입니다. 이 길은 약 100년 전에 만들어진 현존하는 영도의 최초의 큰 길 신작로 로 알려집니다.

동삼혁신지구를 포함하는 이겹살의 연안산업지대는 1930년부터 진행된 수차례의 매립으로 탄생된 땅입니다. 1876년 제작된 부산포지도 조선전도 와 현재의 모습을 중첩시켜 보았습니다. 검은색이 원지형이고 붉은색 해안선은 매

부산 원도심의 지적원도(1914년) ⓒ배연한

립되어 새로이 확보된 토지의 경계입니다. 현재 동삼동 혁신지구도 매립 지역임을 쉽게 확인할 수 있습니다.

2019년 한국타이어 부산물류센터 부지 87,737㎡ 가 국토교통부의 '공업지역 활성화 시범사업'에 선정되며, 이 일대는 해양신산업의 부흥을 위한 '부스트 벨트 Boost Belt '로 불리다가 근자에는 '영블루 벨트'가 애칭이 되었습니다. 앞으로 영도에서 가장 활발한 변화가 기대되는 곳입니다.

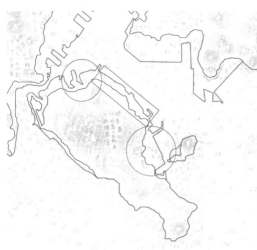

매축으로 형성된 연안산업지대

영도 흰여울마을의 오래된 골목길

삼겹살은 영도 사람들의 층층이 쌓인 사연을 가장 많이 품고 있는 지역입니다. 신선동, 청학동, 동삼동으로 구성된 봉래산 자락의 주거지역은 영도 사람들의 삶의 무대입니다. 구불구불한 길과 붙어 있는 집들, 그리고 연이어지는 가파른 계단 길들은 영도 사람들이 살아온 애환의 흔적이라 할 수 있습니다.

자연이 잘 보존되어있는 산지와 해안부로 이루어진 사겹살 자연지대는 영도를 가장 영도답게 느낄 수 있는 곳입니다. 말이 뛰어놀고 소나무가 자랐던 과거의 자연을 그나마 느낄 수 있는 곳이며, 앞으로도 이곳의 자연은 영원히 보전되어 부산의 풍경이자 영도의 얼굴로 영원히 지속되어야 할 것입니다.

급변했던 백여 년의 시간을 뒤로 하고, 지금의 영도는 많은 문제를 안게 되었습니다. 경제적 문제, 생활환경적 문제, 사회복지와 문화 관련 문제 등 모든 분야가 문제로 대두되고 있습니다. 문제 풀기에 집중하고 있지만, 힘에 부칩니다.

삶의 애환과 그 흔적

영도는 '보전 保全, Conservation' 개념을 핵심 가치로 삼아야 할 것이라고 봅니다. 보전은 있는 것을 그대로 지킨다는 보존과 새로운 변화, 즉 개발과의 공존을 동시에 추구하는 개념입니다. 보전을 통해 삶의 질은 끌어올리되, 영도의 지역성을 지키며, 지역밀착적인 지속가능한 개발을 영도에서 추구하자는 것입니다. 요즘 많이 얘기하는 재생의 바탕을 이루는 개념이기도 합니다.

이러한 차원에서 영도의 고민을 정리해 보았습니다.

과거 산업지대였던 수변공간을 어떻게 바꿀 것인가?

대체 기능이 요구되는 수리조선소들과 부스트 벨트 또는 영블루벨트라 불리는 연안지대를 어떻게 변화시켜 갈 수 있을 것인가?

우리나라 최초 근대식 조선소인 한진중공업 영도조선소 부지 일대를 어떻게 특화할 것인가?

봉래산 자락의 밀집 주거지대를 어떻게 미래 주거지대로 바꿔 나갈 것인가?

영도의 자연을 어떻게 지속적으로 지켜 갈 것인가?

영도로 사람들을 유입시키며 인구를 늘려가는 방법은 무엇인가?

오래된 도심 항구들의 새로운 가치

좋으며 오래된 도심 항구들

영도의 미래 개념으로 선택해 본 '보전의 관점'에서 몇 사례들을 살펴보
겠습니다. 소살리토는 샌프란시스코만을 사이에 두고 도심과 마주하고
있는 작은 포구입니다. 금문교 근처에 입지하니, 부산
으로 치면 영도의 대풍포 쯤 되는 포구입니다. 이 포
구에서 가장 인기 있는 장소는 '이톡치 공원 Yee Tock
Chee Park'이라 불리는 근대풍의 선창입니다.

소살리토의 이톡치 선창공원

이톡치 공원이 사람들에게 사랑받는 이유는 샌프란
시스코의 도심을 가장 멋지게 볼 수 있는 조망점이기
때문입니다. 선창의 낡은 투박함이 샌프란시스코만의
광활한 바다와 대비되며 샌프란시스코의 풍경을 더욱
돋보이게 합니다. 일반도시와 달리, 항구도시에서는
물가의 빈 물양장이나 방파제가 공원시설이 될 수 있
습니다. 단순히 배가 닿던 선창의 역할이 시대변화에
따라 변신하고 있습니다.

선창공원에서 보이는 샌프란시스코의 스카이라인

영도에도 이런 곳들이 여러 곳 있습니다. 그중 한 곳
이 '대풍포 영도선착장'입니다. 남항 전체의 풍경은
물론 영도다리 도개, 자갈치시장과 용두산의 풍경 등
다양한 남항의 멋을 즐길 수 있는 조망점입니다. 이곳
은 10여 년 전에 도선 기능을 잃었습니다. 최근 이곳
에는 선착장 복원과 도선 기능의 부활 노력이 진행되
고 있습니다. 2019년에는 영도선착장이 '부산미래유
산'으로 선정되기도 했습니다. 부활의 염원이 담긴 선

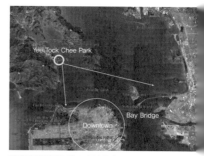

이톡치에서 바라보이는 도심과 연안

영도선착장의 옛 풍경

정이었다고 생각됩니다. 영도선착장과 함께 이까선창 ^{남항동 물양장} 과 중리 및 하리항의 선창들과 방파제들도 조망점으로서의 가치가 재발견되기를 기대해 봅니다.

덴마크 헬싱괴르 Helsingør 에 조선소를 리모델링한 '덴마크 국립해양박물관 Danish National Maritime Museum '이 있습니다. 이곳의 독특한 창의성에 주목해 보고 싶습니다. 1882년의 기록을 보면 도시인구의 약 1/10이 이곳의 조선 노동자였을 정도로 규모가 큰 조선소였습니다. 1953년에 건설된 조선소 도크를 중심으로 국립해양박물관이 조성되었습니다. 조선소라는 독특한 장소성은 물론, 조선노동자들의 마음과 조선기술, 한때 북해를 주름잡았 던 선조들의 진취적인 정신과 감성까지도 새 그릇에 담아냈습니다.

박물관 바로 옆 언덕에는 크론보르성 Kronborg Castle 이 있습니다. 16세기 말 르네상스 양식으로 지어진 성은 발트해와 북해를 연결하며 바다 건너 스웨덴의 헬싱보리를 마주하는 국경지대에 위치하고 있었고, 이리하여 16~18세기 북유럽 해양사의 핵심 장소와 21세기 덴마크 해양사를 상징하 는 박물관이 만나게 되었습니다. 특히 이곳은 셰익스피어의 비극 '햄릿' 의 무대로도 널리 알려져 있습니다.

덴마크 국립해양박물관의 전경 ©architectural-review

덴마크 국립해양박물관의 야경 ©architectural-review

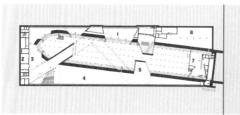

lower level

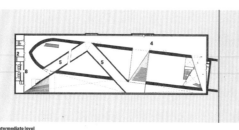

intermediate level

도크 현장의 흔적을 그대로 살려냄 ©윤창근

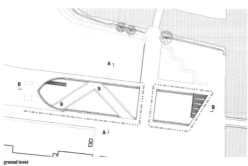

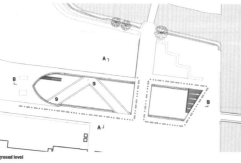

ground level

1   office
2   storage
3   meeting room
4   permanent exhibition space
5   temporary exhibition space
6   inspection area
7   café
8   foyer and museum shop
9   bridge ramp

0   30m

덴마크 국립해양박물관의 배치와 평면 ©architectural-review

과거과 현재가 만나는 곳 ©윤창근

그런데 성은 2000년에 이미 세계유산에 등재되어 있었고, 항구지역도 완충구역에 속해 있었습니다. 세계유산의 보호 차원에서 박물관 터의 선정, 특히 지상으로 돌출된 건물을 도입하기에는 난항이 예상되었습니다. 지혜롭게도 그들은 지상에서 5~10m 아래로 꺼져있는 도크를 이용하기로 결정했습니다. 탁월한 선택이었습니다.

영도에도 국립해양박물관이 있습니다. 직접 비교는 어렵지만, 부산의 국립해양박물관과 덴마크 헬싱괴르의 국립해양박물관은 여러 면에서 차이가 큽니다. 가장 큰 차이는 지역이 가진 역사성의 반영 유무입니다. 영도가 지닌 산업 흔적들, 기술들, 풍경들이 버릴 대상이 아니라, 이것 자체가 '영도의 정체성'이라는 사실입니다. 이에 대한 활용 정도와 수준은 영도의 미래 발전과 경제 회복의 핵심적인 근거가 될 것입니다.

이런 관점에서 국내 최초 근대식 조선소인 한진중공업 영도조선소 부지에 주목할 필요가 있습니다. 조선소 기능은 조만간 항구 외곽으로 이전될 것으로 예측됩니다. 지금은 비록 땅에 묻혀있지만, 이곳에는 우리나라 최

한진중공업 영도조선소의 도크들

초의 드라이도크를 포함하여 총 4기의 도크들(100미터 1기 ^{매몰}, 200미터 1기, 300미터 2기)이 입지하여 있습니다.

2021년 2월과 7월에 두 차례 이곳을 방문하여 미래에 대한 고민을 나누는 기회를 가졌습니다. 우리나라 최초의 근대식 조선소이자 조선업과 관련된 국내 최고의 산업유산으로 불리는 사이트였기에, 또한 20여 년 전부터 학생들과 수 차례 그림으로만 상상했던 현장을 직접 볼 수 있다는 사실에 흥분을 감출 수가 없었습니다.

매몰되어 있는 우리나라 최초의 도크 앞에서, 북항으로 길게 뻗어 있는 피어에서, 파노라마로 펼쳐지는 북항과 산복도로의 풍경을 만나며, 또한 도크에서의 해수 이출 장면을 보면서 수많은 상상이 스쳐 지나갔습니다. 이곳이 영도와 부산항에 새로운 바람을 몰아와, 창의의 에너지가 끊임없이 공급되는 곳으로 변해가길 바라는 큰 소망을 가져봅니다.

북항으로 뻗어 있는 피어

영도 연안의 전경

좌우로 회전하는 피어몬트 브리지 ©wikipidia

'피어몬트 브리지 Prymont Bridge'는 달링하버를 가로지르는 보행교입니다. 달링하버 재개발이 시작될 때 이 교량을 없앨 것이냐 아니면 그대로 둘 것이냐를 놓고 많은 고민을 했다고 합니다.

결론은 보존이었습니다. 100년이 넘는 역사를 가진 피어몬트 브리지로 부터 전해지는 근대 이미지는 달링하버의 랜드마크가 되었습니다. 흥미로운 점은 영도다리처럼 움직이는 다리라는 사실입니다. 그런데 위로 드는 도개식이 아니라 옆으로 비틀어서 바다를 연결하는 방식입니다. 다리 중간을 움직이게 하는 것은 큰 배들의 소통을 위해 물길을 열기 위함입니다. 피어몬트 브리지가 그렇듯, 다리의 도개 장면은 지역 마케팅의 아이템이 될 수 있습니다. 다소 보여주기식으로 매주 토요일 같은 시각에 들고 있는 영도다리의 가치를 확장시킬 수 있는 노력들이 필요합니다. 물길이 열리듯 생각의 경계도 열리길 기대해 봅니다.

하코다테의 '가나모리 창고군 金森赤レンが倉庫群'은 오징어를 저장했던 창고였습니다. 일본 창고 역사에 새로운 계기를 제공했던 의미있는 곳입니다. 1980년대 들어 홋가이도 하코다테 와 혼슈 아오모리 를 해상으로 연결하던 세이칸 연락선의 운행 중단은 도시 물류시스템에 큰 변화를 가져왔고, 해안가 창고들도 해체 위기에 처하게 했습니다. 그러나 창고들을 지역활성화의 장치물로 다시 활용하자는 시민운동이 발생하며, 가까스로 가나모리 창

바다와 연접한 가나모리 창고군

고군은 해체를 모면하게 됩니다. 이 과정에서 일본의 역사적 건조물 보존
과 재활용 범위에 '창고'가 공식적으로 들어가게 됩니다. 요즘 상황에서
는 창고 보존이 그리 대단한 일이 아닐 수 있다지만, 40여 년 전의 정황으
로는 혁신적인 선택이었다고 평가할 수 있습니다.

바다와 접한 가나모리 창고군과 물양장 일대는 하코다테의 역사문화와
관광의 중심지가 되었습니다. 물양장은 수변광장으로, 적벽돌창고들은
상업문화시설로 전환되어 많은 방문객들이 찾는 명소로 자리매김하고 있
습니다. 5동 중 2동은 크리스마스용품 전문점으로, 2.5동은 식당과 특산물
판매점으로 사용되며, 나머지 0.5동은 창고로 사용되고 있습니다.

영도에도 유사한 곳이 있습니다. 무려 30여 곳의 대형 창고들이 집결된
봉래동의 물류창고군입니다. 현재 이곳은 저장 기능을 수행하거나 조선
관련 부품 제작소로 사용되고 있지만, 80년대까지만 해도 이곳은 물류도
시 부산의 한 축을 담당했던 보세물품 창고들이었습니다. 해안과 접한 입
지와 연속으로 이어진 공간 형태적인 잠재력을 고려해 볼 때, 앞으로 이

곳은 신기능의 산업지대로 전환될 가능성이 매우 높아 보입니다. 이곳을 어떻게 활용하느냐에 따라 영도 경제가 살아날 수 있느냐 아니냐가 결정될 정도로 잠재력이 큰 곳이라 여겨집니다.

봉래동의 창고들에서 만난 새로운 미래

십 수 년 전부터 심장이 콩콩 뛰는 두근거림을 즐기며 봉래동 창고들을 찾곤 했습니다. 을숙도에 부산현대미술관의 입지가 결정되기 전, 이곳은 미술관 후보 부지 중 한 곳이었습니다. 그때 창고들이 미술관으로 선택되었더라면 더 좋았을지도 모릅니다.

사람보다 훨씬 더 큰 닻과 수십 미터의 굵은 쇠줄들이 창고들 사이사이에 거의 방치된 모습으로 자리합니다. 입을 벌리고 모여 있는 바지선들과 쉴 새 없이 오가는 선박들의 모습은 마치 살아있는 항구박물관을 연상케 합니다. 그러나 바다 건너 200m 앞에는 백화점이 지어지고 100층 타워가 건립 예정되는 등, 큰 변화가 발생하면서 창고의 위상이 급속하게 축소되고 있습니다. 비관적인 상황만은 아닙니다. 이곳의 용도가 중공업지역으

봉래동의 창고군

로 지정되어 있어 창고의 존재는 당분간 유지되리라 생각됩니다. 핵심은
이 시간 중에 새것으로 대체되는 개발이 아니라, 개발에 버금가는 아니
그 이상의 새로운 창조와 재생이 시작되어야 한다는 것입니다.

차와 화물들만 왔다 갔다 하는 이곳에 사람들의 향기가 스며들면 창고는 저장이나 단순 제조기능의 공간이 아니라, 연안의 수변활동을 유발하는 신문화를 창조하고 저장하는 특별한 장소가 될 것입니다.

창고 내부는 기둥이 거의 없는 높은 열린 구조입니다. 그래서 창고는 다양한 문화예술과 상업 활동을 마음껏 펼쳐질 수 있는 특성이 있습니다.

이런 흐름이 반영되어 최근 국가지원사업들 중 창고를 대상으로 하는 재생사업이 늘어나고 있습니다. 그중 대표적으로 봉래동창고는 '대통전수

대통전수방

방 영도구청과 삼진이음이 운영'이란 이름으로 유명세를 탔습니다. 사업명이 흥미롭습니다. 사업명은 창고 배후지에 있는 봉래시장에 가게를 가진 6인의 장인기술(어묵, 두부, 칼, 국수, 양복, 고구마)을 후대에 전수하고, 또한 크게 운수대통하라는 의미입니다. 사업의 목표가 "사람과 기술의 연결을 통한 중심상권을 회복하고 지역의 연결을 통한 주거지 재생과 상업 및 주거지역의 물리·사회경제적 재생을 통해 선순환적 원도심 구조를 조성합니다."입니다.

물리적인 재생을 넘어, 기술과 마음을 재생시키는 일은 결코 쉽지 않습니다. 그럼에도 대통전수방은 실험하고 도전하며 놀라운 일들을 이루었습니다. 대통전수방 사업 중 시민들이 가장 흥미로운 사업은 지역의 다양한 청년들과 소상공인들이 참여하는 'M마켓'이라는 시장입니다. 수변 창고에서, 그것도 부산 영도의 수변에서 시민들이 함께하는 시장에서의 모습들은 '이곳이 우리나라인가?'라는 의문이 들 정도로 다채롭습니다.

홈페이지에 M마켓을 이렇게 소개하고 있습니다.

2019년도에서 진행된 M 마켓 ⓒ대통전수방

"M마켓은 영도구 도시재생사업인 대통진수방이 민든 프리마켓으로, 창고군 지붕의 모양에서 M을 슬로건으로 시즌마켓으로 진행되었습니다.

영도의 오래된 창고군에서 마켓이 열리는 날은 그야말로 축제였습니다. 셀러들이 한자리에 모이고 버스킹 공연으로 떠들썩한 분위기가 만들어지고 한쪽에는 푸드 트럭이 맛있는 냄새를 풍기며 사람들을 유혹하고, 아이들은 잡화점을 직접 운영하고 바닥에 분필로 그림을 그리는 등 신나게 뛰어다니던 마켓이었습니다. 계절과 시기에 맞춰 다양한 주제로 열려 즐길 거리가 많다는 것도 M마켓의 매력을 이제 온라인에서 만날 수 있습니다."

대통전수방에서의 지역민 교육활동

M마켓의 현장

온라인 마켓의 셀러들 ⓒ대통전수방

가장 중요한 사실은 M마켓이 로컬 셀러들을 모아 상행위만을 목적으로 하는 마켓이 아니라는 점입니다. 봉래시장의 오래된 가게들과 세대를 이어 가게를 지키고 있는 상인들이 '봉래마켓'이라는 스페셜 마켓을 열었습니다. 상인대학과 아카데미 형식의 '봉짝 디자인 스쿨'도 운영하며 상품의 질 향상과 브랜딩을 통해 진정하고도 강한 가게들로 변신 중에 있습니다. 걍그린, 남해상해, 동삼희망, 대성떡집, 미자피자. 성실식품, 옛날국수, 온지, 자연조당제원, 행복을 만드는 사람들 등이 그 주인공입니다. 사업은 비록 종료되었지만, 대통전수방의 이념과 가치는 큰 날개를 달고 점차 확장되고 있습니다.

더 높은 곳으로 도전하는 사람들

여기까지 온 것 만해도 가상한 일입니다. 주로 물적 환경의 변화를 결과물로 제시하는 일반적인 재생사업들에 비해, 대통전수방은 사람과 기술을 지역과 묶어 내어 재생사업의 훌륭한 모델이 되었습니다. 여기에 안주하지 않고 대통전수방을 리드했던 (사)삼진이음이 다시 더 큰 발자국을 내딛었습니다. 2021년 2월 5일, 영도에 로컬 컬쳐 플랫폼 'AREA6 이하 '아레아식스'라는 이름을 가진 또 하나의 명물이 탄생했습니다.

2년여 동안 사업을 준비한 삼진이음의 홍순연 이사의 얘기를 들으며 이

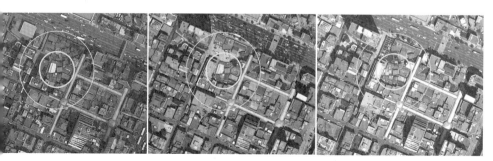

골목들은 지금도 그대로 움직이고 있다.

곳저곳을 둘러보았습니다. 원래 이곳의 필지가 6필지였다고 합니다. 그래서 이름에 6이 들어갔고, AREA는 그대로 읽어 아레아 식스가 되었다고 합니다. 중정을 가진 3층 건물인 이곳의 가장 큰 공간적 특징은 6필지로 구성된 필지의 원래 형상을 지켜주고 봉래시장과 연결되는 골목을 살려낸 점입니다. 분명 새 건물인데 시장의 작은 가게들이 모여 있는 오래전의 동네 골목과 닮았습니다. 땅의 모양과 길의 패턴, 즉 '도시조직 Urban Fabric & Spatial Tissue 을 살려낸 것입니다. 의미를 들어보니 고개가 절로 끄덕여지고 "아하"가 연발로 터져 나옵니다. 홍 이사의 설명을 옮겨 봅니다. "아레아식스는 '로컬을 밝히는 아티장 골목'을 말하는데, 오후 6시가 되면 어두워지는 오래된 시장 골목에 지역 활성화라는 환한 빛을 선사하는 장소인 로컬 컬쳐 플랫폼입니다." 아티스트와 장인을 아우르는 '아티장'이

오래된 동네의 마당 같은 아레아식스의 중정 ⓒ삼진이음

아레아식스의 전경 : 골목길로 들어감 ©삼진이음

란 용어가 훅하고 가슴 속으로 들어옵니다.

입주한 가게들의 사연이 다양합니다. M마켓에서 연결된 가게들이 있는가 하면, 커피숍과 결합된 가죽원단가게, 국내 최고의 타월사의 플래그십스토어, 전국의 로컬 전통주를 맛볼 수 있는 바틀샵, 우리의 고유문화를 현대적인 콘텐츠로 새롭게 제안하는 창의 브랜드, 차 향유의 일상문화를 꿈꾸는 가게 등 모든 가게들의 지향과 존재 이유가 명확합니다. 가장 눈에 들어오는 가게는 M마켓에서 만났던 수제 마카롱 디저트 가게와 눈과 입이 즐거운 건어물 가게입니다.

홍 이사가 다른 쪽을 가리키며 설명합니다. "이번에 법인에서 매입한 건물인데 2층은 리모델링 후 재사용하고, 1층은 벽체를 허물어 동네 분들이 편리하게 다닐 수 있게 할 예정"이라 합니다. 동네 길을 막고 있던 건물이었기에 지역 소통을 위한 결정입니다. 지역이 꿈틀거리는 진짜 동네 지도가 만들어지고 있습니다.

시드니나 보스턴, 또한 서구의 여러 항구도시에서도 수변창고들이 세계적인 지역 명소로, 또 세계적인 문화지대와 관광지대로 바뀐 예는 많이 있습니다. 봉래동에도 그런 날이 속히 오길 기대해 봅니다. 넘어야 할 산들은 셀 수 없을 정도로 많겠지만, 지금의 열정이 어떤 일이 있어도 중도에 꺾이지 않아야 할 것입니다.

섬이 아닌 섬, 영도를 위한 미래의 논점들

영도는 다사다난했던 지난 100여 년의 시간을 뒤로 하고 대반전(?)을 준비하고 있습니다. 영도에 대한 시선이 크게 달라지고 있습니다. 낙후되고 발전이 불가능했고 한번 들어가면 나올 수 없다고 하는 부정적인 시선이 있었지만, 지금 이곳에는 변화의 바람이 불고 있습니다. 영도는 섬이지만 육지에서 육안으로 확인될 정도로 가까이 있기에 오래전부터 육지의 연장으로 여겨져 왔습니다. 또한 영도는 영도다리와 부산대교로 인해 도심 아닌 도심으로도 기능해 왔습니다. 이런 개방성이 영도 변화의 주요인이라 할 수 있습니다.

이와 함께 영도의 정체성과 연결된 신산업들이 모색되고 있습니다. 동삼동 매립지와 한국타이어 부지 등에 해양과 신산업을 주제로 하는 기능들의 유입이 검토되고 있고 창고들과 조선소, 오래된 작은 공장들에 새로운 문화와 예술, 그리고 커피산업과 연계된 신경제의 기운이 꿈틀거리며 생성되고 있습니다.

깡깡이마을과의 만남

2008년이었습니다. 서울대학교 환경대학원의 김광중 교수님으로부터 한 통의 전화를 받았습니다. '대한민국 도시쇠퇴 조사'라는 타이틀로 전국의 쇠퇴지역을 조사하려는데 부산은 어디가 좋겠냐는 것이었습니다. 그렇게 '대평동 수리조선소 일대 창만공업지구의 쇠퇴 조사'는 시작되었습니다. 당시 많은 공장들이 문을 닫은 채 새 주인을 찾고 있었고, 조사 중에서도 어떻게 미래를 풀어가야 할지 깜깜했었습니다. 이 상황에 대해 부산시에서도 잘 알고 있었습니다. 도시재개발 차원에서 또 산업경제 활성화 차원에서 시도들은 있었지만 단 한 발자국도 앞으로 나아가지 못했습니다. 모든 토지를 관이 매입하지 않으면 그 어떤 변화도 줄 수 없다는 회의론에 봉착하고 말았습니다.

2015년 여름, 부산시에서 제2 감천문화마을을 찾기 위한 '부산시 예술상상마을' 공모가 시작되었습니다. 대평동 수리조선소 일대를 예술 상상의 최적지로 판단했습니다. 젊은 문화예술인들이 의기투합하여 결성한 지역 문화단체 플랜비 문화예술협동조합 가 대평동 수리조선소에 뛰어들었습니다. 대평동마을회, 영도문화원, 영도구청 등과 함께 이곳을 새로운 문화공간이자 산업지대로 바꾸기 위한 노력이 시작되었습니다. 이들이 이루어낸 프로젝트명은 '영도 깡깡이예술마을 이하 '깡깡이마을' '입니다. 깡깡이마을의 핵심은 과거 역사와 기술, 그 현장을 이어가는 것이었습니다. 수리조선소의 흔적과 기억을 되살려 일대 전체를 동네 박물관으로 만드는 일에 도전했습니다. 박물관이란 단어가 얼핏 마음을 고루하게 만들고 지치게 만듭니다. 그러나 여기서의 박물관은 '에코 뮤지엄 Eco Museum ' 개념입니다. 동네 전체 산업기능을 지속가능하게 작동하여 녹아있는 내·외연의 힘을 그대로 지켜가며 함께 누리는 개념입니다.

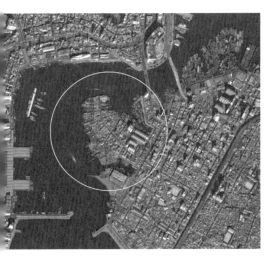

깡깡이마을 위치

그럼 깡깡이마을로 들어가 보겠습니다. 영도다리를 건너면 오른쪽 대풍포 너머에 깡깡이마을이 나타납니다. 이곳은 우리나라 수리조선업의 발상지입니다. 철선의 수리를 위해서는 가장 먼저 배 표면에 붙어있는 굴과 홍합껍질 같은 각종 부착물들, 또한 녹슨 부분을 제거해야 합니다. 이를 위한 최고의 방법은 망치로 두드려서 녹과 부착물을 제거하는 것입니다. 두드릴 때 나는 소리가 바로 '깡

그라인딩 하는 깡깡이 아지매 ⓒ깡깡이예술마을사업단

깡 깡 깡' 이고, 그래서 이곳이 깡깡이마을로 불렸던 것입니다. 그 망치질을 주로 했던 어머니들을 '깡깡이 아지매'라 불렀습니다.

부산에는 '3대 아지매'가 있습니다. 자갈치 시장의 생선 파는 '자갈치 아지매', 낙동강의 재첩을 잡아 국을 끓여 동네방네 다니며 팔았던 '재첩국 아지매', 그리고 '깡깡이 아지매'입니다. 모두가 자손들을 먹여 살리고 교육시켰던 강인한 우리의 어머니상을 대변하고 있는 분들입니다.

하늘에서 본 깡깡이마을의 입지가 매우 독특합니다. 앞쪽으로 툭 튀어나와 있고 아래쪽 끝부분에 수리조선소들이 나란히 줄지어 붙어 있습니다. 수리조선소의 배후지에는 수리와 관련된 각종 기계부품들을 생산하고 수선하는 작은 공장들이 집결되어 있습니다. 누군가가 "여기서는 잠수함도 만들 수 있어"라고 말합니다. 그 정도로 이곳에는 선박 수리를 위한 다양한 부품제작 기술들이 집중되어 있다는 뜻입니다.

2019년 《대평동공업사를 만나다》라는 책이 발간되었습니다. 깡깡이예술마을사업단에서 현장의 이야기를 담은 보석 같은 책입니다. 한국밸브, 한성씰리데나, 해주항해계기사, ㈜세웅, 한일프로펠라, 신창공업사, 남양아

연, 제이제이노즐사, 도원전기, 진영목형. 가게 이름들 들어도 마치 잠수
함이 만들어질 것만 같습니다. 그 기술을 가진 사람들은 우리나라 최고의
조선수리장인들입니다. 이들의 기술에 예측할 수 없는 창의적인 발상들
이 더해지길 기대해 봅니다.

깡깡이마을의 원천 : 바다로 뻗어 있는 수리조선소 ⓒ깡깡이예술마을사업단

잠수함(?)이 만들어 지는 곳

과거 이곳은 대풍포 待風浦 라고 불렸고, 배들이 바람을 잦아지기를 또한 반대로 일기를 기다리던 곳이었습니다.

일제가 이곳을 산업지대로 바꾸기 위해 매립을 시작했습니다. 깡깡이예술마을사업단에서 부산대 건축학과 정재훈 교수의 지원으로 대풍포 매립

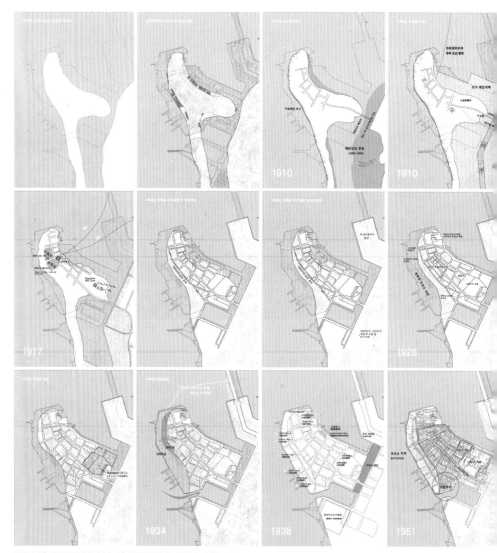

깡깡이마을의 변천 ⓒ깡깡이예술마을사업단(부산대 건축학과 정재훈 교수)

1952년의 깡깡이마을

2018년의 깡깡이마을

깡깡이마을의 기록물들

과정을 지도로 만들었습니다. 매립 범위가 점차 확장되면서 지금의 모습으로 변하게 됩니다.

1952년, 한창 전쟁 중일 때의 모습입니다. 지금의 모습과 매우 흡사합니다. 오른쪽 부분에 아파트가 생겼을 뿐 1952년의 모습과 거의 똑같습니다. 70여 년 동안 거의 변화가 없었다는 것을 뜻합니다.

살아 숨 쉬는 깡깡이문화예술마을

깡깡이마을의 주민들과 지역의 청년예술가들이함께 모여 다양한 변화를 도모했습니다. 그 변화는 조선소와 관련된 각종 시스템과 스토리, 또 그것을 영위하며 살아왔던 사람들의 삶의 이야기들에 대한 미래화 작업이라 할 수 있습니다. 그 일환으로 생활박물관이 조성되었고, 영도선착장도 새로운 모습으로 변화되었습니다.

그들은 지역민의 삶을 미래화 시키기 위해 여러 프로그램들을 운영했습니다. '문화사랑방'이라는 이름으로 지역민들과 소통하고, 각종 선박 하역을 위해 물건을 쌓아두고 또 배와 관련된 각종 일들이 벌어지는 물양장에서 '물양장살롱'이라는 이름으로 지역민들과 함께 축제와 행사도 진행했습니다. 지역민들의 이야기와 목소리를 끌어내기 위해 '만사대평'이라는 마을신문을 만들고 책도 쓰는 등 다양한 일들을 진행했습니다.

쇠퇴지역을 재생하려 할 때 가장 곤란한 것은 재생사업이 오히려 그 지역의 본질과 진정성을 파괴하는 경우입니다. 준비 시간이 짧았거나 진정한 주민참여가 결여되

창고((원)조선질소비료창고)의 변신 : 정크하우스 ⓒ깡깡이예술마을사업단

깡깡이마을의 이야기를 담은 서적　　　　　　　　　　　　정크하우스와 영도선착장

었을 때 숱하게 발생하는 현상입니다. 반대로 지역민의 가려운 부분을 긁어주고 지역민조차도 몰랐던 가치를 찾아주고 힘을 보태는 경우도 있습니다. 깡깡이마을의 재생은 후자의 경우에 속한다고 볼 수 있습니다.

깡깡이마을의 '구름 가로등'을 소개합니다. '흔한 가로등이 웬 말?'이라 생각할 수도 있겠지만, 그 가로등은 깡깡이마을에서 가장 어두웠던 8곳을 밝힌 것이었습니다. 깡깡이마을을 비춰 줄 희망의 불빛을 의미합니다.

조선소 뒤 켠 골목길들의 어두운 분위기를 바꾸기 위해 깡깡이스러운 벽화에 도전하기도 했습니다. 대동대교맨션 4동의 옆면을 가득 채운 대형 그림은 독일 작가 핸드릭 바이키르히 Hendrik Beikirchd 의 '우리 모두의 어머니'라

구름가로등 ⓒ깡깡이예술마을사업단

우리 모두의 어머니   또 다른 우리의 어머니

는 작품입니다. 그림 속에서 영도를 지켜왔던 깡깡이 아지매 또한 우리의
어머니를 발견하게 됩니다. 진연두 빛의 어머니는 영국 작가가 깡깡이마
을에 머물 때 다닌 식당 주인 어머니라고 합니다. 외국 작가들이 우리 어
머니들의 진한 삶의 무게를 이렇게 표현할 수 있다는 것이 신기할 뿐입니
다.

깡깡이마을에서 가장 의미 있는 사업은 2017년 대풍포 사람들이 영원히
함께 의지하며 살아갈 거점 공간을 확보한 것이었습니다. 깡깡이생활박
물관이라 불리는 이곳은 대평동민의 공동 소유였던 유치원 및 마을회관
을 리모델링한 곳입니다. 1층에는 주민들이 직접 운영하는 대평동다방이
있고, 2층에는 마을박물관이 자리합니다. 이곳은 단순한 박물관이 아니
라, 박물관이면서도 커뮤니티센터입니다. 그래서 대풍포 사람들의 이야
기보따리가 다양하게 펼쳐지고 새로운 이야기를 계속 생산하는 발전소와
같은 기능을 담당하고 있습니다. 주민들이 마을해설사로 나섰습니다. 마

깡깡아마을의 백과사전 : 통장님 해설사

최고령 어르신 해설사

을의 산증인이신 80세를 넘은 어르신도 있고, 마을의 모든 것을 속속들이 전해 주시는 깡깡이의 백과사전과도 같은 통장님도 있습니다. 깡깡이의 마을해설사들은 항상 두 사람이 세트로 움직입니다. 앞선 사람은 해설사이고 뒤의 사람은 혹시라도 발생할 수 있는 안전사고를 방지하는 조율사입니다. 깡깡이마을은 지금도 살아 작동하는 산업박물관이기 때문입니다.

깡깡이마을 사람들이 최근까지 가장 열심히 했던 일 중 하나는 영도도선장을 복원한 것입니다. '영도 통선'이라는 이름으로 대풍포에서 자갈치시장까지 옮겨 다니는 배가 있었습니다.

영도도선장에서 버스요금을 내면 통선을 타고 자갈치시장으로 건너갈 수 있었습니다. 깡깡이마을과 자갈치를 잇는 지름길이었습니다. 그러나 통선 복원은 여러 난항에 부딪히며 아직 정답을 찾지는 못하고 있습니다. 그럼에도 주민들은 배 두 대를 구입해서, 한 대는 체험용으로

영도도선장의 지난 모습(2007년)

통선의 이정표

또 한 대는 관광용 깡깡이크루즈로 운행하고 있습니다. 언젠가 뱃길이 열리면 영도선착장에서 자갈치시장은 물론 북항과 더 먼 바다의 다양한 풍경들을 매일 만날 수 있을 것입니다.

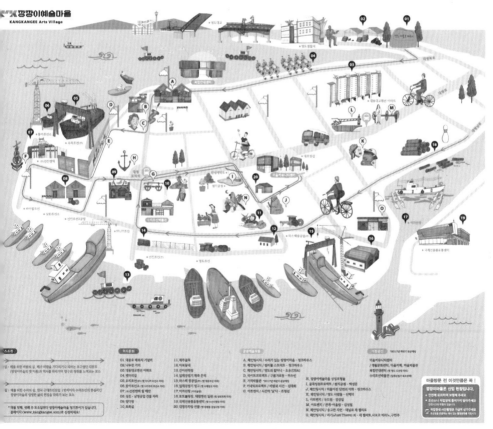

©깡깡이예술마을사업단

부산의 강이라면 일반적으로 낙동강(洛東江)을 떠올립니다.

그런데 낙동강은 가락의 동쪽이란 뜻을 가졌으니 이름으로는 김해의 강이라 볼 수 있고,

지리적으로는 대한민국의 강이라고 보는 것이 옳습니다.

그렇다면 순수한 부산만의 강은 어디일까요?

지도를 펼쳐놓고 보면 금세 수영강이 부산의 강임이 인지됩니다.

수영강은 양산 원효산에서 발원하여 온천천과 합류되어 남쪽 바다로 흐릅니다.

16세기 초반, 해운포영성의 건설(1514년)은 수영강이 역사의 전면에 드러나는 계기가 되었습니다.

해운대영성은 현재의 '좌수영성'입니다.

그 즈음부터 수영강은 호국의 강으로 기능했습니다.

수백 년의 시간이 흘렀습니다. 수영강의 기능과 역할은 크게 바뀌게 됩니다.

왜구의 침략을 막았던 호국의 강에서

1960년대부터는 산업지대이자 도시개발의 현장으로 역할이 바뀌게 됩니다.

변화된 강의 기능 속에서 본 이야기의 주인공인 고려제강 수영공장이 1963년에 탄생되었습니다.

현재는 'F1963'이란 곳으로 리모델링되었습니다.

'F'는 팩토리(factory)를 상징하며, '1963'은 수영공장의 탄생년도를 의미합니다.

이곳은 1963년부터 2008년까지 약 45년 동안 철 와이어를 생산하던 공장이었습니다.

문을 닫은 후 10여 년 동안의 준비기간을 거쳐 2016년부터

새로운 복합문화공간으로 재탄생되었습니다. 이곳에 주목하는 이유가 있습니다.

'노블레스 오블리주(noblesse oblige)'!

기업이나 가진 자가 사회와 공익을 위해 자기의 것을 공여하는 문화를 말합니다.

이곳은 우리나라 노블레스 오블리주의 대현장입니다.

물론 우리나라 기업들도 기부나 공여의 예는 수없이 많습니다.

그러나 기업이 돈을 벌기 시작했던 최초의 공장을 시민들에게 내놓은 사례는 처음입니다.

지금 이곳에서, 연고기업의 큰 뜻 속에서 노블레스 오블리주가 실천되고 있습니다.

수영강은 호국의 강에서 문화의 강으로 다시 흐르며,

지금도 끊임없이 변신에 변신을 거듭하고 있습니다.

여덟 번째 이야기

수영강
과
고려제강
호국의
강에서
문화의
강으로

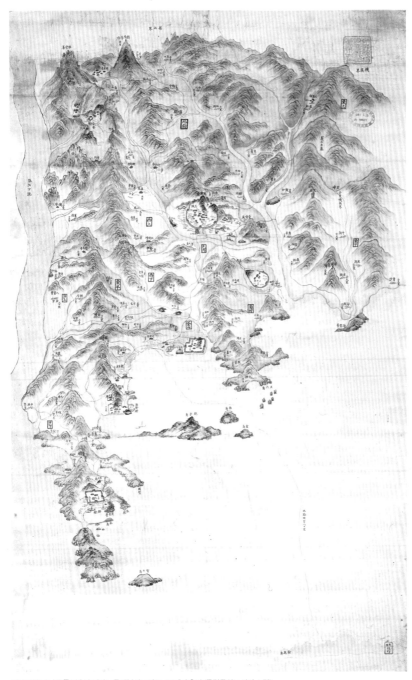

한그루의 큰 나무를 닮은 수영강 : 〈동래부산고지도〉 19세기 후반 (국립중앙도서관 소장)

부산과 함께한 수영강의 지난 600년

조선시대의 수영강은 특수 임무를 수행했습니다. 대동여지도에 표기된 뚜렷한 줄기의 수영강을 통해 그 임무를 충분히 짐작할 수 있습니다. 낙동강의 우측, 황령산과 장산 사이에 자리 잡은 수영강은 마치 거대한 한 그루의 나무를 닮았습니다.

대동여지도 속의 수영강

이처럼 당시 그려진 여러 지도들을 통해 수영강의 형태와 형상을 확인할 수 있으며, 이 모습을 가장 정확히 알 수 있는 지도는 19세기 후반에 작성된 <동래부산고지도 東萊釜山古地圖 >입니다.

수영강 하류

바다와 강이 만나는 곳을 기수역 汽水域 이라 합니다. 이곳은 다양한 생물들이 사는 것은 물론, 수산물의 생산 및 물자 유통의 발달에 있어서도 크게 기여하는 특성을 보입니다. 수영강이 시작되는 기수역 바로 위쪽에 달걀 모양으로 생긴 성이 보입니다. 이곳이 '좌수영성'입니다.

좌수영성에서 위쪽으로 올라가 보겠습니다. 왼쪽으로 온천천이 뻗어 북쪽으로 흘러갑니다. 약간 노랗게 표현되어있는 부분이 동래성, 읍내지역입니다. 이 지역이 동래, 즉 부산의 고도심이라고 할 수 있습니다. 좌수영성은 왜구로부터 동래성을 지키던 요새 기능을 담당했습니다.

더 위쪽으로 올라가면 산세가 험해집니다. 기장 쪽 철마에서 내려오는 물줄기와 양산에서 내려오는 물줄기가 합류하여 수영강으로 흘러듭니다.

수영강 전체를 개략적으로 하류, 중류, 상류로 구분하여 살펴보겠습니다. 하류부는 좌수영성 앞 선창과 포이진이 있던 기수역 일대입니다. 현재의 모습과 조선시대 모습을 비교해 보면 이곳이 얼마나 많이 변했는지, 변화 가운데서도 남아있는 곳이 어디인지 등을 확인할 수 있습니다.

매립으로 지역 전체가 협소해졌지만, 백산과 진조말산만은 지금도 건재합니다. 건너편 동백섬도 그대로입니다. 동백섬과 수영강의 시작점 사이에는 한때 지역에서 가장 긴 백사장이 있었습니다. 수영해수욕장으로 불리던 이곳은 매립되어 지금은 수영요트경기장과 마린시티로 변했습니다. 한줄기 능선으로 연결된 백산과 진조말산에는 '첨이대'라는 망루가 설치되어 왜구 출몰을 감시하던 방어선 역할을 담당했습니다. 국토 전체를 놓고 볼 때, 한반도 끝점에 위치한 중요한 호국의 요새였습니다.

수영강의 하류부

〈경상좌수영영지도형(慶尙左水營營址圖形)〉 1872년

좌수영성과 주변 공간구조를 확인할 수 있는 중요한 지도가 있습니다. 〈경상좌수영영지도형 慶尙左水營營址圖形 〉입니다. 달걀 형상의 좌수영성 아래에 군선들이 정박해 있는 선소가 있습니다. 선소와 연이은 백산과 진조말산은 바다 쪽으로 강력한 방어선을 치고 있고, 주변 곳곳에는 군인들과 그 가족들의 보금자리가 있었습니다.

좌수영성 아래 감포, 축산, 칠포, 포이라는 진들은 포이진, 파삼진지, 판곶리 등과 같이 군인들의 마을로 변화한 후 지금의 민락동 일대가 되었습니다. 민락동이란 지명에는 '여민동락 與民同樂 '에서 유래된 '임금이 백성과 함께 즐긴다.'라는 뜻이 내포되어 있는데, 그렇다면 좌수영 일대는 군사지역이었을 뿐만 아니라, 임금과 함께 백성들도 나라를 걱정하고 함께 공유했던 특별한 의미를 가진 지역으로 가늠해볼 수 있습니다.

1946년에 제작된 지도에서 매립으로 사라진 수영해수욕장과 발달했던 삼각주들을 확인할 수 있습니다. 진조말산과 백산 사이에 있던 널구지마을 또는 본동마을 앞에는 넓은 백사장이 발달해 있었습니다. 분명 각종 어류와 어패류가 넘치던 풍요의 장소였을 것입니다.

좌수영성 건너편 둔치 일대 ^{현 센텀시티}는 원래 습지가 발달했던 곳이었습니다. 1930년대 일제는 이곳에 골프장을 조성했고, 골프장과 해수욕장을 찾는 방문객의 접근성 향상을 위해 동해남부선의 개통 ^{1935년}과 함께 수영역을 조성하기도 했습니다.

당시 수영해수욕장은 부산에서 가장 컸고 해운대와 광안리해수욕장보다도 명성이 높았다고 합니다. 부산진역과 부전역 등에서 기차를 타고 수영역에 내려 해수욕을 즐기던 여름 문화가 1970년대까지도 지속되었지만, 이곳이 88올림픽의 요트경기장으로 결정된 후 매립과 함께 사라지고 말았습니다.

일제는 태평양전쟁을 준비하면서 골프장을 현재의 달맞이언덕으로 이전시키고 이곳을 군사공항으로 사용했습니다. 길쭉한 형상의 골프장이 활주로로 사용하기에 제격이었기 때문입니다. 김해공항의 탄생 전인 1976년까지 이곳은 부산의 국제공항으로 사용되었습니다.

항공사진 속의 녹색 덩어리 흔적이 좌수영성 일부입니다. 1514년 ^{중종 9년} '해운포영성 海雲浦營城 을 쌓았다.'라는 기록이 좌수영성의 출발섬입니다. 임진왜란 시 경상좌수사 박홍이 패퇴한 후, 정유재란이 끝날 때까지 경상좌수영은 제 기능을 발휘하지 못했습니다.

이런 연유로 조선 정부는 좌수영성 기능을 울산 개운포 쪽으로 이전해 버립니다. 그러나 경상좌수영 이전

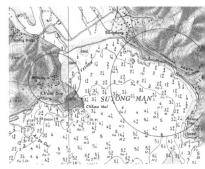
20세기 중반 수영강 하류의 모습(1946년) ⓒ부경근대사료연구소

20세기 중반 수영강 하류의 모습 ⓒ부경근대사료연구소

1950년대 수영강 하류 ⓒ부경근대사료연구소

1952년 수영해수욕장의 풍경 ⓒ부경근대사료연구소

좌수영성의 입지

후 수영강 하구가 가진 호국기능의 중요성이 재부각되기 시작했습니다.
부산포 일대의 왜관 때문이었습니다. 왜관의 근접 지역에 조선의 군사요
새가 없음으로 인한 불안감이 감돌기 시작했습니다. 조선 정부는 대응책
으로서 왜관을 직접 관찰할 수 있던 지금의 감만동 일대에 감만이포를 설
치했습니다. 그러나 왜관과 너무 가까워 도리어 조선의 군사 정보가 유출
될 수 있다는 판단 하에, 좌수영성을 재설치하였는데 그해가 1652년이었
습니다. 이후 개항될 때까지 좌수영성 일대는 조선 정부의 핵심적인 해양
군사지대로 기능했습니다.

〈경상도좌수영관아배설조사도 慶尙道左水營官衙配設調査圖 〉를 통해 좌수영성
의 성곽 형태와 성 내 시설들의 배치를 파악할 수 있습니다. 좌수영성의
남북 길이는 약 279.6m 동서 길이는 534m 성벽의 총 길이는 1,480m에
이릅니다. 약 10만㎡의 내부 면적을 가진 비교적 큰 성이었습니다. 성곽

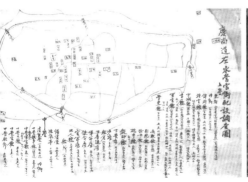

경상도좌수영관아배설조사도(慶尙道左水營官衙配設調査圖) ⓒ부산대학교   좌수영성의 성벽 패턴 ⓒ부산대학교

1952년 좌수영성 일대 모습 ⓒ부경근대사료연구소

의 상당 부분이 사라졌지만, 발굴조사를 통해 현재 성곽의 형상과 구조가 확인되어 있습니다.

1952년에 촬영된 중요한 사진이 있습니다. 정확하게 확인되진 않지만 이미 성벽의 대부분은 해체된 것으로 보입니다. 그러나 현재의 모습처럼 중심부 숲은 그대로입니다. 완전하진 않지만, 이처럼 도심 속에 성의 원형이 보존된 경우는 우리나라에서는 보기 드문 사례입니다. 좌수영성이 이렇게 보존될 수 있었던 것은 성을 지키기 위한 선구적인 노력이 있었기 때문입니다. 좌수영성의 보존 움직임은 전쟁이 채 끝나지 않았던 1952년에 시작되었습니다.

'기리 보존하자! 나라의 보배'라는 부산일보 1952년 10월 23일자 기사에 앞으로 부산이 보호하고 지켜가야 할 고적 목록으로 '경상좌수영성지 시기념물 제8호 '와 '25의

"길이 보전하자! 나라의 보배"라는 부산일보(1952.10.23일자) 기사

격자 패턴의 도시가 된 광안동과 민락동 일원, 1970년대 초반

현존하는 성곽 라인과 형상

용단 ^{시기념물 제12호}'이 포함되어 있습니다. 아직 전쟁이 끝나지 않은 상황 속에서 문화재 보존을 얘기했다는 것은 매우 특별한 일이었고, 또한 그 목록에 좌수영성은 물론 왜란 시 좌수영성을 지키며 순절한 25명의 의로운 충절을 기리는 25의용단이 포함되었다는 것은 더더욱 의미있는 일이었습니다. 두 유산 모두 1972년에 부산시기념물이 되었으니, 문화재로 보호받기까지 꼭 20년의 시간이 걸렸습니다. 무명의 문화유산을 발굴하고 지켜가는 일에는 미래를 내다보는 혜안과 긴 시간의 준비와 노력이 반드시 필요함을 깨닫게 됩니다.

1965년 '신부산구획정리사업'으로 수영지역은 새로운 도시로 급변하기 시작합니다. 1970년대 초반 수영 일대의 모습입니다. 당시는 지금의 남천동에 해당하는 수영 앞바다를 매립한 후 공동주택을 짓고, 배후지역인 대연동과 광안동 그리고 민락동 일대 전체를 신주거지역으로 전환시키는 "인구 70만의 콤팩트 시티를 건설하자"라는 슬로건을 가진 신도시 계획이 진행되고 있었습니다.

수영 일대는 격자형 도시구조의 새로운 모습으로 바뀌었고, 군사지역에서 주거와 산업지역으로 변화되었습니다. 수영 일대는 강변이라는 유리한 입지 여긴 때문에 1950년대부터 산업화의 움직임이 시작되었습니다. 1968년 합판 제조사인 '태창목재'가 민락동 강변에 들어섭니다. 약 6만㎡ 부지에 전체 12동의 공장을 가진 대규모 회사였습니다. 그런데 그만 공장 터가 좌수영성 군선 정박지인 선소 터를 포함하고 말았습니다. 태창목재는 날로 번창하여 1974년에 진조말산과 백산 사이 강변에 제2공장을 건립하였습니다. 이곳 또한 널구지마을을 포함하고 있었고, 급격한 지역변화의 원인을 제공했습니다. 1983년, 태창목재는 과잉 투자로 인해 폐업하였습니다. 결과적으로 불과 15년 사이에 수백 년 동안 쌓여온 좌수영성의 흔적들이 크게 손상되고 말았습니다.

당시는 좌수영성의 군 기능과 연관된 장소를 지키거나 보존하자는 논리를 주장할 수 있는 시대 상황이 아니었기에, 역사적인 현장의 파괴를 막을 수는 없었습니다. 어쩔 수 없이 수영강 선소일대는 산업현장을 거쳐 아파트단지와 교통시설부지로 변하고 말았습니다.

1971년 지형도상의 변화

1974년 태창목재 제2공장이 조성된 널구지마을
ⓒ부경근대사료연구소

태창목재 제1공장터의 변신

진조말산과 백산 사이에 조성된 태창목재 제2공장
ⓒ부경근대사료연구소

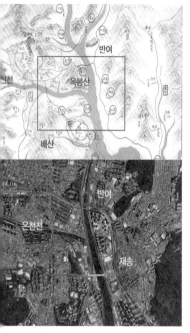

수영강 중류부

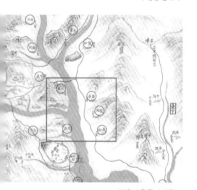

강촌마을들의 집합소

청원본청명상하도의 부분 ⓒwww.zoglo.net

수영강 중류와 상류

수영강과 온천천이 만나는 중류 지역은 동래읍성과 연계된 소통과 유통이 활발했을 것으로 생각됩니다.

조선시대의 온천천은 배가 다닐 정도의 수량을 가진 강은 아니었던 것으로 추정됩니다. 사진으로 전해지는 온천천 내 이섭교의 구조를 보아서도 선박이 동래읍성까지 올라오는 것은 불가능했을 것입니다. 그렇다면 선박의 정박과 교역은 수영강과 온천천의 합류부에서 이루어졌을 것입니다. 삼어, 구랑, 무정, 준동, 재송 등의 이름을 가진 포구들의 선창과 배후 저잣거리를 떠올려 보면 생동감으로 꽉 찼던 당시의 강변 지대를 상상할 수 있습니다.

중국에 〈청명상하도 淸明上河圖 〉라는 그림이 있습니다. 중국 북송시대의 수도였던 개봉의 상황을 그린 그림입니다. 청명절이었던 4월 5, 6일경이 시간적 배경이었고, 황하와 양자강 일대의 당시 풍경들이 묘사되어 있습니다. 물론 청명상하도 속의 강과 수변마을은 규모에 있어 수영강변과는 크게 달랐지만 왁자지껄한 강변의 모습과 분위기는 흡사했을 것으로 여겨집니다.

강의 가장 위쪽 상류부로 올라가 보겠습니다. 이곳에는 회동수원지가 자리하고 있습니다. 수영강의 발원지가 양산과 철마지역이다 보니, 부산지역에서의 수영강 상류는 회동수원지 일대라고 할 수 있습니다. 이곳은 지리적으로 골이 깊고 넓어 물을 모으기가 쉬웠습니다. 동대 東臺 , 회천 回川 , 석대 石臺 등의 지명만으로도 골과

물의 깊이를 가늠할 수 있습니다. 상수원 확보를 위해 1930년 대부터 일제는 이곳에 수원지를 조성했습니다. 그 기능이 지속·확장되어 1980년대에는 낙동강 물을 하루 1,800㎥를 집수할 수 있는 거대한 수원지가 되었습니다. 그 덕에 이 일대는 도시 내에서는 좀처럼 보기 드문 상수도보호구역이자 개발제한구역이 되었습니다.

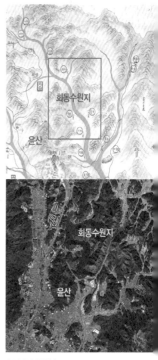

수영강의 상류부

이곳은 원래 수영강의 상류 지역으로, 여러 모습의 수변 언덕들이 켜켜이 모여 있던 매우 아름다운 곳이었습니다. 한마디로 강과 산이 만나는 절경 지역이었습니다. 수몰로 인해 과거와는 같지 않지만 지금도 여전히 아름다운 풍경들을 만날 수 있습니다. 그래서 주말이면 오륜마을을 중심으로 한 일대에 자연풍경을 즐기려는 사람들이 넘쳐납니다. 덩달아 질 낮은 개발과 관리의 후유증들도 곳곳에서 발생하고 있습니다. '자연과 인간의 공존'이라는 시대적 사명의 달성은 이곳에서 반드시 풀어야 하는 숙제가 되고 말았습니다.

회동수원지의 수려한 풍경

좌수영성, 수영강변의 산업화와
고려제강의 탄생

지난 50여 년의 시간 속에서 유독 좌수영성 주변부의 변화만은 멈추어 있습니다. 항공사진에서 확인되는 가장 큰 변화는 수영강의 직강화와 지역을 관통하는 도시고속도로의 개설 정도입니다.

"도심을 뚫고 바다를 보며…" 1980년 경부고속도로와 북항의 자성대부두를 직접 연결하는 도시고속도로가 완공되었습니다. 당시 도시고속도로의 건설은 국가의 수출입 물류유통의 혁신을 도모하기 위함이었습니다. 국가 경제와 부산의 교통 측면에서는 중요한 일이었지만, 도시고속도로는 좌수영성이 입지하고 있는 수영 일대의 공간을 분절시키고 더 나아가 내륙과 수영강의 연계를 차단시켜 불균형적인 지역변화가 시작되는 원인을 제공했습니다.

1990년대에 센텀시티 개발이 본격화되며 수영강 건너편은 완전히 다른 세상이 되었고 지역의 도로구조도 크게 변화됩니다. 그럼에도 문화재로 지정되어 있던 좌수영성 일대 변화는 멈춰 설 수 밖에 없었습니다. 수영강의 산업화가 본격화되기 전, 망미동 강변 기슭에 한 공장이 탄생했습니다. 고려제강 수영공장이란 이름의 공장 약 2만 2천㎡ 규모 은 1963년부터 2008년까지 약 45년 동안 철 와이어를 생산하며 전 세계 40여 곳의 공장을 가진 고려제강의 기반이 되었습니다.

도시고속도로 개통 (경향일보 1982.10.8.일자)

1972년 상황과 현재 도로체계의 중첩

수영강 중하류부 모습 (2022년)

고려제강 수영공장 ©고려제강

하늘에서 본 배치구조

리모델링 후의 모습

F1963의 진입 풍경

창업주 故 홍종열 회장은 수영공장이 고려제강의 성장과 번영을 가능하게 했다고 생각하며, "고려제강의 뿌리가 이곳이고 그렇다면 이곳을 개인의 목적이나 사익을 위해서 계속 사용할 것이 아니라, 시민들에게 돌려줘야겠다."는 결단을 하고, 2008년 이후 이곳의 기능과 공익 간의 접목을 본격화했습니다. 이의 연장선상에서 2016년 부산비엔날레가 수영공장에서 개최되었습니다. 2017년에는 부산시와 협력 관계를 이루며 폐산업시설 문화재생사업 문화체육관광부 지원 의 사업지로 결정되었고, 이와 함께 수백억 이상의 자산을 투자하여 수영공장의 리모델링을 본격화했습니다. 공연장과 전시장이 탄생하고, 도서관도 오픈했습니다. 이곳 전체를 'F1963'이라 부릅니다. F는 팩토리 Factory 라는 뜻이 핵심이지만 패밀리 Family 와 파인 아트 Fine Art 의 의미도 가지고 있습니다.

2016년 부산비엔날레의 한 장면입니다. 부산비엔날레는 수영공장의 미래 콘텐츠 결정에 큰 영향을 제공했습니다. 우리나라에서도 비엔날레와

2016년 부산비엔날레의 전시장으로 사용된 옛 석천홀

유사한 미술행사들이 다양하게 개최되고 있지만, 폐산업시설 전체를 전시장으로 사용한 시도는 고려제강 수영공장이 처음이었습니다.● 유럽 등 문화선진국에서나 볼 수 있었던 예술 현장이 이곳에서 펼쳐진 것입니다. 당시 파장은 매우 컸던 것으로 기억합니다. '폐공장 안에서 미술을 전시하고 예술을 향유한다.'는 혁신적인 발상은 미술을 넘어 새로운 스타일의 복합문화공간으로 나아가는 계기가 되었습니다.

이렇게 F1963을 자세히 살펴보는 것은 이곳을 '산업유산'이라 부를 수 있고, 산업유산의 재활용 측면에서 볼 때 대표적인 선진 사례이기 때문입니다. 이곳에서는 음악과 미술을 중심으로 책과 음식, 커피 등 다양한 문화유발의 요소들이 복합되어 과거에 전혀 경험하지 못했던 새로운 기능과 활동이 펼쳐지고 있습니다.

수영공장에서 가장 대규모의 공장이 석천홀이란 음악당으로 개관했습니다. 첫 공연자는 지휘자 금난새였습니다. 놀랍게도 석천홀은 미술관으로도 변할 수 있는 가변형입니다. 공장을 리모델링하여 가변형으로 사용한다고 하는 것은 매우 쉽지 않은 일입니다. 비어있는 공원이나 광장이 여러 활용의 장소로 사용되는 사례는 세계 곳곳에 있지만, 이처럼 전혀 다른 장르인 음악과 미술을 함께 향유할 수 있는 가변공간은 그리 흔치 않습니다. F1963은 이렇게 시대 요구에 따라 변신에 변신을 거듭하고 있습니다.

● 리모델링은 조병수 건축가가 맡았다.

공연장으로 변신 중인 석천홀

미술관으로 사용 중인 석천홀

보존된 천정 구조체(부분)

보존된 바닥(부분)

산업유산 재활용의 특별 사례들

F1963 = 산업유산

산업유산은 '산업혁명 이후 근대화 과정에서 남겨진 과학기술과 연관된 유산'으로 정의됩니다. 이 산업유산에는 우리나라의 경우에는 6,70년대 조성된 산업시설들도 산업유산에 포함될 수 있습니다.

원칙적으로 산업유산은 기능을 다 한 산업시설을 의미하는데, 간혹 사용 중인 곳들도 산업유산으로 인정받곤 합니다. 이는 산업유산에 대한 관심이 높아졌고, 산업유산의 활용 가치가 매우 크기 때문에 발생하는 현상입니다.

최근 전 세계적으로 산업유산을 지역재생이나 경제 활성화의 장치로 사용하는 예들이 급속도로 증가하고 있습니다. 이러한 관심 집중의 이유는 크게 세 가지로 설명할 수 있습니다. 첫째는 '산업유산의 입지'입니다.

산업유산 재활용의 선례들

과거 산업시설은 유통과 저장이 용이한 항구나 철도역 주변 지역에 입지했습니다. 그러나 도시 발달과 확산에 따라 해당 지역이 도시지역 특히 도심에 속하게 되어 활용가치가 높아진 것입니다. 두 번째는 '산업유산의 형상과 규모 측면'입니다. 산업유산의 대부분은 메가 스트럭처 Mega-Structure 입니다. 기둥이 없거나 간격이 넓고, 내부 볼륨이 큰 구조입니다. 따라서 산업유산은 문화예술과 관련된 다양한 활동과 기능, 즉 무한한 가능성을 품을 수 있습니다. 세 번째는 '산업유산의 이미지' 때문입니다. 최근 빈티지, 레트로, 심지어는 뉴트로라는 말도 사용합니다. 산업유산의 외피와 설비시설들은 철이나 석재 등 거친 질감을 가진 경우가 대부분이며, 따라서 현대적인 단순미와 세련미와 극명한 대비를 이루게 될 때 예상치 못한 효과를 낳곤 합니다.

관점에 따라 산업유산은 다양한 방법으로 재활용되고 있습니다.

생각을 펼치는 장소로서 산업유산,
작품을 담고 전시하는 또 보여주는 장소로서 산업유산,
훈련과 연습을 하는 교육공간으로서 산업유산,
학습의 장으로서 산업유산,
머물고 살고 삶을 영유하는 공간으로서 산업유산,
예술작품을 전시하고 매매하는 산업유산,
문화예술 공간으로 바뀐 산업유산,
기능은 뛰어나지 않지만, 멋진 외형 때문에
그 산업시설 자체가 매력인 산업유산,
보통 때는 방치해 있다가 일정 기간 동안
축제 공간으로 변신하는 산업유산

유형 하나하나가 정확히 떨어지진 않습니다. 여러 가지가 섞여서 복합적으로 드러나는 것도 있고, 시간 차이를 두고 기능이 계속 변하면서 반복되는 경우도 있습니다. F1963은 '작품을 담고 전시하는 또 보여주는 장소로서의 산업유산'으로 정의할 수 있습니다. 이에 '기업 스스로 공유공간으로 활용하는 산업유산', '강을 낀 공장이었던 산업유산' 등도 추가할 수 있습니다.

F1963을 닮은 사례들

F1963과 유사한 사례들을 모아 보았습니다. 첫 번째는 '공장 자체를 문화예술의 장소로 사용하는 유형'으로 이탈리아 파르마에 있는 '파가니니 음악당 L'Auditorium Niccolo Paganini'을 꼽을 수 있습니다. 1968년에 폐업한 후 약 30년 동안 방치되어 있던 에리다니아 Eridania 제당공장을 리모델링하여 2001년에 음악당으로 오픈했습니다. 바이올리니스트이자 작곡가인 파가니니 Nicoló Paganini 는 제노바 출신이지만 파르마에서 연주의 능력을 키웠고, 묘지도 파르마에 있습니다. 그런 연유로 파가니니를 기념하는 음악당

파가니니 음악당(L'Auditorium Niccolo Paganini) ⓒGetty Images Bank

이 이곳에 건립된 것입니다. 퐁피두센터, 토리노 링고토 홀 등을 설계한 세계적인 건축가 렌조 피아노 Renzo Piano 의 작품입니다. 90미터에 이르는 세장한 직사각형 공장의 구조체를 활용하여 콘서트홀 780석 과 컨벤션 그리고 공원을 함께 조성했습니다.

음악이 아닌 미술과 관련된 유사한 곳으로는 영국 런던의 '테이트 모던 미술관 Tate Modern Museum '을 꼽을 수 있습니다. 이곳은 원래 뱅크사이드 Bankside 화력발전소였습니다. 1981년 이후 문을 닫고 있던 발전소를 리모 델링을 하여 지금은 영국 최고의 근대미술을 보여주는 갤러리로 변신했 습니다. 스위스 건축가그룹 헤르초크와 드 뫼롱 Herzog & de Meuron 의 설계와 약 8년간의 공사를 거쳐 2005년에 개관하였습니다. 테이트 모던은 웅장 한 직육면체의 외관은 최대한 보존하고, 내부는 근대미술 전시를 위한 혁 신의 구조로 전환된 미술관입니다. 높이 99m의 굴뚝은 밤이면 등대처럼 빛을 발하는 테이트 모던의 상징이 되었습니다. 과거 화력발전소가 미술 관으로 바뀌었다는 것은 오염지대가 완전히 새로운 문화지대로 바뀌었음 을 뜻합니다. 이처럼 공간 혁신의 실마리를 제공하는 산업유산의 변신은

테이트 모던 미술관(Tate Modern Museum) ⓒGetty Images Bank

발틱현대미술관(BALTIC)과 밀레니엄브리지 ⓒGetty Images Bank

무한한 지역 재창조를 위한 최고의 아이템입니다.

영국의 게이츠헤드에는 제분공장을 시민 미술관으로 전환하여 죽어가던 도시지역을 살린 산업유산이 있습니다. 1982년에 폐업한 제분공장을 리모델링하여 2002년에 개관한 '발틱 현대미술관 Baltic Centre for Contemporary Art, BALTIC'은 영국이 밀레니엄 시대를 여는 기폭제가 되었습니다.

이곳의 가장 큰 특징은 소장품이 없다는 것입니다. 전문가를 위한 소장품 매입에 막대한 재정을 투자하는 일반적인 미술관의 행태와는 전혀 다른 행보를 택했습니다. 결과적으로 비주류의 젊은 예술가들과 시민 예술가들의 천국이 되었고, 특정 전문가를 위한 상설전시가 아닌 기획전시가 중심이 되는 특별한 미술관이 되었습니다.

이에 그치지 않고 타인 강의 밀레니엄 브리지 Winking Eye를 사이에 둔 발틱과 세이지 음악당 Sage Music Center 간의 융합 효과는 문화재생의 모델이 되고 있습니다. 과거 밀가루를 생산하며 노동자들과 가족을 살렸던 공장이 이제는 무명의 예술가들과 시민을 살려내고 지역문화를 혁신시키는 '현

판넬레(Van Nellefabriek) ©Shutterstock

대미술의 공장'으로 변신하고 있습니다.

이런 경우도 있습니다. 공장 자체의 조형미가 뛰어나 유산이 된 사례입니다. 네덜란드 로테르담의 '판넬레 Van Nellefabriek'는 강철과 유리로 된 커튼월 Curtain Wall 외피를 가진 대규모 공장으로 모더니즘건축의 대명사이자 20세기의 산업 건축을 대표하는 아이콘으로 평가됩니다. 1995년 폐업 후 변형 부분에 대한 수선과 복원과정 2000~2006년 을 거쳐 2015년 세계유산에 등재되었습니다. 커피, 차, 담배 등과 같은 수입 식료품을 가공하고 유럽에 판매했던 네덜란드의 항만무역을 상징했던 공장이 세계유산이 된 것입니다.

공장과 그 터를 시민들을 위한 공원이나 새로운 경제와 문화지대로 사용하는 경우도 있습니다. 네덜란드 암스테르담에 있는 '베스터 가스파브릭 Westergasfabriek'을 예로 들 수 있습니다. 이곳은 독일에서 들여온 석탄으로 가스를 제조하는 가스 공장 1903년 완공 과 지름 60미터에 이르는 가스 보관용 탱크가 있던 곳입니다. 1960년대에 기능을 잃은 탱크의 활용을 여러

베스터 가스파브릭(Westergasfabriek)

차례 시도하던 중 1989년 시민투표를 거쳐 보존을 결정합니다. 15년 동안의 준비기간을 거쳐 2003년 베스터 가스파브릭은 문화예술공원으로 대변신을 했습니다. 미국 조경가 캐서린 구스타프슨 Kathryn Gustafson 이 공원 전체를 설계했고, 건축가 故 자하 하디드 Dame Zaha Hadid 가 가스탱크를 실내악 연주홀이자 오페라, 패션쇼 등을 위한 복합기능의 앵커공간으로 리모델링하였습니다.

공원에는 갤러리, 공연, 영화, 그래픽 디자인, 게임 등 콘텐츠와 관련된 30여 곳의 작은 기업들이 입주해 있습니다. 흥미로운 사실은 5년마다 기업들이 교체된다는 것입니다. 시대에 따라 생성되는 기능을 유입하여 살아있는 문화 현장으로 지속시키기 위함입니다. 이 때문에 공원에는 신사고와 신산업이 끊임없이 생성되고 있습니다.

독일에는 제철소를 공원으로 사용 중인 특별한 곳이 있습니다. 독일 중북부 지역, 라인강과 루르강의 합류지대인 루르공업지역 Ruhrgebiet 의 '노드랜드샤프트 파크 Landschaftspark Duisburg-Nord'라는 곳입니다. 이곳은 독일 최대 철강기업인 티센 Thyssen 의 주력 제철소였습니다. 1985년 제철소 이전 후, 이곳에서 폐산업지가 공원이 되는 역사적인 대역사가 시작됩니다. 루르공업지역은 1850년대부터 독일 공업을 선도했고, 제2차 세계대전 후에도 석탄, 철강을 중심으로 한 공업지역으로 발전하며 '라인강의 기적'을 만들었던 곳입니다. 그러나 석탄의 고갈과 연료 시스템의 변화로 루르지역은 1970년대 들어 극심한 환경오염과 함께 퇴락하고 말았습니다.

이를 극복하고자, 1989년 루르지역 내의 17개 도시들은 지역 부활을 위한 국제건축축제 IBA(Internationale Bauausstellung), 가칭 IBA 엠셔파크 프로젝트 를 기획했습니다. 1999년까지 약 10년 동안 120개의 다양한 사업들이 시행되었습니다. 투입 비용은 총 40억 마르크 한화 2조 2천억원 였으며, 복원된 녹지 면적은 약 300㎢, 개량된 주택은 3,000여 호에 이르렀습니다.

노드 랜드샤프트 파크는 IBA 엠셔파크 프로젝트의 핵심 사업이었습니다. 제철소의 특성을 그대로 활용한 공원으로 재탄생되었습니다. 거대한 병

노드 랜드샤프트 파크(Landschaftspark Duisburg-Nord)

커와 철도 교각은 락클라이밍장으로, 저장탱크는 스킨
스쿠버를 위한 수조로, 뱀같이 생긴 미끄럼틀을 연결하
여 세상에서 단 하나뿐인 놀이터도 탄생시켰습니다. 제
철소 가운데에 피아짜 메탈리카 Piazza Metallica 라는 광장
을 만들었습니다. 49개로 된 정사각형 철판들 하나하나
는 같은 듯 모두 다릅니다. 피아짜 메탈리카의 녹슬어
부식된 철판들 사이로 올라오는 풀들과 꽃들은 마치 과
거의 기억을 얘기하는 듯합니다.

피아짜 메탈리카(Piazza Metallica)

산업유산들 중 일정 기간 동안 축제의 장으로 변신하는
경우도 증가하고 있습니다. 이러한 경우는 보통 유산
자체의 가치는 매우 뛰어나지만, 산업유산에 대한 미래
활용의 방향이 구체화되지 않았을 때 나타납니다. 불특
정의 사람들이 실험적으로 사용하다 오랜 시간이 흐른
후 특별한 목적의 장소로 정착되는 경우가 많습니다.

베를린의 '쿨투어 브라우어라이 KulturBrauerei'가 그런 사례입니다. 이곳은
1878년 플레츠라우어베르
그 Plenzlauerberg 지역에 근대
식 맥주양조장으로 조성된
후 약 100여 년 동안 운영
되다 1967년 문을 닫게 됩
니다. 이러한 역사직인 배
경을 고려하여 동독 정부는
1974년 양조장 일대를 역
사지구로 지정했습니다. 양
조장 일대 전체가 개발의

쿨투어 브라우어라이 (KulturBrauerei) ©shutterstock

위협에서 벗어나자 자연스럽게 이곳은 동독의 가난한 예술가들과 젊은이들의 성지가 되었습니다.

이는 1970년대 동독 상황으로서는 혁신의 사건과도 같았습니다. 통일 후, 이곳은 전 세계의 예술가와 젊은이들로부터 다시 집중적인 주목을 받기 시작했습니다. 이에 다문화의 중심지를 표방하는 '주식회사 쿨투어 브라우어라이'가 1991년에 설립되었고, 베를린시는 5,600만 유로를 투입하여 토지를 매입하고 '문화양조장 Culture Brewery'이란 애칭의 복합문화공간을 조성했습니다. 현재 운영은 부동산투자 공기업인 TLG Treuhand Liegenschaftsgesellschaft, Immobilien 가 운영하고 있습니다. 문화예술만으로 운영하기에는 생존이 불가하다고 판단하여 문화예술, 상업서비스와 비지니스를 묶은 복합운영을 시도하고 있는 것입니다.

4개의 광장과 20여 개의 건축물로 이루어진 이곳에서는 록, 팝, 재즈 등과 같은 다양한 공연, 전시, 영화와 연극을 볼 수 있고, 다양한 야외 문화활동이 펼쳐지고 있습니다. 행사 건수가 매년 2천 건이 넘으며, 1만 건이 넘는 영화 상영과 100만여 명의 방문객을 유치하고 있습니다. 한 해 베를린 문화산업의 투자액인 10억 유로의 약 10배 이상의 생산가치를 유발하고 있다고 합니다. 무엇을 어디에 어떻게 투자하고 운용하느냐에 따라 도시의 품격과 시민들의 삶의 질이 결정되는 것입니다.

'F1963'도 비슷한 길을 걸어가고 있습니다. 문화예술을 담아 시민들이 휴양과 문화를 즐기는 장소로 사용되고, 상황에 따라 여러 모습의 축제와 문화 현장으로 변신하는 등 지역에 새로운 생각이 스며들게 하고 창의적인 변화의 비전을 품도록 하고 있습니다. 이곳이 앞으로 어떤 기능을 하며, 수영강변을 넘어 부산의 지역경제와 지역문화 발전에 어떤 역할을 담당할지 지켜보아야 하겠습니다.

수영강변의 신문화지대, 우리의 비전

수영강은 좌우 양안의 변화 양상이 매우 다릅니다. 역사적으로 호국지대였던 수영지역의 변화 속도에 비해 해운대지역의 변화는 매우 빠릅니다. 이처럼 특정 공간의 주변부가 다른 양상으로 변해가거나 대조적인 개발 패턴을 보일 때 그 공간은 일관된 원칙을 가질 필요가 있습니다. 자칫 발생할 수 있는 난개발과 같은 혼돈의 상황을 막기 위함입니다.

그렇다면 수영강이 가져야 할 원칙은 무엇이 되어야 할까요? 강의 환경 친화성과 안전성과 관련된 보전관리의 원칙도 있겠지만 새로운 관점, 즉 수영강이 최고로 좋았던 지난 시절과 수영강이 가장 매력적이었던 과거로부터 유추해 보겠습니다. 이것이 옛 시절을 회복시키고 또한 미래를 연결짓는 근거가 될 수 있다면, 지역에서의 반향은 매우 클 것으로 생각합니다.

수영팔경, 수영강의 아름다움을 노래함

오래전부터 선조들은 팔경 八景 이라고 하는 개념을 가지고 있었습니다. 단양팔경, 관동팔경 등을 비롯하여, 부산만 해도 해운팔경, 사상팔경 등이 있습니다. 팔경은 고려 명종 1170~1197 의 명으로 〈소상팔경시〉를 짓고 이광필이 〈소상팔경도〉를 그린 후 우리나라에 정착된 것으로 알려져 있습니다. 최초 팔경은 중국 북송시대 소상 瀟湘 동정호 洞庭湖 에 유입되는 소수와 상강의 합류지대의 아름다운 여덟 경치를 수묵화로 표현한 〈소상팔경도 瀟湘八景圖〉에서 유래되었습니다. 팔경의 소재는 아지랑이, 안개, 종소리, 저녁노을, 돛단배, 어촌마을, 달빛, 밤비, 눈, 저녁 종소리 등이며, 이들의 조합으로 동정호의 아름다움을 표현했습니다.

사실, 경치란 계절과 일기에 따라, 사람 觀子 의 심리적 상태에 따라 달리

수영팔경 비문

보이며, 또한 해당 장소의 가장 아름다운 풍경은 항상 만날 수 없습니다. 때문에 선조들은 여덟 가지의 경치를 정해놓고 그곳이 가진 매력과 잠재력을 즐겼던 것입니다.

수영에는 '수영팔경 水營八景'이 있습니다. 최한복 선생이 수영팔경을 발굴했습니다. 지역의 향토사학자들은 수영팔경을 불후의 명작으로 평가하고 있습니다. 그는 1895년에 수영에서 태어나 1968년까지 한평생 수영에 살며 민족정신 함양에 헌신했던 교육자이자 애국자였습니다. 그는 좌수영성 안에 있는 25의용단의 제향을 주관하고, 중요무형문화재 제43호인 수영야류 등 각종 문화예술활동들을 발굴하고 복원하는 등에 힘썼습니다. 역사서인《수영유사 水營遺史 》를 저술하기도 했습니다. 현재 좌수영성 안에는 최한복 선생을 기념하는 비석과 수영팔경을 설명하는 비문이 있고, 선생은 2004년에 '부산을 빛낸 인물-20세기 편'에 선정되기도 하였습니다.

수영팔경을 간단하게 살펴보겠습니다.

1景. 운대귀범(雲臺歸帆)

해운대쪽에서 들어오는 만선의 귀환은 수영의 풍요로움

2景. 봉대월출(烽臺月出)

장산 간비오봉수대와 달이 아름다운 수영의 밤

3景. 진두어화(津頭漁火)

유어등을 켜고 물고기를 잡는 활기찬 수영나루터

4景. 남장낙안(南場落雁)

좌수영 남쪽 백사장에 날아드는 기러기 떼의 장관

5景. 장산낙조(長山落照)

해질녁 원뿔 모양의 장산에 비친 저녁 햇살을 통해 고즈넉함

6景. 백산만취(白山晚翠)

새벽녁 운무로 물든 백산과 해질녁 비취빛 백산을 통한 신비스러움

7景. 재송직화(栽松織火)

재송동 마을에 베를 짜기 위해 켜놓은 등불을 통해 부지런한 수영사람들의 모습

8景. 연산모종(蓮山暮鐘)

해질녁 연산에서 들려오는 은은한 종소리

1경은 '운대귀범 雲臺歸帆'입니다. 만선의 어선이 바다에서 수영강 하류쪽으로 들어오는 풍경을 말합니다. 만선이 되었으니 그 배의 어부들이 얼마나 행복했겠습니까. 바람을 타고 들어오면서 돛단배가 느릿느릿 여유롭게 귀환하는 풍요로운 감정을 노래하고 있습니다.

2경인 '봉대월출 烽臺月出'은 수영강

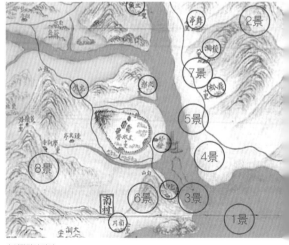

수영팔경의 자리

우측에 있는 간비오산의 봉수대 위로 달이 떠오르는 풍경을 노래한 것입니다. 달빛 아래에 산 그림자가 수영 쪽으로 길게 비추어지는 수영의 아름다운 밤 풍경을 묘사하고 있는 경치입니다. 상상만 해도 신비로운 풍경입니다.

3경은 '진두어화 津頭漁火'는 한밤중 수영강 하구의 어선들의 횃불을 말하는 것입니다. 기수역인 수영강 하구에는 부유생물이 많아 물고기가 많이 모였다고 합니다. 그래서 깜깜한 밤마다 물고기를 잡기 위해 유어등을 켠 어선들이 모여들었고 물고기의 움직임에 따라 이리저리 요동치는 횃불의 아름다움을 설명하는 풍경입니다.

'남장낙안 南場落雁'은 4경입니다. 넓은 모래밭을 이루었던 좌수영 남쪽 백사장에 기러기들이 떼지어 날아드는 장관입니다. 발달했던 삼각주와 모래사장들이 모두 사라져 버린 지금, 이 풍경을 만날 수는 없습니다. 자연의 회복이 절실한 요즘이기에 남장낙안의 수영강이 되어 주기를 바라는 마음입니다.

5경인 '장산낙조 長山落照'는 해 질 무렵 뾰족한 형상을 한 장산의 산 그림자가 수영강변에 비춰진 모습에 붙여진 것입니다.

'백산만취 白山晩翠'는 6경입니다. 새벽녘에는 운무 때문에 희게 보이던 백산이 해 질 녘에는 석양으로 인해 비취색으로 물드는 풍경을 설명합니다. 백산만취는 억세게 운 좋은 날이면 지금도 가끔씩 만날 수 있습니다.

7경은 '재송직화 栽松織火'입니다. 수영강 너머의 재송마을 아낙들이 밤에도 베를 짜기 위해 켜놓은 등불을 묘사한 것입니다. 재송마을이니 곰솔 해송 이라 불리는 소나무가 무척 많았을 것이고, 듬성듬성한 소나무들 사이로 아련히 비추어진 등불의 풍경은 아낙들의 곤궁한 삶과 부지런함을 전해 주었습니다.

마지막 경치인 8경은 '연산모종 蓮山暮鐘'입니다. 해 질 녘 수영의 뒷산인

신(新)수영팔경:회동수원지의 해질 녘 풍경   신(新)수영팔경:좌수영어방놀이 ⓒ국가문화유산포털

금련산에서 들려오는 종소리를 말합니다. 금련산에 있었던 세 곳의 사찰
에서 은은하게 들려오는 종소리를 표현한 것입니다. 이 경치는 소리를 풍
경으로 상상하여 은유한 것입니다.

팔경을 간단히 설명했지만, 이를 복원하거나 제자리로 돌려놓는 일은 쉽
지 않을 것 같습니다. 워낙 개발이 많이 진행되었고, 상황 또한 크게 변했
기 때문입니다. 그러나 수영팔경을 다시 회복시키겠다는 노력, 그 과정은
매우 중요하다고 생각합니다.

이런 상황에서 현실적으로 쉽게 만날 수 있는 새로운 팔경을 발굴하는 것
도 시도해봄 직합니다. '신新 수영팔경'이라 불러보겠습니다. 이것이 수영
강에 내재된 에너지와 가치 발굴의 계기가 된다면 수영강 일대가 지역 명
소로 전환되는 기폭제가 될 수 있지 않을까요?

예를 들면 이런 것입니다. 수영강 상류에 있는 '회동수원지의 해 질 녘 풍
경'입니다. 또한 광안리해수욕장에서 재현되는 '좌수영어방놀이 국가무형문화
재 제62호'의 풍경이나 '수영강에서 바라본 센텀시티의 풍경'도 신수영팔경
에 속할 수 있을 것입니다. 뭐니 뭐니 해도 가장 중요한 팔경은 수영을 지
켜온 사람들의 염원이 담긴 또한 복원이 필요한 '좌수영성의 성곽 풍경'
이 되어야 할 것입니다.

좌수영성의 보물들

좌수영성 ^{현 수영사적공원} 안에는 수백년 역사를 증언하는 여러 요소들이 모여 있습니다. 25의용단, 수영민속예술관, 최한복선생의 수영팔경 가사비, 안용복장군사당, 그리고 천연기념물 두 점도 포함되어 있습니다.

천연기념물의 하나는 곰솔 ^{명칭 수영동곰솔} 입니다. 또 하나는 푸조나무 ^{명칭 수영동푸조나무} 입니다. 두 나무의 형상이 완전히 대조적입니다. 곰솔은 직선적인 웅장함이 돋보이는 침엽수이고, 푸조나무는 섬세한 곡선의 아름다움을 자랑하는 활엽수입니다. 단일 공간에서 두 점의 천연기념물을 보유하고 있다는 사실은 매우 특별합니다. 나무들만 보아도 좌수영성이 갖고 있는 역사적인 위상을 쉽게 이해할 수 있습니다.

수영동 곰솔   수영동 푸조나무

공원 안에 눈을 사로집는 특이한 것
이 있습니다. 임진왜란 후 좌수영성을
지켰던 수군절도사들 ^{인조 17년(1639)~고종}
^{27년(1890)}의 공적비인 '수사선정비 ^{水使}
^{善政碑}'입니다. 정3품 외관직의 무관이
었던 장수 32인과 관찰사 4인 등 총
36점의 공적비들이 2열로 줄 서 있습
니다. 여기저기 흩어져 있던 것이 이
곳에 모여있습니다. 그리고 동래 어민
이자 좌수영의 능노군 ^{노 젓는 병사} 이었

좌수영성 수사선정비(水使善政碑)

던 안용복 장군의 유적들 ^{사당, 동상, 충혼탑 등} 도 이곳에 자리하고 있습니다. 울
릉도와 독도를 침략한 왜인들을 두 차례나 몰아내고 일본까지 가서 우리
땅인 이곳을 다시는 침략하지 않겠다는 막부의 각서를 받아냈던 안용복
장군, 당시 어느 누구도 엄두내지 못했던 그의 충혼이 이곳에 머물러 있
습니다.

좌수영성의 성문들은 현재 주문이었던 남문의 흔적만이 유일합니다. 남
문은 일제강점기 때 옛 수영공립보통학교 ^{현 신익아파트 자리} 정문으로 사용하
기 위해 이전되었고, 1962년 학교 이전 후 수년간 방치되다 현 위치로 옮
겼습니다. 남문은 1972년 부산광역시유형문화재로 지정되었습니다. 그런
데 이 문은 남문 전체가 아니라, 성문의 육축과 누각은 없어지고 중앙부
의 아지형 석문 ^{石門} 인 홍예 ^{虹霓} 와 이와 연결된 홍예기석 ^{虹霓基石} 의 일부로
구성되어 있습니다. 언젠가는 원형의 진정성을 갖춘 남문이 원위치에 자
리 잡는 날이 올 것으로 생각합니다.

홍예만큼이나 눈길을 끄는 유산이 있습니다. 홍예 앞 사각형 돌기둥 위에
박견 ^{拍犬} 이라는 개 석상 한 쌍이 양쪽에 나란히 서 있습니다. 박견은 왜구

남문 홍예와 박견 형태의 석물들

를 감지하던 좌수영성의 기능을 상징적으로 표현하는 것이라 전해집니다. 박견은 조선의 토종 개였고, 의협심이 매우 강하고 용기가 있어 우리 민족을 상징했다고 합니다. 근자에 경주의 삽살개, 동경이 등 우리 혈통의 개들이 복원된 것처럼, 박견의 복원에 도전하는 일도 의미가 있을 것으로 보입니다.

수영사적공원 안에는 1971년에 설립된 '사단법인 수영고적민속예술보존협회 이하 '수영민속보존협회' 가 있습니다. 수영민속보존협회에서는 좌수영성과 관련하여 네 건의 무형문화재를 보유하고 있습니다.

국가무형문화재로는 수영야류 ● 와 좌수영어방놀이 ●● 가 있고, 부산광역시무형문화재로는 수영농청놀이 ●●● 와 수영지신밟기 ●●●● 가 있습니다.

네 건의 무형문화재가 이처럼 한 곳에서 전승되고 있는 것은 매우 놀라운 일입니다. 무형문화재들의 탄생 연유가 궁금해지지 않을 수 없습니다. 무형문화재에 담긴 모든 이야기는 좌수영성의 군사들과 가족들의 생활사입니다. 관원과 군사, 어민과 농민이 하나 된 마음으로 어울리며 살았던 이야기입니다.

이백여 년 이상의 역사를 가진 것으로 추정되는 무형문화재들이 지금도 전승되고 있다는 것은 이를 지키고 있는 사람들이 있다는 뜻입니다. 수영민속보존협회가 전승의 중심 역할을 하고 있고 모두 자긍심으로 무장한 전승교육사와 이수자들로 구성되어 있습니다. 이들이 있기에 수영의 무형문화재들은 단절되지 않고 영원히 지켜질 것입니다.

최근 수영사적공원 주변에서 여러 주제를 가진 길을 따라 걷는 트레킹 활동이 본격화되고 있습니다. 이 문화활동을 좌수영성, 팔도시장, 망미동의 비콘 B-con 과 F1963을 넘어 수영강변 그리고 센텀시티까지 확장시킬 수 있다면 어떤 일이 벌어질까요?

● '수영야류'는 들놀이(野遊), 즉 정월대보름날에 행해지는 일종의 민속 탈놀이다. 산신제, 우물고사, 묘제를 지낸 후 수영강변에서 참가자들이 행진하는 길놀이와 네 마당으로 구성된 가면극이 수영야류의 기본 구성이다. 조선 후기에 시작되었고 일제강점기에 단절되었다가 해방 후 부활되어 지금에 이르고 있다.

●● '좌수영어방놀이'는 좌수영의 수군과 어민의 협업체인 어방(漁坊)에서 멸치후리질 작업을 세 마당으로 구성하여 만든 민속놀이이다. 첫째 마당은 후리질을 위한 줄을 꼬며 부르는 내왕소리, 둘째 마당은 그물을 친 후 끌어당길 때 부르는 사리소리, 셋째 마당은 풍어를 자축하는 어부들의 노래인 칭칭소리로 구성된다.

●●● '수영농청놀이'는 농민들의 자치 단체인 농청(農廳)에 속한 사람들이 농사짓는 과정을 여덟 마당의 놀이로 꾸민 것이다.

●●●● '수영지신밟기'는 음력 정월 초에 약 10일 동안 수영의 동네 곳곳을 돌며 복을 빌기 위한 굿 형식의 의례이자 놀이이다. 복을 빌어 준 후 받는 사례는 정월대보름에 행하는 수영야류의 재원이 된다.

수영강에는 교량이 6곳이나 설치되어 있습니다. 이 중 마음껏 사람들이 걸어 다닐 수 있는 다리는 없습니다. '다리 하나가 지역을 바꿀 수 있다!'는 의지 아래 전 세계적으로 보행교를 놓아 강변지역을 살려내는 도시들이 점차 늘어나고 있습니다. 시카고, 파리, 게이츠헤드, 빌바오 등을 비롯한 세계 곳곳에 유사한 보행교가 존재합니다.

수영강도 여러 조건을 고려해 볼 때, 보행교의 설치를 통해 지역 활성화를 끌어낼 수 있는 잠재력이 크다고 판단됩니다. 보행교 설치를 위한 한 장소를 굳이 꼽으라면 좌수영성에서 센텀시티로 넘어가는 좌수영성의 선소 터(동그라미로 표현)가 어떨까 합니다. 보행교 조성과 선소 복원을 겸할 수 있는 장소입니다. 좌수영의 역사와 센텀의 첨단을 연결하여 수영강변을 문화의 보고로 육성할 수 있는 잠재력이 큰 곳입니다. 보행교 건설이 실제가 된다면, 그저 그런 평범한 보행교는 지양해야 합니다. 수영강변의 문화적 잠재력을 대변할 수 있는 상징성과 의미를 갖춘 다리가 되어야 할 것입니다.

수영강변은 부산다움이 집중적으로 전해지는 지역입니다. 옛 수영사람들이 그랬듯 수영강의 역사와 풍경을 지키고 복원하는 일에 전심을 다 해야 할 것입니다. 전통을 지키고 계승하는 의지력이 풍부한 수영 사람들이 건재하기에 수영강변의 역사와 풍경은 영원히 지속되어 갈 것입니다.

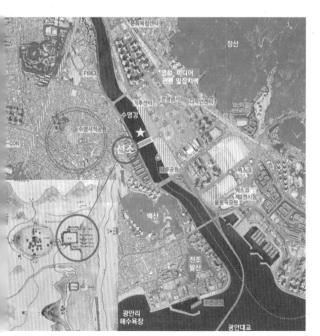

좌수영성의 선소터와 보행교 입지(안)

서면 일대는 원래 물이 풍부한 농경지대였습니다.

당감천, 가야천, 부전천, 전포천, 호계천까지 여러 개의 천이 모여들어 동천을 통해

바다로 흘러가는 물이 풍부한 곳이었습니다.

항구와 연결되어 운하 건설이 가능했던 이곳의 여건은

일제가 산업지대로 전환시키는 계기가 되었습니다.

우리나라에서 한때 가장 컸던 방직공장인 조선방직을 위시하여

신발산업, 합판제조업, 양조업 등과 관련된 각종 공장들이 이곳에 자리 잡았습니다.

이러한 경향은 해방 후에도 또 전쟁 후에도 이어졌습니다.

한국전쟁을 전후하여 락희공업사, 제일제당, 신진자동차, 국제상사, 동양고무,

삼화고무, 태화고무, 보생고무, 부산방직, 경남모직, 원풍타이어, 송월타월 등

우리나라의 주요 기업들 상당 수가 서면 일대에 설립되었습니다.

그러나 1960년대 말부터 70년대 초반, 대부분의 기업들은 서면을 떠나버리고 말았습니다.

떠난 후에 남은 것은 공장 터의 난개발과 오염된 동천뿐이었습니다.

당시는 마이카 시대로 접어들던 시기였기에, 끝자락의 2.8km만을 남긴 채

모든 강줄기는 복개되어 도로가 되고 말았습니다.

결과적으로 동천은 대한민국의 재건과 발전과정에 희생된 하천이라 할 수 있습니다.

하지만 지금 서면 일대에는 새로운 변화가 일어나고 있습니다.

도시를 가로막았던 캠프 하야리아가 부산시민공원이 되었고,

송상현광장과 문현금융단지가 조성되었습니다.

또한 동천 하류에 입지한 55보급창의 공원 조성과 가야천이 지나가는 범천철도기지창의

재활용에 대한 논의가 시작되었습니다.

더욱 중요한 점은 서면과 동천 일대가 북항재개발 2단계사업과 직·간접적으로

관련되어 있다는 사실입니다.

이 일들이 제대로 무르익는다면, 동천 물은 다시 맑아질 것이고

백양산에서 출발해 부산시민공원을 거쳐 북항에 이르는 동천 유역은

부산경제의 황금라인이 될 것입니다.

서면과 동천

대한민국 재건의 기반처

서면의 변천 :
농경지가 공장터로, 그리고 도심으로

서면西面은 과거 농경지에서 산업지대로, 그리고 도심으로 빠르게 변하여
왔습니다. 본래 서면은 동래부 7개 면 중 한 곳으로, 동래읍성과 부산진성
사이에 위치한 드넓은 농경지대였습니다. 서면의 중심을 가르며 흐르는
동천은 사실 부산진성의 동쪽으로 흐르는 강이라 하여 붙여진 이름입니
다. 동천은 당감천, 가야천, 부전천, 전포천, 호계천 등을 지류로 삼고 있지
만 당감천을 동천의 발원지로 여기기도 합니다. 그러나 물줄기들의 형상
을 고려해 볼 때 동천의 본류를 특정한 물줄기로 규정하기에는 다소 모호
한 점이 있습니다.

서면은 19세기까지는 농경지대였지만 20세기에 접어들며 거대한 변화를
맞이합니다. 서면 한복판에는 전관거류지 현 원도심 일원 로부터 동래까지 연

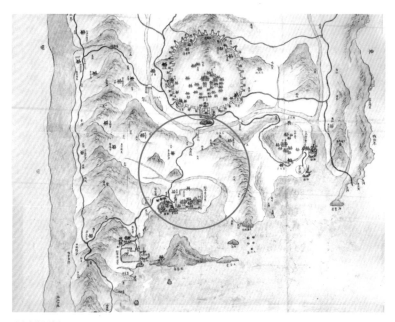

서면의 개략 위치

결되는 전차가 지나가고, 부산 최초의 도시계획이 시행되어 방사형 구조의 서면로터리가 탄생했습니다. 이렇게 시작된 서면의 공간구조는 부산의 여러 공간들과 거미줄처럼 연결되어 부산의 도시구조에 지금도 강한 영향을 미치고 있습니다.

서면 일대의 변화과정은 크게 '원형기', '태동기', '성장기', '활성기', '조정기', '토건개발기', '변화모색기' 등 총 7개 시대로 나눌 수 있습니다.

'원형기'는 서면이 농경지대였던 구한말의 시기를 의미합니다. '태동기'는 1915년 경편열차와 겸용으로 운행된 전차 개통과 함께 서면이 산업지대로 변화하기 직전의 시기였습니다. '성장기'는 서면일대가 본격적인 부산의 중심지로 개발되었던 1930년대와 1940년대를 말합니다. '활성기'는 피란민들이 전포동, 범천동, 범일동 등에 주거지를 형성하고, 동천 천변의 공장들에서 일자리를 찾던 한국전쟁기입니다. 이 때가 서면의 활기가 본격화된 시기라고 할 수 있습니다.

'조정기'는 1963년 부산이 직할시로 승격된 후, 사상공단이 조성되며 서면의 공장과 기업들이 다른 지역으로 빠져나간 1990년대 초반까지를 말합니다. '토건개발기'는 비어버린 공장 터들이 새로운 도시기반시설과 주거시설로 채워지던 시기입니다. 서면은 이 토건개발기에 이르러 현재의 모습과 유사한 도심 공간으로 전환되었습니다.

마지막 '변화모색기'는 2014년에 있었던 부산시민공원의 탄생과 밀접한 연관이 있습니다. 2014년을 기점으로 본 것은 시민공원의 탄생이 서면을 단순한 도심이 아닌 새로운 미래지대로 상상해볼 수 있는 계기로 작동했기 때문입니다.

원형기 : 1904년 이전

원형기의 동천은 백양산에서 발원된 깨끗한 물이 여러 지류들과 합류하여 끊임없이 바다로 흘러 들어갔습니다. '부산항 조선총독부수로부'가 1905년에 발행한 〈부산항지도〉를 보니 지도 속 동천 하구 모습이 마치 낙동강의 펼쳐진 삼각주를 닮았습니다. 지도 속, 동천 일대에는 조선 최초 개항장이자 동래성의 외항이었던 부산포가 펼쳐져 있고, 우측에 솟은 부산진성(터) 너머로 모래톱이 넓게 형성되어 있습니다. 부산포를 가르고 지나가는 굵은 선은 경부선 철로입니다. 포구를 양분하는 철로 개설은 민족성이 강했던 부산진의 공간구조를 교란시키기 위한 일제 책략 중 하나로 볼 수 있습니다. 철로와 도로 건설을 이용하여 국토를 교란시키고 민족성을 흩뜨려 놓으려했던 일제 책략은 이곳뿐만 아

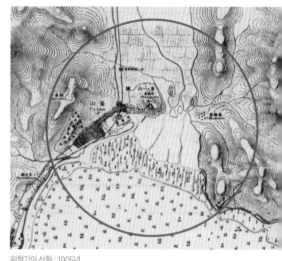

원형기의 상황 : 1905년

〈사로승구도부산진도(槎路勝區圖釜山鎭圖)〉속의 부산포와 영가대
(이성린作/1748년경) ⓒ국립중앙박물관

니라 종묘와 창경궁을 단절시킨 도로, 경주 월성과 안압지 동궁과 월지 를 분리시킨 철로와 도로, 낙동강 구포의 감동진 甘東津 과 구포장 사이에 건설된 경부선 철로 등 전국에서 그 예를 찾아볼 수 있습니다.

한편, 부산포는 소선통신사 일행이 12차례 왜 일본 로 출항·귀항을 했던 국제교류의 출발점이었습니다. 통신사는 포구 내 언덕 위에 건립된 영가대에서 용신제를 올린 후 출항했습니다. 1748년 제10차 (무진)조선통신사 일행으로 일본에 다녀온 이성린은 〈사로승구도 槎路勝區圖 〉 중 '부산진도 釜山鎭圖 '라는 30폭 그림으로 당시 부산포의 아름다운 풍경을 담아냈습니다.

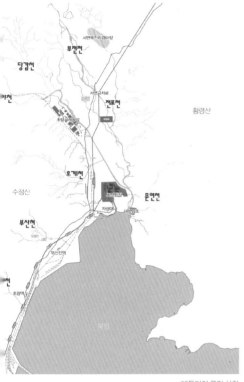

태동기의 공간 상황

조선방직의 입지로 인한 급속한 공간 교란의 발생 :
동천 하류의 매립과 선형의 변형

그림을 살펴보면 부산진성의 남문과 부산포가 직접 연결되어 있고 작은 반도처럼 돌출된 언덕 위에 영가대가 자리하고 있음을 확인할 수 있습니다.

이처럼 동천 하구는 천혜의 자연환경이 어우러진 부산진성이 위치한 국방의 전초기지이자, 왜와의 무역과 교류를 담당한 부산포가 자리잡은 무역의 요충지였습니다.

태동기 1905~1933년

태동기는 경부선 개통과 함께 시작됩니다. 경부선의 완공 1904년 12월 27일 과 개통 1905년 1월 1일 에 이은 전차 개통 1915년 으로 서면은 동서로 양분되고 말았습니다. 1917년에는 부산진성과 연접한 동천 하구를 매립한 땅 위에 조선방직이 들어섰습니다. 이 즈음은 일제가 대륙침략과 식민화를 위해 한반도의 공간과 경제 지배를 본격화 했던 때였습니다.

태동기의 가장 큰 변화는 천변에 대형시설들이 들어서기 시작한 것이었습니다. 조선방직의 건설로 인해 동천 하류는 크게 변형되기 시작했지만 호계천, 당감천, 가야천, 전포천, 부전천, 문현천 등 지류의 모습은 뚜렷이 건재했던 시기였습니다. 동천의 중심지류에 해당하는 부전천의 발원지인 성지곡수원지는

1909년 대한제국시대에 건설된 국내 최초의 콘크리트 중력식 댐이자 근대식 상수도로 기능했습니다. 이와 함께 1904년 가야천변에 '범천철도기지창'이 건설되었고, 전포천과 부전천 일대에는 1931년 '서면부전리경마장'이 조성되었습니다.

성장기 1934~1949년

서면의 성장기는 1934년 동해남부선의 개통과 함께 시작됩니다. 서면을 스치며 통과하던 경부선과 달리, 동해남부선은 서면지역에 거점 역 ^{부전역}을 마련했습니다. 따라서 서면은 동해남부선의 종점이자 출발점으로 기

1946년 성장기의 상황

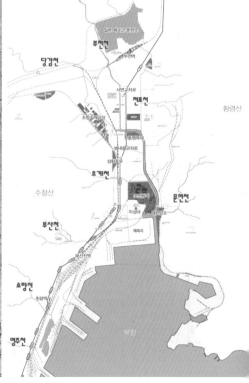

성장기의 공간 상황

능하게 되었고, 부전역은 동천일대 산업지대를 연결하는 물자 집산과 유통 거점으로 역할을 수행했습니다. 이러한 교통경로들이 원료 공급과 수출입을 담당하는 북항의 물류부두들과 결합하면서 서면 일대는 국가를 대표하는 산업지대로 성장하게 됩니다.

성장기에 이루어진 서면의 가장 큰 변화는 동천 하류에 위치한 넓은 삼각주들이 부산진 매축공사(2,3차)로 인해 완전히 사라진 것입니다. 이와 함께 매축지를 물류 저장고로 삼는 문현선, 가야선, 부전선 등의 화물철도들이 개설되면서 부전천과 전포천은 직강화直江化 되었습니다. 평지의 공간구조에 각종 원자재와 제품의 수송체계가 완비되면서 서면 일대는 면사와 면포, 인견, 합판, 소주 등을 생산하는 공장들이 집중적으로 건설된 (경)공업의 중심지로 변모했습니다. 1946년 지도 속에 보이는 거뭇한 큰 건물들은 모두 공장이었습니다. 하지만 산업 발전이 서면에 긍정적인 결과만을 안겨준 것은 아닙니다. 산업이 급격하게 발전하는 와중에도 동천 지류들은 모두 살아있었지만, 산업시설들과 하천을 자르고 넘나들던 화물철도와 도로들은 맑고 깨끗했던 동천 일대의 환경을 오염시키기 시작했습니다.

활성기 1950~1968년

활성기는 한국전쟁이 발발한 1950년부터 서면의 공업시설들이 이전된 1968년까지의 시기를 가리킵니다. 당시 서면에는 많은 기업들이 설립됨에 따라 연관회사들과 하청업체들이 연이어 모여듭니다. 수많은 노동자들과 기업인들이 모였던 서면에는 그들을 고객으로 유치하려는 상업, 요식, 유흥업소들이 집중될 수밖에 없었습니다. 이 현상은 한국전쟁과 함께 부산으로 이주한 피란민들이 범천동, 수정동, 좌천동, 전포동, 우암동 등 서면 배후 구릉지에 거처를 정하면서 점차 가중되었습니다. 피란민들로

부터 양질의 노동력이 끊임없이 공급되면서 기존에 있던 방직, 신발, 합판산업의 확장은 물론, 국내 대기업의 전신이 된 제일제당, 락희화학공업사, 신진자동차 등이 번성을 이루는 바탕을제공하기도 했습니다. 30여 곳의 공장들 당시 대기업 과 더불어 한때 한국 3대 기업이었던 '삼성', 'LG', '대우'가 함께 이곳 서면에서 성장했고 국가 경제의 모태를 이루었습니다.

1963년 부산의 직할시 승격은 이러한 서면 활성화에 박차를 가하는 듯 보였습니다. 하지만 급격한 인구밀도 상승으로 지역이 대혼란에 빠질 조짐을 보이자 정부는 1960년대 말부터 서면의 공업시설들을 타 지역으로 옮기는 계획을 추진했고, 그 선택지가 사상지역이었습니다.

활성기의 공간 상황

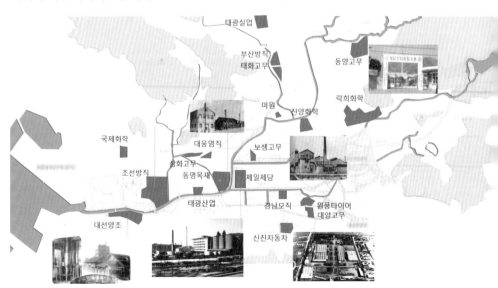

1960년대 동천변의 산업시설들

1960년대 서면에는 공장들이 물길들 사이사이에 들어서 있음을 확인 할 수 있습니다. 삼성의 전신이자 국내 최초로 설탕을 생산하며 부를 쌓은 제일제당은 1953년부터 부전천과 전포천의 합류점에 자리 잡았습니다. 그러나 제일제당은 2004년에 서면을 완전히 떠났습니다.

락희화학공업사는 국내 최초 튜브형 치약인 '럭키 Lucky 치약'을 생산하면서 발전했습니다. 락희화학공업사의 공장은 초읍 지역의 입구 근처에 자리 잡았습니다. 회사명에 '화학'이란 단어가 들어가 있듯, 1947년에 설립된 락희화학공업사는 원래 화장품과 플라스틱 제품 생산을 주된 목적으로 하였습니다. 이 기업은 부산의 향토기업으로서의 자격을 부분적으로 갖추고 있었습니다. 락희화학공업사는 '동동구리무'라 불렸던 화장품 크림을 담기위한 플라스틱 용기, 즉 우리나라 최초로 합성수지 성형품을 생산하여 1951년 국내에 플라스틱 시대를 열었습니다. 럭키치약이 전국적 상품이 되며 당시 전 세계를 휩쓸던 미국 콜게이드 치약이 국내에 수입되지 못하는 일도 벌어졌습니다. 1958년 락희화학공업사 공장 산하에 우리나라 최초 전자공업회사인 금성사 金星社 가 설립되었습니다. 금성사는 'TP-601'이라는 트렌지스터 라디오 6석 휴대용 를 생산하고 판매하여 우리나라 전자산업의 신기원을 이루기도 했습니다. 이후 락키화학의 'L'과 금성사를 뜻하는 골드스타의 'G'가 합쳐져 럭키금성, 즉 LG그룹이 탄생되었습니다.

대우자동차의 모태이자 전신이었던 신진공업사 공장터는 최근까지 공지로 잔존했지만 현재는 거대한 아파트단지로 개발되었습니다. 신진공업사는 버스 생산에 탁월한 능력을 가졌던 기업이었습니다. 2010년에 부산공장이 울산공장과 통합되었으니, 신진공업사는 가장 마지막까지 서면에 남아있던 공장이라고 할 수 있습니다.

1917년에 설립된 동양 최대 규모의 면방직 회사였던 '조선방직'은 50여

년 동안 각종 면제품을 생산하며 한때 전국 최대의 기업으로 발전했습니다. 그러나 막대한 부채로 인해 1968년 부산시에 인수되며 해체됐습니다. 조선방직은 지금도 사용 중인 '조방'이라는 지명이나 '조방낙지'라는 음식명이 탄생되었을 정도로 부산 지역에 큰 영향력을 발휘했던 기업이었습니다.

동명목재는 부산을 넘어 세계 최대 규모의 합판공장이었습니다. 1970년 대까지 지역에서 동명목재의 영향력은 실로 대단한 것이었습니다. 동남 아시아로부터 해상을 통해 부산항으로 원목 아비동, 미송, 스기 등 수입이 가능 하였기에 동명목재의 성장은 필연적이었습니다. 특히 전쟁을 전후하여 1950~60년대까지 유행했던 목조주택의 주재료는 판자 합판 였고, 수산업을 위한 목선 제조 등 연관 산업의 활성으로 동명목재는 큰 특수를 누렸습니다.

지금도 부산에 건재한 대선주조는 90년의 역사를 가진 진정한 부산의 향토기업입니다. 기업 이름이 탄생된 계기가 매우 흥미롭습니다. 일제강점기 청주를 주조하던 대일본양조에 맞서 조선인의 긍지를 담은 대조선 大朝鮮 이란 명칭에서 대선 大鮮 양조주식회사가 탄생되었다고 합니다. 동천 끝자락 천변에 설립된 대선주조는 부산에서 가장 오래된 소주인 '다이야 소주 DAIYA SHOCHU'를 생산했고, 우리나라 최초로 돌려 따는 병뚜껑인 스크루캡 Screw Cap 을 소주에 도입하고, 2017년 옛 상표를 다시 사용하여 소주에 뉴트로 문화를 접목하는 등 실험정신이 뛰어난 주조회사입니다.

서면은 한때 국내 8대 신발 제조사들 중 6대 기업이 모여 있던 한국 신발 산업의 메카였습니다. 타이야표 보생고무, 범표 삼화고무, 말표 태화고무, 왕자표 국제화학, 진양표 진양고무, 기차표 동양고무, 사자표 대양고무 등 우리나라 굴지의 신발회사들이 동천 주변에 있습니다. 기록에 따르면 1970년과 80년대 부산의 신발제조업 고용 인구는 5만명 이상이었고, 1만

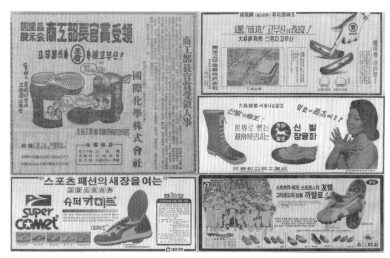

부산 신발기업의 광고들

명 이상의 회사가 4곳이나 되었다고 합니다. 이에 딸린 원청 및 하청업체, 부자재 납품회사, 물류회사 등을 합치면 그 영향력은 어마어마했다고 할 수 있습니다. 1974년 삼화고무는 나이키와 주문자상표부착생산 OEM 계약을 맺고 런닝화를 생산하여 지금의 나이키 성장의 기반을 제공했다는 것은 널리 알려져 있는 사실입니다. 나이키의 창업자 중 한 명인 필 나이트 Phil Knight 가 직접 삼화고무를 방문하여 계약을 맺었다고 합니다.

현재, 전반적으로 신발산업이 침체기에 있음에도 불구하고 전국 500여 개 신발제조사의 50%가 부산에 소재하며, 제조사들은 등산화 등 기능성 제품에 두각을 보이며 신발업계에서 여전히 강한 영향력을 보이고 있습니다. 부산의 신발제조기업들은 2018년 '한국신발관 K-Shoes Center '의 개관을 지원하고, 2020년에는 보생고무 터에 중소 신발 브랜드들을 지원하는 'KT&G 상상마당 부산'을 개관하며 또 한 번의 도약을 준비하고 있습니다.

당시 서면에는 극장들이 유독 많았습니다. 단관 16개 곳, 소극장 18개 곳, 복합관 5개 곳이 존재했다고 하며 이러한 극장들 중에서 '북성극장'은

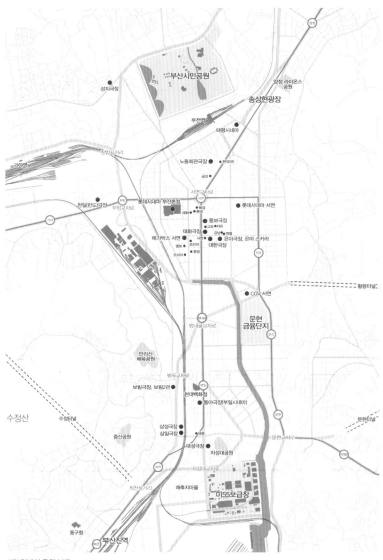

서면 일대의 극장 분포

서면 최초의 극장으로 전해집니다. 극장 대부분은 서면로터리 근처에 집
중적으로 위치했지만, 가장 유명했던 극장은 삼일극장 1944~2006년, 보림극
장 1955~2007년, 삼성극장 1959~2011년 으로 구성된 '범일동 극장 트리오'였습니
다. 이처럼 1950~60년대 극장들이 번영을 이루었던 이유는 극장 주변에

국제화학, 삼화고무, 조선방직, 대웅염직, 동명목재 등의 대형 공장에서
일하던 노동자들이 있었기 때문이었습니다.

2001년 3월 31일에 개봉된 영화 〈친구〉(감독 곽경택)가 극장 트리오의 앞
길과 주변에서 촬영되었습니다. 그래서 삼일극장과 삼성극장의 앞길은
'친구의 길'로 이름 지어지기도 했지만, 도로 확장 등의 명목으로 삼일극
장은 2006년에, 삼성극장은 2011년에 철거되고 말았습니다. 어디에 항변
한번 못하고 해체의 위기에 놓인 삼성극장에서 젊은 예술가들이 "뒤안길
로 사라져가는 마지막 극장을 추억하며"라는 주제로 마지막 전시회를 연
적이 있었습니다. 작가 류성효와 차재근의 한 숨 섞인 아쉬움이 지금도
제 귀에 생생합니다.

2007년에 폐업한 후 용도를 바꾸어 가며 힘들게 버티던 보림극장도
2019년 주상복합에 자리를 내어주고 말았습니다. 당시 극장들 중 가장 마
지막까지 버틴 극장은 부전시장 근처에 있던 '태평시네마'였습니다. 동천
과 서면 역사의 산증인으로 남겨지길 염원하기도 했지만 2020년에 결국
철거되고 말았습니다.

삼성극장 철거에 대한 젊은 예술가들의 항변

서면의 마지막 극장이었던 태평시네마

부산박물관 정원에 보존된 부산탑의 탑두

부산탑ⓒ부산시

서면로터리의 부산탑 아래에 전차라인이 보입니다. 전차는 서면로타리의
중앙을 통과하여 양정을 거쳐 동래온천장으로 연결되었습니다. 전차는
높이 23~4m 아치형의 부산탑 ^{원명 '부산 재건의 탑'} 아래를 관통했습니다. 탑이
1963년 부산직할시 승격을 기념하여 건립되었으니, 전차가 폐지된 1968
년까지 약 5년 동안 탑 아래로 전차가 통과했던 것입니다. 부산탑을 배경
으로 한 전차 주변부는 사진 촬영의 명소기기도 했습니다. 부산탑은 지하
철 1호선 공사로 인해 1981년에 철거되었고, 빙빙 돌며 갈 길을 찾던 로터
리 시스템도 신호등 체계로 변했습니다. 부산의 '釜'를 형상화했다는 탑
신은 해체되었고, 자유의 횃불을 든 남녀 동상으로 구성된 탑두는 부산박
물관 정원에 이전히여 보존되어 있습니다. 도시의 문화와 낭만이 무엇인
지를 뒤늦게 서야 깨닫게 되는데, 우리는 후회할 시간조차도 놓치고 살아
가고 있는 것 같습니다.

놓친 것은 이뿐만이 아닙니다. 탑두는 '부산직할시 승격 기념상'으로 명
명되어 있는데, 설립 취지문을 보다 놀라운 사실을 발견했습니다. 부산탑

이 부산상공회의소 회원 16인의 후원금으로 세워졌음을 알리는 표지석에 새겨진 후원자들의 이름이 예사롭지 않습니다. 강석진 회장을 비롯하여 구인회, 김지태, 박경규, 박정관, 신경호, 신덕균, 신세균, 신중달, 양태진, 왕상은, 이병철, 이영진, 장홍식, 정기옥, 정태성. 모두 서면에서 기업을 운영하던 공장주들이었고, 당대 우리나라 최고의 기업가들이기도 했습니다. 어려웠던 시절, 부산 시민의 염원을 뒤로 한 채 그들은 모두 어디로 갔는지, 또 기업들은 모두 어디로 떠나버렸는지. 알 수 없는 묘한(?) 분함이 느껴집니다. 뭔지 모를 아쉬움과 안타까움이 가슴을 저려옵니다.

조정기 1969~1979년

조정기는 사상공단 이전을 계기로 서면의 도시정비가 모색된 시기였습니다. 그러나 당시 이루어진 도시정비는 지역 환경을 총체적으로 정비하지는 못했습니다. 1970년대 초반 범내골 교차로 모습을 보면 주변 건물들의 높이만 지금보다 낮을 뿐 전체적인 모습은 현재와 흡사합니다. 옛 범일역이 있던 신암지역에서 범내골교차로 쪽으로 넘어오는 고가로의 모습도 그대로입니다.

공장들로 둘러싸인 범내골교차로

결과석으로 사상공난으로의 공장 이선정책은 부산시의 실기^{失期} 로 결론 납니다. 1963년 직할시 승격 후 환경오염, 교통혼잡 등 여러 도시문제의 온상지였던 서면일대에 대해 정부는 자체의 공간 확장이나 개선보다는 이전을 선택했습니다. 기업들은 사상공단으로의 이전을 거부한 채 대부분 부산을 떠나버렸고, 서면은 그야말로 낙동강 오리알이 되고 말았습니다.

특히, 조선방직의 폐쇄는 지역변화에 결정적인 요인을 제공했습니다. 폐쇄 후 그곳으로 부산시청의 이전을 시도했으나 성사되지 못했습니다. 만약 공장 터에 부산시청이 이전되었다면, 부산의 운명은 크게 바뀌었을 것입니다. 바다로 먹고사는 항구도시에서 시청이 바다가 보이지 않는 내륙으로 이전한다는 것은 항구도시로서의 강점을 포기한다는 것을 뜻합니다. 조선방직 터는 동천을 통해 바다와 직접 연결되어 있었기에 바다를 통한 부산 재도약을 위한 시도와 실천이 지금보다 훨씬 더했거나 다양했을 것입니다. 결국 조선방직 터는 평화도매시장, 자유도매시장 등을 포함한 도매시장지대로 선환되고 말았습니다.

조정기의 서면 일대는 사통팔달의 교통 여건에 기반하여 부산교통의 중심지로 발달했습니다. 전차 폐지 후 도시교통은 자동차 중심으로 재정비되었

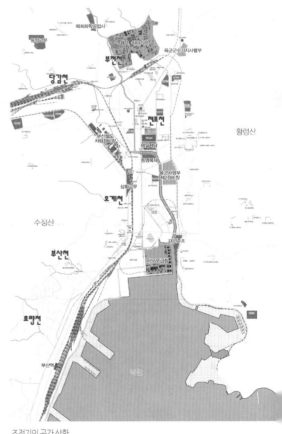

조정기의 공간 상황

고, 서면과 부두 간의 원활한 연계를 위해 부산 최초 고가교차로인 자성
대입체교차로 ^{2019년 철거} 가 설치됩니다. 이어 경부고속도로와 남해고속도
로와 북항의 물류부두들을 직접 연결하기 위한 고가도로들이 서면일대를
통과하게 됩니다.

토건개발기 1980년대~2013년

1995년 부산직할시는 광역시로 개칭됩니다. 중앙동에 있던 부산시청이
양정 너머 연산동으로 이전하게 됩니다. 먼저 이전을 시도했던 조선방직
(터) 보다는 멀었지만, 서면 연접지역으로의 시청 이전은 서면의 변화를 다시금 모색 할 수 있는 좋은 계기를 제공했습니다.

88올림픽을 전후하여 (재)개발 시대가 전국적으로 열리게 되면서 부산도 경제성과 효율성을 고려한 도시발전 전략을 수립하였습니다. 그러나 도로 교통시설 확충과 고가도로 및 터널 건설 등 토목건설 관련 단위사업들이 주를 이루게 됩니다. 내륙과 항구의 중간지대인 서면은 이런 개발 양상에 영향을 받을 수밖에 없었습니다.

1985년 부산의 남북지역을 잇는 도시철도 1호선이 옛 전차라인과 거의 유사한 경로로 개통되었고, 1999년 ^{호포}

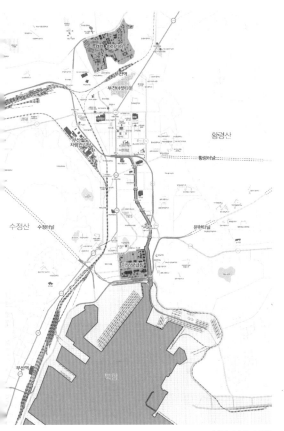

토건개발기의 공간상황

~서면 구간 과 2002년 ^{서면~장산 구간} 에 부산

의 동서지역을 연결하는 도시철도 2호선이 추가 개통되면서 서면역은 부
산 대중교통의 요충지 3호선 건설 이전까지 부산의 유일 환승역 역할을 담당했습니다.
결과적으로 1호선과 2호선이 약 1km의 간격을 두고 자리 잡음으로써 서
면일대의 역세권 개발이 크게 부각되기도 했습니다.

토건개발기에서의 가장 큰 공간적 변화는 땅속으로 들어가 버린 동천과
관련됩니다. 1980년대에 들어 부전천과 전포천의 복개를 시발점으로 하
여 지류들은 모두 도로로 변했고, 이에 많은 차량들이 서면에 집중되었습
니다. 이와 함께 서면로터리 근처 부산상고 터에 롯데백화점이 건축됨과
동시에 지하상가가 개발되며 공장 부지들 대부분도 개발지로 바뀌고 맙
니다. 제일제당 터에는 포스코 더샵, 대웅염직 터에는 서면동일스위트 아
파트, 원풍타이어 터에는 롯데캐슬스카이 등 대규모 주거단지들이 들어
서면서 환경오염은 어느 정도 완화되었지만 오히려 서면은 복잡한 과밀
지역으로 변해가기 시작했습니다.

변화모색기 2014년 이후

2014년 5월 1일 캠프 하야리아가 부산시민공원으로 재탄생되며 80여년
이상 철로와 군부대로 인해 단절되었던 서면 지역에 공간적 소통이 시작
되었습니다.

가장 먼저, 부대 담을 완전히 허물고 들어선 부산시민공원 내에 복개되어
있던 부전천과 전포천 일부를 복원함으로써 서면일대에는 새로운 연결과
융합의 실마리가 생겨났습니다. 중앙대로 일부를 활용한 송상현광장이
개장되고, 전포대로와 동천 사이에는 문현금융단지가 조성되었습니다.
이와 함께 북항재개발, 55보급창 공원화 등 대규모 공공부지를 시민에게
돌려주기 위한 긍정의 변화도 본격화되고 있습니다. 여러 유형의 사업들
이 동시다발적으로 진행되고 있는데, 전반적으로 공공성이 강한 대규모

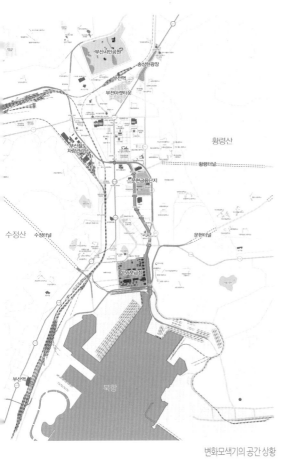

변화모색기의 공간 상황

공간들의 직·간접적인 연계로 인한 다양한 시너지 효과와 새로운 지역변화를 기대할 수 있게 되었습니다.

이러한 변화에 대한 모색은 결국 동천에 대한 논의로 귀결됩니다. 동천이 서면의 중심을 관통하기 때문입니다. 수질 정화를 기본으로, 부전천과 호계천 복원이라는 다소 무거운 주제에서부터 수변개발과 강을 활용한 도시재생 등 서면의 긍정적인 변화를 도모하는 다양한 주제들이 등장하고 있습니다. 땅에 묻혀있는 동천의 물줄기들이 햇빛을 다시 만나고 백양산에서 바다로 연결된다면 서면 일대는 어떻게 변화될까요? 상상만 해도 힘이 솟는 일입니다.

이러한 기대에 호응하듯 2013년부터 언론 국제신문 과 시민들은 동천 재생을 위해 마음을 모으기 시작했습니다. 부산시의 지원도 있었습니다. 민·관의 각계 전문가들이 참여하여 '시민판 동천재생 마스터플랜'을 수립하는 등 지속적인 동천 재생을 위한 비전을 제시하는 노력이 진행되었습니다. 결과로 2014년 '숨 쉬는 동천'이라는 시민단체가 탄생하여 지금까지 시민운동을 전개하고 있습니다. 아직은 변화가 미약한 수준이지만, 서면일대가 농경지에서 산업지대로, 새로운 도심지대로, 그리고 또 한 번의 미래지향적인 도심지대로 변신해가기를 모두가 바라고 있습니다.

동천을 지키는 사람들

Re-1946, 동천에 대한 보은

시민운동의 기본 논리이자 회복의 명분은 이러했습니다.

"동천은 70년대까지 대한민국을 먹여 살렸던 공업지대였고, 이로 인해 많은 오염
물질이 동천으로 흘러들어왔고 동천은 오염을 떠안을 수밖에 없었습니다. 조금
과장되게 이야기하면 동천이 아닌 똥천으로 전락하게 된 것입니다.

현재 처지는 험하고 천대받는 신세가 되었지만, 공업지대로 기능했던 동천이 있
었기 때문에 지금의 우리가 있다고도 할 수 있습니다. 그래서 그 동천을 다시 돌
려주자고 하는 것입니다. 동천이 우리에게 주었던 희생의 정신을 이제는 우리도
보여주어야 될 때라고 생각합니다. 지금은 에코시대라고 합니다. 또 친환경시대
를 주창하는 시대입니다.

이런 시대를 살아가는 우리의 입장에서 볼 때, 동천에 대한 보은 報恩은 에코와
환경시대를 열망하는 이 시대가 가져야 할 최소한의 예의라고 생각합니다. 우리
가 해야 할 최소한의 배려라고 생각합니다."

그러나 '회복시키자, 복원하자.'라는 이상적인 논리만으로는 불가능한 일
이었습니다. 회복과 복원에 대한 어느 정도의 범위가 필요했습니다. 동
천의 회복과 복원을 염원한 프로젝트에 'Re-1946'이라는 이름을 붙여보
았습니다. 현재의 개발을 인정하되, 동천의 원형을 생각할 수 있는 범위!
'Re-1946'는 1946년도 항공지도상에서 확인되는 동천의 물길들을 '다시
되돌리고 회복하자.' 라는 개념입니다.

Re-1946이 이루어진다면 다양한 혜택들이 서면에서 발생할 것입니다.

Re-1946의 첫 번째 지향점은 '환경과 사람의 치유'입니다. 가장 기본적인

Re-1946 동천 복원의 최대 범위

혜택입니다. 도심에 꽃향기와 신선한 강바람이 불어들고, 또한 나비들도 도심에 날아들 것입니다. 그렇게 되면 젊은층에 편중된 기존의 경향을 넘어 어린이, 청소년, 그리고 노년층 등 부산시민 모두가 도심 서면에서 공존하게 될 것입니다.

두 번째는 '바다와 산을 연결하는 네트워킹의 중심지대로서의 혜택'입니다. 동천을 따라 연결되어 있는 55보급창 공원예정부지, 부산시민회관, 문현금융단지, 송상현광장, 부전시장, 부산시민공원 등이 하나의 시스템 속에서 융합되어 움직인다고 상상해본다면, 그 모습은 실로 대단할 것입니다. 상상 속의 시점은 부산시민공원이고 종점은 북항재개발 부지 자성대부두 입니다. 더 나아가 시점을 백양산으로 종점을 광복동과 남포동이 있는 원도심으로 넓혀볼 수도 있을 것입니다. 그 융합지대의 중심에 서면이 있습니다. 즉, 동천의 회복이 전제되어야 비로소 부산 도심부의 변화가 시작될 수 있다는 것입니다.

세 번째는 '동천변 뒷골목에서 발생할 경제 활력에 대한 기대'입니다. 과거 동천과 지류들의 뒷골목 대부분은 크고 작은 골목으로 구성되어 있습니다. 골목을 따라 움직이는 사람들의 이동이 물길과 연결된다면 시민들의 이동에 더 큰 활력을 불어넣을 것입니다. 이동과 더불어 뒷골목 상권의 부활은 자연히 따라 올 것입니다.

이러한 전망의 근거는 서울의 청계천과 연결되어 있습니다. 복원된 청계천에 직접 가보면 실망스러운 부분이 큽니다. 콘크리트가 너무 많아 보이고, 제대로 된 생태하천이기보다는 물만 하염없이 흘러내려가는 수로와 닮았습니다. 그럼에도 불구하고 청계천을 높게 평가하는 것은 겹겹이 쌓여 있던 콘크리트를 걷어내어 물과 하늘이 만날 수 있는 계기를 열었다는 것과 서울 도심에 새로운 여가공간을 만들어 냈다는 점 때문입니다. 이와 함께 수도 한양의 조영 원리를 복원했다는 점도 높은 평가를 받는 이유인데, 개인적으로는 이 점에 가장 높은 점수를 주고 싶습니다. 풍수지리에 '역수逆水'라는 개념이 있습니다. 수도 한양에서 본류 한강 에 역으로 흘러들어가는 역수가 바로 청계천이었습니다. 청계천의 복원은 수도 조영역사의 복원이기도 했습니다.

언젠가 청계천에 놀러온 한 아빠와 아이를 촬영한 적이 있습니다. 그런데 사진의 상황처럼, 아빠와 아이가 청계천에서 할 수 있는 활동은 짧은 산책이나 물을 쳐다보는 것 정도입니다. 이후 부자父子 는 무엇을 하게 될까요? 아마 청계천 뒷골목에 가서 아이스크림을 사먹거나 밥을 먹고 또 골목에서 일어나는 다양

활짝 열린 청계천

걷기 외에는 할 일이 별로 없는 청계천

부자(父子)가 할 일은?

한 이벤트를 참관하거나 가게들을 둘러볼 것입니다. 이것이 하천 복원과 뒷골목 경제 활성화와의 관계를 설명하는 것입니다.

동천 재생 4.0 : 부산의 미래를 흐르게 하자

2013년부터 시작된 동천 재생을 위한 활동은 시민운동이라기보다는 지역 언론과 함께 했던 계몽운동의 성격을 띠었습니다. 이와 관련하여 세 번의 제안 기회를 가졌습니다.

첫 번째는 2013년 약 1여 년 동안 국제신문과 함께한 동천 재생에 대한 계몽활동이었습니다. 2012년 10월 28일에 쓴 칼럼이 계기가 되었습니다.

동천은 부산의 미래다

짙은 회색빛의 동천은 언제인가부터 냄새나는 똥천으로 불리기 시작했다. 풍광이 단풍 같고 보물처럼 귀하다 해 풍만강楓滿江, 보만강寶滿江으로 불리며 바다와 내륙을 연결하는 부산의 보석 같았던 하천이 공업화와 생활하수로 인해 오염하천의 대표 사례가 되어버린 것이다. 동천 일대는 일제강점기에 방직, 고무, 금속, 염색 등 각종 공장들이 집결했었다. 광복 후에는 제일제당, 락희공업사, 신진자동차, 동명목재, 대선주조, 경남모직, 동양고무, 진양고무, 태화고무 등 기업들의 집산지였다. 그 결과 동천은 공장 하수구로 전락했다. 한마디로 동천은 대한민국 재건의 과정에서 희생된 하천이었다.

동천은 백양산에서 발원하여 당감천, 가야천, 부전천, 전포천, 호계천을 지류로 한다. 그러나 지류의 상류 일부와 동천 하류부 약 3km를 제외하면 모두 복개되어 지금은 그 흔적을 찾을 수 없다. 현대도시에서의 하천은 통수通水의 개념을 넘어, 생명체가 이동하고 단절된 지역을 연결하는 소통 매체이자 생태통로로 정의된다. 그런 차원에서 부산시도 2009년부터 준설을 하고 바닷물을 하루 5만 톤씩 끌어와 방류하는 등 오염완화 노력을 진행 중이다. 수질 개선의 효과는 있다지만, 여전히 탁해 보이고 염분으로 인한 피해가 줄을 잇고 있다.

서울 사람들 중 청계천을 비판하는 사람은 거의 없다. 청계천 복원이 단순히 하천 하나를 탄생시킨 것이 아니라, 지역경제 활성화의 첨병 노릇을 하고 있기 때문이다. 사실 청계천에서의 시민활동은 열린 하늘을 바라보거나 물을 배경으로 한 일상의 산책이 전부다. 그런데도 왜 청계천 주변에 사람이 몰릴까. 왜 뒷골목들이 살아나고 새롭게 단장하는 하천 변 건축물들이 늘어갈까. 결론은 겹겹의 콘크리트로 꽉 닫힌 오염지대였던 청계천이 생태를 가미한 열린 하천으로 대변신한 때문이다.

청계천이 그러하듯 동천 또한 천지개벽의 수준으로 혁신되어야 한다. 지금 동천에 쏟고 있는 임기응변적 수준으로는 청계천의 근처에도 갈 수가 없다. 동천은 청계천보다 훨씬 더 큰 문화, 경제적 가치를 던져 줄 것으로 확신한다. 그 이유는 시작과 끝점이 불분명한 청계천과 달리, 동천(부전천 포함)은 시작과 끝점이 매우 명확하다. 시작점은 부산시민공원이다. 끝점은 북항이다. 모두 부산의 미래를 결정지을 비전의 땅인 것이다. 이 공간들을 하나로 묶을 수 있다면 또 제대로 융합시킬 수만 있다면 수많은 일자리와 혁신적인 변화들이 꼬리에 꼬리를 물고 생겨나게 돼 있다. 연쇄효과와 후광효과가 끊임없이 펼쳐질 것이다. 뭐가 두려운가. 돈 문제? 교통 문제? 시민을 위한 정의로운 일이라면 돈은 따라올 것이고 교통문제는 넓은 시야와 혜안을 가진다면 해결할 수 있다고 본다.

상상을 해 본다. 백양산에서 발원한 맑은 물이 부산시민공원을 거쳐 동천을 지나 북항으로 흘러간다. 서면 일대에는 물을 따라 갖가지 생명체들이 움직이며 튼튼한 생태 기반이 구축될 것이다. 이곳으로 수많은 시민이 끊임없이 몰려들고, 동천을 따라 부산시민공원에서 북항까지 걷고 뛰는 사람들이 헤아릴 수 없을 정도로 많을 것이다. 이뿐일까. 동선 변에 금융단지가 조성 중이고, 부산중앙광장이 꿈틀대기 시작했다. 하류부에는 부산시민회관이 있고, 또 언젠가 공원이 될 55보급창도 자리 잡고 있다. 이 모든 것들이 동천을 끼고 있다. 동천을 창의와 경제가 흐르는 두툼한 '황금 라인'으로 인식해야 한다. 동천을 따라 사람들이 움직이기 시작하면 문화와 돈이 함께 움직일 것이다. 자동으로 도심 재생이 이루어질 것이고, 부산 경제의 흐름이 바뀔 것이다.

지금 이 순간, 성공이 100% 보장된 이 일을 위해 해야 할 가장 시급한 과제는 무엇일까? 바로 전심전력을 다한 동천의 수질 개선과 복원(부분이라도)을 위한 미래지향적인 결단이다. 습관처럼 반복해 온 '대강대강'과 시작한 일은 내가 끝내야 한다는 '좁고 짧은 생각', 그리고 '남 탓만 찾는 이유 붙이기'는 이제 넌더리가 난다. 진정 어린 소통, 창의적인 상상, 고도의 기술, 집중적인 투자만이 동천에 있어야 한다. 제대로 판단하고 제대로 해보자. 동천은 확실한 부산의 미래다!

이 칼럼을 읽은 국제신문사 박창희 대기자 ^{당시 직함} 께서 '동천 재생 4.0 : 부산의 미래를 흐르게 하자'라는 타이틀로 2013년도 연중기획을 하자고 제안을 했습니다. 이를 계기로 동천 재생을 위한 활동이 시작되었습니다. 그해 5월, '2030 동천 시민창의 상상지도'를 만들어 발표했습니다. 사실 꿈같은 일이었지만 또 "이렇게 될 수 있다."라는 확신 속에서 미래비전을 펼쳐보았습니다.

상상지도는 백양산 자락 성지곡수원지에서 동천을 따라 서면~문현금융단지~북항재개발 부지까지 약 10㎞에 걸친 도심 그린웨이의 구축을 목적으로 했습니다. 이곳에 산책로와 자전거길, 철길을 활용한 보행길, 그리고 다양한 문화공간과 관광거점을 만든다는 구상이었습니다.

가장 먼저 콘크리트로 덮인 부전천의 복개 부분을 걷어내고, 중·장기적으로는 호계천과 전포천을 자연형 하천으로 거듭나게 하고, 동천과 연결되는 북항재개발 부지에 항만 물류시설을 활용한 '컨테이너·크레인 파크 ^{물류기술공원}'와 55보급창을 활용한 '웨어하우스 파크 ^{창고문화공원}' 등을 조성하여 부산의 특징을 살린 수변공간의 보전과 정비방안을 제안했습니다.

당시 이렇게 인터뷰를 했습니다. "동천 재생은 물길과 공간을 살리는 생명복원운동이자, 도심의 활력과 일자리를 만드는 부산경제 혁신 비전

2030 동천 시민창의 상상지도

이라 할 수 있습니다. 민·관이 의지를 모으면 못 이룰 꿈이 결코 아닐 것
입니다."

설정된 비전을 보다 구체화하기 위해 40여 명의 학생들과 설계스튜디오
를 운영하며 부산진구청에서 작품 전시의 기회도 가졌습니다. 2014년 1
월의 일이었습니다.

학생들과 함께한 2014년의 제안

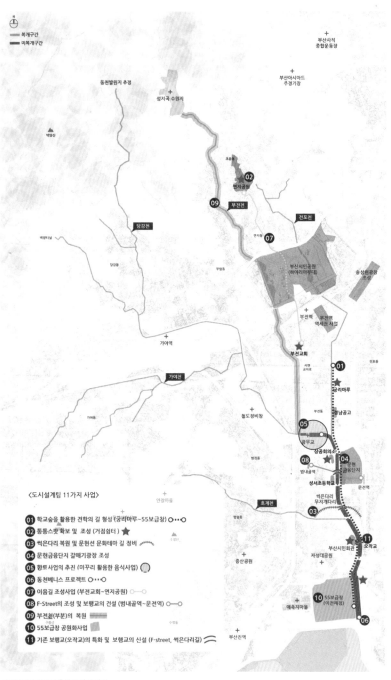

<도시설계팀 11가지 사업>

01 학교숲을 활용한 견학의 길 형성 (궁리마루~55보급창)
02 통통스팟 확보 및 조성 (거점쉼터)
03 썩은다리 복원 및 문현선 문화테마 길 정비
04 문현금융단지 갈매기광장 조성
05 함토사업의 추진 (미꾸리 활용한 음식사업)
06 동천베니스 프로젝트
07 이음길 조성사업 (부전교회~연지공원)
08 F-Street의 조성 및 보행교의 건설 (범내골역~문전역)
09 부전철(부분)의 복원
10 55보급창 공원화사업
11 기존 보행교(오작교)의 특화 및 보행교의 신설 (F-street, 썩은다리길)

시민참여단에서 발굴한 동천의 미래

땅속 동천 탐사가 시작된 날 (2014.5.17)

두 번째 제안은 부산연구원에서 제공한 기회였습니다. 동천의 정화와 변화를 위한 프로젝트 가운데 시민들이 직접 사업들을 발굴해 보는 시간이었습니다. 2013년 12월에서 2014년 2월까지 진행되었습니다. 20여명의 시민도시설계팀을 조직하여 수차례 워크샵과 탐방활동 끝에 동천의 미래를 위한 11가지의 아이디어를 제안했습니다.

시민도시설계팀은 활동 종료 후 '숨 쉬는 동천'이라고 하는 NGO로 재탄생되었습니다. 현재 이용희 대표가 리드하는 숨쉬는 동천은 지역민을 위한 다양한 교육 프로그램을 운영하고 동천 수질의 변화를 살피는 모니터링 조사활동을 전개하고 있습니다. 숨 쉬는 동천이 보다 더 큰 역할을 할 수 있는 시간이 되면 서면일대의 자연환경과 생명력은 크게 회복되고 활성화될 것입니다.

세 번째 제안은 서면의 역사문화자산을 찾아내고 이의 미래화를 위한 부산연구원의 연구 2014~2015년에 동참하며 진행되었습니다. 사업진행의 과정을 촉발기, 활성기, 지속기로 구분하고, 서면의 올바르고 진정한 미래 변화를 위해 해야 할 일들을 찾아내고 정리해 보았습니다.

'촉발기'는 서면을 드러내는 작업으로, '역사문화자원들을 발굴하고 그 가치를 인식하는 단계'입니다. '서면학 西面學'이라는 이름으로, 한 지역의 스토리와 삶의 이야기들을 끊임없이 발굴하고,

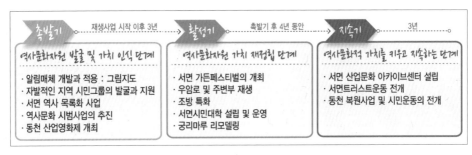

역사문화 중심의 서면 미래화의 단계(안)

이를 바탕으로 서면의 스토리텔링을 연출하고 서술하는 작업입니다. 시민활동을 중심으로 하는 아카이빙 작업이 핵심이 됩니다.

두 번째 단계인 '활성기'는 보다 다양한 교육프로그램들을 지속하여 서면을 배우며 동천을 배우고 싶은 사람들이 모여드는 시간을 말합니다. 서면시민대학과 같은 시민들을 위한 교육과 학습의 현장은 서면의 발전과 관련된 오래된 건물 산업시설, 극장 등 문화시설, 행정시설 등 을 수복하여 재사용하면 효과가 매우 클 것입니다 아쉽게도 마지막으로 남아있던 태평시네마가 헐리면서 꿈은 사라지고 말았지만, 서면의 변천사와 깊게 관련되어 있으나 아직 발견되지 않은 건물들은 분명 어딘가에 존재하고 있을 것입니다. 그래서 많이 늦은듯하지만 이제라도 아카이브작업이 절실히 요청되는 것입니다.

세 번째 단계는 '지속기'입니다. 구축된 서면의 문화 활력과 역사 활력을 지속적으로 이어가는 단계입니다. 트러스트운동을 통해 시민모금을 시작하고, 동시에 서면에서 번성했던 기업들의 기부와 기증을 통해 모인 재원이 동천의 생태환경 복원에 지속적으로 투자가 이루어진다면 머지않아 서면에는 큰 변화가 있을 것으로 예상했습니다.

이러한 제안 속의 시간을 현실에 대비시킨다면, 서면의 현재는 활성기 말미나 지속기 초반 즈음의 단계에 도달되어야 합니다. 그러나 안타깝게도

숨쉬는 동천의 발간물

아직도 촉발기의 수준에 머물고 있습니다. 물론 어떤 일이든 처음 세운 계획대로 쉽게 진행되는 일은 많지 않습니다. 그럼에도 서면에 대한 원대한 꿈은 존재해야 할 것입니다. 혹시 멀리 둘러가고 암초에 부딪혀 좌초 위기에 봉착할지라도 서면의 올바른 부활에 지속적으로 힘을 쏟아야 할 것입니다. 특히 시민이 주체가 되어 동천을 정화시키고, 또 서면을 재생시켜 나아가는 일에 시민들이 적극적으로 참여해야 만이 그 꿈의 실현가능성은 높아질 것입니다.

죽어가던 강변을 살려낸 재생 사례들

강을 낀 도심쇠퇴지역은 도시재생에 있어 가장 빈번하게 등장하는 대상입니다. 이 사실은 도심을 지나는 강의 회복이 재생의 성공 여부와 직결되며, 달성 시 효과가 매우 뚜렷하다는 것을 암시합니다.

첫 번째 살펴볼 사례는 프랑스 파리의 '리브 고슈 Rive Gauche 프로젝트'입니다. 이 프로젝트는 리브 강 고슈 좌안, 즉 세느강의 좌안지역인 화물철도 종점부이자 조차장을 포함한 파리 제13구역 톨비악,Tolbiac 에 대한 재정비사업이었습니다. 여기서 추가하여 살펴볼 곳은, 와인 생산과 저장을 목적으로 한 산업지대였던 강 우안의 제12구역 베르시, Quartier de Bercy 지역입니다.

파리는 도시를 재개발하거나 여러 변화를 시도할 때 기존 땅의 기능과 조건을 매우 존중하는 도시입니다. 이 곳 또한 기존의 철도시설들을 무조건 이전시키거나 걷어내기 보다는 이를 기반으로 삼아 입체적으로 새로운 기능을 중첩시키는 특별한 해법을 찾아냈습니다. 철도지역 상부를 복개한 후, 아래로는 기차가 통과하고 위의 인공대지를 개발하는 입체도시계

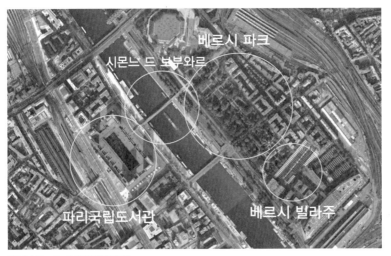

리브 고슈(Rive Gauche) 프로젝트의 위치

획을 적용했습니다. 리브 고슈의 핵심 건물은 미테랑도서관이라 불리는 '파리국립도서관 Bibliothèque Nationale Paris'입니다. 'ㄱ'자 모양의 현대적인 건물들이 네 곳 모서리에 서있고, 가운데는 길쭉한 중정을 가진 저층 건물로 구성된 매우 특별한 이미지의 도서관입니다. 결과적으로 화물만 모이던 이곳이 책을 중심으로 한 교류와 소통의 장소로 변신하였습니다. 우안의 와인산업지대에는 '베르시 파크'라 불리는 공원이 들어섰습니다. 공원에는 와인 오크통을 운송하고 유통했던 철길들이 보존되어 있습니다. 붉은색 라인들이 과거에 철길과 유통과 관련된 시스템입니다. 저장과 발효, 그리고 수송과 관련된 흔적들을 공원 패턴으로 남겼습니다. 과거 공장지대의 흔적들을 존중하고 활용하여 새로운 공간으로 창조한 것입니다. 베르시 파크는 파리 시민들에게 있어 와인산업의 기억이 담겨 있는 저장고입니다.

공원 옆에 '베르시 빌라주'라는 아담한 쇼핑몰이 있습니다. 이곳은 와인

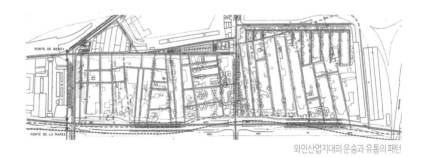

와인산업지대의 운송과 유통의 패턴

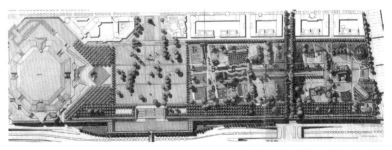

산업의 흔적과 기억을 보존·활용한 베르시 파크

을 발효시키고 저장하던 와인창고들이 있던 곳입니다. 줄지어서 있는 창고들을 고스란히 보존하여, 레트로 감성이 물씬 풍기는 문화공간과 상업시설로 활용하고 있습니다. 이처럼 신개발이나 대체개발이 아닌 수복 개념을 적용한 문화상업적 공간 활용은 21세기의 트렌드입니다.

이렇게 세느강으로 나누어진 두 곳을 함께 설명하는 것은 이곳들이 '시몬느 드 보부와르 Passerelle Simone-de-Beauvoir'라는 보행교로 연결되어 있기 때문입니다. 길이 304미터의 다리는 베르시파크에서 미테랑도서관을 연결하는 세느강의 37번 째 다리이자 4번 째 전용보행교입니다.

다리 이름이 프랑스의 실존주의 여류작가이자 선구적인 페미니스트였던 '작가 시몬느 드 보부와르'와 일치합니다. 작가의 이름을 딴 이유가 궁금했습니다. 아마도 시몬느 드 보부와르가 남녀노소 차별 없는 세상을 꿈꾸었기에, 이 다리도 강으로 단절된 공간을 뛰어 넘어 모든 시민과 문화 그리고 자연의 만남을 염원하며 붙여진 이름이라 여겨집니다.

시몬느 드 보부와르와 하나로 움직이는 파리국립도서관 ⓒshutterstock

다리 모습만 봐도 그 특별함이 전해집니다. 유선형 구조에 다양한 동선들이 연결된 독특한 구성을 하고 있습니다. 도서관과 공원이 하나의 보행교로 움직입니다. 다리 하나가 지역을 바꾼다는 얘기가 이런 경우에 적용될 수 있습니다. 시몬느 드 보부와르는 이동보다는 강 위에 떠있는 광장 역할을 합니다. 아름다운 광장이 많기로 유명한 파리에 특별한 광장 한곳이 더해진 것입니다.

우리나라 곳곳에서도 유사한 보행교들이 만들어지고 있습니다. 그런데 우리는 통과하거나 지나가는 곳으로 보행교를 사용하는 경우가 대부분입니다. 강 위의 육교 수준에서 벗어나질 못하고 있습니다. 여러 강에서 기획 중인 보행교들을 세심히 살펴보아야 하겠습니다.

스페인의 빌바오 Bilbao 는 조선업, 철강업으로 크게 번성하였다가 1960년대부터 내리막길을 걸었던 쇠퇴도시였습니다. 십수년 전부터 빌바오는 유럽에서 손꼽히는 문화예술도시가 되었습니다. 과거에는 산업도시였는데 지금은 문화예술도시로 바뀐 것입니다.

그 이유를 네르비온 강변에 자리한 '구겐하임 미술관 Museo Guggenheim Bilbao '에서 찾는 것이 일반적입니다. 구겐하임 미술관은 건축가 프랭크 게리 Frank Gehry 가 설계한 세계적인 명소입니다. 뉴욕 구겐하임 미술관의 분관을 기획할 때, 세계의 여러 도시들에서 유치를 제안했습니다. 구겐하임 미술관은 쇠퇴도시 빌바오를 택했습니다. 다소 엉뚱하면서도 탁월한 선택이었습니다. 미술관 하나가 도시 전체를 살려내는 엄청난 긍정의 영향력을 퍼트리며 도시재생의 본보기가 되고 있습니다.

그러나 구겐하임 미술관은 빌바오 재탄생의 주역이 아니었습니다. 보다 정확하게는 근원적인 원인 제공자가 아니었다는 것입니다. 그렇다면 빌바오 재탄생의 근원은 무엇이었을까요? 미술관이 기획되기 10여 년 전부터 빌바오는 오염으로 썩어가던 네르비온강 River Nervion 을 정화시키고, 또한 강 중심으로 보행활력이 집중되도록 도시구조를 변화시키고 있었습니다.

메트로 빌바오 1,2호선 의 개통에 이어 깨끗해진 강 주변에 전차 Euskotren Tranbia 를 개통 2002년 하여 하루 3만 여명의 시민들이 강 주변으로 쉽게 접근하게 하도록 했습니다. 기존 도로들은 강과 이격시킨 후, 강과 사람이 직접 만나도록 하는 공간 배려가 이루어졌습니다. 그 변화된 공간의 중심에 구겐하임 미술관이 들어선 것입니다. 구겐하임 미술관 때문에 도시가 바뀐 것이 아니라, 네르비온강의 정화와 보행화의 결과가 구겐하임 미술관의 입지를 선택하게 했고, 또 그 결과가 빌바오의 재탄생과 연결된 것입니다.

마지막은 호주 멜버른 Melbourne 입니다. 항구에서 안쪽으로 쑥 들

구겐하임 미술관 ©Getty Images Bank

빌바오 네르비온 강 일대의 창조적 재생

어와 있는 야라강 River Yarra 을 중심으로 지역의 재생과 혁신이 일어났습니다. 멜버른의 도시재생은 강 위 보행교 네 곳이 결정적인 역할을 담당했습니다. 다리는 단순하게 두 지역을 연결하고 소통하는 역할을 수행하지만, 그 다리가 광장이 되고 새로운 문화중심이 될 때 다리 주변지역은 전

혀 예상하지 못한 폭발력을 가진 재생의 현장으로 돌변하곤 합니다.
지네와 같이 특이하게 생긴 다리 Webb Bridge, 두 마리의 나비가 날라드는 형
상의 다리 Seafarers Bridge, 폐철교를 리모델링한 낡은 다리 Sandridge Bridge, 그
리고 사람들이 가장 많이 다니는 큰 곤충의 발을 닮은 다리 Evan Walker Bridge
도 있습니다. 이 보행교들은 지역과 지역을 연결하는 것을 넘어 단일 경
제의 통합된 문화권으로 작동하게 하는 촉발점이 되고 있습니다.

철도 부지 위에 조성된 페더레이션 광장(Fed Square) ⓒGetty Images Bank

멜버른 도시재생의 하이라이트
는 철로 위에 입체적으로 조성
한 '페더레이션 광장 Fed Square'
입니다. 이 광장은 하천 바로 옆
철도부지 위에 조성된 문화복
합콤플렉스입니다. 강 건너편의
보행 활력이 광장으로 몰려들어
오고 광장에서 확장된 보행 에
너지가 다시 보행교를 건너 주
변으로 흘러가면서 하천 주변의
도시 전체가 살아나는 순환의
원리가 적용되고 있습니다. 멜
버른은 기존 환경을 크게 손대
지 않고, 강을 중심으로 복합과
중첩 그리고 연결을 통해 재생
을 이뤄내고 있습니다.

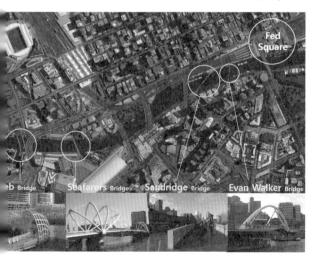

멜버른 아라강의 특별한 보행교

2030 미리 가 본 지속가능한 서면과 동천

앞서 소개했던 '2030 상상플랜'을 다시 보며 동천과 서면의 미래를 가늠해 보겠습니다. 가상의 플랜이지만 실현을 위해 노력하는 것, 그것이 서면 재생과 동천 변화에 시발점이 될 것으로 여겨집니다. 상상의 실천에는 많은 과제들의 해결이 전제되어야 합니다. 가장 중요한 전제는 '완전한 수질 개선과 회복', '열성적이고 지속적인 시민참여', '진취적이며 혁신적인 공공기관의 참여'라고 할 수 있습니다.

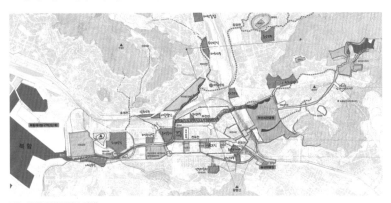

동천 재생을 위한 기획(스케치)

상류의 일

상류부는 '정주공간과 공존하는 동천'을 기본 지향점으로 삼을 수 있습니다. 가장 먼저 실천해야할 일은 '동천의 발원지를 찾아 이를 널리 알리는 일'입니다. 현재 당감천이 시작되는 백양산 선암사 위쪽의 약수터 일대를 동천 발원지로 정하고 표석을 세워놓았습니다. 그러나 물줄기의 형상과 패턴을 고려해 볼 때, 동천의 발원지는 한 곳보다는 여러 곳으로 생각해 볼 수 있습니다.

지류들의 발원지를 찾고 이를 널리 알리는 것은 동천의 뿌리를 튼튼히 하

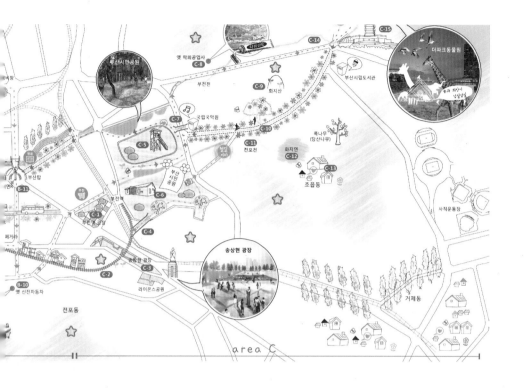

는 일입니다. 이것을 시민들과 함께, 특히 청소년들과 어린이들과 함께
할 수 있다면 아이들에게 지역사랑을 심어주는 데에 기여할 것입니다.

다음은 발원지와 연결된 '동네 물길을 찾는 일'입니다. 이 일은 사람들에
게 지역과 사랑에 빠지게 되는 특별한 계기를 전해 줄 것입니다. 기존에
흘렀던 물길들을 찾아 복원하여 그곳에 깨끗한 물이 흐르게 되면 수생생
물들에 대한 관찰은 물론, 수질정화의 교육과 참여의 장소로 활용될 것입
니다.

널리 알려진 생태도시인 독일의 프라이부르크 Freiburg 는 태양열을 중심으
로 도시를 친환경적으로 운용하는 대표도시입니다. 이 도시의 명소에는
베힐레 Bächle 라는 좁은 물길이 포함됩니다. 폭은 30㎝ 정도이나 총 길이
는 8.9㎞ 노출 구간 5.1㎞ 에 이르는 물길은 프라이부르크를 위요하고 있는 슈

프라이부르크 도심을 흐르는 베힐레(1905년)   베힐레의 장난감 오리들

바르츠발트 Schwarzwald 에서 내려오는 차갑고 깨끗한 물입니다. 슈바르츠
발트는 녹음이 너무 짙어 우리에게는 흑림으로 알려진 거대한 숲으로 이
루어진 산지입니다. 원래 베힐레는 목조 건물의 화재방지용으로 조성되
었으며, 프라이부르크를 포함하여 여러 도시에 베힐레가 조성되어 있었
습니다. 보행이나 차량 소통의 걸림돌로 전락하며 모두 사라졌지만, 프라
이부르크의 베힐레 만큼은 복개와 매립의 위기를 넘기고 보존되어 지금
은 미기후 조절을 위한 생태 목적과 관광객들을 위한 쉼터 등의 용도로
사용되고 있습니다. 어떤 날에는 베힐레에서 장난감 보트 경주대회가 열
리기도 합니다.

백양산 자락의 초읍지역은 부전천과 전포천이 흐르던 물의 고장이었습니
다. 부전천은 백양산이, 전포천은 화지산이 발원지로 알려져 있습니다. 초
읍지역의 길을 걷다보면 타지역에 비해 상대적으로 단독주택들이 많아
그런지 평안함이 느껴집니다. 골목 사이사이에 복개된 물길들을 찾아내
어 복원할 수 있다면 부산의 특별한 주거지역이 되지 않을까요? 베힐레
와 같은 깨끗한 물이 살아 흐른다면, 그곳에 동네 꼬마들이 발을 담그고
종이배를 띄울 수 있다면, 상상 만해도 미소가 지어집니다. 복개된 물길
을 복원하려면 엄청난 재원이 필요하겠지만, 부분만이라도 시도되면 좋
을 것 같습니다.

선례들을 살펴보면, 물길의 보존과 관리는 지역민 스스로의 자각에서 비롯되는 것이 다수이며, 일본 교토의 근교도시인 '오미하치만 近江八幡 의 운하 보전운동'이 돋보이는 사례입니다.

지난 보전운동의 전개 과정을 요약해보겠습니다. 오미하치만은 16세기 말 도요토미 히데쓰구 豊臣 秀次 가 쌓은 산성 아래에 발달한 상업도시이며, 일본 최대 규모의 비와 호수 琵琶湖 와 니시노코 호수 西の湖 를 연결하던 운하인 하치만보리 八幡堀, 폭 약 15미터, 길이 약 6킬로미터 를 오가며 번성했던 오미상인 近江商人 의 발상지이기도 합니다. 우리나라에서도 한강을 주름잡던 상인을 경강상인 京江商人 이라 불렀듯이 이곳 오미상인도 호수와 운하를 따라 움직이며 지역상권을 발달시켰던 것입니다. 오미하치만이 당시 오사카 및 교토와 에도 도쿄 를 잇는 중요한 교역지로 발전하며, 운하를 따라 수십 채에 이르는 오미상인들의 저택이 건설되었습니다. 운하를 포함한 옛 시가지 약 13만㎡는 '오미하치만시의 하치만 近江八幡市八幡 '이란 이름으로

보존된 오미상인의 수변 가옥

1991년 중요전통적건조물군보존지구 近江八幡市八幡伝統的建造物群保存地 로 지정되며 지역 최고의 명소로 자리 잡았습니다.

그렇다면 운하는 지난 400여 년의 시간 속에서 어떻게 지금과 같이 보전될 수 있었을까요? 1960년대에 진흙 퇴적과 하수 유입 등으로 인한 악취 발생 때문에 하치만보리는 매립 위기를 맞았습니다. 시에서는 매립 후 일대에 공원과 주차장 조성을 시도했습니다.

이때 오미하치만 청년회의소 近江八幡青年会議所 가 운하를 지역유산으로 인식하고, 보전을 위한 서명운동 전개와 정화운동 등을 자발적으로 시행하게 됩니다. 1975년에는 '부활 갱생 을 위한 오미하치만의 모임 よみがえる近江八幡の会'을 설립하여 1979년까지 운하 내부의 준설공사를 시행하며 수향 水郷 개념을 지향하는 시민운동을 전개했습니다. 이듬해인 1980년에 '내일의 오미하치만을 생각하는 연구회 明日の近江八幡を考える研究会'가 발족되었고, 1982년에는 국토청의 '물과 녹지 水緑 도시 시범지구 정비사업'에 선정되었으며, 1988년에는 '하치만보리를 지키는 모임 八幡堀を守る会'이 결성되었습니다. 1991년에는 하치만보리 지구 전체가 국가 보호를 받게 되었고, 2006년에는 중요문화적경관 重要文化的景観 제1호로 선정되었습니다. 이어 풍경조례 近江八幡市風景づくり条例 의 제정과 일본 최초로 '수향풍경계획 水郷風景計劃 '이 발표되었습니다. 놀라운 일이었습니다. 1960년대 중반 매립에 반대했던 지역 목소리가 30여 년이라는 인고의 시간을 거쳐 일본 최고의 문화경관이자 명소를 만들어 낸 것입니다.

상류부에서 해야 할 또 하나의 중요 사업은 '부산시민공원과 송상현광장 그리고 부전시장을 하나로 묶는 작업'입니다. 한 공간에 공원, 광장, 시장이, 그것도 부산 최고의 전통시장과 부산에서 가장 큰 공원과 광장이 모여 있는 엄청난 잠재력을 갖추었음에도 세 공간은 철로와 도로로 인해 제각각 분리되어 큰 영향력을 발휘하지 못하고 있습니다. 이곳들을 보행으

분리되어 있는 공원, 광장, 시장

2010년 공모 당선작 ⓒ두인조경

로 연결해 분산되어 있는 개개의 에너지를 하나로 모으고 작동시키는 것이 핵심 과제입니다.

송상현광장의 초기 명칭은 부산중앙광장이었습니다. 명료한 주제를 갖지 못한 상태에서 가칭으로 불렀던 이름입니다. 이 광장에 색을 입히고 이야기를 담기 위한 공모전 부산중앙광장 현상공모 이 2010년에 개최되었는데, 당선작의 핵심 아이디어는 광장 상부를 지나가던 우암선 철로를 보행교로 사용하여 전포동 우측 과 부전동 좌측 이 연결되도록 하는 것이었습니다. 또한 삼전교차로와 연접한 지상에서 아래로 내려가 있는 마당 송상현광장선큰광장 은 지하철 2호선 부전역과 지하로 직접 연결하자는 제안이었지만, 공사비와 시간 부족 등의 이유로 시공과정에서 지하와 지상으로의 연결 시스템이 모두 취소되고 말았습니다. 그래서 송상현광장은 넓은 도로들 사이에 갇힌 섬으로 전락하고 말았습니다. 건널목을 설치하여 악조건을 메꾸어 보았지만 근원적으로 송상현광장의 활용도는 떨어질 수밖에 없습니다.

송상현광장과 부산시민공원, 공원과 부전시장의 연결은 지역 융합의 필수조건입니다. 그 중심에 동해선과 우암선의 종착지인 부전역이 있습니다. 가장 적극적인 연결 방식은 부전역에 입체도시계획의 개념을 적용하여 복합재개발을 시도하는 것입니다.

만약 이 모든 일이 성사될 수 있다면 입체보행교를 통해 주변지역과 광장

이 또한 광장과 공원이, 지하보행로를 통해 시장과 광장이, 그리고 부전
역을 통해 시장과 공원이 하나로 연결되며 서면의 새로운 경제 확장이 일
어날 것입니다. 불가능한 일이 아니라 실제 가능한 일입니다. 부산시의 강
력한 리드십과 관련 주체들 간의 일치된 결단만 있다면 충분히 실행할 수
있는 일입니다.

중류에서의 일

서면로타리와 문현금융단지를 중심으로 하는 동천 중류지역은 서면 경제
의 중심지대입니다. 동천의 복원을 통해 지역경제의 도약을 시도할 수 있
는 구간이기도 합니다. 지류들 중 부전천의 복원 가능성이 가장 높은 것
으로 판단되었지만, 수년 전 부산시의 도전이 그만 꺾이고 말았습니다.

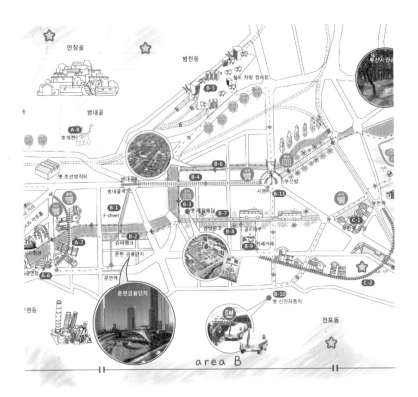

서울의 청계천은 해냈는데 당시 부산은 왜 실패에 그쳤을까요? 긴 안목 속에서 해내고자 하는 의지와 노력이 더해진다면 결코 못할 일이 아니라고 생각합니다. 도심을 대개조하고 대중교통 시스템을 완전히 혁신시키는 일인데 어찌 금방 또 쉽게 이룰 수 있겠습니까?

또 하나는 '문현금융단지 주변을 특화하는 일'입니다. 문현금융단지의 조성으로 많은 변화가 있을 것으로 기대를 했는데, 문현금융단지도 섬 같은 모습과 한정된 효과에 그치고 있습니다. 왜 우리에게는 이런 일이 반복될까요? 공공성의 결핍과 공론화 과정의 결여, 더불어 근본적으로 넘어서야 할 난제들을 해소하지 않은 채 적당한 길을 타협하거나 선택하기 때문일 것입니다.

오사카 도심의 난바지역에 도톤보리 道頓堀 라는 강이 있습니다. 과거 이곳은 썩은 냄새가 진동했던 오염된 하천이었습니다. 오사카 시는 수질 정화를 위해 천문학적인 예산과 시간을 투입했고, 현재 도톤보리에는 악취가 완전히 사라졌습니다. 또한 하천 내에 잔교를 설치하여 시민들과 강의 접촉을 최대화했습니다. 이후 도톤보리는 썩은 냄새가 진동하던 하천에서

도톤보리의 대변신

시민들에게 사랑받는 장소로 변모하였으며, 하천에 등진 상가나 건물들이 강변을 보기위해 리모델링되거나 강 쪽으로 건물들이 돌아 앉는 일들이 발생하고 있습니다. 하천 폭과 주변 맥락을 고려해 볼 때, 도톤보리는 동천과 매우 유사하기에 지속적으로 모니터링 할 필요가 있습니다.

30여 년 전, 서울 양재천에서 특이한 프로젝트에 참여해본 적이 있었습니다. 당시 도곡지구라 불리던 S그룹 소유 토지에 '고품위제방 高品位提坊 또는 슈퍼뱅크 super bank'로 알려져 있던 특별한 제방을 계획하는 일이었습니다. 쉽게 이야기하면 하천 옆을 지나는 도로 위에 제방 역할을 겸하는 공원을 조성하여 개발되는 단지와 강을 보행녹지로 직접 연결하고, 기존 천변 도로는 제방아래 터널로 통과하게 만들어 양재천과 주변 모든 단지와 공간들을 통합된 단일 장소로 사용하는 것입니다.

우리나라 대부분의 하천 옆에는 도로가 지나갑니다. 도로 때문에 내륙의 힘과 강의 에너지가 만나지 못하는 경우가 많습니다. 이 상황을 극복하기 위한 대안이었습니다. 그런데 실행이 거의 무르익어 갈 무렵 IMF 사태가

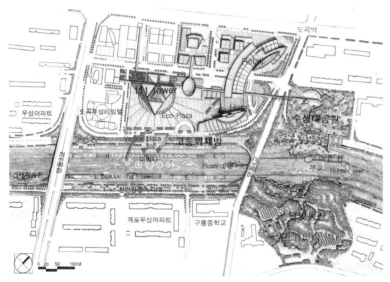

양재천에 제안되었던 고품위제방(super bank)

템스강과 통합되어 있는 런던시청 ⓒGetty Images Bank

발생하여 도곡지구의 변화를 기획했던 S그룹도 사업을 포기하고 맙니다. 이렇게 우리나라 최초 슈퍼뱅크에 대한 시도는 물거품이 되고 말았지만, 지금도 이 개념은 유효하고 또 도심 곳곳에 적용되어야 한다고 생각합니다.

런던 시청사가 자리한 템스강변을 보겠습니다. 이 경우는 애초 도로가 강변을 통과하지 않기에 동천과 여건은 크게 다르지만, 문현금융단지의 지향점으로 고려해 볼 필요가 있습니다. 공공청사와 강이 도로 등 어떤 장애물 없이 하나로 움직이고 있습니다. 행정시설과 결합된 강변이 시민들의 여가공간이자 휴양공간인 것입니다. 런던시청의 경우처럼 맑은 동천과 활력 넘치는 경제 거점이 함께 움직일 미래를 상상해 보십시오. 2차선 도로로 인한 문현금융단지와 동천의 단절을 극복한다면 서면은 새로운 혁신 지대로 변신하여, 이전에는 상상하지 못했던 새로운 에너지를 발산하게 될 것입니다.

중류부에서의 '뒷골목 활성화'는 매우 중요한 사안입니다. 서면의 경제를 움직이는 원동력은 기업이 아니라 골목경제이기 때문입니다. 이를 위해서는 지역의 작은 가게들이 살아 움직일 수 있도록 많은 지원이 있어야합니다. 도로와 인도의 포장을 바꾸고 가로등 교체 등의 외관 가꾸는 일에 치중할 것이 아니라, 지역경제 활성화를 위한 실험적인 지원과 지역혁신을 위한 독려 대책에 대한 고민이 필요하다는 얘기입니다.

2020년 가을, 동천 중류부에서 그동안 크게 생각하지 않았던 상황이 전개되었습니다. 결코 쉽지않은 일에 부산시가 나섰다는 점에서 큰 의미를 찾고 싶습니다. 그것은 구포역에서 부산진역에 이르는 경부선 16.5km 철도 구간을 지하에 재배치하는 '혁신의 회랑' 사업입니다. 아직은 사업이 구체화되지 않았고 또한 발표된 내용만으로는 실현 가능성이 다소 희박

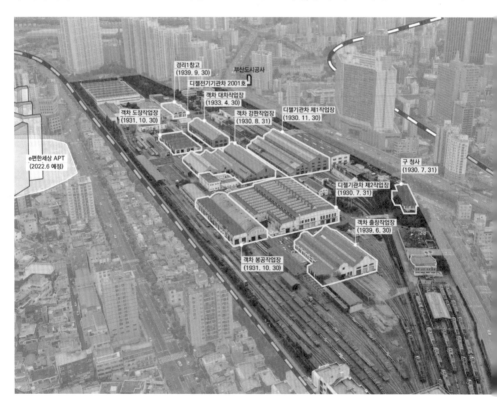

범천철도차량기지의 현황 ⓒ싸이트플래닝

하기 때문에 온전히 동의하기에는 이릅니다. 그럼에도 혁신의 회랑은 경부선이 조성된 1900년대 초반부터 120여 년 동안 내륙과 도심, 산록과 평지를 단절시켰던 도시구조의 회복과 기능 강화의 계기가 될 수 있을 것이라 생각합니다. 달리 말해 철도로 나뉘어진 부산항(바다)과 산, 그리고 낙동강을 하나로 잇는 삼포도시 부산을 재현하는 촉발점이 될 수 있으며, 나아가 유라시아 철도체계의 시·종점을 이루게 될 미래도시 부산을 위한 도전의 시작점이 될 수 있다는 점에서 '혁신의 회랑' 사업은 주목할 만한 가치가 있습니다.

현황	상세 설명	사진
철도차량정비단 내 객차 강판작업장 용도 : 작업장 대지면적 : 2,194㎡ 규모 : 지상1층 건립년도 : 1930.8.31	철골철근콘크리트 구조에 지붕은 트러스 구조 위에 골슬레이트를 얹었음. 채광을 위한 수평으로 긴 천정 개구부의 형태를 하고 있고, 철골철근콘크리트 벽체와 채광을 위한 천정부 형태, 철골조 트러스 구조의 천정임	
철도차량정비단 내 객차 대차작업장 용도 : 작업장 대지면적 : 2,130㎡ 규모 : 지상1층 건립년도 : 1933.4.30	천정부는 트러스 구조이며, 지붕과 외벽은 칼라강판임. 천정부에 2개의 긴 수평 개구부로 내부 채광을 하고 있으며, 외벽과 지붕 파란색 칼라강판, 외벽의 기단부는 적벽돌 조적식 치장 쌓기로 되어 있음. 내부는 H형강이 3m간격으로 배치되어 있고, 채광과 통풍을 고려한 천정이 개구부되어 있음	
철도차량정비단 내 객차 도장작업장 용도 : 작업장 대지면적 : 2,194㎡ 규모 : 지상1층 건립년도 : 1931.10.30	도장작업 특성을 고려하여 통풍이 잘되도록 개구부를 설치하였으며, 철골구조, 트러스지붕, 컬러강판, 지붕측면 둥근 개구부로 되어있음. 개폐 가능한 천정부 측면이 있고, 도장작업상 통풍을 고려한 건물배치와 출입구, 창배치, 철골조트러스지붕, 비스듬한 지붕의 반복적 형태를 하고 있음	
철도차량정비단 내 객차봉공작업장 용도 : 작업장 대지면적 : 1,215㎡ 규모 : 지상1층 건립년도 : 1931.10.30	천정부 채광을 위한 일정한 간격의 작은개구부, 사다리꼴 형태의 지붕, 둥근 철골조의 지붕을 가진 건물이 우측에 위치함. 상부창(가로3칸, 세로4칸)과 하부창(가로3칸, 세로6칸)이 규칙적으로 구성되어 있음. 양측면 반복된 그리드 창, 사다리꼴형태의 지붕과 측면의 창이 있음	
철도차량정비단 내 객차출창작업장 용도 : 작업장 대지면적 : 1,278㎡ 규모 : 지상1층 건립년도 : 1939.6.30	철골철근콘크리트 구조에 지붕은 트러스 구조위에 골슬레이트를 얹었음. 채광을 위한 수평으로 긴 천정 개구부의 형태를 하고 있고, 철골철근콘크리트 벽체와 채광을 위한 천정부 형태, 철골조 트러스구조의 천정을 하고 있음	

철도차량정비단 내 경리1창고 용도 : 창고, 사무실 대지면적 : 2,400㎡ 규모 : 지상2층 건립년도 : 1939.9.30	중간 브리지를 중심으로 대칭구조이며 우측 건물은 1930년대에 좌측건물은 연이어 건설된 것으로 추정됨. 평지붕이며, 엘리베이터 옆문을 열면 내부계단이 있으며, 대칭된 정면성을 가진 전체적 형태와 보와 기둥, 내부계단 등으로 구성되어 있음	
철도차량정비단 내 구청사 용도 : 사용안함(원.사무실) 대지면적 : 1,440㎡ 규모 : 지상2층, 지하1층 건립년도 : 1930.7.30	철근 콘크리트 구조에 기단부 벽돌조적조임. 우진각 지붕, 아스팔트 싱글로 마감. 돌출 기둥과 긴 띠 창.정면의 중심성을 강조하기 위한 포치형의 현관이 좌우 대칭형으로 균형을 갖추고 있음	
디젤기관차 제1작업장 용도 : 작업장 대지면적 : 9,508㎡ 규모 : 지상1층 건립년도 : 1930.11.30	콘크리트 구조에 내부철골트러스를 한 번 더 사용하여 전체 구조적 안전에 집중된 형태를 띠고 있음. 완만한 경사의 트러스지붕과 긴 천창이 있으며, 철근콘크리트기둥은 구조체 이외 호스트 이동수단으로서도 사용되고 있음	
디젤기관차 제2작업장 용도 : 작업장 대지면적 : 6,612㎡ 규모 : 지상1층 건립년도 : 1930.7.31	철골철근콘크리트 구조 및 트러스 구조이며, 측벽은 새로 마감되었음. 당시 나무를 떼어 연료로 쓰기 위해 사용한 굴뚝이 있고, 가장 높은 층고(약10m), 이며, 천창과 사다리꼴형태의 지붕으로 구성	

범천철도차량기지의 건축물 현황 ⓒ싸이트플래닝

혁신의 회랑이 순조롭게 추진된다면 서면일대 공간구조는 긍정적인 방향으로 크게 개조될 것입니다. 이렇게 예측하는 가장 큰 이유는 '범천철도차량기지'에 대한 변화 가능성 때문입니다.

범천철도차량기지는 1904년 경부선의 철도차량 정비를 목적으로 했던 초량기계공장으로 설립됐고, 현재는 '부산철도차량정비단'이란 이름으로 디젤차량을 정비하는 센터로서 기능하고 있습니다. 20만㎡가 넘는 대단위 도심 토지의 원 기능이 120여 년 동안 지속되었다는 사실은 이곳에 누직된 산업역사가 공간에 깊게 스며들어 있음을 기대하게 합니다. 그러나 경부선 철도와 연계된 주변 지역간의 단절현상으로 인한 문제와 차량기지로 인한 환경오염 문제는 해결해야 할 과제이기도 합니다.

핵심의 사업 성패는 시민 모두를 위한 다양한 공공성을 어느 정도 확보할 수 있느냐입니다. 소유자가 공공기관(한국철도공사)이라는 점이 다소 안도케 하지만, 역 逆 으로 부산만을 위한 기관이 아니며 근자에 전국 차원에서 행해진 한국철도공사의 폐선부지 처리방식을 보면 걱정이 산더미같이 불어납니다. 범천철도차량기지가 가진 문제와 고민은 많겠지만, 해결을 위한 지향점은 크게 세 가지로 요약됩니다. 첫째는 '무엇을 담을 것인가?'입니다. 이곳에는 실질적인 앵커기능을 할 수 있는 강력한 중심체가 확보되어야 합니다. 그 중심체는 부산지역은 물론, 범국가적으로도 상징성을 가질 수 있는 기능이어야 할 것입니다. 앵커기능의 유입을 전제로, 범천철도차량기지는 광역철도와 도시철도(지하철)가 복합 연계되는 입체도시계획의 현장, 즉 수평나열식의 기능 배분이 아닌 집중개발지역과 보존지역에 대한 뚜렷한 배분 원칙을 가진 진정한 복합개발의 모델이 되어야 할 것입니다.

둘째는 '어떻게 네트워킹 할 것인가?'입니다. 현재 부산항에서는 북항재개발 사업이 진행되고 있고, 범천철도차량기지는 2단계 사업부지와 철도에 의해 직접 연결되어 있습니다. 직선거리가 불과 2km 정도이니 차량기지와 2단계 사업부지는 보행권에 놓여있다고 할 수 있습니다. 이것은 범천철도차량기지가 속해 있는 서면일대와 항구 즉. 2단계 사업부지와의 직접적인 연결 가능성을 암시합니다. 범천철도차량기지의 미래 변화가 서면의 발전과 북항재개발 사업의 활력 도모라는 두 마리 토끼를 잡을 수 있는 실마리를 가진 셈입니다. 항구와 내륙을 넘나드는 탈산업화시대의 상징적 장소로 범천철도차량기지가 활용될 수 있는 잠재력이 충분하다고 할 수 있습니다.

세 번째는 '무엇을 보존하여 활용할 것인가?'입니다. 어찌 보면 가장 중요하고 우선되어야 하는 작업입니다. 1904년에 초량기계공장으로 시작된 범천철도차량기지는 120년이라는 매우 두터운 역사 층을 가지고 있습니다. 공간, 시설, 정비기술, 설비, 차량 그리고 이들이 어우러진 경관 등 모든 측면에서 그렇습니다.● 이곳에는 현재 9동의 대규모 철도정비시설이 집결되어 있습니다. 개별 동으로 따져보면 20여동에 이르며 한 동의 장변이 80~120m 정도이니 실로 그 규모가 대단합니다. 이뿐 아니라 차량기지 내에는 수십 갈래의 철로들이 연결되어 있고, 정비를 위한 각종 설비와 기계시설들이 가득한 범천철도차량기지는 우리나라 철도차량기지의 산 증인이라 할 수 있습니다. 이런 역사적 공간과 인프라를 철거하고 새로운 건물들을 세우는 상황이 벌어지지 않기를 바래봅니다. 무조건 재개발을 거부하는 것이 아니라, 범천철도차량기지의 문화적·경제적 가치를 극대화한 개발 방식을 찾자는 것입니다.

창조성은 문제 접근의 과정이자 복합요인들의 상호작용을 통해 발현되기 때문에 혁신의 회랑이 부산에 진정한 혁신의 신바람을 불어들일 수 있는 현장이 되면 좋겠습니다. 앞으로 이곳이 북항재개발 2단계사업과 긴밀히 연대하고, 입체복합도시 개념이 철저하게 실험되고, 철도유산의 활용을 위한 미래 전략을 펼쳐 냄으로써 곳곳을 단절시켰던 폐철도가 부산정신과 부산다움을 부활시키는 사회적 플랫폼이 되고, 시민문화의 생태계가 회복되는 서면의 위대한 미래가 되어 주길 바랍니다.

하류에서의 일

동천 하류는 원래 삼각주가 발달했던 바다로 열린 넓은 곳이었습니다. 그러나 수차례 반복된 매축으로 하구 폭이 크게 좁아지고 강변의 모래톱은

● 차량에 국한하여 볼 때, 이곳에는 3량의 특별한 기관차가 보존되어 있습니다. 대한민국 최초의 디젤 기관차인 '2001호 디젤 기관차'는 국가등록문화재로 지정되어 있습니다. 또한 대한민국 최초의 유선형 디젤 기관차인 '7001호 디젤 기관차'와 대한민국 최초의 GT26CW-2 모델 디젤 기관차인 '7301호 디젤 기관차'도 보존되어 있습니다.

모두 묻히고 말았습니다. 매축으로 인한 부지 확보에 대한 효과는 인정되지만 잃어버린 것도 많습니다.

10여 년 전부터 동천을 정화하기 위해 바닷물을 끌어올려 희석을 시행하고 있지만, 정화의 속도가 매우 느립니다. 더더욱 문제인 것은 동천으로 흘러들어오는 오폐수에 대한 차집관거 공사가 아직도 완료되지 않은 상태라는 점입니다. 이 사실은 동천이 우리나라 제2도시의 도심을 흐르는 강임에도 불구하고, 그동안 우리가 동천 정화에 얼마나 무심했는지를 반증하는 것입니다. 곧 차집관거 공사가 완료된다하니 하천 정화는 이전 보다 빠르게 진행되겠지만, 동천 정화에 있어서는 근본적인 조치가 필요해 보입니다. 그것은 좁아진 하구를 넓히는 일입니다. 동천의 하류부는 바다와 강이 만나는 기수역이기에 밀물과 썰물의 영향을 크게 받는 곳입니다. 하구가 좁아져 있다 보니 물의 흐름이 원활치 못하고 이로 인해 정화가 쉽지 않고 또 방재에도 취약한 상황입니다.

'55보급창의 공원화'는 시민들의 숙원사업입니다. 한때 엑스포기념공원

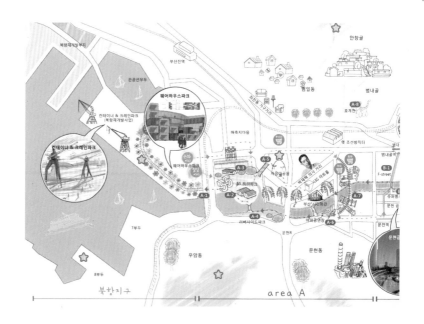

대상지로 발표되기도 했지만, 이곳이 공원이 되어야 하는 가장 큰 이유는 동천과 관계가 있습니다. 55보급창 부지는 동천을 매축하여 조성된 땅입니다. 사실 55보급창 부지는 동천의 열악한 현실의 원인 제공자라고 할 수 있습니다. 매축으로 협소해진 동천 하구 때문에 수질 정화가 쉽게 일어나지 않는다고 수리 학자들은 얘기합니다. 매우 타당한 논리입니다. 55보급창을 공원으로 만들 때, 부지의 1/3 또는 1/4정도를 습지로 돌려준다면 동천이 훨씬 더 빠른 속도로 정화될 수 있을 것으로 판단됩니다.

또 하나 생각해 볼 것은 매축과 함께 사라진 '부산진성과 부산포의 흔적 찾기'입니다. 워낙 도시개발이 대대적으로 오랜기간 진행된 곳이기 때문에 현재로서 당장 복원은 불가능해 보입니다. 그러나 경부선 ^{구포~부산진 구}^간 지하화의 구상이 장차 실현된다면 새로운 도전을 해 볼 수 있을 것입니다. 55보급창 위쪽 현 성남초교 자리는 원래 최초 개항장인 부산포의 터였습니다. 조선통신사 일행이 영가대 ^{永嘉臺} 에서 무사귀환을 위한 해신제를 올리고 일본으로 출발했던 역사적인 포구였습니다.

출항장은 사행의 모든 준비가 이루어지는 중요한 장소였습니다. 이러한 부산포의 중요성은 양흥숙 교수의 여러 논문과 글을 통해 확인할 수 있습니다.

"일본에 가져가는 예단과 기타 물품은 종류와 수량이 많아 각 도에서 마련하여 이후 부산으로 모이도록 하였으며 <중략> 무엇보다 500여 명이 타고 갈 통신사 선박 6척은 험한 바닷길을 운항해야 하므로 통영과 좌수영에서 만들어 부산포에 두면, 삼사 ^{三使} 들이 직접 타고 바다에 나가 점검을 하였다. 또한 출발지는 통신사 일행이 수일에서 수 십 일 동안 머무는 임시 거수지였다. <중략> 한번 통신사가 출발할 때마다 부산 사람 백여 명이 동원되었기 때문에, 출발하는 부산포 영가대에는 배웅 나온 가족과 인척들의 슬픔이 극에 이르렀다."

통신사들이 해신제를 올렸던 영가대 ⓒ韓國寫眞帖(쓰보야 스이사이/坪谷水哉)

그런데 일제가 경부선 철로를 부산포로 관통시키며 부산포의 공간을 단절시키고 훼손시켜 버립니다. 기능을 잃은 부산포는 결국 매립되고 맙니다. 이 사실은 증산 쪽에서 부산포를 바라 본 1907년의 사진을 통해 확인할 수 있습니다. 조선통신사의 출항지였던 영가대를 중심으로 부산포가 펼쳐져 있고, 해안 왼쪽에 솟은 부산진성 너머로 모래톱이 발달한 동천 하구 일대가 보입니다. 부산포를 가르고 지나가는 굵은 선이 경부선 철로

1907년 부산포 일원의 전경 ⓒ부경근대사료연구소

1905년 1월 1일 개통 이며, 이는 부산포의 해체와 멸실에 결정적인 원인을 제공했습니다. 부산포 매립은 원활한 경제 침투와 서면 산업화를 위한 일제의 책략이었습니다. 이렇게 영가대는 경부선 철로에 의해 희생되고 말았습니다.

영가대 자리는 현재 경부선 철로 부지 일부와 경계부로 추정됩니다. 추정 장소를 영가대 원 터라고 부르며, 이곳에 영가대를 미니어처로 만들어 놓았습니다. 철로 쪽으로 쳐진 안전벽으로 인한 고립된 분위기와 실제가 아닌 형상이 맘을 불편하게 합니다. 철도로 인해 원 터의 부지 확보가 어려워 2003년 영가대를 자성대공원 내에 복원했지만, 사진으로 전해지는 건축 형식과 규모가 모두 크게 달라 보입니다. 미니어처 영가대나 복원된 영가대나 모두 어색하고 진정성이 크게 결여되어 있어 보는 사람에게 혼란을 줍니다. 바로 잡아야 하겠습니다. 경부선이 지하화되면 가능해 지겠지만, 혹 그리 아니 될 지라도 영가대는 반드시 원형으로 복원되어야 하겠습니다. 분명 우리나라 개항사의 새로운 전환점으로 자리매김할 것으로 생각합니다.

애처로운 가짜 영가대 : 미니어처 영가대

애처로운 가짜 영가대 : 자성대공원 내 영가대

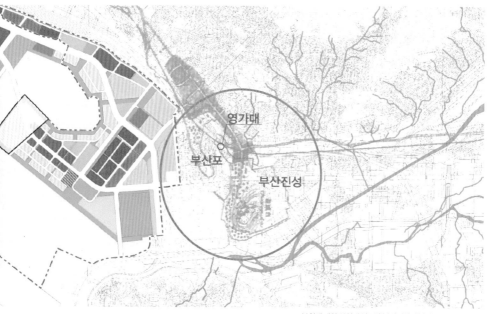

복원에 대한 염원이 필요한 부산진성과 부산포 그리고 영가대

55보급창 위쪽 지점에 문화예술공간인 부산시민회관이 존재합니다. '문화예술공간이 강에 접해있다.'는 것은 매우 특별한 잠재력을 설명하는 것입니다. 그런데 '냄새나는 하천 때문에 시민회관이 활성화되지 않는다.'고들 얘기합니다. 하천이 살아야 시민회관이 활성화될 수 있다는 뜻인데, 얼핏 맞는 말 같기도 합니다. 그러나 반대로 생각해야 합니다. 시민회관이 동천 재생과 정화의 주체로써 움직일 수 있다면, 부산시민회관은 빌바오의 네르비온강과 구겐하임미술관의 관계처럼 '동천과 함께하는 시민회관', '동천과 조화로운 문화예술공간'으로 크게 발전할 수 있다고 생각합니다.

공원은 공원대로, 강은 강대로가 아니라, 공원과 강 그리고 문화시설은 하나로 움직여야 합니다. 시민회관 주변 어딘가에 동천의 물을 유입시켜 근사한 수변공연장을 조성한다면 어떻게 될까요? 이곳에서 유명한 성악

가들이 아리아를 부르고 문화공연이 이루어진다면 부산시민회관의 위상
은 수 십 배 이상으로 올라가고, 동시에 빌바오의 구겐하임미술관처럼 우
리도 동천과 공존하는 근사한 문화예술공간을 가지게 될 것입니다.

네르비온강과 구겐하임미술관의 공간 관계는 동천과 부산시민회관과 거
의 흡사합니다. 100% 정화되어 있지 않다고 못마땅한 불만만을 내세우
기 보다는 함께 도약할 수 있는 '마음나누기'에 집중해야 할 것입니다.

강을 중심에 두고 있는 지역을 살려내는 일은 공공행정의 힘만으로는 불
가능합니다. 공공기관의 참여와 더불어 시민참여가 절대적으로 필요합니
다. 자발적이고 열성적인 시민참여를 이끌어내기 위해서는 동기 부여가
매우 중요합니다. 때문에 동천 천변에서 시민들의 이목을 집중시킬 수 있
는 흥미로운 일들이 끊임없이 일어나야 합니다. 동천시민영화제, 서면가
든페스티벌과 같은 다양한 기획들이 추가적으로 마련되어야 할 것입니
다. 물론 이러한 행사나 일들 또한 자발적인 시민들의 참여에서 출발되어
야 할 것입니다. 결론적으로 동천과 시민, 그리고 관과의 치밀하고도 순

닮아있는 구겐하임미술관과 부산시민회관

동천으로의 상상 : 런던 리젠트운하에서의 영화제(2023 Open-Air Film Festival)

환적인 관계 형성이 성공의 기반이라는 것입니다.

앞서 소개한 '숨 쉬는 동천'과 같은 자발적인 시민단체의 역할이 중요합니다. 또한 유사 역할을 담당할 시민들을 길러내기 위한 (가칭)서면시민대학이라든지 서면을 배우고 학습하는 아카이브센터의 운영도 중요 사안입니다.

이러한 노력들은 결국 동천의 시민트러스트사업으로 연결될 것입니다. 트러스트는 공공재원이나 관의 힘에 기대는 것이 아니라, 기부와 기증으로 그리고 적극적인 참여를 근원으로 합니다. 만약, 부산시민들과 지역민이 힘을 합치고 이와 함께 동천에서 부를 이룬 여러 기업들의 참여를 이끌어낼 수 있다면 동천의 변화와 서면의 변신은 보다 가까이 우리와 후손들에게 다가올 수 있을 것입니다.

부산시민공원은 서면 도심의 14만 평에 이르는 거대한 땅에 조성된 평지형 공원입니다.

부산시민공원 자리는 원래 부전천과 전포천 사이에 형성된 농경지였습니다.

일제강점기에는 경마장으로 사용되었고,

태평양전쟁 때에는 일제의 제72 병참경비대와 군사훈련시설로,

또한 외국인 임시 포로수용소로 활용되었습니다.

해방 후에는 주한미군사령부로 사용되다,

한국전쟁기에는 유엔군으로 참전했던 콜롬비아군과 에티오피아군의 주둔지로,

또한 구호와 전쟁지원을 위해 참전했던 여러 유엔지원단들의 캠프로 사용되었습니다.

휴전 후 2006년까지는 미군부대인 캠프 하야리아가 주둔했습니다.

군부대 기능 종료 후 약 8년이 지난 2014년 5월, 이곳은 부산시민공원으로 재탄생되었습니다.

공원 재탄생의 연유에는 시민들의 역할이 도화선이 되었습니다.

두 차례의 시민운동이 있었습니다.

시민운동의 전개과정 중, 부산시도 시민 의견에 귀를 기울여 주었고

미래지향적인 판단과 올바른 선택을 해주었습니다. 그 결과 부산시민공원이 탄생하게 된 것입니다.

그래서 부산시민공원은 과거보다는 현재가, 현재보다는 미래가 더 기대되는 공원입니다.

'도심의 14만평 평지형 공원'이 가지는 가치는 무궁무진합니다.

그 가치는 큰 공원이란 단순한 판단을 훌쩍 넘어서게 합니다.

부산시민공원은 시간이 흐를수록 탄소를 흡수하고 산소를 내뿜는 생명공급 장치이자

지역을 살려내는 경제 발전소로서의 역할이 커져 갈 것입니다.

과연 이뿐 일까요? 부산시민공원이 과연 어떤 모습으로 변해갈지,

또한 어떤 기능을 담고 시민들의 미래 수요를 담아낼지 공원의 미래 변신이 궁금해집니다.

열 번째 이야기

부산
시민공원

14만평
도심평지
공원으로의
대변신

서면경마장에서 부산시민공원까지

1872년 제작된 〈부산진지도 ^{군현지도}〉는 부산항 일대의 옛 상황을 가장 정확하게 보여주는 지도입니다. 지도 속에서의 동천 모습은 간결하면서도 힘차 보입니다. 동천은 부산진성을 오른쪽으로 휘돌면서 내려와 부산포와 만납니다. 군선들이 주로 오갔겠지만, 다양한 수생 생명체들이 서식하고 수송과 유통이 활발하게 이뤄지던 수변의 모습이 생생히 전해집니다. 부산포에서 붉은 선으로 표시된 길을 따라 북쪽으로 올라가다 백양산과 황령산 사이에서 붉은 선이 멈춰섭니다. 그곳을 '모너머고개'라고 부릅니다. 지명 그대로 해석하면 동래 쪽으로 또

는 항구 쪽으로 쉽게 못 넘어간다는 뜻이 내포되어 있습니다. 모너머고개의 지명 유래는 여러 가지 설이 있습니다. 부산 향토사학의 거장이신 솔뫼 최해군 선생의 《부산포》에 기술된 설은 첫째, 양반이 살던 동래와 천민이 살던 갯가를 구분하던 못 넘어가는 고개라는 설 둘째, 동래에서 바라보면 동래의 목 너머에 있어 '목 너머고개'가 모너머고개로 변형되었다는 설 셋째, 1875년 군현도에 명기된 마비현 ^{馬飛峴} 즉, 도적이 많아 고개를 지날 때 말 경주하듯 빨리 오가던 마비고개라는 설입니다. 어찌되었든 심리적으로나 현실적으로나 오가기가 쉽지 않던 고개라는 사실은 확실해 보입니다.

1872, 부산진지도 〈군현지도〉 ⓒ규장각

교통 요충지가 되어 버린 서면 일대:
1959년 〈부산시가도〉, 부산사진대관 ⓒ이성훈

부산경마구락부 시절 ⓒ부산출판협회

모너머고개 일대는 현재의 서면 로터리에서 양정으로 이어지는 나지막한 경사의 송공삼거리 일대인데, 원래는 70~80m의 높낮이를 가지는 가파른 고개였다고 합니다. 최해군 선생께서는 고개의 착평사를 4단계로 구분하였습니다. 일제병합 직후 부산~울산 국도 개설 시, 1915년 부산진~동래 전차 개설 시, 1930년 동해남부선을 부설할 시, 그리고 해방 직전 아스팔트 포장을 할 때로 나눠집니다. 그렇다면 1946년에 미육군지도창에서 제작한 〈시가도 PUSAN〉 속의 모너머고개 일대가 옛 모습과는 많이 달라진 최초의 모습을 보여주는 것이라 할 수 있습니다. 항구에서 동래를 연결에 있어 걸림돌이었던 고개가 어느 정도 착평되었으니 일대의 급속한 변화는 당연한 것이었습니다. 1959년에 그려진 〈부산시가도〉 속에서도 이러한 정황이 확인됩니다. 부산포와 부산진성은 사라진지 오래이고 항구에서 모너머고개까지의 서면 일대는 많은 것이 바뀌어 버렸습니다. 바다로 힘차게 흘러가던 동천은 온데간데없이 사라져 버린 것 같고 서면은 개발의 땅으로 변해 버렸습니다. 전차길, 경부선과 동해남부선 철로, 우암선 화물철로 등이 서면의 땅을 마구 자르고 지나갑니다.

1930년대 상황으로 돌아가 봅니다. 모너머고개의 왼쪽 지역에 새로운 변화가 시작된 시기였습니다. 습지가 발달한 농경지였던 땅에 둥그런 트랙을 가진 '부전리경마장'이 들어선 것입니다. 1930년을 전후하여 '부산경마구락부'가 창설되어 이곳은 10여 년 간 경마장으로 사용되다, 태평양전쟁기에는 제 72병참경비대로 전환됩니다. 경비대는 일명 노구치부대라 불렸던 서면임시군속교육대이자 외국인포로 임시수용소를 겸했습니다. 넓은 평지의 경마장은 군부대 훈련소로 사용하기에 적당했고 경마장 앞 부전역 화물철도는 항구와 직접 연결되는 큰 이점을 가지고 있었습니다.

1946년 지도 상부에서 경마 트랙의 흔적이 확인됩니다. 아래로 지나가는 철도 _{동해남부선과 부전}_역로 인해 위쪽의 군부대 지역과 아래쪽 서면이 완전히 단절되어 있습니다. 지도 속의 군시설은 당시 부산 군정을 관할했던 미6사단의 모습으로 추정됩니다. 흥미로운 사실은 당시부터 애칭으로 불려 지던 '하야리아 Hialeah'라는 이름의 출처입니다. 부산시민공원역사관 개관 기념 도록인《부산시민공원역사관 ²⁰¹⁴》에서 이렇게 밝히고 있습니다.

1946년〈부산시가도〉부분 (발행:육군지도창)

"당시 미군은 주둔 부대의 공칭 명칭 외에 '하야리아'라는 애칭을 지어 불렀다. 주한미군역사연구소 USFKHO 에 따르면 부대의 명칭은 제2차 세계대전 당시 유행했던 미국 플로리다주의 하야리아경마장에서 따왔다고 한다. 또한 캠프 하야리아 공식자료에 따르면 1945년 미국 진주 당시 부산에 입성한 미 해군 프래스캇호의 한 선원이 과거 경마장의 모습을 갖춘 범전동 일대 부지의 모습을 보고 자신의 고향인 하야리아경마장과 유산한 인상을 받아 붙인 이름이라 하였다. 결국 일제강점기에 만들어진 서면경마장에 주둔한 미군 관계자가 미국 동부 플로리다주의 하야리아시티에 있는 하야리아경마장을 연상하여 애칭을 지은 것으로 보여 진다."

미국 플로리다의 하야리아 파크(Hialeah Park), 1938년 촬영 ⓒHialeah Park Racing & Casino

실제 마이애미국제공항이 있는 하야리아시티 Hialeah City 에는 1922년에 설립되어 세계에서 가장 아름다운 트랙을 보유한 곳으로 평가되던 하야리아파크가 있었습니다. 현재에도 '하야리아 파크 레이싱 & 카지노 Hialeah Park Racing & Casino'란 이름으로 운영 중에 있습니다.

1950년 12월의 캠프 하야리아

확연하게 드러나는 트랙

캠프 하야리아의 생생한 실제 모습은 1950년에 촬영된 항공사진들을 통해 알려지게 되었습니다. 사진 속의 군 시설들은 해방 후 주둔했던 미24군단 소속으로 확인됩니다. 이와 관련된 공간과 시설 배치 상황은 2009년에 시작된 시민운동과 시민공원의 조성 과정에 매우 중요한 계기를 제공했습니다.

사진 가운데 둥그스름하게 보이는 두 개의 트랙이 보입니다. 왼쪽 트랙은 오래전부터 있었던 경마장 트랙이고, 오른쪽에 있는 트랙은 경마장이 아니고 미군이 다용도로 사용하기 위해 조성한 임시 트랙으로 추정됩니다. 첫 번째 트랙과 그 주변 일대가 군시설지로 집중 활용되었습니다. 한국전쟁의 발발과 함께 이곳은 주한미군기지사령부로 사용되었고, 전쟁 중에는 유엔관련 국제지

1950년 8월의 캠프 하야리아 ⓒ부산시

원단들과 유엔군의 캠프로 전환되기도 했습니다. 휴전 후 이곳은 주한미
군부산기지사령부 산하의 '캠프 하야리아 Camp Hialeah '란 이름의 부대로
공식 사용되었습니다.

캠프 하야리아는 50여 년 동안 마치 육지에서 동떨어진 섬처럼 존재했습
니다. 높은 시멘트 벽돌 담을 경계로 안과 밖은 완전히 다른 세상이었습니
다. 캠프 하야리아에 대한 경험을 가진 시민들을 만나 이야기를 들어보니
그곳은 누구나 들어갈 수 없었던, 그래서 시민들에게는 호기심과 동경(?)
의 대상이었다고 합니다. 당시 부대 내에는 340여 동의 군 관련 건물들이
있었고, 학교와 병원, 야구장과 옥외수영장 등 당시에는 경험할 수 없었
던 미국의 도시문화를 만날 수 있었던 곳이었기 때문에 그랬던 것 같습니
다. 얼핏 1950~70년대 미국 근교의 뉴타운을 배경으로 하는 영화 속 주택
지 분위기가 느껴지기도 합니다.

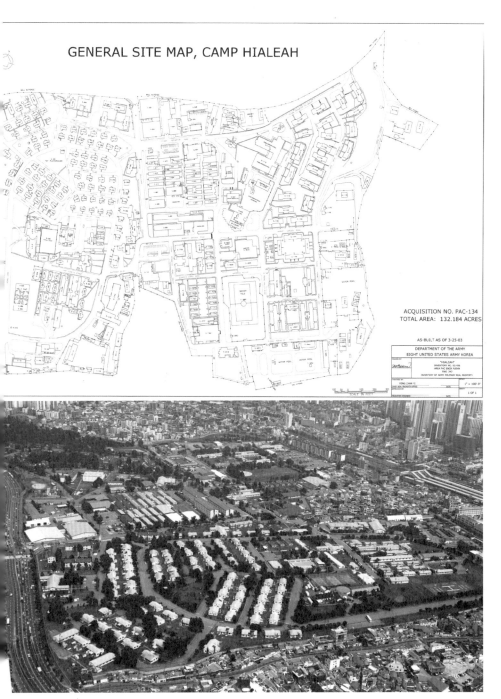

2006년, 캠프 하야리아의 폐쇄 후 공원으로의 추진이 본격화되기 시작했습니다. 8여 년이 지난 2014년 5월 1일, 공원 개장과 함께 캠프 하야리아는 완전히 다른 모습으로 전환되었습니다. 공원 외부는 거의 같은 모습인데 내부는 완전히 바뀌었습니다. 공원 아래 새로 생긴 도로를 제외하면 주변은 거의 그대로인 듯합니다. 마치 요술을 부린 듯 신기해 보입니다. 이전에 없던 세로 방향으로 뻗은 굵은 선들의 윤곽이 뚜렷합니다. 확연하지는 않지만 경마장 트랙의 일부분과 트랙 속의 옛 막사들 몇 곳은 살아남았습니다.

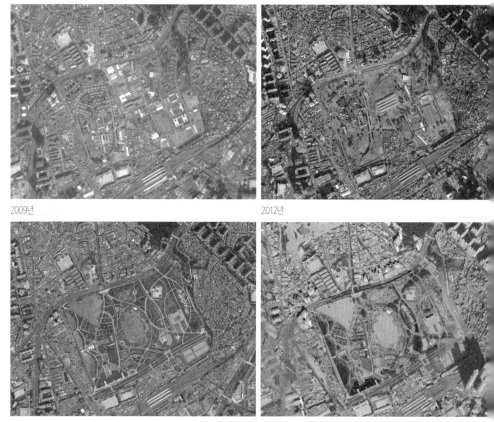

2009년

2012년

2014년

2021년

캠프 하야리아에서 부산시민공원으로 가는 길

시민이 시작했던 일

부산시민공원이 현재 모습을 갖추기 까지의 과정을 간단히 살펴봤습니다. 이러한 변화 과정에서 반드시 기억하고 놓치지 말아야 할 것은 '시민들의 역할'입니다. 1993년 5월 부산진구의회의 '하얄리아 부대 이전촉구 결의안' 발표와 연이어 11월 민주주의민족통일부산연합 자주통일위원회가 주도한 '미 하얄리아● 부대 반환과 평화적 전환을 위한 부산연합 연구소위'의 구성으로 하야리아의 회복을 위한 화두가 던져졌습니다. 연구소위는 1년 동안의 성과를 1994년 11월 29일에 발표함과 동시에 '부산땅 하얄리아를 되찾기 위한 시민대책위원회 이하 '시민대책위' '의 결성을 제안했습니다. 민주주의민족통일 부산연합 외 32개 단체가 참여한 시민대책위는 1995년 3월 16일 결성되었고, 같은 날 미영사관을 방문하여 '부산땅 하얄리아 민족 자주권 유린 행위 근절을 촉구하는 항의 서한'을 당시 미대통령이었던 빌 클린턴에 발송하는 것을 계기로 활동을 본격화하였습니다. 시민대책위의 '하야리아 땅을 되찾고 또 시민공원을 조성하자.'는 슬로건은 매우 당당한 외침이었습니다. 하야리아 땅을 부산에, 시민들에게 다시 돌려달라는 간절한 호소였습니다. 시민 모두의 염원이 담긴 일이었습니다.

1995년 7월 1일 부산진중학교 '하얄리아 인간띠 잇기대회' 개최
1996년 2월 9일 하얄리아 반환 10만 서명 운동 발대식 과 반환 원년 선포대회
1996년 3월 9일 하얄리아 반환 1차 시민대회
1996년 7월 28일 하얄리아 반환 2차 인간 띠 잇기 대회

● 초기에는 '하얄리아'로 사용하기도 하였음.

1997년 1년 간 반환을 위한 목요 집회 개최

1998년 하야리아 미군기지 무상 반환 결의대회 개최

1999년 5월18일 '미국점유 부산땅 되찾기 범시민추진위원회' 결성

2004년 9월8일 '하야리아부지 시민공원추진 범시민운동본부' 결성

2005년 2월 하야리아 무상양여 시민공원 조성을 위한 1차 서명운동 전개

2005년 5월 부산시, 부산시의회 등과 연대하여 '하야리아 시민공원 조성 범시민협의회'

발족

2005년 8월 하야리아 무상양여 촉구 2차 서명운동 전개 152만명 서명

2005년 9월15일 '152만명 서명보고 및 하야리아 무상양여와 시민공원조성 시민대회'

개최

우리 땅임에도 들어갈 수 없었던 보이지 않는 담장 안으로 풍선을 날리면
서, 쇠창살과 높은 블록 벽을 허물자는 시민의 열망은 점차 가시화되었습
니다. 2014년에 공원 조성이 완료되었으니, 정확히 20년 동안 시민운동
이 전개되었던 것입니다.

1995년부터 시작된 '부산땅 하야리아 되찾기 시민대책위원회'의 시민운동 ©부산일보

캠프 하야리아의 공원화 과정에 우연히 개입하는 기회를 가지게 되었습니다. '부산광역시 2005 정책세미나'에서 '캠프 하야리아를 앞으로 어떻게 하는 것이 부산 도심을 변화시켜 가는데 도움을 줄 것인가?' 라는 주제로 세미나 발표를 하였습니다.

당시 캠프 하야리아는 폐쇄되지 않았고 내부로 들어갈 수 없었던 상황이었기 때문에 제 발표는 공원의 외연적 가치를 중심으로 한, 서면 일대의 변화에 초점이 맞추어졌습니다. 1935년 프랑스 건축가 르코르뷔지에 Le Corbusier 가 뉴욕 방문 중 맨해튼에서 만난 센트럴 파크 Central Park 에 대한 평가를 발표의 모티브로 삼았습니다.

"미국인을 그저 금전의 정복만을 추구하고 있다고 비판하면서 즐거워할 수 있을 것인가? 나는 맨허튼의 중앙에 화강암과 나무로 구성된 340만㎡ 약 102만평 의 공원을 보존했던 뉴욕시 당국의 강력한 의지에 감동을 받았다. 센트럴 파크는 아름다운 건물 높은 마천루의 아파트 로 둘러싸여 있고, 그 건물들의 창은 모두 삭막한 도시 가운데 유일하게 선경 仙境 을 향해서 열려있다. 이 귀중한 토지를 ㎡당 5천 내지 1만 프랑으로 계산하면 이 화강암의 암반에 축적된 매각 가격은 250억 내지 450억 프랑이 된다. 나는 이러한 막대한 재화를 맨해튼의 한 가운데 그대로 고스란히 남겨두었다는 것, 그것이야말로 범용을 벗어난 역동적이고도 강력한 미국 사회의 표상이라고 생각한다."

르코르뷔지에는 그때까지만 해도 미국의 도시환경을 상당히 평가절하하고 있었습니다. 하지만 그는 센트럴 파크를 만난 후 미래를 내다보는 미국인의 혜안과 역동적인 자세를 높게 평가하게 되었다고 합니다. 르코르뷔지에는 도심의 평지에 있는 대규모 녹지는 단순한 녹지 덩어리가 아니라 '사회적 공통자본'으로 보아야 한다는 관점을 피력합니다.

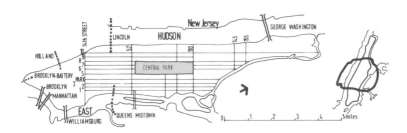

맨해튼의 중심을 이루는 센트럴 파크

당시 캠프 하야리아 부지 약 47만㎡ 는 센트럴 파크의 1/7에 불과하지만, 부산이란 도시의 관점에서 볼 때는 센트럴 파크에 버금가는 가치를 가진 곳이라고 주장했습니다. 부산은 산세가 험하고 지형이 발달한 도시입니다. 그런데 도심 한복판에 축구장 70개 이상 규모의 평지형 공원을 가진다고 하는 것은 이전에 경험치 못한 새로운 도심 변화의 계기가 될 것으로 판단했습니다.

잘라서 단면으로 본 부산시민공원은 도심으로 개발된 서면 속의 거대한 녹지 덩어리입니다. 저는 이러한 녹지에서 희망을 발견했습니다.

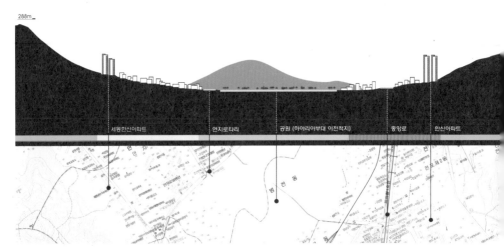

분지 같은 도심 속 캠프 하야리아

또한 시민공원의 위치가 동천을 통해 바다 ^{부산항} 와 직접 연결될 수 있는
조건이었기에 이곳에서 부산의 미래를 꿈꿀 수 있었습니다. 그래서 이 공
간은 공원에 그쳐서는 안 된다고 주장했습니다. 공원 내부, 공원 주변과
경계부, 더 나아가 공원과는 이격된 외연부로 구분하여 공원을 중심으로
서면 도심 일대에 창의적인 에너지를 채워갈 수 있는 12가지 방안을 제시
해 보았습니다.

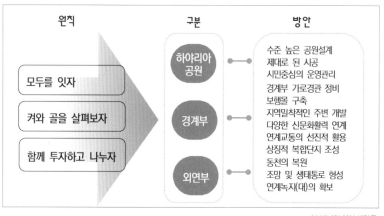

2005년의 여러 생각들

물론 12가지 방안들은 실현되지 못한 것이 대부분입니다. 그러나 이러한
제안이 공원에만 국한되어 있던 관심과 시각을 서면을 넘어 또한 부산항
까지 연결시키는 확산의 계기에 힘을 보탠 것은 사실이었습니다. 캠프 하
야리아와 55보급창을 시·종점으로 동천을 복원하여 주변의 산과 녹지들
과 연결해야 한다는 그림을 그려보기도 했습니다. 그래야만 부산이 친환
경적이고 지속가능한 도시로 발전할 수 있음을 설명했던 그림이었습니
다.

부대 폐쇄 직후 2006년 초, 부산시는 '시민공원조성추진단'을 조직했습
니다. 탁월한 선택이었습니다. 기존 관 조직만으로 공원을 조성하는 것이
아닌, 특별팀을 만든 것이었습니다. 조직의 탄생은 1990년대 시민운동과

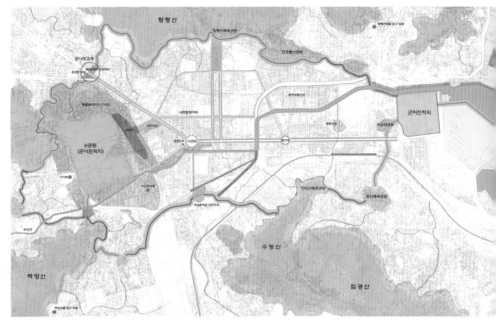

지속가능한 도시를 꿈꾸었던 2005년 제안

는 다른 2차 시민운동이 전개되는 계기를 제공했습니다. 구체적으로 표
현하자면 추진단과 시민들이 함께 고민할 수 있는 새로운 장이 열린 것이
었습니다.

또 다른 사람들

2006년 공원의 기본구상안이 만들어집니다. 약식의 국제공모를 거쳐 미
국 조경가인 제임스 코너 James Corner 의 안이 선택되었고, 그가 구상안을
만들었습니다. 굽은 녹색의 선들이 공원을 휘돌아갑니다. 상당히 특이한
모습 속의 개념은 '얼루비움 Alluvium', 즉 퇴적층이었습니다. 제임스 코너
는 부산이 낙동강 하구 지역에 자리한 도시이기에 퇴적되는 삼각주에서
공원 개념을 착안하지 않았나 생각됩니다. 이곳이 시대 흐름에 따라 지난
역사의 시간들이 퇴적되어가는, 그래서 결국 새로운 공원으로 재탄생된

제임스 코너(James Corner)가 제안한 구상 : 2006년

다는 개념의 구상안을 제시했습니다.

개념 자체로는 의미가 있었지만, 코너의 제안에는 당황스럽고 웃지 못 할 일이 도사리고 있었습니다. 제대로 된 현장조사를 하지 못한 가운데 그렸던 스케치 형식의 구상안이 그만 실시설계까지 연결되어 버렸습니다. 부대 내부에 대한 조사가 전혀 없는 상태에서 실시설계를 마친 것입니다. 빨리 결과물을 만들어 부지 반환의 기폭제로 삼고자 했던 부산시의 의도는 이해되지만 도무지 상상할 수 없던 일이 벌어진 것입니다. 공원 안에는 한 동의 건축물만 남겨둔 채, 캠프 하야리아의 모든 흔적과 기억들이 사라진 공원으로 계획되었습니다.

이 공원은 농경지를 거쳐 경마장으로, 그리고 불행한 역사였던 일제의 병참훈련기지로 사용되었고, 이후 유엔군 주둔지로 기능하며 한국전쟁과 피란수도의 역사적인 현장이 되었습니다. 다시 60여 년 동안 미군 부대로 사용되었습니다. 땅에 쌓인 역사의 지층들은 대한민국 근대역사의 한 단면으로 보아도 될 정도로 매우 중요합니다. 그런데 얼루비움이라는 퇴

부산일보   기 획   2009년 5월 13일 수요일 제 20077 호   3

"서둘지 말고 역사 숨쉬는 문화 공원 만들어야"

하얄리아 새 그림을 그리자

● 강동진 경성대교수
"서면과 연계 방안 고민하되
현 설계 골격 흔들지 않아야"

● 김승남 일신설계 부사장
"전문가 참여할 창구 마련해야
전문학적인 비용 확보도 과제"

시리즈 목차

■ 해양리아, 새 그림을 그리자
■ 역사·문화공원으로서의 활용방안
■ 보존·활용계획, 어디 자연가 되나
■ 녹색공간 공원화 강좌야 하나
■ 시민참여 공원 조성
■ 외국 공원을·성공사례 살펴보기
■ 하얄리아의 미래를 열며다

■ 김승환 동아대교수
"시민 의견 모으는 시스템 부재
몇 년도까지 완공 식 논의 곤란"

■ 이학직 부산대교수
"설계자도 과정상 문제 인정
디자인 폐기 대신 보완해야"

■ 주경업 부산민예회장
"그럴듯한 조경·건물 조성 앞서
우리 혼 실린 디자인 고민을"

공원포럼 결성의 시작점 (부산일보 2009.5.12.)

적 개념으로 모든 것을 덮어 버렸습니다. 과거는 모두 사라지고 완전히
새로운 땅의 공원으로 계획되었습니다. 물론 그렇게도 만들 수는 있었을
것입니다.

2009년 5월 12일, 부산일보에서 포커스 그룹 인터뷰 Focus Group Interview 자
리를 마련하였습니다. "서둘지 말고 역사가 살아 숨 쉬는 문화공원으로
만들자." 라는 결론을 내렸고, 워크숍을 계기로 '하야리아공원포럼 이하 '공원
포럼' '●이 결성되었습니다. 20여명의 지역 전문가와 시민으로 구성된 공원
포럼의 활동은 부산일보와 함께 진행되었습니다. 저는 공원포럼의 대표
로써 시민운동을 함께 했습니다.

시민운동의 전개과정 중, 2010년 4월 24일부터 약 6개월여 동안 공원 조성을

● 이병철, 김지현, 김교정, 김승남, 이동흡, 홍미영, 박세익, 차재근, 김기수, 이유직, 김제람 등이 주도했음.

2009년부터 시작된 하얄리아공원포럼의 주요 활동들

위한 건물 해체 전까지 '반갑다 하얄리아 당시 '하얄리아'로 표기'라는 이름으로 캠프 하야리아의 일부를 시민들에게 공개하는 시간이 있었습니다. 공원포럼은 다양한 전시회와 이벤트들을 공원에서 개최하였고, 밴드와 비보이들의 노래와 춤을 숲 속에서 펼쳤습니다.

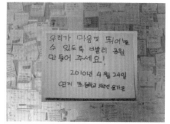

'반갑다 하얄리아'의 기억들

다시 만나고 싶은 메모의 주인공!

사진들은 2010년에 시민들과 공유했던 흔적들입니다. 역사적 관점에서 부산에서 가장 오래된 야외수영장, 추억의 리틀야구장, 부산에서 가장 우람했던 포플러나무들, 볼링장, 극장 등 다양한 흔적과 기억의 층위들이 그곳에 남아 있었습니다.

캠프 하야리아의 흔적들(2009~2010년 촬영)

자연스레 제임스 코너가 그렸던 구상안에 대한 시민들의 불만이 토로되기 시작했습니다. 불만을 해소할 대안들을 찾는 작업이 진행되었습니다. 조금이라도 공원의 흔적과 기억을 살려보자는 의도였습니다. 1950년 항공사진과 2010년의 현황을 중첩시켜 주장의 근거를 찾았습니다. 한국전쟁 중 유엔군과 지원단 활동과 관련된 흔적들을 근대문화유산으로 남겨 다양하게 활용하자는 것이었습니다. 제임스 코너의 얼루비움 개념과 흔적들을 중첩시켜 '이렇게도 할 수 있으니 조정해보자'는 제안도 해보았지만, 그러한 제안들은 거의 억지스러운 몸부림에 가까웠습니다.

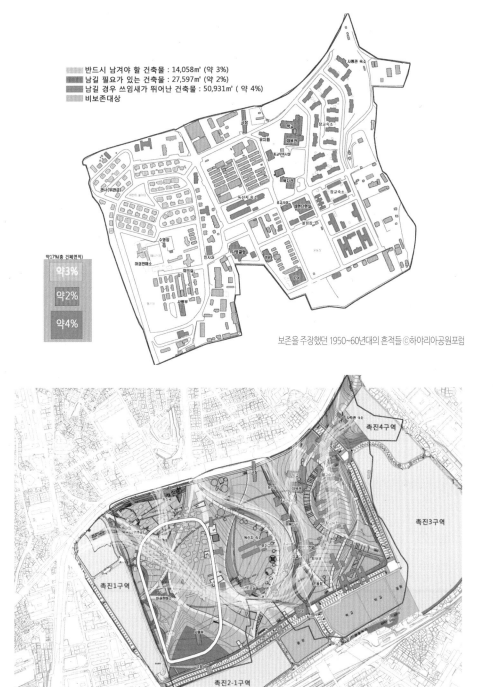

반드시 남겨야 할 건축물 : 14,058㎡ (약 3%)
남길 필요가 있는 건축물 : 27,597㎡ (약 2%)
남길 경우 쓰임새가 뛰어난 건축물 : 50,931㎡ (약 4%)
비보존대상

약17%(총 건페면적)

약3%

약2%

약4%

보존을 주장했던 1950~60년대의 흔적들 ⓒ하야리아공원포럼

제임스 코너의 안과의 억지스런 결합 ⓒ하야리아공원포럼

장교클럽(현 부산시민공원역사관)에서의 라운드테이블 ⓒ부산시

부산시와 공원포럼과의 상호 소통 과정 중, 부산시는 지방도시 최초로 '라운드 테이블 Round Table'이라고 하는 시민 의견수렴 시스템을 도입하였습니다. 이는 혁신의 제안이 되었고, 다양한 시민 의견을 모을 수 있는 좋은 장치가 되었습니다. 각계분야에 활동하는 30여명이 넘는 전문가와 시민운동가들, 그리고 행정가들이 라운드 테이블에 모였고, 해를 넘겨 2011년 3월까지 활동을 이어갔습니다.

라운드 테이블에서, 공원포럼의 이름으로 수차례에 걸쳐 건축물, 유적지 및 구조물, 경관, 식생 등에 대한 보존과 보전을 제안하는 발표를 했지만, 기름 오염 문제가 부각되면서 많은 흔적들을 지키기에는 힘이 부족했습니다. 하지만 성과는 있었습니다. 2010년 11월 11일, 라운드 테이블의 합의안이 발표되었습니다. 당시 보도자료입니다.

"부산시민공원! 시민, 시의회 각계 전문가 논의 거쳐 민관협력 라운드 테이블에서 합의를 도출했다. 약 25여 동의 건축물들과 과거의 패턴과 흔적을 남기는 공원으로 가자." 기대에는 크게 못 미쳤지만 부산시민공원으로 나아가는 매우 중요한 순간이었습니다.

라운드테이블에서 발표된 공원포럼의 제안 (건축물과 유적지/구조물에 대한 가치 평가)Ⓒ하야리아공원포럼

	대상	특성	
1	일본군막사 사이로 비스타를 형성하는 황령산의 자연경관	벽돌굴뚝들의 연속적 집합미	
2	경마트랙(서측)에서 마권판매소(핵심건축물) 방향으로 인지되는 열린 도로 경관	경마장시대에 말이 달리던 기억의 연상	
3	펼쳐진 헬기장에서 비스타로 인지되는 화지산의 자연경관	오픈스페이스로 활용도가 높고, 열린경관 보유	
4	미군사령부를 배경으로 한 국기계양대의 상징 경관	부지 반환식 개최, 4월 24일 최초 태극기 계양	
5	경마트랙(동측)에서 인지되는 식생들과 조화되는 자연경관	대형교목들이 열식되어 숲경관을 이룸	
6	일본군관사 사이에서 다양한 식생들과 조화되는 자연스런 건축경관	일본군 및 미군시대의 원형적 분위기	

7	공동체시설이었던 극장을 중심으로 펼쳐지는 활동경관	공원시설로서 매우 높은 재활용 효과 기대	
8	학교 국기계양대 옆의 어린이 손도장 흔적들(장소경관)	미군시대의 기억과 흔적을 통한 기억의 연속	
9	남측도로를 따라 열식된 버즘나무군의 자연경관	100여그루 이상의 대형버즘나무 군락	
10	가장 고지대에 자리 잡은 사령관저의 자연스런 건축풍경	부대를 관장하던 사령관저 및 고목들 활용	
합	10개소		

라운드 테이블에서 발표된 공원포럼의 제안(보전해야 할 10가지 경관) ⓒ하야리아공원포럼

라운드 테이블 이후의 숙제는 원래 그려진 구상안을 어떻게 변화시키느냐 하는 것이었습니다. 쉽지 않은 과정이었습니다만, 부산시에서 추가 비용을 확보하여 제임스 코너에게 재의뢰가 가능하게 되었습니다. 제임스코너는 시민합의의 결과를 반영하여 수정안을 만든 후 부산에 직접 왔고, 추진단과 포럼이 주관했던 토론회를 거쳐 최종 변경 안을 제시했습니다. 합의안은 2011년 3월 28일 시민들에게 공개되었습니다.

2006년과 2011년 플랜의 가장 큰 차이점은 1950년대의 흔적들에 대한 보전 여부였습니다. 338동 중 22동 장교클럽, 퀸셋막사, 하사관 숙소, 위관급 숙소, 사령관사 등과 경마장 트랙 그리고 수목 일부가 남겨졌습니다. 316동을 지키지 못했음에도 의미를 찾자면 비록 부분이었지만 경마장 트랙을 지켜 낸 것이었습니다. 또한 부대 내 목재 전봇대들과 망루 등의 시설물 흔적들도 버리지 않고 모아서 공원의 기억 장치로 재활용한 것도 의미 있는 일이었습니다. 풍족하지는 않았지만 오래된 군 시설의 재활용에 대한 도전으로 공원 곳곳에 흔적들이 남겨지고, 현대적 감각의 조경디자인이 가미된 공원으로 재탄생되었습니다.

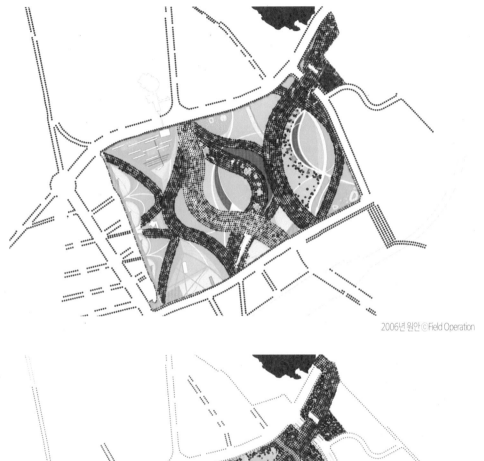

2006년 원안 ⓒField Operation

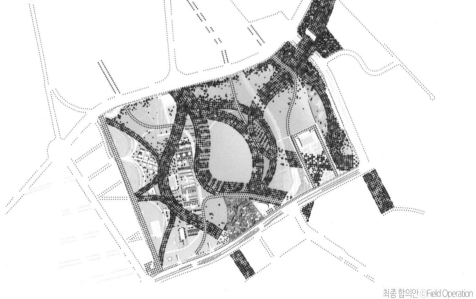

최종 합의안 ⓒField Operation

2011년부터 3여 년 동안 철거와 소성이 진행되었습니다. 철거 현장의 부서진 노란색 간판에 'PUSAN'이란 단어가 보입니다. BUSAN을 PUSAN으로 표기했던 캠프 하야리아의 과거를 보여주는 사진입니다. 남기기로 한 건물이 전체의 7%에 불과하다 보니 철거현장의 모습은 마치 폭탄을 맞은 곳처럼 을씨년스러웠습니다.

부서진 'PUSAN'

해체가 본격화 될 무렵 조금이라도 더 나은 공원으로 만들어야 한다는 지역의 열망이 전국에 전해졌고, 당시 우리나라 최고의 근대건축 전문가그룹이었던 도코모모 코리아 DOCOMOMO-Korea 에서 캠프 하야리아를 '제8회 도코모모 코리아 디자인 공모전'의 대상지로 선정하였습니다. 2011년 2월에 시작된 공모전에는 740팀이 응모하

철거의 과정

였고, 현장설명회에 무려 1,700여명의 학생들이 참가하는 대성황을 이루었습니다.

최종 제출된 499팀의 작품 중 대상은 '부산시 부산진구 하야리아 동洞' 이라는 제목의 한국예술종합학교 학생들 고건수, 김석현, 안채원 의 작품이 선정

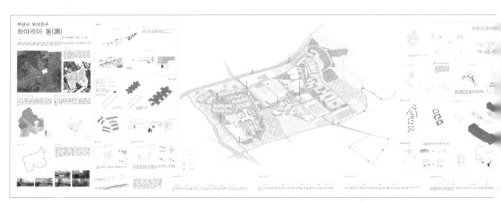

제8회 도코모모 코리아 디자인 공모전' 대상작 : 부산시 부산진구 하야리아동洞- Hialeah as city
ⓒ한국종합예술학교 건축과(고건수, 김석현, 안채원), DOCOMOMO-Korea

반파된 과정에서 되살아난 학교

되었습니다. 학생들은 캠프 하야리아를 정지된 죽은 공간이 아닌 수 십 년 동안 이어져 온 도시로 생각하고, 새로운 집과 건물을 삽입하여 연결하는 미래의 동네공원으로 제안했습니다. 단순한 공원이 아닌 주거가 위주가 되는 동네공원으로 만들자는 역발상은 대상작의 가장 큰 힘이었습니다. 기존 건물들을 밀어내는 것이 아니라 사이에 삽입하고 끼어 넣는 방식의 새로운 동네였습니다.

철거작업이 마무리되어 갈 무렵인 2012년에 있었던 일을 하나 소개합니다. 부대 내부의 학교도 주변 땅이 기름으로 오염되었다는 이유로 원래 철거대상이었습니다. 해체 중에 학교를 살리라는 고위층(?)의 지시가 있었고, 결국 학교를 살려내기 위한 현상공모가 2012년에 시행되었습니다. 남겨보자고 매달렸던 학교였기에 반파된 상태였지만 감지덕지의 심정으로 동참했습니다. 현재 학교는 공원 기억의 저장고이자, '시민사랑채'란 이름으로 세미나장과 전시공간으로 유용하게 활용되고 있습니다.

원래 시민들의 꿈은 338동 건물들 대부분을 다시 사용하는 세계에서도 특별한 공원으로 조성해보자는 것이었습니다. 세계적인 명소가 되기를 바라는 소망을 갖고 있었습니다. 어떤 건물들은 문화시설로, 어떤 건물은 시민들이 체험하는 스튜디오로, 또 어떤 건물은 게스트하우스로, 그 사이사이 공간들은 공원과 광장이 되어 전체가 하나의 특별한 문화공원으로 변하게 하자는 꿈을 가지고 있었습니다. 그러나 여러 현실적 어려움 속에서 지금의 수준에 머물고 말았습니다. 그럼에도 불구하고 조금이나마 남아있는 과거 흔적을 통해 공원의 탄생 이유와 과거의 기억들을 가늠할 수 있게 되었고, 또한 미래의 생각들이 융합되고 채워져 가는 공원으로 나아가고 있습니다.

부산시민공원을 즐기는 시민들

뉴욕의 두 공원

도심 평지형 공원인 부산시민공원을 떠올리다 보면 뉴욕의 도심, 맨해튼의 '센트럴 파크 Central Park'가 연상됩니다. 여건은 크게 다르지만 부산시민공원이 센트럴 파크와 같은 역할을 해주길 바라는 마음에서 살펴봅니다. 여기에 10블럭 정도 떨어져 있는 '브라이언트 파크 Bryant Park'라는 작은 공원도 덧붙여 봅니다.

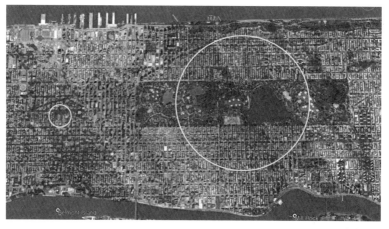

뉴욕의 두 공원

두 공원의 크기는 비교할 수 없을 정도로 차이가 많이 납니다. 센트럴 파크는 면적 규모가 무려 3백만㎡ 정확히는 3,140,000㎡ 가 넘는 세계에서도 큰 공원에 속하는 그랜드 파크이고, 브라이언트 파크는 매우 작은 포켓 파크 쌈지공원 입니다.

1850년대 초반 센트럴 파크의 입지가 결정될 때 맨해튼은 거의 개발이 되지 않은 황무지였습니다. 도시의 빈 땅으로 여기고 개발에 집착했더라면 맨해튼은 오염과 도시문제들로 뒤엉킨 그저 그런 곳으로 전락했을 것입니다. 맨해튼의 미래에 대한 특별한 혜안 가운데 탄생된 센트럴 파크는

170여 년의 긴 시간동안 맨해튼의 도시문제들을 흡수하고 환경오염을 완화시켰습니다. 시선을 하늘에서 공원으로 좁히며 가까이 갈수록 공원의 모습은 경이로움을 자아냅니다.

크고 작은 도시의 길들이 센트럴 파크 내부의 길들과 연결되어 있습니다. 도로와 건널목, 공원으로 들어가는 길들이 매우 섬세하게 연결되어 있습니다. 도시 속 공원의 존재 가치와 관계를 쉽게 이해할 수 있습니다. 센트럴 파크는 뉴욕시민들의 생활 속 공원이며, 공원문화와 삶이 따로 노는 것이 아니라 하나로 움직이는 듯합니다.

이곳이 센트럴 파크인 진정한 이유가 있습니다. '센트럴 파크 관리위원회 Central Park Conservancy'라고 불리는 비영리단체가 공원을 운영 관리하고 있다는 사실에서 그 이유를 찾을 수 있습니다. 뉴욕 시로 부터 지원도 일부 받지만, 비영리단체를 구성하고 있는 시민들이 센트럴 파크의 진정한 주인입니다. 시민이 주체가 되는 공원은 과연 어떤 공원일까요? 센트럴 파크에서는 분명 사시사철 365일 다양한 즐거움과 행복이 넘쳐나고 있을 것입니다.

뉴욕의 허파, 센트럴 파크 ⓒGetty Images Bank

맨해튼과 공존하는 그랜드 파크 ⓒ구글어스

도심 속의 브라이언트 파크 ⓒ구글어스

'브라이언트 파크 Bryant Park '의 운영 방식도 센트럴 파크와 유사합니다. 2006년에 결성된 '브라이언트 공원 관리체 Bryant Park Corporation '라는 사회적 기업이 주인공입니다. 공원은 회색 맨해튼 속 조그마한 초록점에 불과하나, 뉴욕 사람들은 한해 3,500만 이상이 방문한다는 센트럴 파크만큼이나 브라이언트 파크를 사랑하고 좋아합니다.

공원 형태는 비교적 단순합니다. '□'자형의 숲과 넓은 잔디밭으로 구성되어 있습니다. 원래 이곳은 배수장이었습니다. 이후 공립도서관을 거쳐, 다시 공원 뉴욕공립도서관 포함 으로 총 세 번의 변신을 했습니다.

세 번째 변신을 위해 설계자가 그린 개념스케치입니다. 중요한 개념 중의 하나가 공원부지 주변의 공간패턴이 '직선의 격자구조'인 점에 착안하여 멀리서 보더라도 저곳에 공원이 있음을 알게 하는 것이었습니다. 그래서 숲을 도로 앞쪽까지 돌출시켰고, 멀리 도로변에서 봤을 때 "아, 저기에 공원이 있구나."라는 암시가 브라이언트 파크에 내포되게 되었습니다.

Laurie Olin의 스케치 ⓒSpacemaker Press

점심을 즐기는 브라이언트 파크의 사람들 ⓒGetty Images Bank

공원의 가장 큰 특징은 셀 수 없을 정도로 움직이는 의자가 많은 것입니다. 그 수가 무려 1,100개나 됩니다. 이상합니다. 움직이는 의자가 이곳에 왜 있을까요? 그 이유는 이곳을 이용하는 주 고객이 공원 주변의 기업에서 일하는 회사원들이기 때문일 것으로 추정됩니다. 회사원의 옷차림새는 보통 양복 차림입니다. 요즘은 회사원들의 복장이 자유롭다고 하지만 브라이언트 파크가 조성될 무렵 회사원 복장의 주류는 정장이었을 것입니다. 그래서 잔디밭에 함부로 앉을 수도 없었고, 더 중요한 것은 점심을 샌드위치나 도넛, 커피로 해결하는 미국 사람들의 식생활 습관과 햇빛을 좋아하는 성향 때문에 점심시간 한 두 시간 동안에 한꺼번에 몰리는 집중 현상을 고려한 것이었습니다. 그래서 몇 개의 벤치만으로는 넘치는 수요를 감당할 수 없다고 판단했고, 또한 잔디에 그냥 앉으라하기에도 문제가 있었기에 생각해낸 것이 움직이는 의자였습니다.

브라이언트 파크는 이용자의 생활방식을 고려한 흥미롭고 배려심이 깊은 공원입니다. 그 덕분에 브라이언트 파크는 시민들이 매우 사랑하는 공원이 되었습니다. 매일 같이 흥미진진한 일들이 브라이언트 파크에서

브라이언트 파크의 움직이는 의자들 ⓒGetty Images Bank

쉬고 있는 의자들 (체계적인 관리)

일어납니다. 그 이유는 센트럴 파크와 동일합니다. 시민들은 이곳을 'A Monument of Genuine Joy'라고 부릅니다. 진정한 기쁨을 주는 공원 정도로 이해할 수 있습니다. 공원 변신의 결정체는 2006년에 설립된 '브라이언트 공원 관리체'였습니다. 탄생의 주된 목적은 공원 활성화였습니다. 그렇다면 이들은 어떤 돈으로 공원 활성화를 시도했을까요? 뉴욕시의 지원이었을까요? 아니었습니다. 공원이 만들어진 초기에는 록펠러 펀드에서 지원을 받았지만, 현재는 공원 주변의 토지를 소유한 기업들의 기부금으로 운영하고 있습니다. 그런데 기부액을 결정하는 방식이 매우 독특합니다. 매년 지가 상승분에 따라 기부액이 정해진다고 합니다. 공원이 활성화되면 건물 내에서 일하는 직장인들에 활력을 증진하고 동시에 지가상승에도 영향을 미칠 수 있다는 기대치에 근거하여 선택된 방식이었습니다. 어떤 명분을 가진 재원이냐에 따라, 자금이 마련된 이유와 배경에 따라, 그리고 자금의 사용 주체에 따라 이렇게 다른 결과를 가져올 수 있다는 사실 앞에서 많은 생각을 하게 됩니다. 부산시민공원도 앞으로 보다 더 시민들의 참여가 많은, 공원운영의 기획 자체를 시민들이 할 수 있는 공원으로 움직여 가면 좋겠습니다.

부산시민공원의 기능 확장을 위한 앞으로의 노력

부산시민공원이 보다 더 좋은 공원으로 거듭나기 위한 지향점을 나눠보려 합니다. 1930년대 시작된 철도사업이 야기한 지역의 단절은 아직도 완전하게 회복되지 못했습니다. 이 때문에 공원을 이용할 때면 어떠한 경로로, 어떻게 이동하는 것이 가장 좋은지에 대한 의문들이 명확하게 정리되어 있지 못한 상황입니다. 원래 공원은 목적 없이 가는 것이 맞지만, 접근성과 공원이용에 대한 모호함은 공원의 존재 목적과 정체성에도 악영향을 미치게 될 것입니다.

조만간 이런 문제들을 완전하게 해결하여, "부산시민공원은 이렇게 가는 것이 가장 좋아~", "이렇게 가는 길도 매력적이야." 등을 말할 수 있고, 공원에 가면 이런 것을 하면 좋고, 여름철에는 이게 좋고, 가을에는 이게 좋고, 겨울에는 이렇게 하는 것이 가장 행복하다는 사실들이 시민들에 널리 알려지기를 바래봅니다.

공원문화 만들기

부산시민공원의 긍정적이고 선진적인 변화를 위해 필요한 일들 중 하나는 '새로운 공원문화를 만드는 일'입니다. 사실 우리는 공원문화에 익숙하지 않습니다. 일반적으로 공원을 녹지가 많고 휴식하는 곳 정도로 이해하고 있습니다. 이는 공원에서 무엇을 할 수 있을 것인가? 에 대한 고민의 시간이 부족하고 시민 중심으로 창의적인 운영관리가 진행되는 공원을 제대로 만날 수 있는 기회가 없었기 때문입니다.

그런 차원에서 프랑스 파리의 '라 빌레트 공원 Parc de la Villette'은 매우 흥미로운 공원입니다. 이곳은 건축가 '베르나르 추미 Bernard Tschumi'가 805:1의

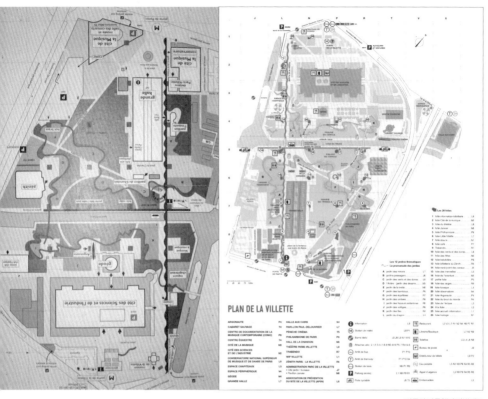

의문이 가득했던 라빌레트

국제경쟁을 뚫고 설계한 '예술작품같은 공원'입니다. 공원의 모습을 약
35년 전인 1988년에 도면으로 처음 만났습니다. 도면 속 공원의 실상이
무척 궁금했습니다. 붉은 점들은 도대체 무엇일까? 반 쪽짜리 붉은 점은
또 무엇일까? 이 점들을 직선으로 연결하고 있는 구불구불한 검은 선은
도대체 뭘까? 1988년은 완공된 이듬해였고 인터넷이 없던 시절이었으니,
궁금증이 답답함으로 번질 지경이었습니다. 1996년에 현장을 직접 가볼
기회가 있었습니다. 물결같은 구불구불한 직선의 검은 줄을 확인하곤 뭔
가로 뒤통수를 맞은 듯한 충격을 받았습니다. "그림자였구나~" 그림자를
도면의 요소로 표현했던 것입니다. 공원에 대한 저의 시각을 완전히 바꿔
놓는 계기가 되었습니다.

라 빌레트의 살아있는 그림자

라 빌레트의 그림자인 검은 직선은 계절마다 위치가 바뀝니다. 매달 아니 매일 바뀝니다. 흐린 날이나 비가 오는 날이면 그림자는 사라집니다. 햇빛이 쨍쨍한 날이거나 해가 질 무렵이면 그림자는 색을 달리하며 계속 변합니다. 라 빌레트는 나무가 있거나 잔디밭이 있는 곳 정도가 공원이 아니라, 이렇게 날씨의 변화에 따라 사람의 심리상태와 마음가짐에 따라 움직이는 '진정 살아있는 곳'이라고 하는 것을 알려주는 지혜의 장소였습니다.

빨간색 점은 이런 것이었습니다. 이것을 폴리 Follies 라고 부르는데, 원래는

빨간색 폴리 ⓒ구글어스   다용도로 사용되는 폴리들

시가지 외곽 전원지대의 작은 별장이란 의미를 가집니다. 폴리 개념은 라 빌레트에서 재탄생된 후 세계적인 유명세를 타게 됩니다. 약 10미터 높이의 23개로 이루어진 라 빌레트의 폴리들에서 두 가지의 특징이 발견됩니다. 하나는 초록색 카펫 위에 빨간 점이 약 100m 정도의 균등한 간격으로 줄지어 서서 전달하는 시각적인 매력이고, 또 하나는 이용자들이 어디에 있든 수분 내에 도착할 수 있는 폴리들이 항상 시민들과 관계를 맺고 있는 점입니다. 폴리의 기능은 모두 다릅니다. 어떤 곳은 전망대로, 어떤 곳은 식음료를 파는 상업시설로, 어떤 곳은 조형물로, 또 어떤 곳은 임시 공연장소로 사용됩니다. 인상적인 것은 대다수 조형물들의 기능이 정해져 있지 않다는 것입니다. 같은 전망대라 할지라도 조망의 대상이 다르고 올라가는 방법이 다르기에 각각의 즐거움을 선사합니다. 이용자의 생각과 이용방식에 따라 달라지는 것입니다.

폴리들은 이용자들이 공원을 맘껏 누리도록 지원하는 매개체입니다. 폴리들을 따라가다 또 다른 검은색 직선을 만나게 됩니다. 이것은 우르크 운하의 물결을 따라가며 공원 풍경을 즐길 수 있는 입체데크 구조물입니다. 폴리들은 공원 내 60여개 소의 작은 정원들을 이어줍니다. 정원의 모습과 주제도 제각각입니다. 자전거가 땅에 박혀 있는가 하면 안개, 거울,

바람, 용 그리고 대나무를 소재로 한 사색의 정원도 있습니다. 정원과 결합된 폴리들은 방문자들의 생각과 마음에 따라 순간순간 변신을 합니다. 어떤 폴리는 마치 보육원에 온 것 같습니다. 엄마는 어디로 갔을까요. 아마 '그랑드 알레 Grande Halle'라 부르는 문화센터에서 특별한 공연에 심취해 있을 것 같습니다.

라 빌레트는 원래 파리시의 도축장이었습니다. 1867년부터 1976년까지 110년 동안 사용되던 시립도축장을 공원으로 변신시킨 것입니다. 그랑드 알레는 도축이 이뤄지던 이곳의 핵심적인 건물이었지만 지금은 축제와 공연이 벌어지는 문화의 장으로 재활용되고 있습니다. 이처럼 공원은 시민들의 라이프 스타일에 따라서 요구되는 다양한 문화 욕구들을 충족시킬 수 있을 때 비로소 '시민의 공원'으로 거듭날 수 있습니다.

모에레누마의 공원문화

일본 삿포로의 '모에레누마 공원 モエレ沼公園' 부지는 원래 270만 톤의 쓰레기가 매립된 200만㎡ 규모의 쓰레기매립장이었습니다. 매립이 완료된 후, 이곳에 지역공원을 조성하기로 결정했던 무렵인 1986년 가을, 세계적인 환경조각가이자 일본계 미국인인 '이사무 노구치 勇 野口'가 우연히 삿포로를 찾았고 자신의 60년 작품 인생의 유작이 된 모에레누마를 만나게 됩니다. 그는 자신이 평생 품었던 자연과 조각의 만남을 통한 새로운 '놀이경관 Play-Scape'의 창조를 위해, 마치 곧 다가올 자신의 죽음을 예견이라도 한 듯 모든 것을 모에레누마에 쏟았습니다. 노구치는 1988년 5월부디 7여 개월 동안 작업을 마친 12월에 뉴욕에서 생을 마감했습니다.

하늘에서 내려다 본 모에레누마의 모습은 환경조각물들이 여기저기 흩어져 있는 것 같습니다. 이사무 노구치가 그동안 하고 싶었으나 시행 못한 아이디어와 자신이 만들었던 환경조각물 중 이곳에 재현하고 싶거나

하늘에서 본 모에레누마 ⓒ구글어스

꿈의 탄생(Monument of Plow, 1933) ⓒMonacelli Press

실험하고 싶은 것들을 조화롭게 엮어 공원으로 만들었기 때문입니다. 가장 인상적인 조형물은 '플레이 마운틴'이라 부르는 거대한 흙산입니다.

이사무 노구치는 다른 질감 돌단, 잔디, 야생초화 을 가진 피라미드처럼 생긴 흙산의 조영을 오래전부터 꿈꾸었다고 합니다. 1930년대 노구치가 조각가로서 꾸웠던 꿈들의 한 장면이 실현된 것입니다. 스케치북의 당시 상상도와 플레이 마운틴의 모습은 거의 흡사합니다. 흙산에서 본 하늘과 풍경은 사방으로 열려 있습니다. 어떤 날에는 99단으로 된 흙산의 계단면이 공연장으로 변신하기도 합니다.

맞은편에 '모에레 산'이라 부르는 더 큰 흙산을 만들었습니다. 각이 진 플레이 마운틴과 달리, 이 흙산은 쓰레기매립장이었던 정체성을 드러내듯 불가연성 쓰레기와 잔토를 쌓아올려 만든 인공산입니다. 이곳 또한 다양한 모습

모에레누마 공원의 플레이 마운틴

으로 변신하는 삿포로와 공원을 조망할 수 있는 전망대 역할을 합니다.

흙산을 올라 만나는 광활한 삿포로와 푸르른 자연의 조화는 감탄을 자아내게 합니다. 흙산 아래 나지막한 쟁반처럼 생긴 수영장 모에레 비치 이 있습니다. 가장 깊은 곳이 45cm 밖에 안 되기에 여름에는 아이들의 수영장으로 사용됩니다. 봄, 가을, 겨울에는 여러 활동을 담는 광장으로 사용됩니다. 모에레누마의 한 가운데에 둥그런 삼나무 숲이 있습니다. 언젠가 이곳에서, 휠체어에 의존하는 어르신 그룹을 만났습니다. 뒤따라갔더니 분수 앞에 이렇게 모였습니다. 이 분수는 하루에 3~4회씩 최대 25m 높이까지 물을 뿜는 인기 장소입니다. 이 장면을 보기 위한 발걸음이었습니다. 같은 분수인데 아이들은 전혀 다른 방식으로 즐깁니다. 모에레누마 공원은 모든 이들에게 활짝 열려있는 공원이었습니다.

모에레 비치에서 본 플레이 마운틴

모에레 산을 오르는 어린이들

플레이 마운틴에서 본 모에레 산

같은 장소 다른 사용법

일반적으로 공원이라면 용도가 정해져 있습니다. 그러나 모에레누마에는 정확한 용도가 정해져 있지 않았습니다. 자기가 스스로 공원을 이용할 수 있고 새로운 공원문화를 본인이 직접 만들어서 이용할 수 있는 공원입니다.

모에레누마에는 흥미로운 팸플릿들이 많습니다. 아이들은 식물그림지도를 들고 나무들과 잎과 꽃들을 찾아다닙니다. 이 공원은 단순한 놀이장소나 휴양공간이 아니라, 생태환경이자 학습장으로 작동합니다. 공원에서 여러 풀들과 나무들을 직접 눈으로 확인하며 이름을 알아가고, 또한 나무와 풀의 성장을 확인하며 아이들은 '초록 발전소'와 같이 샘솟는 공원문화를 배우며 또 사랑하는 방법을 찾고 있습니다.

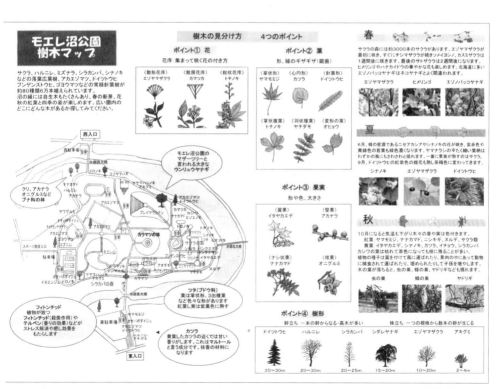

모에레누마의 수목 지도

발전적인 도시들 대부분은 강력한 상징적인 주제를 가지려 노력합니다.

그 주제가 무엇이냐, 어떤 종류의 것이냐에 따라 그 도시의 미래가 결정되곤 합니다.

부산도 해양문화, 물류업, 영화, 컨벤션 등 여러 주제들을 보유하고 있고,

이의 브랜딩을 위해 노력하고 있습니다.

그러나 주제들이 아직은 시민 삶의 현장에서 강하게 체감되거나 작동하진 못하고 있는 듯합니다.

부산의 주제들 중 핵심의 것을 꼽으라면 '해양문화'를 택할 수 있습니다.

항구도시인 부산의 주제로서, 그 자격이 충분하다고 생각합니다.

305km에 이르는 해안선, 8개소의 천연해수욕장, 20여 곳의 바다언덕,

60여 곳의 포구를 가진 도시는 전 세계 어디에도 없습니다.

부산의 자연은 매우 아름답습니다. 특히 해안선은 탁월하고도 우월한 매력을 가지고 있습니다.

부산이 340여만이 살아가는 대도시라는 사실은 305km 해안선을 더욱 돋보이게 합니다.

그런데 현재 부산의 해안선이 기로에 서있습니다.

해안선의 폭이 점차 얇아지고 끊어지는 일들이 잦아지고 있기 때문입니다.

해안선이 왜소화되는 상황이 점차 증가하고 있습니다.

부산의 해안선은 어머니의 정교한 바느질 솜씨를 필요로 하고 있습니다.

흩어지고 엉켜버린 해안선을 한 땀 한 땀 다시 꿰매야 합니다.

섬세하면 섬세할수록 또 느리면 느릴수록 좋을 것입니다.

부산의 해안선을 지키고 관리하는 일은 피상적인 자연보호의 수준을 넘어서야 합니다.

해안선 안에는 부산시가 찾고 싶고, 또한 잡고 싶어 하는

다양한 미래산업의 실마리들이 숨어 있기 때문입니다.

온 마음을 다해 부산의 해안선을 지키고, 그 가치를 창의적으로 확장하며,

매력적으로 활용하는 일에 힘써야겠습니다.

305km 바닷길 이야기

대臺와 해수욕장은 부산의 보석

305km 바닷길에 달려있는 보석들

영도 봉래산에서 다대포 쪽으로 바라 본 석양에 비쳐진 풍경이 마치 한려수도와 같이 아름답습니다.❶

오후 햇살이 비치는 송정해수욕에서의 서핑풍경은 부산의 매력이 되었습니다.❷

부산의 해안선에서는 일출과 일몰을 동시에 만날 수 있습니다. 구름과 바람에 따라 매일 변하는 부산의 아침과 저녁의 햇살은 부산을 정말 돋보이게 합니다.❸

해운대해수욕장에서 해안선을 보면 이기대 너머에 아파트들이 고개를 내밀고 있습니다. 해안선의 온전한 보전을 위해서는 공동의 노력이 필요함을 깨닫게 합니다.❹

부산항의 풍경은 어떨까요? 포부 당당한 크레인들의 모습 속에서 물류산업과 관련된 부산 풍경의 특성을 발견할 수 있습니다.❺

부산의 새벽과 저녁, 그리고 밤 풍경에는 언제나 크레인과 물류부두가 등장합니다. 크레인은 부산 야경의 필수 아이템입니다.❻

남항에서 바라본 남부민동과 충무동 일대의 모습입니다. 항구의 배경을 이루는 산과 도시가 정확히 1/2로 나누어져 있습니다. 그 이유가 궁금합니다.❼

남항에는 갈매기 세 마리가 날라 가는 형상을 한 자갈치 시장이 있습니다. 어떤 면에서는 독특한 부산의 건축물이라 할 수 있지만, 또 어떤 면으로 보면 바다를 가로막고 있어 수변도시에는 어울리지 않는 부족함이 많은 건물이기

도 합니다.❽

지난 십 수년간 해운대 일대는 천지개벽을 한 느낌입니다. 높은 건물 주상복합 들이 세워지며 홍콩을 닮았다 또 뉴욕을 닮았다 이런저런 얘기들을 하지만 해안경관과 방재의 관점에서 이곳이 낳고 있는 후유증은 매우 큽니다.

수년 전 해운대해수욕장에서 불과 40여미터 떨어진 곳에 '엘시티'라 불리는 건물이 완공되었습니다. 100층이 넘는 건물 1동과 86층의 2동을 합쳐 총 3동으로 이루어져 있습니다. 이 건물들로 인해 좋은 점도 있을 것입니다. 그러나 시간이 흐를수록 부정적인 문제들도 늘어날 것입니다. 실제 체감되는 후유증들 보다는, 가늠하기 어려운 눈에 보이지 않는 문제들이 더 많은 듯하여 걱정이 큽니다.❾

반면, 바다 위를 가로지르는 해상교량들은 부산의 새로운 랜드마크로 불리며 좋은 평가를 받고 있습니다. 특히 광안대교는 부산을 상징하는 인프라 경관으로 인식되고 있습니다.❿

내륙과 영도를 연결하는 영도다리는 현재 매주 한 번씩 도개를 합니다. 다리가 든다는 것은 매우 특별한 풍경이며, 이는 우리나라 어디서도 볼 수 없는 장면입니다.⓫

부산의 해안선 풍경은 여러 이유로 인공화되고 있습니다. 상황에 따라 평가가 달라지기도 하지만, 부정적으로 인지될 때가 더 많습니다. 그럼에도 좋은 날씨와 풍부한 일조, 그리고 시원한 바람으로 인해 부산의 해안선에서는 풍요롭고 아름다운 풍경들이 끊임없이 펼쳐지고 있습니다.

부산 풍경의 유형

부산에는 '마주 보는 풍경'이 발달해 있습니다. 리아스식 해안 지형으로 인해 돌출된 바다언덕들과 오목하게 들어간 곳들이 많아, 서로 대안 對岸 으로 마주 보는 풍경들이 많기 때문입니다.

'파노라마 풍경'은 한 눈에 펼쳐지는 연속된 풍경을 말하는데, 부산 해안 선 곳곳에서 좌우로 활짝 열린 바다풍경들을 쉽게 만날 수 있습니다. 같은 장소임에도 흐린 날, 맑은 날, 또는 아침, 저녁, 밤 등 시간과 상황에 따라 풍경은 쉴 새 없이 변하며 방문자들에게 매 순간 전혀 다른 느낌을 전해줍니다.

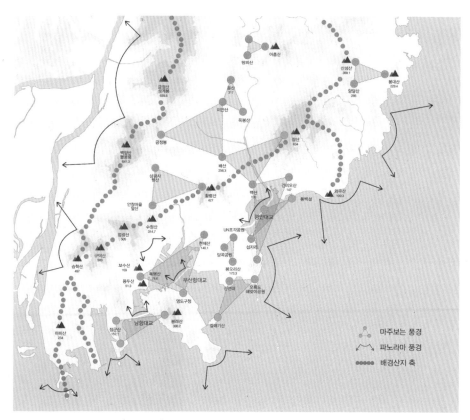

지켜야 할 부산의 풍경(부분)

밤이 되면 항구도시의 자연은 어둠 속으로 갑자기 사라집니다. 바다는 물론 산과 강이 깜깜해져서 사이사이에 존재하는 인공의 도시는 낮보다 더 환해집니다. 지형의 고저차가 심하고 발달한 곳들인 경우 땅의 굴곡이 꿈틀대는 불빛으로 인해 더더욱 매력적으로 변합니다.

파리를 제외하고 야경이 아름다운 도시는 거의 100% 항구도시들입니다. 파리도 세느강 때문이니, '수변도시들의 야경은 아름답다.'는 명제는 이미 정립되어 있는 것입니다. 그렇다면 부산의 과제는 '어디서 어떻게 보게 하느냐'에 대한 답을 찾는 것입니다. 그런데 현재 부산에서는 이 답을 찾지 못해 아름다운 밤 풍경들을 평가절하 하거나 놓칠 때가 많습니다.

부산의 밤 풍경을 가장 쉽게 만날 수 있는 곳은 '산'입니다. 산정이 가장 좋겠지만 산 중턱에서도 밤풍경을 쉽게 만날 수 있습니다. 해안을 따라서 있는 봉래산, 황령산, 천마산, 수정산, 구봉산, 장산 등이 그런 곳들입니다. 물론 내륙의 금정산과 백양산에서 보는 야경도 매력적입니다. 이와 함께 ○○대臺라 불리는 바다언덕, 방파제, 산복도로도 근사한 야간 조망점입니다. 방파제와 산복도로는 '누워있는 에펠탑'이라 부를 수 있습니다. 현장을 상상하며 곰곰이 생각을 해보면, 누워있는 에펠탑들이 부산에는 정말 많습니다.

수년 전 학생들과 감천문화마을에서 숙박하며 천마산에 올라 남항의 야경을 즐겼던 적이 있었습니다. 그날 밤, 남항을 내려다보고 있는 학생들의 뒷모습입니다. 부산은 높은 곳에서, 산정이나 중턱에서 야경을 볼 수 있는 장소늘이 설대석으로 많아져야 하는 도시입니다.

부산 풍경의 세 가지 특성인 '마주 보는 풍경', '파노라마 풍경', '밤 풍경'의 대부분은 305km 해안선에 집중되어 있습니다. 해안선에 달려있는 여러

천마산에서 남항 야경 즐기기

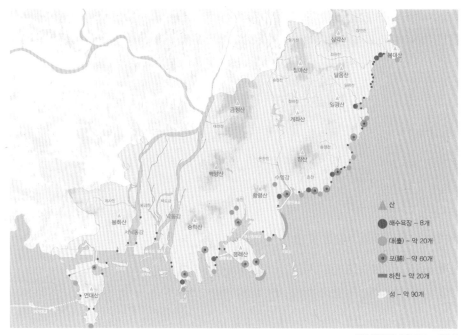

진주목걸이를 닮은 305km 해안선

요소들을 그림으로 옮겨왔습니다.

20여 곳의 바다언덕과 바다언덕 사이에는 대부분 낮은 골을 따라 모여드는 하천이 있고, 하천과 바다가 만나는 접점의 길이와 폭에 따라 하얀 모래사장과 포구가 형성되었습니다. 현재 부산의 해안선에는 천연 해수욕장이 8곳, 포구들은 60여 곳에 이르며, 기장에서 강서까지 길게 펼쳐져 있습니다. 섬도 약 90개나 되니, 부산의 해안선은 큼직한 알들과 작고 소담스런 알들이 알알이 달려있는 진주 목걸이라 부를 수 있습니다.

진주 목걸이는 소중히 간직하며 눈으로 즐기는 것도 좋지만, 누군가의 목에 걸려 그 아름다움이 과시될 때 더더욱 가치는 드러납니다. 부산의 해안선도 마찬가지입니다. 해안선의 가치를 확산시키고 퍼트릴 수 있는 방법이 더 많이 다양하게 창안되어야 합니다. 그 바탕에는 해안선을 지키고 보전해야겠다는 '철저하고도 확고한 의지'가 깔려 있어야 할 것입니다.

해안 풍경의 보전과 경관 마케팅

해안선을 보호하고 관리한다는 것은 쉽지 않은 일입니다. 공공이 해안선을 모두 소유하고 있지 않는 한 이를 지키고 관리하는 것은 결코 쉽지 않습니다. 해안선 관리는 해안선 자체도 중요하지만, 해안 배후지의 개발된 모습이 중요한 요인으로 개입되기에 더더욱 어려운 것입니다.

몇 곳의 선진 사례를 통해, 그 도시들의 실험 방법과 내용들을 살펴보겠습니다.

첫 번째는 해안풍경의 보호를 위한 캐나다의 밴쿠버 Vancouver 사례입니다. 밴쿠버는 해안부에 자연지형이 발달하여 해안풍경이 아름다운 도시로 알려져 있습니다. 밴쿠버는 해안풍경의 보전을 위해 다각도의 정책을 시행 중인데, 가장 대표적인 것이 '뷰콘 View Cone' 제도입니다. 뷰콘은 말 그대로 '삼각형의 콘 모양으로 된 조망영역 시야'을 말합니다. 뷰콘은 특정의 조망점에서 아름답거나 매력적인 풍경, 즉 조망대상 쪽을

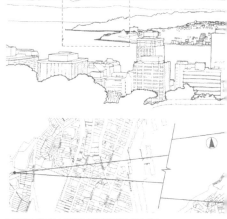

뉴질랜드 웰링턴 수변풍경 보전에 적용된 뷰콘 개념

벤쿠버의 뷰콘 ⓒ한국도시설계학회

뉴욕의 브루클린 특정조망지구 ⓒ한국도시설계학회

바라보며 길쭉한 삼각형을 그린 후 삼각형 내부의 개발은 최대한 자제한다는 의도를 가지고 있습니다. 모든 해안풍경을 보호하지는 못하지만, 일부분이라도 영원히 지속적으로 조망되도록 한 것입니다. 원래 이 제도는 에펠탑의 조망 풍경을 지키기 위해서 시작된 것인데, 전 세계에서 풍경보호의 방법으로 응용하여 적용하고 있습니다.

두 번째는 미국 뉴욕의 맨해튼 Manhattan 에서의 특정 조망 보호를 위한 노력입니다. 맨해튼의 초고층 스카이라인의 상징성은 전 세계에 이름 나 있습니다. 허드슨 강 건너 해안가 Columbia Street Waterfront District 쪽에서 보이는 도심 풍경을 보호하기 위해서, 또한 맨해튼과 연결된 브룩클린 브리지의 근대풍 경관과 초고층 빌딩군의 대조미를 지키기 위해서 강 건너 해안부의 개발을 규제하고 있습니다. '브루클린 특정조망지구 Brooklyn Special Scenic District '에 속한 부지의 개발행위를 최소화하여 맨해튼을 바라보는 조망점으로 사용하고 있습니다. 뉴욕시의 결단으로 전 세계인이 기억하는 '뉴욕 풍경'이 자리 잡게 된 것입니다.

세 번째는 미국 콜로라도주 덴버 Denver 의 산지조망보호를 위한 '시각평면 View Plane ' 규제입니다. 덴버는 록키산맥 중턱에 자리하며, 산림풍경이 매우 아름다운 도시입니다. 도시의 중심부에서 외곽을 위요하며 록키산맥

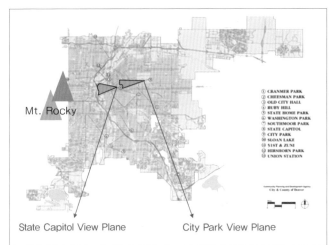

덴버의 시각평면규제 ⓒ한국도시설계학회

쪽으로 펼쳐진 풍경을 시민들이 항상 만나도록 하기 위해 시각평면 규제를 적용하고 있습니다. 도시 어디에서나 고개를 돌리면 또 어딘가를 응시할 때면 광활한 자연풍경이 눈에 들어오는 도시는 그 자체가 도시의 경쟁력이자 지역경제의 중요 장치일 것입니다.

네 번째 사례는 일본 가나자와 金沢 의 '조망경관보전조례'입니다. 이 제도의 탄생은 아사노강변에 건설된 아파트들로 인한 경관 훼손을 지적했던 시민들의 항의가 시발점이 되었습니다. 뒤늦게 강변 개발에 대한 실수를 깨달은 가나자와 시는 특단의 조치를 취하게 됩니다. 아예 시민들과 함께 가나자와의 원풍경을 찾아 나섰고, 그 결과 선조들이 예부터 지키며 소중히 여겼던 8곳의 원풍경을 발굴했습니다. 8곳의 뷰콘 내에서 신축이나 개축 등의 건설 행위가 발생할 경우 시에서는 원풍경 훼손의 최소화를 유도함과 동시에 토지소유자에게 원풍경 보전에 대한 협조를 구하는 과정을 거칩니다. 결과적으로 가나자와의 역사적 풍경들이 시민들의 일상 속에서 영원히 사라지지 않게 되었습니다.

가나자와의 수변조망보호 규제 ⓒ金沢市

더 이상의 개발을 허용치 않는 아사노강변의 풍경

시드니의 수변경관 보호

부산과 흡사한 해안선을 가진 시드니는 오래전부터 수변 보호와 스카이라인을 관리하기 위한 다양한 노력을 취해왔습니다. '자연형 해안의 보호', '관문형 해안의 특별관리', 그리고 '도심형 해안의 특별관리'로 나누어서 간단하게 살펴보겠습니다. 자연형 해안은 항구 외곽부에 입지하며, 관문형 해안은 하버브리지와 오페라하우스가 있는 곳을 말합니다. 도심

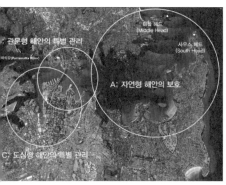

수변 경관의 구분

시드니의 자연형 해안의 보전 ⓒ구글어스

시드니를 상징하는 자연형 해안의 경관

형 해안은 워터프런트로 재개발된 달링하버가 있는 내항 쪽입니다.

미들 헤드 Middle Head 와 사우스 헤드 South Head 를 꼭지점으로, 파라마타강 Parramatta River 과 레인코브강 Lane Cove River 으로 연결되는 시드니항은 20여 개 이상의 작은 반도들로 연결된 아름다운 자연형 해안으로 이루어져 있습니다. 바다와 만나는 경계부에 녹지 띠를 두고 안쪽으로 낮은 주택들을 형성시키는 '자연형 해안에 대한 보호'는 시드니항의 오래된 실천 과제였습니다. 지형을 따라 발달한 녹지들 사이에 집들이 앉아 있는 모습입니다. 항공사진에서는 개발 밀도가 상당히 높고 의외로 녹지가 그리 많아 보이지 않습니다. 그런데 건너편이나 해상에서 볼 때는 녹지가 매우 풍부하게 인지되고 지형을 훼손하는 위압적인 풍경이 인지되지 않습니다. 그 이유는 시형 밀착적인 개발방식때문이라 생각됩니다. 우리는 도시개발 시에, 특히 해안을 개발할 때 높은 지대의 지형을 함부로 손댈 때가 많습니다. 그래서 실제 개발 정도가 크지 않음에도 착시현상으로 해안부가 크게 훼손된 것처럼 여겨지기도 합니다. 그만큼 해안선은 자연 자체의 경관구조에 대한 섬세한 이해 속에서 관리되어야 하는 곳입니다.

바다와 녹색, 그리고 집들과 하늘의 조화가 시드니가 보유한 자연형 해안의 매력 포인트입니다. 이곳의 분명한 원칙 한 가지는 해안 경계부, 즉 엣지 edge 의 녹색은 항상 보전된다는 사실입니다. 녹색의 경계부에는 사람들이 늘 가까이 다가설 수 있기에 시드니의 해안선에는 언제나 시민들과 관광객으로 넘쳐 납니다. 그들이 바다를 만나는 방법은 높은 건물에 올라가 멀리서 바다를 조망하는 것이 아니라, 바다와 연이어 있는 자연 속에서 바다를 만나는 것입니다. 그래서 시드니의 바다는 오랫동안 기억으로 될 수 있고, 또한 시드니는 다시 가고 싶은 아름다운 도시로 기억되는 것입니다.

두 번째는 '관문형 해안의 특별관리'와 관련된 이야기입니다. 하버브리지와 연이어 있는 조개껍질 모양의 하얀 건물! '시드니 오페라하우스 Sydney Opera House '입니다. 실제 다리와 오페라하우스의 이격거리는 500미터 정도 떨어져 있습니다. 그런데 바다에서 크루즈를 타고 보면 오페라하우스와 하버브리지가 일체화되어 하나의 풍경으로 인지됩니다. 시드니 관광은 크루즈가 매우 중요한 역할을 담당합니다. 배를 타고 바다를 구경한 후 입항할 때면 하버브리지와 오페라하우스, 그리고 도심이 연결되어 보이는 모습을 반드시 만나게 됩니다. 이 풍경 속에서 실제 그려져 있진 않지만 마치 그려져 있는 것으로 느껴지는 선이 보입니다. 오페라하우스와 하버브리지에서 연결되는 하늘의 선, 즉 스카이라인이 인식됩니다. 이 선은 우연히 만들어진 것이 아닙니다. 지난 수 십 년 동안 집중적인 도시 관리의 결과입니다. 오페라하우스의 유명세는 건물 자체의 아름다움과 연주되는 오페라 때문에 비롯되지만, 바다와 통합되고 도시와 조화되어 전해지는 풍경으로 인한 이유가 점차 더해지고 있습니다. ●

● p.282~p.285 참조.

시드니의 해안 모습은 철저한 규제와 관리 속에서 탄생되었습니다. 해안을 따라 형성되어 있는 녹지와 배후 건물들은 정해진 질서와 원칙 속에서 관계하고 있습니다. 녹지는 연속의 띠를 이루며 도시와 일체되어 연동하고 있습니다. 내륙의 공원에서도 운동할 수 있겠지만, 해안에서 이렇게 삶을 즐길 수 있다면 이 보다 더 좋은 도시를 즐기기의 방법은 없을 것입니다.

오페라하우스의 대각선 지점에 낡고 작은 선창이 있습니다. 원형 계단으로 구성된 '브레들러스 헤드 Bradleys Head Amphitheatre '는 시드니 풍경을 볼 수 있는 매력적인 조망점이자 명소입니다. 이곳에서 바라다 보이는 시드니항은 아침과 저녁, 사시사철 바뀝니다. 성탄절과 새해

철저하게 창조된 시드니의 관문경관

철저한 규제와 관리 속에서 탄생된 해안선

시드니항의 최고 조망점(Bradleys Head Amphitheatre) ©shutterstock

맞이 불꽃축제가 벌어질 때면 이곳은 인산인해를 이룹니다. 이처럼 항구
도시는 대안에서의 조망점을 발굴하는 일이 매우 중요합니다.

세 번째는 항구 안쪽의 내항에 대한 '도심형 해안의 특별관리'입니다. 호
주 최고의 무역항이자 물류도시인 시드니 경제의 핵심체였던 내항에 큰
배들이 들어올 수 없어지게 되자 호주정부와 시는 물류시스템을 외곽지
역으로 이전시킨 후, 내항 재개발을 결정했습니다.

시드니항의 내항은 세계 어느 나라보다 워터프런트로의 변신이 빠르게
이루어졌습니다. 이곳은 현재 시드니의 문화와 휴양의 중심지로 거듭나
고 있고, 이름은 '달링하버 Darling Harbour'입니다.

달링하버의 재개발 과정 속에서 ∩형으로 휘어지는 '문화 리본 Cultural
Ribbon' 개념을 적용하기 위해 특단의 조치가 취해졌습니다. 대표적인 것
이 높이 규제입니다. 리본과 중첩되는 해안선에는 언제나 활력으로 넘쳐
납니다. 활력 유발의 이유는 다양하지만, 가장 근원적인 것은 해안지형을
따라 발달한 항구기능을 그대로 보전하여 활용하고 있는 항구의 시설들

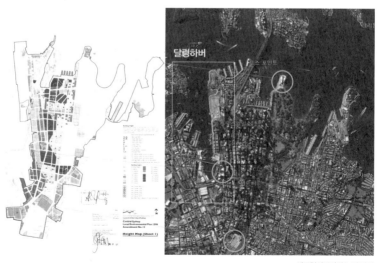

센트럴시드니의 높이 관리

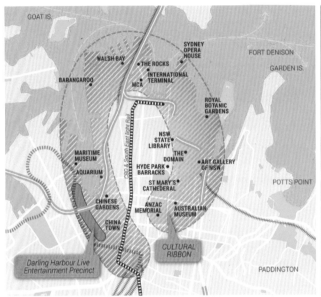

시드니의 문화 리본(Cultural Ribbon) ⓒcity of sydney

문화 리본 속에 녹아든 시민들

때문입니다. 예를 들어, 달링하버의 물류창고들은 주거, 오피스, 호텔, 문화공간 등으로 다양하게 활용되고 있습니다. 시드니에서의 물류창고는 파괴의 대상이 아니라 소중한 미래 자산이자 창의의 대상입니다. 최소한의 변화 후 오랫동안 쌓여 온 항구 역사와 해안선 모습을 미래사회와 지속적으로 연결시키고 있습니다. 이러한 해안선 관리의 원칙 속에서, 시드니는 국제물류도시로서의 정체성과 휴양도시로서의 이미지를 융합시키며 시드니 만의 무궁무진한 매력을 발산하는 것입니다.

해안선을 잘 지키고, 잘 사용하는 것은 항구도시들이 가져야할 최고의 이념이자 덕목입니다. 이를 위해서는 무엇보다도 해안선이 가진 가치의 본질을 이해하고 이를 소중히 여기는 마음이 우선되어야 할 것입니다.

세계 최대의 해안선 지킴이, 내셔널 트러스트

영국 '내셔널 트러스트 National Trust'의 구성원들은 진정으로 해안선을 사랑합니다. 그들은 왜 해안선을 사랑하게 되었을까요?

내셔널 트러스트를 직역하면 '국민신탁'입니다. 국민들이 스스로 돈을 모아서 사라져가는 문화유산과 자연유산을 매입하여 이를 지켜가는 운동이라 정의할 수 있습니다. 그래서 '국민신탁운동 National Trust Movement'이라고도 부릅니다.

산업혁명으로 인해서 유적 파괴와 자연훼손이 매우 심각했던 영국의 19세기 말, 사회 활동가 옥타비아 힐 Octavia Hill, 1838-1912, 변호사 로버트 헌터 Sir Robert Hunter, 1844-1913, 그리고 목사 하드윅 론즐리 Hardwicke Rawnsley, 1851-1920는 마음을 모았습니다. 산업화로 인해 훼손과 파괴의 위기에 처한 영국의 자연환경과 문화유산을 온전히 후대에 물려주기 위한 시민운동을 시작했습니다. 중심인물은 여성이자 도시빈민 주거운동의 선구자였던 옥타비아 힐이었습니다.

영국 내셔널 트러스트의 첫 번째 자산은 '다니오스 올레 Dinas Oleu'라고 하는 약 4.5에이크 약 18,000㎡ 규모를 가진 바머스의 바다언덕이었습니다. 1895년 1월 12일은 영국 내셔널 트러스트의 창립일이자 다니오스 올레를 기증 받던 날이었습니다. 옥타비아 힐은 이렇게 고뇌합니다. "최초의 자산을 기증받았습니다. 그러나 이것이 마지막이 되지 않을까 걱정입니다."

영국 내셔널 트러스트의 최초 자산, 다니오스 올레(Dinas Oleu) ©National Trust

다니어스 올레를 기증받았지만, 옥타비아는 두 번째, 세 번째의 연속적인 기증 행위의 발생은 매우 쉽지 않은 일이라고 생각했습니다. 그래서 옥티비아 힐을 비롯한 주창자들은 다니오스 올레와 유사한 자산들을 적극적으로 매입하고 또 기증받기 위한 다양한 활동을 전개하기 시작했습니다. 결과는 빠르게 나타나기 시작했습니다. 럴링톤 Lullington 의 '엘프리스턴 목사관 Alfriston Clergy House'이 최초 매입 자산이 된 이래, 급속한 산업화와 도시화의 속도 마냥, 쉽게 사라질 수밖에 없었던 근대건축물과 여러 자산들의 매입과 신탁의 속도가 불을 뿜었습니다. 영국의 역사와 전통 파괴를 두려워하던 많은 국민들이 세 사람의 생각에 공감하고 동참했던 것입니다.

최초 매입 자산인 엘프리스턴 목사관, 1894년 ⓒNational Trust

그 결과, 창립 125주년을 맞은 2020년을 기준으로 영국 내셔널 트러스트의 회원은 560만 명이며 자원봉사자는 연간 6만5천 명, 스텝은 1만4천여 명에 이르고 있습니다. 회원 기부금을 중심으로 하는 연간 수입은 약 1조 6억8천만 파운드 입니다. 또한 120여 년 간 매입하고 기증받아 보호하고 있는 신탁자산은 농경지 2만5천 헥타르 2,500㎢ , 해안선 775 마일 1,200km , 역사적인 장소들 500개 곳 이상, 건축물 25,000개소 이상, 역사적인 유품 1,000,000개 이상, 영구 보전습지의 16%, 국가 보호종 약 50% 등에 이릅니다.

내셔널 트러스트운동의 본격화를 알린 엘프리스턴 목사관
ⓒNational Trust

해안선 자산 : Fair Head, Northern Ireland
ⓒNational Trust

가장 눈길을 끄는 자산은 1,200킬로미터에 이르는 해안선입니다. 이들이 이렇게 해안선에 매달리는 이유는 해안선의 사유화를 막기 위함입니다. 결과적으로 해안선을 보호하여 이곳을 즐기려는 국민들의 수가 급증하고 있습니다. 일상적

해안선 청소 중인 자원봉사자 : Bossington Beach, Somerset
ⓒNational Trust

으로 해안과 친숙해진 국민들은 자발적인 자원봉사자가 되어 스스로 해안선 관리의 주체가 되고 있습니다.

19세기 산업혁명으로 인한 온갖 폐해 앞에서 놓였던 영국 사회의 실상 속에서, 세 사람의 결단과 추진력은 실로 놀라운 것이었습니다. 산업혁명과는 완전히 커를 달리하는 문화혁명이라고도 할 수 있었습니다. 그들은 왜 상상 할 수 없었던 내셔널 트러스트 운동을 주창했을까요? 백년 후에 도래할 기후변화시대와 지역재생의 시대를 어떻게 그들은 예견했을까요? 관련된 몇 곳의 예를 살펴보겠습니다. 2017년에 '영국의 호수공원 The English Lake District'이 세계유산에 등재되었습니다. 명칭이 독특하여 살펴볼 기회를 가졌습니다. 이곳도 목사 하드윅 론즐리의 헌신에 옥타비아 힐과 로버트 헌트가 마음을 합쳐 지켜낸 곳이었습니다. 이들은 영국호수공원 일대를 지키기 위해 철도부설 반대운동에 앞장서며, 1883년 '호수지방보호협회 Lake District Defence Society 이후 Friends of the Lake District로 개칭'의 탄생을 주도했습니다. 연이어 동화 '피터 레빗의 이야기' the Tale of Peter Rabbit '로 명성과 부를 이룬 작가 베아트릭스 포터 Beatrix Porter 가 호수지방 1/4분 이상의 토지를 기증하여 호수공원 일대는 영국 자연보전의 상징이 되었습니다. 하드윅 론즐리의 헌신으로 시작된 영국호수공원의 보호운동은 134년이 지난 2017년에 세계인의 자연이 되는 새로운 역사의 결실을 맺었습니다.

사실 옥타비아 힐은 내셔널 트러스트 운동을 주도하기 전 도시빈민 주거운동가로 활약했습니다. 1853년 옥스퍼드대학의 교수이사 개혁사상가였던 존 러스킨 John Ruskin, 1819~1900 과의 만남으로 그녀는 당시 어느 누구도 실천하지 못하던 사회 변혁의 길로 들어섰습니다. 옥타비아 힐이 1864년에 런던에서 시작했던 사회주택 Social Housing 과 빈민 공동체 활성화를 위한 공공문화시설 Community Amenities 확충 사업은 현재도 실천되고 있습니다. "make lives noble, homes happy and family life good 고귀한 삶, 행복한 가정,

좋은 가정 만들기"를 주창하며 19세기에 시작된 그녀의 꿈이 21세기에도 자선주택협회이자 사회적 협동조합인 'OCTAVIA Housing'으로 작동하고 있습니다. 관리 자산이 런던 내에만도 5,000곳이 넘을 정도입니다. 그녀에게 있어 내셔널 트러스트는 산업화와 도시화로 병들고 죽어가던 도시 빈민들에 대한 박애주의 정신이 온 국민을 위한 미래운동으로 확장된 것이라 할 수 있습니다.

옥타비아 힐의 묘비(Westminster Abbey, London)

이러한 옥타비아 힐의 흔적들은 영국 곳곳에서 발견됩니다. 후손들은 그녀가 지나간 자리와 보전을 위해 애쓴 장소들과 자연환경들에 그녀의 이름을 명판, 표지석, 벤치, 스테인글라스, 조형물 등 다양한 모습의 흔적들로 남겨놓았습니다. 이 기념물에는 공통점이 있습니다. 흔적에는 한결같이 'Social Reformer and Founder of the National Trust'라고 새겨져 있습니다. 그녀의 시대를 앞서갔던 개혁정신으로 영국은 가늠할 수 없을 정도의 삶의 행복과 유산들을 가질 수 있게 되었습니다.

메모리얼 벤치(Hydon's Ball Hill, Weald)
ⓒwikipedia

우리나라의 내셔널 트러스트 운동은 20여 년 전에 도입되었습니다. 한국내셔널트러스트, 문화유산국민신탁, 자연유산국민신탁 등의 단체가 설립되어 관련운동을 전개하고 있습니다. 그러나 영국과 같이 자산 보호와 보전에 관심이 많

블루 플라스크(명판) (Marylebone, London)

은 국가들에 비해 활동이 매우 저조한 상황입니다. 최대한으로 낳은 문화유산과 자연유산을 후대에 넘겨주기 위해서는 국민들의 관심이 크게 필요합니다. 마음의 결집! 어떻게 하는 것이 가장 좋을지 그 비결을 찾고 싶습니다.

부산의 바닷길, 그것은 진정한 미래 보석

부산의 해안선을 지키자는 차원에서 두 가지 기획을 시도해 보았습니다. 첫 번째는 부산항의 북항 쪽 해안선의 바다 조망을 지키기 위한 기획이었고, 두 번째는 동해남부선 폐선부지 미포에서부터 송정에 이르는 해안길을 지키기 위한 것이었습니다.

첫 번째 고민 : 바다 조망

부산의 해안선은 배산임해 背山臨海 에 지형지세를 가지고 있습니다. 해안에서 약 50미터에서 1,000미터 정도 이격된 배면부에 가덕에서 기장에 이르는, 연대산, 봉화산, 승학산, 천마산, 봉래산, 구봉산, 수정산, 황령산, 장산, 일광산, 달음산 등이 연속으로 연결되어 있습니다. 낙동강변의 금정

부산 해안도심부의 입면구조 ⓒ싸이트플래닝

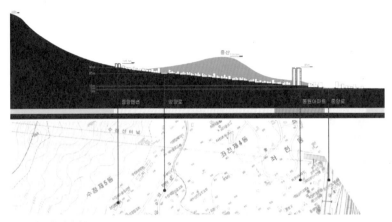

부산 해안도심부의 단면구조

산과 내륙의 백양산도 비슷한 구조입니다.

부산의 해안은 산에서 시작하여 점차 낮아져 구릉 도시를 이루다가 바다로 연결되는 구조가 일반적입니다. 이런 측면에서 부산은 산정이나 중턱에서 해안으로 바라본 조망이 매우 중요하게 다루어져야 하는 도시라고 정의할 수 있습니다.

부산항 배면부 산록 중턱에 자리한 산복도로는 해방과 한국전쟁을 전후하여 피란민들이 정착하며 형성한 주거지대입니다. 입지적으로 항구와 연안을 바라볼 수 있는 조망조건을 가진 지역입니다. 과거 피란민들에게 바다는 디아스포라의 슬픔을 품은 곳이었고 또한 생존의 현장이었습니다. 70여 년이 지난 지금, 부산 바다는 슬펐던 기억을 뒤로 한 채 여전히 푸르게 빛나고 있습니다. 한가지 크게 바뀐 것은 바다를 바라보는 대상이 피란민에서 시민으로 확상된 것입니다.

1970년대에 산복도로와 항구 사이의 중앙로 주변부가 상업지역으로 지정되었고, 2000년대 이후 상업지역 내에 주상복합의 건설이 허용되면서 중앙로 주변에 산발적으로 고층아파트 개발이 시작되었습니다. 또한 중앙로 안쪽 내륙의 구릉지대에도 도시재개발로 인한 고층화가 본격화되며 산과 바다 사이의 조망이 가로 막히는 차단현상이 곳곳에서 발생하기 시작했습니다.

더군다나 2017년 북항재개발 부지 D-1블럭 에 61층 높이 199.85m 규모의 초고층 건물 2동이 건설되면서 조망차단은 우려를 넘어 지역사회 내에 큰 혼란을 낳게 했습니다. 이 현상은 해운대의 마린시티와 엘시티, 광안리의 W스퀘어 등에서 이어지던 바다 풍경 사유화에 대한 논란을 증폭시켰습니다. 시민들에게 언젠가는 북항으로의 조망이 모두 차단될 수 있다는 두려움마저 들게 했습니다. 여러 유형의 개발 논리 앞에서 우리는 맥없이 굴복하고 있습니다. 바람직하지 않음을 알면서도 수수방관의 양상들이 끊임없이 발생하고 있습니다.

이 추세가 지속되면 언젠가는 산복도로에서 바다 쪽으로의 풍경과 바다에서 내륙으로 올려다보는 풍경은 모두 차단될 것입니다. 부산의 정체성이자 자랑꺼리 중의 하나인 산복도로에서 바다로의 조망을 잃어버릴 수밖에 없는 것이 우리의 솔직한 현실입니다. 시민단체들과 지역전문가들

바다를 가로막은 D-1블럭의 빌딩들

이 북항재개발과 관련된 공공성 확보를 외치고 있지만, 시민들이 원하고 있는 수준으로의 변화는 그리 쉽지 않아 보입니다. 추진 중인 개발의 분위기를 꺾거나 방향 틀기는 많이 늦었다고 볼 수 있습니다. 빠르면 5년, 길면 10년 정도 후 산복도로에서 북항으로의 조망은 상당 부분 차단될 것입니다. 그럼에도 불구하고 현실 극복을 위한, 그리고 도시경관의 공공성 확보를 위한 시민들의 결집된 노력은 지속되어야 할 것입니다.

학생들과 어설픈 실험을 해 보았습니다. 현실적인 어려움을 완전하게 돌파하거나 극복하지는 못하겠지만 '이러한 방법이 가능하지 않을까?' 하는 기대감 속에서 진행해 보았습니다. 산복도로에서 북항이 매력적으로 인지되는 7곳의 조망점을 발굴하였습니다. 복병산, 역사 디오라마 일대, 김민부 전망대, 유치환우체통의 전망대, 수정산 가족체육공원, 조금 낮은 지점인 좌천동 일대, 그리고 증산공원 등 7곳은 앞으로 부산이 산복도로의 조망점으로 영원히 지켜야 할 장소로 판단하였습니다. 뷰콘과 같은 형상으로 삼각형을 그려보았습니다. 삼각형 내에서의 개발 행위는 최소화하여 새로운 변화로 유도하고, 일곱 곳에서 인지되는 조망은 결코 포기하

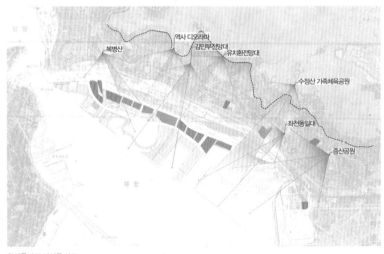

학생들과의 어설픈 시도

지 말고 지켜보자는 의도였습니다.

그러나 공허한 외침일 뿐 현실과는 먼 얘기입니다. 조망의 필요성은 공감하지만 삼각형 뷰콘에 포함되는 토지 소유자들에 대한 특별 조치가 따르지 않는다면 쉽지 않는 일입니다. 그럼에도 희망을 가지고 두드려 보는 일에 결코 게을리 하지 말아야 할 것입니다.

두 번째 고민 : 동해남부선 폐선, 해안(갈맷)길

부산에는 갈맷길이라는 이름을 가진 해안과 도시 곳곳을 걸을 수 있는 여러 길들이 존재합니다. 이 길들은 크게 해안길, 강변길, 숲속길로 구분됩니다.

고민의 대상은 해운대 달맞이 언덕 아래의 미포에서부터 송정으로 가는 4.8km 정도의 해안길입니다. 이 길은 부전역에서 울산으로 이어지던 동해남부선을 복선 전철로 바꾸는 과정에서 발생된 폐선부지 ^{총 11.3km} 의 일부입니다. 폐선은 2013년 12월 2일에 있었습니다. 미포에서 옛 송정역까지의 폐선부지 풍경은 우리나라 유사 사례들 중 최고를 자랑하기에 미래의 활용 방향과 방법에 대한 논의가 중요할 수밖에 없었습니다.

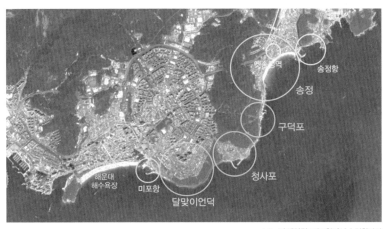

4.8㎞의 해안길 : 미포항에서 송정항까지

약 3~4년 동안 폐선 활용에 대한 시민사회와 공공기관들 부산시, 철도시설공단 간의 논의가 진행되었습니다. 시민사회는 이곳을 좀 더 부산답게 사용하고 싶어 했고, 부산시나 철도시설공단은 새로운 관광자원으로 활용하고 싶어 했습니다.

주체들 간의 입장이나 시선의 간극이 매우 컸습니다. 첫째는 폐선부지의 '소유권'에 대한 이견이었습니다. 폐선부지의 소유권이 철도시설공단 철로구간과 코레일 역에 있기에, 두 기관은 맘대로 철로를 철거할 수 있고 개발도 뜻대로 할 수 있다 여겼습니다. 그러나 폐선부지는 공단이나 코레일의 돈으로 매입한 땅이 아니라, 일제로부터 소유권이 이전된 '공공재'이고, 또한 소유권 외에 '향유권'과 '환경권'이라는 눈에 보이지 않는 시민의 권리가 내재되어 있는 특별한 땅이기에 시민사회는 관광개발보다는 시민 모두가 기차역과 기찻길의 낭만과 풍광을 맘껏 누릴 수 있도록 '일정의 시간을 갖자'고 주장했습니다. 이윤을 목적으로 하는 개발은 고민의 시간을 충분히 가진 후에 해도 늦지 않는다는 생각이었습니다.

"<중략> 지난 80년 동안 부산과 동해남부지역을 연결해주었고 또 지금의 해운대를 있게 해준 고마운 철도가 수명을 다했는데, 한동안 가슴에 묻어 두면 안 되는가. 뭐가 그리 급해서 숨을 거두자마자, 아련한 기억들을 되새길 시간조차 주지 않으려 하는가. 그동안 발과 마음이 되어준 동해남부선 기찻길에 대한 고마움을, 또 기찻길로 인해 누리지 못했던 달맞이언덕 아래의 바다 풍광을 시민들이 느낄 기회는 주어야 하지 않겠는가. 빈 땅이 생겼다고 날름 상업공간으로 개발하고, 또 시민 모두의 것이 될 수 있는 기찻길에서 돈을 받고 상행위를 꼭 해야겠는가. 그냥 다음 세대에 넘겨주면 좋겠다. 지금처럼 이라면 우리가 선택할 수 있는 것은 부족하고 짧은 2013년 식의 발상과 대처 방법뿐이다. 딱 한번만 참을 수는 없겠는가. 그냥 비워놓고 그동안 누리지 못했던 기차역과 기찻길의 낭만과 풍광을 시민들이 맘껏 누리도록 하면 안 되겠는가. 돈을 번다면 얼마나 벌겠는가. 또 그 돈으로 뭘 한다 해도 뭘 할 수 있겠는가. 유지관리비가 진짜 목적이라면 시민들이 십시일반 모으면 된다. 뜻 맞는 사람들을 모아 '동해남부선의 친구들 Friends of Donghaenambusun'을 결성해서 보자. 돈만 아니라, 기찻길을 청소하고 안내하고, 또 안전하게 지키는 지킴이 활동을 맡으면 어떨까. 남겨진 해운대역을 상업 목적으로 개발하고 또 철로를 걷어내는 일은 충분한 시간을 가진 후 결정해도 된다. 뭐가 그리 급한가. 시민들이 모르는 거래가 있는가. 남겨진 철로를 재활용하는 방법이 어떤 것이 있는지, 폐역을 어떻게 또 어떤 모습으로 활용해야 시민들이 가장 행복해 할지를 고민하고 또 고민한 후에 결정하자. 제발 천천히 하자. 느리게 하자. 또 절제하자. 우리가 모든 것을 결정하지 말고 이 부산에서 살아갈 다음 세대에게 그 기회를 넘겨주자. 동해남부선만큼은." (2013.12.23. 국제신문, 시론)

"지난 3월 어느 토요일 오후, 미포 즈음에서부터 송정 쪽으로 동해남부선 기찻길을 따라 걸었다. 하늘의 청명함과 붉게 물들어 가는 석양의 실루엣으로 기찻길은 온통 미소와 행복으로 가득했다. 서너 살 박이 외동아이와 함께 걷는 젊은 부부, 철길 위에서 외발을 짚고 뒤뚱거리며 웃음 짓는 연인들. 모두가 행복해 보였다. 분명 그곳에는 싱그러운 자유가 있었다. 눈치를 보지 않고, 맘껏 가족들과 사랑을 나누며 부산의 바다를 즐길 수 있는 독특한 '부산 표 Made in Busan' 매력이었다.

그런데 안타깝게도 그런 시간을 누릴 수 있는 종착점이 급속히 다가오고 있다. 작년 12월 2일 폐선된 그 날 직후부터 시작된 자유의 균열은 조금씩 심해지더니 이젠 완전히 깨질 조짐이다. 지난 3월 28일 폐선부지 관광수익사업에 대한 예비 민간사업자들이 공개되면서 설마 했던 일이 벌어져 버렸다. 지역의 언론과 방송사들이 포함된 명단을 보면서 놀라움을 넘어 '왜'라는 의문을 감출수가 없었다. 얼마나 많은 돈을 벌수 있기에 언론과 방송들이 이 일에 뛰어 들었을까. 여론

에 반ℝ하기에 충분히 예상되는 후폭풍을 무릅쓰고도 이 일에 참여하려는 과욕
은 도대체 어디서 나왔을까. 자본주의 사회에서 이윤 추구는 당연한 일이다. 그
러나 상업과 관광수익을 목적으로 한 옛 기찻길을 개발하는 일에 지역방송과 언
론이 나섬으로 시민들의 생각과 의사를 제대로 보도할 수 없다면 이건 큰 문제
가 있는 것 아닌가. <중략> 이번에 밝혀진 고무적인 사실이 한 가지 있다. 기찻길
에 투자 의사를 가진 부산시 산하 및 연관 기관들과 기업들이 무려 십여 곳이 넘
는다는 점이다. 이참에 이들 모두가 참여하는 '동해남부선 기찻길 창의 지원단'
을 만들어 보자. 이들이 개발이익의 추구나 감춰진 의도를 버리고, 부산 사랑으
로 꽉 찬 투자를 기찻길에 할 수 있다면 시민들은 이들을 통해 진정한 지역 재생
의 기쁨을 누리게 될 것이다. 동해남부선 기찻길은 한 치 후회도 없을 창의적인
판단이 내려질 때까지 최소 10년 동안은 다양한 시민들의 활동을 받아주고 육
성시키는 '참여형 시민공원'으로 활용되어야 한다. '세상에서 단 하나뿐인 특별한
갈맷길'로 반드시 보존되어야 한다. 우리가 맘대로 기찻길의 미래 변화를 결정하
지 말자. 이 일 만큼은 부산에 살며 이곳을 지켜갈 다음 세대에게 그 결정의 기회
를 넘겨주자. 이것이 지속가능한 사회와 환경을 꿈꾸는 선조들이 해야 할 당연
한 도리다." (2014.4.9. 국제신문 강동진 칼럼)

4.8km 폐선부지는 미포에서 시작하여 달맞이언덕과 연결되고, 청사포와
구덕포라는 아름다운 포구들을 지나 송정해수욕장과 옛 송정역으로 연결
되는 특별한 입지를 가지고 있습니다. 폐선부지는 동해와 남해를 동시에
만나고 또 느낄 수 있는 활짝 열린 매력의 풍경을 보유하고 있습니다.
이곳이 관광과 위락공간으로 대체될 수도 있겠지만, 시민들이 십여 년 정
도 다니며 이용하다 보면 이곳만의 미래지향적인 특별 활용법을 찾을 수
있을 것으로 생각했습니다. 지금 당장 큰 이익을 기대하는 개발의 땅으로
바라보기에는 너무 소중하고 아까운 땅이었습니다. 폐선 주변의 땅값 상

승과 개발이익을 주장하는 사람들의 생각에 변화를 주고 싶었습니다. 개발의 시간을 늦추고 싶다는 마음으로 '2030 시민창의지도'를 그려보았습니다.

동천을 지키기 위해서 그렸던 그림과 비슷한 의도였습니다. 공공재인 동해남부선의 흔적과 기억들을 최대한 보존하며 100% 시민의 공간으로 사용하자는 뜻 가운데, 앞으로 이렇게 다양한 일을 펼쳐가야 하는 곳이니 "너무 성급하게 또 빠르게 답을 내리지 말자." 또 "너무 쉽게 결정하지 말자." 등이 그림 탄생의 이유였습니다. 사실 그림 속의 아이디어들은 하지 않아도 될 것도 다수 포함되어 있습니다. 천천히 해야 할 일이 많음을 강조하려다 보니 과장된 것도 있었습니다.

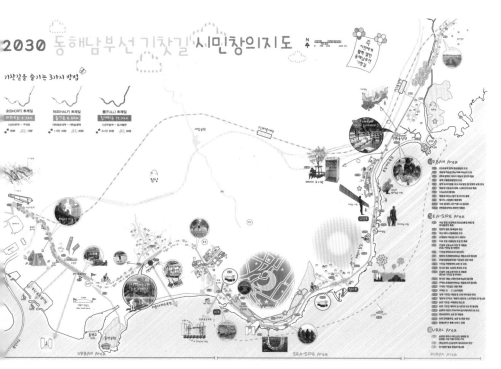

2030 동해남부선 기찻길 시민창의지도

폐선부지는 요철형의 철로와 침목으로 인해 시민들이 맘껏 다니기에는 그리 편치 않습니다. 대안으로 레일과 레일 사이를 나무판으로 메꾸거나, 여러 보완 장치를 한다면 도시약자들이 마음껏 걸어 다닐 수 있고, 심지어 자전거도 탈 수 있는 해안길로 만들 수 있다고 생각했습니다. 조금 더 힘을 내보았습니다. 전국의 학생들에게 미포~송정역 구간에 대한 창의적인 생각을 물어 보기로 했습니다. 당시 동해남부선 폐선 활용 네트워크의 문정현 위원장께서 700만원의 시상금을 쾌척해주어 시작할 수 있었습니다.

공모전 포스터

2013년 12월 2일, 80년 만에 동해남부선 11.3km 우동교차로~송정역 구간 가 시민 품으로 돌아왔다. 기장과 울산, 경주와 포항 쪽에 멀리 있는 누군가를 만나기 위해 찾았던 또 부산 바다를 즐기려 내렸던 해운대역과 송정역, 어머니의 품 같던 기차역들이 활짝 열린 것이다. 특히 미포에서 송정역에 이르는 4.8km의 기찻길은 오래전부터 만나기를 고대했던 특별한 바닷길이었기에 시민들은 무척이나 기뻐했다. 그러나 연결과 소통에 대한 고마움은 잊어버린 채, 부산시는 철도공단과 함께 철로의 반 이상을 걷어 내 버렸다. 정확한 사연은 모르나 정말 아쉬운 일이었다.

그나마 반 정도를 남겨놓은 목적도 바다 풍경이 아름다운 곳이라 관광시설을 설치하기 위함이라고 한다. 또 해운대역과 송정역 일원도 상업시설로 개발될 예정이라고 한다.

이러한 흐름은 폐선부지를 근대의 역사와 삶의 체취가 스며있는 산업유산이나 생활자산으로 보기 보다는 좁은 경제 논리 속에서 개발할 수 있는 빈 땅으로 인식하고 있기 때문이다. 사실 이러한 산업유산들은 한 치도 후회 없을 창의적인

생각과 충분한 재원이 확보될 때까지 보존하는 것이 선진 정책의 방향이다. 또
한 '시민 공동의 다짐과 결의'를 바탕으로 최소 10여 년 동안은 다양한 시민들의
활동을 받아주고 육성시키는 '참여형 시민공원'으로 활용될 필요가 있다.
이후에 합당하고 창의적인 변화의 방법이 찾아질 수 있다면 그때 개발의 논리를
펼쳐가야 한다. 이러한 차원에서 동해남부선 폐선부지가 '참여형 시민공원'으로
나아가기 위한 참신한 아이디어를 학생들로부터 구하려 한다. 이를 위해 [동해
남부선 폐선부지 학생 창의 아이디어 공모전]을 개최한다.

운영관리와 심사 일체는 자원봉사로 진행했습니다. 전국에서 46개 작품
이 제출되었습니다. 대상에서 장려상까지 총 12작품을 선정했습니다. 대
상은 '부산광역시 해운대구 바다로路_개구멍 잇기 프로젝트 79-11.3'라는
특이한 이름의 작품이었습니다. 80여 년 간 지역 단절의 원인을 제공했던
철로가 폐선된 후 불과 반년 만에 시민들 스스로 만들어 낸 기찻길과 지
역 간의 연결점 79곳을 찾아내어 이를 중심으로 진행되어 갈 수 있는 다
양한 유형의 소통을 상상한 작품이었습니다. 79곳의 나들목개구멍 들은 기
찻길이 더 이상 지역의 단절이 아닌 융합의 매개체로 작동하게 할 것이
며, 이로 인한 기찻길 주변 지역의 활성적 재생을 예견하고 이에 대한 꿈
을 펼쳐 본 작품이었습니다.
금상은 '피어오르다_靄애'라는 엉뚱한 제목의 안이었습니다. '꿈이 피어
오르다'의 뜻을 가진 '몽몽'이라는 수증기 구름은 철로를 따라 매설된 관
에서 매일 일정 시각에 피어오르게 되는데 이는 기찻길을 지키고자 했던
시민들의 소망을 형상화 한 것이며, 결과적으로 지역민의 관심을 촉발시
켜 지역 발전의 강력한 아이콘이 될 것임을 제안한 창의적인 작품이었습
니다. 나머지 중 기억에 남는 작품은 '동해남부선 4.0, 송정역 문화발전소'
라는 제목을 가진 은상작이었습니다. 송정역이 송정지역의 새로운 문화

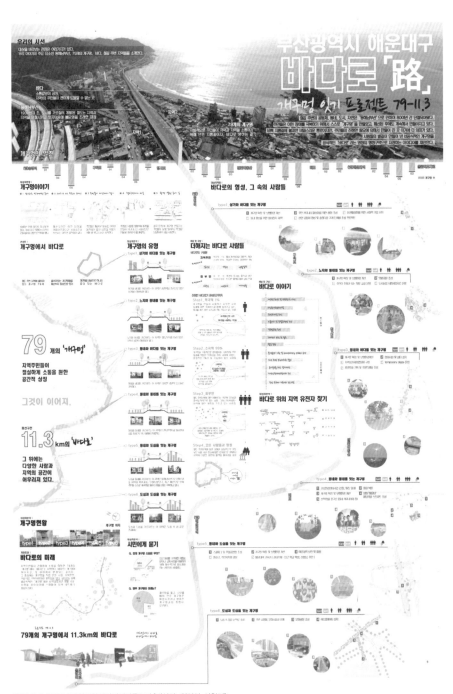

동해남부선 폐선부지 학생창의아이디어공모전 [대상작 : 최인희, 신현진]

동해남부선 폐선부지 학생창의아이디어공모전 [금상작 : 조소현, 박이랑, 안도현]

동해남부선 폐선부지 학생창의아이디어공모전 [은상작 : 박민주, 김복여]

줄서 있는 스카이캡슐과 철제기둥
청사포마을을 지나가는 스카이캡슐

거점지가 될 것임을 분석하고, 송정역과 기찻길 그리고 동네 전체를 아우르는 지역 공동체에 기반 한 문화발전소로서의 가능성을 다양하게 프로그래밍한 작품이었습니다.

동해남부선 폐선부지는 옛 모습이 상상되지 못할 정도로 크게 변했습니다. 방문자들이 크게 흡족해합니다. 이전 어디에서도 이렇게 아름답고 열린 바다를 만나 본 적이 없어서 일 것입니다. 그런데 이러한 변신이 정답이 아닐 수 있다는 생각을 떨칠 수가 없습니다. 시민들이 더 많이 누릴 수 있지 않았을까 하는 아쉬움 때문입니다.

스카이캡슐의 회색 빛 철제구조물 수십 개가 미포에서 청사포에 이르는 2km가 넘는 수변에 줄을 섰습니다. 철로는 해변열차의 운행을 위해 부분적으로 남겨졌지만, 그 철로마저도 울타리로 가로막아 발길을 차단하고 있습니다. 해안절벽 쪽으로 3미터 남짓한 폭의 데크를 설치하여 보행 연결은 되지만, 10미터가 넘었던 철로구간이 한쪽으로 밀려나고 말았습니다. 다양한 상상과 창의적인 활동이 아닌, 오직 해변열차 타기와 스카이캡슐 타기, 그리고 한쪽으로 걷기만이 가능한 단조롭고 단순한 곳이 되고 말았습니다. 새로운 관광자원이 탄생된 것은 사실이지만, 바다를 즐기는 방법이 한정되고 시민의 창의력이 제한되는 것 같아 맘이 씁쓸합니다.

폐선구간이 영원히 이 모습으로 지속될까요? 언젠가는 분명 또 다른 변화가 있을 것입니다. 그 때를 위해 미리 몇 가지 사안에 대한 준비가 필요해 보입니다.

첫 번째 준비는 '영원히 시민 품에 돌아오는 폐선부지'를 위한 것입니다. 많은 재원이 필요할 것입니다. 부산시 재원이든 시민 기부나 모금이든 여러 방법을 통해 느리지만 지속적으로 폐선부지가 후손의 것이 되도록 해보자는 것입니다. 이 일에는 온전한 공감의 과정과 이를 실행해 가는 꾸준한 동참의 시간이 절대적으로 필요할 것입니다.

이 과정에는 쉽지는 않겠지만, 다음을 위한 '계획적 방치'의 개념 도입도 검토해 볼 필요가 있습니다. 뉴욕 맨해튼의 하이라인에는 700미터의 구간이 방치되어 있었습니다. 물어보았습니다. '왜 이렇게 방치를 해 두었습니까?' 다음을 위해서 한꺼번에 산책로로 바꾸기보다는 이 부분을 남겨두어 다음에 더 나은 생각과 방법으로 활용할 수 있도록 방치해 두었다고 했습니다. 지혜로운 판단이라 생각합니다. '지속가능한 개발'이라는 말이 있습니다. 이 말의 뜻은 우리가 모두를 써버리는 것이 아니라 다음 세대도 손을 댈 수 있는 땅을 물려주자는 의미를 가집니다.

40년 가까이 폐선 상태로 보전 중인 오타루의 테미야(手宮線) 폐선부지

폐선부지 방치의 결정판은 '오타루의 테미야 手宮線 폐선부지'입니다. 1880년부터 1985년까지 105년간 사람과 석탄을 실어 날랐던 폐선부지를 40여 년이 되도록 방치해 두고 있습니다. 이곳에서도 방치의 이유를 물어 보았습니다. 폐선부지가 '세계에서 제일 긴 공원이자 광장'이라고 합니다. 시민의 요청과 다양한 필요에 따라

움직이는 공원이자 광장이라는 그들의 대답은 "아하"를 외치며 깨달음에 앞서 저를 무척이나 부끄럽게 했습니다.

두 번째는 '이곳을 지켜가야 할 사람과 조직에 대한 준비'입니다. 현재와 같이 철도시설공단에서 위탁받은 회사가 운영관리하는 것도 전문성을 갖출 수 있다는 점에서 좋은 선택이라 여겨집니다. 다만 아쉬운 점은 이윤을 목적으로 하는 관광시설로 운영되어 시민 모두에게 열려있지 못한 점입니다. 가장 바람직한 방식은 시민들이 주체가 되는 특별조직이 폐선부지를 운영관리하는 것입니다. 이 경우 행정은 뒤에서 받쳐주는 보조역할을 담당하게 될 것입니다. 다소 서툰 점도 있겠지만, 진정성을 가진 시민들의 참여 정도와 열정에 따라 그 결과는 크게 달라질 수 있을 것입니다.

하이라인을 지키고 있는 '프렌즈 오브 하이라인 Friends of Highline '은 스스로 모금한 돈으로 공사비의 40%를 지원했습니다. 그리고 지금도 운영관리비의 약 70%를 시민 회비로 감당하고 있습니다. 뉴욕시는 30%만 지원하며 한 발짝 뒤로 물러서있고, 시민들이 하이라인의 운영관리를 책임지고 있습니다. 시민이 직접 운영관리를 하다 보니 시민 스스로가 원하는 프로그램이 365일 발굴되고, 또 시민참여를 통해 모든 일들이 진행되고 있습

상상이 실제가 된 하이라인 ⓒshutterstock

니다. 역동적인 하이라인이 될 수밖에 없는 것입니다. 이런 상황이면 주변지역의 재생은 따 논 당상입니다. 많은 돈을 투입하고도 다시 활성화시키지 못하는 경우가 많습니다. 시민 스스로 움직이지 않으면 절대 진정한 변화는 일어나지 않기 때문입니다.

세 번째 해야 할 일은 '지역맞춤형 해안선 관리'입니다. 도시개발 과정에서 범하는 실수들 중, 가장 일반적인 것은 "많은 일을 하면 할수록 또한 뭔가를 채워 넣으면 넣을수록 그곳이 좋아진다."고 생각하는 것입니다. 하지만 아무것도 하지 않거나 비워둘 때 더 좋은 곳으로 사용될 때도 있습니다. 4.8km의 동해남부선 폐선부지는 4개의 포구와 2개의 해수욕장 그리고 달맞이언덕이라는 큰 언덕과 여러 작은 동산들을 하나의 줄로 연결하고 있습니다.

휘트니미술관과 결합된 하이라인의 끝점

그 줄은 철로로 연결된 해안선입니다. 4.8km의 철로구간은 마치 사람의 동맥과 같은 역할을 할 수 있습니다. 해수욕장과 포구들, 크고 작은 바다언덕들은 동맥을 통해 연결되는 장기臟器들과 유사한 역할을 하고 있습니다. 동맥을 무엇인가로 계속 채운다면 어떻게 될까요? 동맥의 핵심 기능은 건강한 산소를 품은 피를 막힘없이 장기로 공급하는 것입니다. 그것은 결국 장기들을 튼튼하게 하는 원천이 될 것입니다. 그런 원칙들을 지금부터라도 세워가면 좋겠습니다.

하이라인에서 오수를 즐기는 뉴요커

"낙동강이 없었다면" 한반도는 지금 어떻게 되었을까요?

가야문명의 존재와 신라시대는 없었을 것이고, 대한민국 자체가 존재하지 않았을 수도 있습니다.

그만큼 낙동강의 존재는 한반도 전체 존립에 큰 영향력을 끼쳤습니다.

낙동강 하구 일대의 개발이 본격화 되고 있습니다.

원래 강은 온전하게 생태적으로 보전될 때 그 가치가 더욱 빛을 발합니다.

그런 차원에서 강은 개발보다는 보호와 보전, 지속가능한 변화 등의 말이 보다 더 어울립니다.

개발이 아닌 보전을 택하려면 무엇보다 먼저 강을 사랑하는 시민이 많아져야 합니다.

강의 수질상태를 매일 모니터링하고 혹시라도 발생할 수 있는 오염을 체크하고.

강가의 꽃과 풀을 가꾸고, 갈대를 지키는 시민들이 있어야 합니다.

그런 시민들 속에 어린이와 청소년이 함께 한다면

강의 생명력은 더욱 더 지속가능할 확률이 높아질 것입니다.

다음으로는 강과 주변의 각종 자원들과 지역자산을 살펴보고 섬세하게 관리하는 일이 필요합니다.

낙동강 일대에는 다양한 지역자산들이 분포합니다.

강과 연결되어 멋지게 펼쳐져 있는 자연환경은 기본입니다.

낙동강 주변은 지역민들의 삶과 관련된 생활민속의 보고입니다.

또한 애국과 민족적 성향의 사건들과 인물들이 유난히 많이 발생했고 활동했습니다.

왜 그랬을까요? 강이 가진 낙동강의 생명력 때문일까요?

국토의 반에 걸쳐 유유히 흐르고 있는 낙동강과 이에 연결된 다양한 지역자산들에 대한

이야기는 부산과 영남을 넘어 한반도 전체의 미래와 연결되어야 할 것입니다.

열두 번째 이야기

낙동강
대한민국
존재의
근거

낙동강이 없었다면

생태환경으로서의 낙동강

고산자 古山子 김정호의 〈대동여지도 大東輿地圖 〉는 위대한 역작입니다. 19세기 중엽 조선의 정황 속에서 가로 4미터, 세로 6.6미터에 이르는 초대형 지도의 제작 국토 전체를 남북 120리 씩 22층 및 동서 80리 씩 19판으로 나눈 후, 각 층에 해당하는 지역의 지도를 각각 1권의 책으로 접어서 엮음 은 실로 대단한 일이었습니다. 이 지도 덕분에 국민 모두는 조선시대 당시 한반도의 지형지세와 지리적 상황을 이해할 수 있게 되었습니다.

대동여지도 속에 '황지'라는 지명이 보입니다. 태백산 아래지역의 이곳은 낙동강의 발원지입니다. 지금도 깨끗한 물이 연못에 가득합니다.

태백의 또 다른 못, '검룡소'는 한강의 발원지입니다. 태백산이 한강과 낙

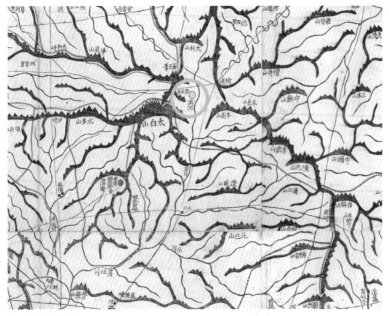

대동여지도 속의 '황지'

동강의 발원지라는 사실은 압록강과 두만강이 시작되는 백두산을 연상케
합니다. 지도에서 진한 붉은색의 태백지역을 중심으로 위쪽으로는 한강
이 검룡소에서 출발하고, 아래쪽으로는 황지에서 낙동강이 시작됩니다.
거의 남한의 모든 지역을 두 강이 양분하고 있다 해도 과언이 아닙니다.
낙동강은 디귿자 형태로 크게 굽어 남해안으로 흘러들며, 여러 개의 대형
삼각주들을 만들어 냈습니다.

태백에서 발원되는 낙동강과 한강 ⓒ위키백과 재작성

같은 지역을 현재 지도를 통해 살펴보았습니다. 공통
적으로 중심의 대형 모래밭, 즉 삼각주 모습은 지금도
뚜렷합니다. 수직으로 흘러내려오는 강이 낙동강이고
왼쪽으로 굽이치는 강은 서낙동강입니다. 아래쪽에 가
덕도가 있고 섬 위쪽에는 'ㄱ' 형상의 부산신항과 녹
산경제특구를 비롯한 산업지대가 자리잡고 있습니다.
이처럼 부산의 강서권역은 생태환경의 보고이면서도
부산이 국제물류도시로 나아가는 중심 역할도 수행하
고 있습니다. 이곳에서는 지역을 규정하는 상반된 주

낙동강의 지류들

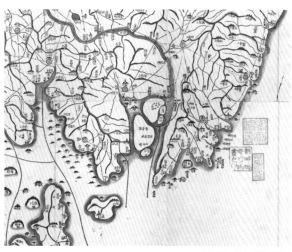

대동여지도 속의 낙동강 하류부

제들이 부딪히며 파열음을 일으키고 있습니다.

예부터 낙동강 연안에는 20여 개의 하천들이 지류를 형성하고 있었습니다. 지류들로 인해 낙동강 일대는 습지가 발달할 수밖에 없었고, 강유역의 생태환경 또한 건강할 수밖에 없습니다.

19세기부터 1930년대, 1956년, 1972년의 지도를 비교해 보았습니다. 지도의 표현 방법과 축척 등이 달라 일체적인 비교는 어렵지만, 전체적인 변화의 흐름과 특징적인 요소들은 파악할 수 있습니다. 대동여지도 상의 삼각주 내에 칠점산七點山 이라는 일곱 개의 작은 야산이 보입니다. 그곳이 지금의 '대저지역'입니다.

낙동강의 변천 : 19세기

1930년대와 1956년 사이의 변화가 두드러집니다. 가장 큰 변화는 낙동강의 지명 변화입니다. 1930년대 낙동강 본류는 지금의 서낙동강이었습니다. 일제가 농경지와 수원 확보를 위해 삼각주들을 매립하고 하구둑과 제방을 쌓으면서 낙동강의 본류는 오른쪽으로 이동하였습니다. 1956년의 지도를 보면 서낙동강과 하구둑이 보이고, 김해평야 쪽 둔치에는 직선으로 된 제방길이 선명합니다. 오른쪽 끝단의 현 사상공단지역은 광활한 습지가 발달했던 것으로 확인됩니다. 1972년 지도에서 제방길을 따라 북쪽으로 올라가다보면 구포다리 1932년 건설 가 나타납니다.

낙동강의 변천 : 1930년대

낙동강의 변천 : 1972년

낙동강의 변천 : 1956년

구포다리는 1932년부터 2008년까지 70여 년 동안 낙동강을 사이에 둔 대저지역과 구포지역을 연결하며 지역민들의 발이 되어 주었습니다.

1972년과 현재의 지역구조는 상당히 유사합니다. 일대가 지난 50여 년 동안 개발제한구역으로 지정되어 변화가 멈춰있기 때문입니다. 평강천과 맥도강 그리고 조만강이 지류를 형성하고 있고, 삼각주가 발달된 둔치도와 맥도로 명명되는 넓은 평야와 섬들이 자리하고 있습니다.

항공사진 속에 누렇게 파헤쳐진 땅 부분이 개발을 시작한 '에코델타시티' 부지입니다. 사업 목적과 내용을 떠나 낙동강 하구가 대규모 도시개발 대상지로 전락한 것이 안타깝습니다. 개발할 땅이 얼마나 부족했으면 이 땅마저 손대야 하는가 하는 안타까운 수긍 속에서도, 이렇게 해야 하는 우리의 현실에 깊은 한숨을 내쉬게 됩니다. 왜 개발되어야 하는가에 대한 논란은 이미 의미가 없습니다. 오히려 '제대로 된 개발'을 위한 지혜를 모아야 하는 시점입니다.

파헤쳐진 낙동강변의 김해평야 ⓒ네이버지도

호국지대로서의 낙동강

낙동강은 생태환경으로서의 가치도 중요합니다만, 특별했던 역할을 기억할 필요가 있습니다. 한국전쟁 시기 낙동강이 '최후 방어선'으로서의 짊어진 역할입니다.

한국전쟁 발발 후, 국군은 일방적으로 밀리며 후퇴를 거듭했고, 낙동강 방어선은 국토 사수의 마지노선이 되었습니다. 이곳에서 두 달여 동안 전쟁을 버텨냈기에 1950년 9월 15일 인천상륙작전이 가능할 수 있었고, 북진의 계기도 열렸습니다. 비록 중공군의 개입으로 휴전될 수밖에 없었지만, 호국의 강으로서 낙동강의 역할은 실로 대단했습니다. 낙동강 방어선이 형성되기 직전인 7월, 유엔군 지상군 사령관이었던 워커 Walton H. Walker 장군은 기울어지는 전세를 보면서 "버티든가 아니면 죽든가 Stand or Die"라는 제1호 작전을 명하며 전선 사

북한군 남침기
1950.06.25~1950.09.15

45일 간의 낙동강 방어선

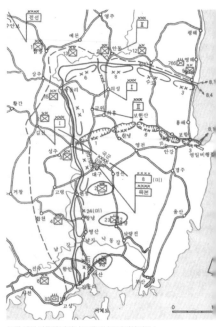

부산경찰서 앞을 지나는 유엔군(1950년 8월 5일) ⓒ부경근대사료연구소

45일 간의 낙동강 방어선 ⓒ국방부군사편찬연구소

수를 위한 방어선을 쳤다고 합니다. 그 현장이 바로 낙동강이었습니다.
낙동강을 따라서 1차방어선, 2차방어선이 형성되다 최후의 보루였던 데
이비슨선 Davidson Line 까지 내려오는 상황이 전개되는 위기를 맞았습니다.
미8군단 공병참모였던 데이비슨 준장의 지휘 하에 정해진 데이비드슨선
은 경상남·북도 도계를 따라 울산 북쪽에서 함안까지 이어지던 약 90km
의 최후 저지선이었습니다. 이 방어선이 무너지면 미군은 부산항과 수영
비행장을 통해 철수할 계획이었다고 합니다.

결국 낙동강에서 전쟁 역전의 계기가 만들어졌습니다. 영천지역을 사수
하기 위해 낙동강을 사이에 두고 북한군과 벌였던 영천지구전투는 낙동
강 전선의 마지막 대전투였습니다. 이외 다부동전투, 안강기계전투 등 낙
동강과 관련된 한국전쟁의 기억들과 상흔들은 낙동강 주변 곳곳에서 지
금도 발견할 수 있습니다.

낙동강 유역은 조선시대부터 이미 국토의 호국지대로 기능했습니다. 사
하지역 끝부분에 자리한 '다대진 多大鎭'이 그 현장이었습니다. 다대포라

다대진(多大鎭)의 입지

윤공단의 첨사윤공흥신순절비

는 지명도 다대진에서 나왔습니다. 다대진은 조선시대 수군첨절
제사가 진영을 꾸렸던 곳이었습니다. 다대포진 내의 소실된 객사
동쪽에 '윤공단 尹公壇'이라는 제단이 있습니다. 임진왜란 때 왜군
과 싸우다 순절한 다대첨사 윤홍신 尹興信 을 추모하는 묘역 부산광역
시 기념물 제9호, 1972년 지정 입니다. 윤공단 비석 앞면에는 '첨사윤공흥
신순절비 僉使尹公興信殉節碑 '라는 음각이 있고, 뒷면에는 윤홍신공
의 전적이 기록되어 있습니다. 비 양쪽에는 의사윤흥제비 義士尹興
悌碑 와 순란사민비 殉亂士民碑 가 있습니다.

다대첨사 윤홍신 외에 지역을 수호했던 사람들이 있었습니다. 동
래부사 송상현과 부산진성을 지켰던 부산진첨사 정발입니다. 세
사람 모두 역사 전면엔 크게 드러나지 않았지만, 조선의 첨단 尖端
지대였던 동래와 부산을 지켜냈던 영웅이었습니다.

이처럼 낙동강 하류에는 호국과 관련된 유산들이 집결되어 있습
니다. 다대포 아래쪽 가덕도 천성항에는 '천성진성 부산광역시 기념물 제
34호, 1989년 지정 '이 자리합니다. 하늘에서 보면 지금도 성의 윤곽이
뚜렷합니다. 진해 앞바다에서 내륙으로 침범해오는 왜구를 막기
위해 쌓은 성입니다. 천성진성은 1510년 삼포왜란, 1544년 사량
진왜변 등을 거치면서 군선을 보호하고 수군 주둔을 목적으로 구
축되었습니다. 조선시대 중기의 군사기능과 축성양식을 보여주
는 역사적인 자료이며, 현재에도 양호한 상태로 잘 보존되어 있
습니다.

낙동강 하구언의 마지막 섬인 가덕도 끝점에 위치한 '가덕도등대
부산광역시 유형문화재 제50호, 2003년 지정 '는 한국전쟁기에 특별한 호국기능
을 수행했습니다. 가덕도등대는 한국전쟁 때 부산과 가덕도 앞바
다, 그리고 거제를 연결하는 각종 항로 지원과 지킴이 역할을 담

동래부사 송상현

부산진첨사 정발

다대첨사 윤홍신

천성항의 천성진성과 선소

명확하게 남아있는 천성진성

당했습니다. 등대가 호국 기능의 상징체로 이해될 수 있는 것은 인천의 팔미도등대에서도 찾아 볼 수 있습니다. 이 등 대는 1950년 9월 15일 인천상륙작전의 시발점을 제공했습 니다. 팔미도등대는 2020년 6월 인천시 유형문화재에서 '국가사적'으로 승격되었습니다. 건축물이 아닌 구조물이, 특히 등대의 사적 승격은 전국 1천300여 기의 등대 가운데 최초의 일이자, 유산 보호영역의 확장 측면에서 우리나라 문화재계의 기념비적인 사건으로 평가됩니다.

가덕도등대

그런 차원에서 한국전쟁기 가덕도등대의 역할에 대한 재 조명이 필요해 보입니다. 1950년 12월, 함흥에서 철수했던 193척의 선박들과 10만 여명의 피란민들 중 상당수는, 특 히 1만4천명의 피란민을 태우고 12월 25일 장승포항에 도 착했던 메러디스 빅토리 호 SS Meredith Victory 는 분명 가덕도 등대의 불빛을 보았을 것입니다. 그 불빛은 피란민들에게 있어 소망의 빛이였고, 구원의 손길이었을 것입니다. 그 불 빛이 지금도 낙동강과 남해 바다를 오가는 수많은 배들의 길잡이가 되고 있습니다.

등대 위의 사람들: 1952년 ⓒ가덕도등대

낙동강과 연안지대의 다양한 가치들

고대사회부터 정주지였고 국제교류의 현장이었던 낙동강과 연안지대가
품고 있는 가치들을 찾아보겠습니다.

애국과 민족성의 발로

낙동강 하류지역에서 가장 큰 포구와 장이 존재했던 구포 龜浦 지역에는
일제의 강한 압제 속에서도 구포사립구명학교, 사립명진학교 등 후손을
길러내고 가르치기 위한 사립학교들이 설립되었습
니다.

‘구포사립구명학교 龜浦私立龜明學校 ’는 1907년 순종1년
10월 15일에 개교하였고, 초대교장은 장우석 선생
1871~1924 , 초대학감은 윤상은 선생 1887~1984 이었습
니다. 1910년에는 백산 안희제 선생도 교장을 역임
했었습니다. 구포사립구명학교는 현재의 구포초등

구포사립구명학교 개교식(1907.9.9. 음력)
ⓒ부산북구향토지

학교이며, 1910년 순종 4년 에 설립된 ‘사립명진학교 私立明進學校 ’는 현 사상초
등학교입니다.

《부산북구향토지》 1998년 발행, 북구향토지편찬위원회 에 실린 ‘구포사립구명학교 취
지서 龜浦私立龜明學校趣旨書 ’의 번역 글입니다.

> “우리나라가 8만4천방리 方里 의 강토와 2천만 민족으로 왜적의 능멸 모욕을 받
> 고 굴레를 써서 스스로 떨쳐 일어나지 못하고 오늘의 비참한 지경에 이른 것은
> 어찌하여 그렇습니까? 어찌하여 백성들의 지혜가 깨이지 못하고 기풍이 닫혀서
> 막히고 있는 것인가? 이는 옛날의 교육이 시든 때문이 아니겠는가!
>
> <중략>

아아, 우리 구포 龜浦 한 지방은 역시 남쪽 고을의 도회지라 마을들이 즐비하고 사람과 호수가 번성함이 다른 곳에 뒤떨어지지 않으나 우리들의 자제로 하여금 아직까지 개명 開明 한 신세계에도 무지몽매하게 하고 마을의 서당에서 '공자 왈, 맹자 왈'이나 하면 어찌 남에게 이런 소문을 듣게 하겠는가!

이에 우리 동지 여러분이 분연히 일어나 협동하여 교육 진흥을 현재의 제일 큰 의무로 삼아 열심히 찬성하지 아니할 수 없으니 자금을 거두어 교육을 실시함에 구포 땅에 있으므로 구명학교 龜明學校 로 명칭을 붙이니 구龜 는 신명 神明 의 후손 이며 사령 四靈· 龍, 鳳, 龜, 麟 으로 4가지 영물 중 하나이다.

1930년 둑 보수에 대한 보답으로 지주 소작인들이 세운 장우석 기념비

본교가 새로운 지혜로 발전함이 신령한 거북의 신명처럼 하고, 유지 확 장함을 천년의 수명을 가진 거북이처럼 하고, 이 학교에서 배우는 학생 들을 모두 나라의 원로대신 元老大臣 , 기구 耆龜 가 되게 하여 우리 대한 독 립의 기초를 공고하게 된다면 천만다행이겠다."

이처럼 민족자치의 꿈을 위해 설립된 구포사립구명학교의 역사를 통해 초대교장 '장우석'과 초대학감이었던 '윤상은'을 조명할 필요 가 있습니다. 두 사람은 모두 지역 출신 장우석은 화명, 윤상은은 구포 으로 구포지역이 개화기의 중심지대로 나아가게 한 선각자들이었습니 다. 1907년 구포사립구명학교의 개교와 1911년 우리나라 최초 지 방은행이었던 구포저축주식회사를 설립·육성시켰고 나아가 최초 지방은행인 구포은행을 창설하는 등 지역 발전에 크게 이바지했 다는 점이 공통의 공로입니다.

이외 '장우석'은 절미운동, 새끼꼬기 등 계몽을 통한 지역민 소득 향상에 힘썼고, 특히 홍수가 날 때마다 화명동 대천마을 앞 백포 들판의 둑을 보수하는 등 구포지역을 지켰던 분이었습니다.

'윤상은'은 장인 박기종이 세운 부산 최초의 근대식학교인 개성학

청운(聽雲) 윤상은(尹相殷)
ⓒ부산근대역사관

교를 1904년 졸업한 후, 일본어에 능통하여 동래감리서 주사로써 대일관계의 사건 처리와 일본은행과의 거래문제 등을 맡아 근대적 은행 업무를 익혔습니다. 1905년 을사보호조약 후 감리서를 사직하고 고향인 구포에서 민족운동을 시작했습니다. 구포사립구명학교의 학감으로 재직한 것이나 구포은행 설립도 그 일환이었습니다.

조선시대부터 구포지역은 감동나루와 구포장을 중심으로 하는 낙동강 연안의 경제거점지대였습니다. 따라서 이곳에서의 은행 설립은 지역경제에 큰 획을 긋는 일이었습니다. 윤상은의 부친 윤흥석 은 동래부사를 역임했습니다. 장인 박기종 은 부산 최초의 근대식 학교인 개성학교 1895년 와 부하철도주식회사 1898년 를 설립했던 부산 근대교육과 근대철도의 개척자이기도 했습니다. 동생 윤영은과 사촌형 윤정은은 독립운동가였고, 또 아들 윤인구는 부산대학교 초대 총장을 역임했습니다.

부산의 근대기에 한 가문이 이룬 역사 앞에 저절로 고개가 숙여집니다. 전체적으로 볼 때 윤상은은 지역경제와 교육 등 지역사회 전반에 큰 공을 세웠고, 후세들에게 지역정신을 일깨우고 노블레스 오블리주의 귀감이 되었습니다.

구포출신 독립운동가였던 '윤현진'은 구포사립구명학교에서 신학문을 배운 후, 일본 유학 중 비밀결사조직 '신동아동맹'에 참여하였습니다. 1916년 귀국 후 대동청년단, 백산무역주식회사, 의춘상행, 기미육영회 등에서 비밀결사운동, 경제자립운동, 교육운동 등을 주도했습니다. 특히 윤현진이 운영했던 '의춘상행'은 일본상인에 대항하기 위해서 설립한 소비조합이며, 우리나라 최초의 국민소비조합으로 전해집니다. 1919년 그는 상해로 망명하여 상해임시정부의 재정책임자로서 독립자금을 조달하고, 의용단을 조직하기도 했습니다. 그러나 안타깝게도 1921년 29세의 젊은 나이로 순국하며 그의 독립운동은 그만 멈출 수밖에 없었습니다.

1919년 10월 11일 대한민국 임시정부 국무원으로
활동했던 윤현진(뒷줄 좌 두 번째)

구포초등학교(구포사립구명학교 전신)에
세워진 윤현진 흉상(2021.3.27.)

정확히 구포사람으로는 볼 수 없지만, 구포다리 건너 대저출신 한 사람을 소개합니다. 국민가곡인 그네를 작곡한 작곡가 '금수현'입니다.

1940년 일본 도요음학학교^{현 東京音楽大学} 에서 수학 후 그는 동래고등여학교, 경남공립고등여학교 등에서 음악을 가르치며 음악교육, 음악행정, 한글전용운동, 음악보급운동, 잡지발행 등 다방면으로 음악관련 활동을 전개했습니다. 장모이자 소설가인 김말봉이 작시한 국민가곡 '그네'에 곡을 붙였던 것은 1940년대 초중반이었습니다.

세모시 옥색치마 금박 물린 저 댕기가
창공을 차고 나가 구름 속에 나부낀다
제비도 놀란 양 나래 쉬고 보더라

한 번 구르니 나무 끝에 아련하고
두 번을 거듭 차니 사바가 발 아래라
마음의 일만 근심은 바람이 실어 가네

그는 1946년 부산의 음악인과 음악교사들을 중심으로 경남음악협회를
결성하였고, 해방 후 첫 음악간행물로 알려져 있는 '음악주보 音樂週報'를
정기 발간하여 22년간 지속하였습니다. 금수현은 한글 보급에도 앞장섰
습니다. 자제들의 이름은 우리나라 최초의 한글 이름으로 알려져 있습니
다. 장남의 이름이 금나라였고, 차남은 국민 지휘자 금난새입니다.

생활민속의 보고

낙동강 연안에는 다양한 생활민속들이 전승되고 있습니다. 다대포후리소
리, 구포지신밟기, 사상전통달집놀이 등이 대표적입니다. 가장 독특한 것
중 하나가 150여 년 동안 전승된 '가덕도 숭어잡이'입니다.

가덕도는 숭어가 많이 잡히는 곳으로 이름나있습니다. 숭어를 잡는 방식
이 평범한 그물을 이용하는 것이 아니라 들망어업이라고 부르는 육소장
망 방식입니다. 여러 기록들 속에 '가덕도 숭어잡이'에 대한 어법이 설명
되어 있습니다. 요약해 보면, 대략 3월부터 5월까지 이뤄지는 가덕도 숭

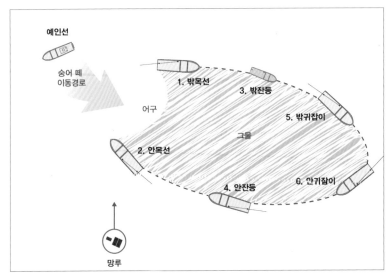

육소장망 숭어잡이의 구도
1: 밖목선, 2: 안목선, 3: 밖잔등, 4: 안잔등, 5: 밖귀잡이, 6: 안귀잡이, 7: 예인선 A: 숭어 떼 이동경로, B: 어구, C: 그물

어잡이는 물고기가 들기 쉬운 길목에 그물을 깔아둔 후, 육지 망루에서 망수望手가 망을 보다가 숭어가 몰려들어 물의 빛깔이 달라지는 순간, 즉 숭어 떼의 물그림자를 보고 신호를 보내 숭어를 잡는 방식입니다. 사진작가 이강산은 《가덕도 숭어잡이》라는 책을 통해 출항, 대형, 망루, 기다림, 수확, 귀항으로 순으로 숭어잡이의 전 과정을 사진과 기록으로 남겼습니다. 대단한 역작이며, 가덕도 숭어잡이에 대한 가장 숭고하고도 섬세한 기록이라고 여겨집니다. 가장 인상적인 부분이 '기다림'입니다.

"배 위에서 지내는 어부들의 일상은 기다림의 연속이고 지루함과의 싸움이다. 하루 종일 배 위에서 지내야 한다는 전제는 어부들에게는 숙명적 과제이다. 비가 와도 배 위에 있어야 하고 뙤약볕 아래에서도 그래야만 한다. 추위와도 싸워야 하고 더위도 견뎌 내야 한다. 다행히 날씨가 좋다면 지루한 시간을 얼마나 효과적으로 보내는 가가 중요하다. <중략> 하지만 배 위에서 큰 소리를 내서도 안 되고, 뱃전을 두드리는 소리도 조심해야 한다. 각자 다양한 모습으로 지루한 시간을 이겨 내지만 언제든 어로장의 신호가 떨어지면 출격할 준비를 갖추고 있어야 함은 물론이다. 겉으로는 평온해 보이지만, 긴장의 끈을 늦추지 않고 있는 것이다." (이강산, 2011, 59쪽과 82쪽)

육소장망 어법은 30여 명의 어부들이 무동력의 소형 목선 6척에 나눠 타고 둥그런 원 모양으로 움직이며 숭어를 끌어 올리는 방식입니다. 하루 어획량이 제한되는 등 회귀성 어류인 숭어의 생태환경을 지켜주는 지속가능한 전통 어로법입니다. 동원 인원에 비해 생산량이 적으니 효율성 문제가 제기될 수밖에 없었습니다. 결국 어업인력 고갈과 고령화 등을 이유로 2019년 <수산업법 시행령>이 개정되어, 기계식 어로법이 허용되고 말았습니다. 어쩔 수 없었다지만 변화에 대한 아쉬움은 큽니다.

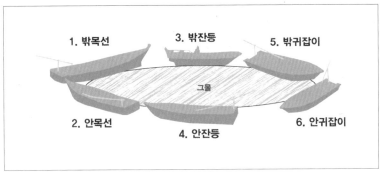

1. 밖목선   3. 밖잔등   5. 밖귀잡이

그물

2. 안목선   4. 안잔등   6. 안귀잡이

한 팀으로 움직이는 육소장망 어법

우리나라에는 2020년 〈농어업인 삶의 질 향상 및 농어촌지역 개발촉진에 관한 특별법〉이 신설되었고, 법 조문 중 '국가중요어업유산의 보전·활용'이라는 조항 제30조의 3 이 있습니다. ● '해양수산부장관은 어업인이 해당 지역의 환경·사회·풍습 등에 적응하면서 오랫동안 형성시켜 온 유형·무형의 어업자원 중에서 보전할 가치가 있는 어업자원을 국가중요어업유산으로 지정할 수 있다.'는 내용입니다. 우리나라에는 현재 12곳의 어업유산이 있습니다.

제주 해녀어업 (제1호) (2015.12.)

제주도 전역 (14,346ha)

장치 없이 맨몸으로 잠수해 전복, 소라, 미역 등 해산물을 직업적으로 채취하는 전통적 어업방식으로 불턱, 해신당 등 세계적으로 희귀하고 독특한 문화적 가치 존재

보성 뻘배어업 (제2호) (2015.12.)

전남 보성군 벌교읍 장암리 일대(35㎢)

밟으면 매우 깊게 빠지는 아주 미세한 갯벌 진흙(mud) 특성 때문에 뻘배는 꼬막 채취를 위한 유일한 어업활동 이동 수단

● 본 조항은 타법에서 2015년에 신설되었고, 2020년에 〈농어업인 삶의 질 향상 및 농어촌지역 개발촉진에 관한 특별법〉이 제정되며 통합 시행되었음.

남해 죽방렴어업 (제3호) (2015.12.)

경남 남해군 삼동~창선면 지족해협 일원 (537.2ha,죽방렴 23개소)

삼국시대 이래 현재까지 어업인 생계수단으로서 자립적으로 운영되고 있는 한반도 유일의 함정어구를 사용한 어로방식으로, 자연의 순리를 거스르지 않는 대표적인 전통적 어업시스템

신안 천일염업 (제4호) (2016.10.)

전남 신안군 천일염전 일대 (29.7㎢)

바닷물을 염전으로 끌어들여 전통 기술과 노하우를 이용해 바람과 햇볕으로 수분만 증발시켜 소금을 생산하는 전통어업활동시스템

완도 지주식 김 양식업 (제5호) (2016.10.)

전남 완도군 고금면 청용리, 가교리, 봉명리 일대의 지주식 김 양식장 (358ha)

얕은 수심과 큰 조수간만의 차 등 양식 어장의 특성을 이용해 김을 자연 햇볕에 일정시간 건조시키면서 생산하는 친환경적·전통적 김 양식어업

무안·신안 갯벌낙지 맨손어업 (제6호) (2018.11.)

무안 탄도 및 신안 선도 일대 갯벌(118.35㎢)

낙지가 서식하는 갯벌의 구멍과 위치 등 낙지의 생태를 파악하여 재빠르게 맨손으로 포획하는, 토착지식이 내포된 전통 낙지잡이 어법

하동·광양 섬진강 재첩잡이 손틀어업 (제7호) (2018.11.)

하동군, 광양시 섬진강 하류 일원(140ha)

서식환경이 잘 보존된 기수역에서 재첩을 채취하는 어법으로, 거랭이 등의 도구를 사용하여 강바닥을 긁는 과정에서 수중 생태계 순환에 기여

통영·거제 견내량 돌미역 채취어업 (제8호) (2020.6.)

통영·거제시 견내량 유역(63.6ha)

빠른 유속과 깨끗한 수실을 사랑하는 건내량 수역에서 '틀잇데'라는 도구를 바닷속에 넣은 뒤 빙빙 돌려 미역 채취

울진·울릉 돌미역 떼배 채취어업 (제9호) (2021.3.)

울진·울릉 돌미역 채취 유역(39.79㎢)

오동나무 등을 뗏목처럼 엮어 만든 배로 돌곽(돌미역)을 채취하는 전통어업

전북 부안군 곰소 천일염업 (제10호) (2021.9.)

전북 부안군 진서면 곰소리 일원(5.4㎢)

염전에서 바닷물을 햇빛과 바람만으로 자연 증발시키는 전통적인 방식의 어업활동

전남 신안군 흑산 홍어잡이어업 (제11호) (2021.9.)

전남 신안군 흑산도 일대 연근해어장(6,901.4㎢)

주낙·연승의 전통 어로방식으로 행해지는 홍어잡이 어법

경남 거제시 숭어들망어업 (제12호) (2022.8.)

경남 거제시 6개 어촌계(도장포, 양화, 학동, 선창, 다포, 다대)(69,340㎡)

'망쟁이'의 신호에 의해 그물을 들어 올려 숭어를 잡는 전통어업방식

전남 진도·신안군 도서지역 조간대 돌미역 채취어업 (제13호) (2023.11.)

전남 진도군 조도군도, 전남 신안군 흑산군도 일원(250㎢)

미역밭 갯닦기와 물주기 등 서식지 관리로 미역을 채취하는 어업활동

'가덕도의 육소장망 숭어잡이'가 대한민국 어업유산으로 지정될 수 없을까요? 2022년에 지정된 거제의 숭어들망어업이 바로 가덕도의 육소장망 어법과 동일한 것입니다. 느림이 강조되는 지속가능한 전통 어로법이라는 특성은 어업유산으로서의 가치가 충분합니다. 현대화로 인해 어려움이 크지만, 아직 기술을 가진 어부들이 살아계시기에 지금이라도 복원과

전승에 힘을 모아야 하겠습니다. 가덕도는 숭어 외에도 대구로도 유명합니다. 현재는 대구잡이의 최고 어장은 가덕도와 거제 사이의 낙동강과 연결되어 있는 진해만이기 때문입니다. 집산지로는 거제 장목면의 외포항이 가장 번성해 있습니다. 대구와 관련된 어로법이나 가공법 또한 어업유산으로서의 가능성이 있어 보입니다. 이참에 거제와 가덕도가 함께 대구잡이 가공법을 주제로 하는 어업유산 지정에 나서보는 것도 좋겠습니다. 그런데 이러한 논의는 가덕도의 지역 정체성과 연결되며, 추진 중인 가덕도신공항 건설과의 갈등 사안이기도 합니다. 두 마리 토끼를 잡을 수는 없을까요? 쉽지는 않겠지만 과거와 미래, 역사와 첨단, 생태와 개발이 공존할 수 있다는 혁신의 사례를 가덕도에서 만날 수는 없을까요?

어업유산 가운데 제4호 '신안 천일염업'와 제10호 '곰소 천일염업'이 염전과 관련됩니다. 낙동강 하구언에도 많은 염전들이 있었습니다. 보통 염전하면 서해안의 염전들을 떠올리고 천일염을 생각합니다. 천일염은 바닷물을 햇빛에 증발시켜서 소금을 취하는 방법인데, 낙동강 연안의 염전들은 전오법 煎熬法 또는 자염법 煮鹽法 이라고 하는 바닷물을 끓여 소금을 얻는 방법입니다.

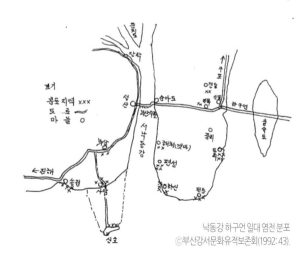

낙동강 하구언 일대 염전 분포
ⓒ부산강서문화유적보존회(1992 : 43).

20세기 초반 일제로부터 천일제염법이 들어와 서해안에서 싱행할 때도 명지와 녹산지역의 염전들은 전오법을 고집했다고 합니다. 1900년대 중후반까지 연간 10만 가마를 생산했다고 합니다. 1가마가 60kg이니 엄청난 양이었습니다. 그러나 1960년대 들어 가격 경쟁력에 밀리며 모두 폐전하고 말았습니다. 자연스럽게 염전들도 대부분 개발지로 변하거나 매립되었고, 가장 안타까운 점은 전오법 염전의 흔적을 단 한 곳도 제대로 남겨 놓지 못했다는 사실입니다.

아름다운 자연의 보고

선조들은 낙동강 연안 곳곳에 '팔경 八景'을 정해 놓았습니다. 대표적인 것이 '사상팔경'입니다. 구덕조무, 원포귀범, 평사낙안, 칠월해화, 팔월로화, 서산낙조, 운수모종, 금정명월으로 구성됩니다.

1. 구덕조무(九德朝霧) 구덕산에 서리는 아침안개
2. 원포귀범(遠浦歸帆) 멀리 포구에 들어오는 돛단배
3. 평사낙안(平沙落雁) 하늘을 날다가 모래펄에 내려앉은 기러기
4. 칠월해화(七月蟹火) 칠월의 갈대밭에 게를 잡기 위해 밝힌 햇불
5. 팔월로화(八月蘆花) 팔월의 강변에 피는 갈대꽃
6. 서산낙조(西山落照) 서산으로 지면서 강에 비치는 저녁노을
7. 운수모종(雲水暮鐘) 운수사에서 들려오는 저녁 종소리
8. 금정명월(金井明月) 금정산에서 떠오르는 밝은 달빛

가장 인상적인 것은 '평사낙안 平沙落雁'입니다. 하늘을 날다가 모래톱에 내려앉은 기러기의 풍경을 이야기한다고 합니다. 사상 砂上 이란 지명에서 연유되듯, 예전부터 사상은 낙동강 모래의 퇴적으로 저습지와 모래톱이 매우 발달하였습니다. 우거진 갈대숲은 철새들의 보금자리이자 먹이공급

처였습니다. 겨울이 되면 하루에도 수 십 차례 평사낙안의 장면이 연출되었을 것이고, 특히 저녁 무렵 석양을 배경으로 한 평사낙안은 장관이었을 것 같습니다.

'다대팔경'도 있습니다.

1. 아미완월(蛾眉翫月) 천하일색 아미산의 반달
2. 야망어창(夜望漁唱) 야망대에 들려오는 후리소리
3. 두송만취(頭松晚翠) 두송산 해 질 무렵의 비취빛 하늘
4. 남림숙하(南林宿霞) 남림에 걸려 있는 물안개 노을
5. 팔봉반조(八峰返照) 팔봉산에 비친 저녁 노을
6. 화손낙조(花孫落照) 화손대 물길의 만경창파
7. 삼도귀범(三島歸帆) 삼도에서 바람을 안고 돌아오는 돛단배
8. 몰운관해(沒雲觀海) 몰운대에서 충신 정운을 생각함

'야망어창 夜望漁唱'은 다대항의 낫개방파제 서쪽 바다언덕인 야망대에서 멸치를 그물로 터는 후리소리를 의미합니다. 사실 숭어나 대구가 아닌 멸치라니 조금 낯이 섭니다. 그러나 이곳의 후리소리는 '다대후리소리'라 불리며 여느 곳보다 잘 전승되어 1989년부터 부산광역시 무형문화재 제7호로 지정받았습니다. 장경준 박사의 글● 속에서 다대후리소리의 가사가 상세히 정리되어 있어 그 중 두 소절을 옮겨 봅니다.

야망어창(夜望漁唱) 야망대에 들려오는 후리소리 ⓒ국가문화유산포털

● 장경준, 장경준의 新어부사시사 〈10〉 '멸치 이야기(下)' (국제신문 2016.6.2.)

'그물 당기는 소리: 후리소리'

어기여차 당겨주소/ 어기여차 당겨주소/ 용왕님 은덕으로/ 메러치 풍년 돌아왔네/ 어기여차 당겨주소/ 산은 첩첩 천봉이요/ 물은 잔잔 백옥인데/ 우리 다대포 꽃이 피네/ 꽃 피고 봄이 오니/ 매러치 풍년이 아닐쏘냐/ 십오야 둥근 달이/ 삼경인들 변할쏘냐/ 똘똘 뭉친 우리 어부/ 일구월심 변할쏘냐/ 만경창파 푸른 물에/ 메러치 떼가 몰려오네…

'멸치 터는 소리'

그물 다 땡겼으니 불통을 쪼읍시다/ 에- 산자/ 많이도 들었구나/ 오뉴월 삼복더위에/ 황소 붕알같이 늘어졌구나/ 어데서 놀다가/ 이제사 왔나/ 기장 바다에서/ 놀다 왔나/ 대마도 바다에서/ 놀다 왔나/ 학수고대/ 기다린 매러치/ 오늘날에/ 당도하였네/ 너무나 쪼으다가/ 불통이 터지면/ 고생한 것이/ 허사가 돼요/ 그만 쪼으고/ 메러치를 품시다

필자는 통영이 고향입니다. 정확히는 충무시 동호동의 갯가 ^{동호항} 가 어린 시절의 삶터였습니다. 멸치잡이 ^{유자망} 는 4대 ^{어군탐지선 1대, 어망선 2대, 가공선 1대} 가 협업을 통한 선단을 이룹니다. 가장 흥미로운 점은 잡은 멸치를 즉시 가공선에서 삶는 것입니다. 이것은 멸치의 급한 성질 때문인데, 서로 부딪치며 비늘이 떨어지기 전에 바로 떠서 삶은 후 어장막으로 옮겨 건조과정을 거칩니다. 이때 그물망 사이사이에 꽂힌 멸치들은 삶지 못한 채 항구로 들어옵니다. 그물을 털어서 뺄 수밖에 없습니다. 멸치잡이 배와 물양장 ^뭍 사이의 후릿그물 사이사이에 꽂혀있는 멸치들은 비늘이 벗겨져 상품 가치가 떨어진 것이 대부분입니다.

매년 늦은 봄날 동호항 곳곳에서 멸치를 터는 날이면 온 동네 아이들과 아낙들이 바구니를 들고 모여 들었습니다. 이유는 후릿그물을 털 때 어부들의 뒤쪽 뭍으로 튄 멸치들을 받거나 땅에 떨어진 멸치들을 줍기 위함이

었습니다. 그물에서 튕겨난 멸치가 하늘로 솟아오르면 경쟁적으로 멸치를 받으려는 함성이 부둣가를 가득 메우곤 했습니다. 가난한 시절, 살이 오른 큰 멸치들을 만나는 날이면 집집마다 어김없이 멸치쌈밥이 차려지곤 했습니다.

'강서팔경'도 있습니다.

1. 해강일점 노적봉(海江一點露積峰) 바다와 강이 만나는 수상일점봉 노적가리 섬
2. 동백군락 아동도(冬柏群落兒童島) 연안에 동백이 흐드러지게 피는 아동섬의 조화
3. 삼십리방 낙동제(三十里坊洛東提) 강을 따라 30리를 내린 낙동강 제방둑길
4. 죽도모연 오봉산(竹島暮煙五峯山) 저녁 연기에 가린 은은한 죽도의 다섯 봉우리 산
5. 포효무제 연대봉(咆哮無際烟臺蜂) 일망무제로 파도치는 천성산 연대봉의 장쾌함
6. 명월만산 보개산(明月滿山寶蓋山) 온 산에 가득한 달빛 아래 허황후가 보낸 초야의 명월산
7. 명사낙안 진우도(明沙落雁眞友島) 흰 포말 쉼 없는 백사장과 철새 때의 동무 섬
8. 성화례향 봉화산(省化禮鄕烽火山) 불을 보살피듯 예를 숭상하는 고을에 솟은 봉화 불 타는 산봉

명칭들이 조금 깁니다. 동백군란 아동도, 삼십리방 낙동제, 죽도모연 오봉산, 그리고 포효무제 연대봉, 명월만산 보개산, 명사낙안 진우도, 성화례향 봉화산 등은 모두 낙동강 연안에 있는 지형지물인 섬과 산, 그리고 강

삼십리방 낙동제(三十里坊洛東提)는 혹시 이런 모습을 두고 지은 것이 아닐까요?

낙동강 둔치도 일대의 갈대

변의 들입니다.

강서팔경에서 구체적으로 언급되지는 않았지만 빼놓을 수 없는 것이 '낙동강의 갈대'입니다.

낙동강의 갈대는 낙동강 연안 생태환경의 핵심 요소로서의 가치도 크지만, 지역만의 특별한 존재 이유를 갖고 있었습니다. 갈대는 소금 생산을 위한 연료로 사용되었습니다. 소금물을 끓일 때 갈대를 태웠습니다. 경상지역의 염전 대부분이 하천입구에 자리한 이유는 넓은 간석지와 수운을 이용한 소금 유통의 편리함도 있었지만, 하천연안의 풍부했던 갈대밭도 염전입지의 중요 요인이 되었습니다.

갈대는 소금생산에만 도움을 준 것이 아니라, 예술 창작의 원천이 되기도 했습니다. 갈대밭은 생태공간, 생활공간을 넘어 낙동강의 아름다움을 극대화하는 미적 표현의 소재였습니다.

백영수 화백의 작품 '게 1953년, 55x46cm'가 대표적인 작품이라 할 수 있습니다. 필자는 그림에 문외한입니다. 그래서 추상화를 볼 때면 이해두가 낮아 금새 흥미를 잃곤 합니다. 그런데 사실과 추상을 넘나드는 '게'란 작품을 통해 그림의 감흥이 무엇인지 어렴풋이 알게 되었습니다. 작품 '게'는 갈대가 갖고 있는 아름다움을 배경으로, 갈대밭이 게들을 품고 또 이를 의지하며 살아가는 게들의 모습을 담고 있습니다. 캔버스의 위쪽 끝으로 도

망치듯 게걸음치는 두 마리의 게와 그들의 보금자리이자 은신처인 넓게
펼쳐진 갈대밭을 통해 마치 낙동강의 속살들이 켜켜이 드러나 보입니다.
갈대의 잎과 줄기의 반복과 바탕을 이루는 얕은 낙동강 습지의 심오한 아
름다움이 표현된 작품 '게'는 낙동강의 자연미를 돋보이게 합니다.
화백이 할머니를 그리며 1960년에 쓴 '재치국 할머니'란 제목의 칼럼●에
서 자신의 그림에서 게가 자주 등장하는 이유를 이렇게 설명하였습니다.

"지금도 잊히지 않습니다. 부산 피난살이할 때에 '재첩국'의 맛이란 놀랍게 위장
을 후련하게 해주고 거기다 영양가도 있으며 식욕을 돋우게 했지요. '왜식집'을
지나면 '초밥'에 따르는 아카다시 あかだし 에 약간의 시지미 しじみ 가 들어 있어 '왜
식집'을 지날 적마다 재첩국과 부산에 계신 할머니 생각이 새삼스럽게 떠오릅니
다.

'대티고개'를 넘으면 낙동강변 落東江邊 에 자리잡고 있는 신평동 新平洞 이란 곳이
지난날에 피난살이를 한 곳이지만, 지금 생각하면 나의 낙원지 樂園地 였습니다.
그곳은 바다처럼 보이는 강변에 고기잡이배가 들어오는데, 거기엔 처음 보는 생
선도 있었고, 좋아하는 재첩도 많이 잡히는 곳이었습니다. 거기는 '자갈치' '영도
다리' 부근에서 볼 수 있는 생선과는 색다른 것이 있었지요. 생선이래도 빛깔이
다르고 모양도 약간 특색이 있었습니다.

나는 곧잘 그 강변에서 꿈을 꾸었고 석양 빛이 물든 '갈밭'은 아름답고 추억을 더
듬게 했답니다. 모래 위나 바위틈에는 게들이 많았습니다. 여기 게들은 사람을
별로 무서워하지 않더군요. 그래서 상당히 가까운 거리에서도 친해질 수 있습니
다.

나는 여기서 이런 생활을 삼 년 동안이나 즐겼지요. 그래서 내 그림에는 게 그림
이 많고 조개니 소라, 고둥이 화제 畵題 가 되어 있는 것도 지금은 잊을 수 없는 추

● 백영수, 백영수의 1950년대 추억의 스케치북, 열화당, 2012, 121~122쪽

억이 되고 말았습니다.

지금도 그렇게 갈밭이 무성하고 석양에 고깃배들이 닿는지요. 뛰는 생선을 갈대로 꿰어 들고 그것에 불을 붙이기 전에 으레 먼저 그림을 그렸더니 할머니는 뭐라고 말씀하셨지요? 그림으로 다 써먹은 나머지를 먹느냐고요. 그동안 몇 번이나 가 보고는 싶었지만 끝내 못 가고 말았습니다. 신축년 辛丑年에는 꼭 한번 내려가서 할머니도 바다도 게도 만나 뵐까 합니다."

백영수 화백은 김환기, 유영국, 이규상, 장욱진, 이중섭 등과 함께 사실에 기초하되 자유로운 표현을 추구하며 한국 추상미술의 시작을 알렸던 '신사실파' 동인의 한사람 이었습니다. 피란시절 부산에서 활동할 때 화백은 낙동강을 자주 찾았던 것 같습니다. 다대포와 하단 근처에서 지냈다고 하니, 1950년대 초반 인간의 때가 묻지 않았던 자연 그대로의 낙동강과 함께 살아갔던 온갖 생명체들은 화백의 창작과 상상력의 원천이 되었던 것 같습니다.

갈대와 함께 낙동강 하구언을 대표하는 자연요소는 '모래톱'입니다. 모래톱은 삼각주 Delta 라고 부르기도 합니다. 모래톱하면 소설가 김정한을 떠올리지 않을 수가 없습니다. 1966년 10월《문학(文學)》6호에 게재된 '모래톱 이야기'는 낙동강 유역을 외세에 시달리는 우리의 국토를 암시하고, 또 그 속에서 살아가는 민족수난의 역사를 잔잔하게 소설화 시킨 것입니다.

오랜만에 서가 한 켠에 꽂혀 있는 요산의 소설선집을 다시 찾았습니다. 건우라는 한 소년의 이름이 보이자마자 가슴이 아려옵니다. 이십여 쪽 남짓한 소설 곳곳에서 갈대, 재첩, 갈게, 갈밭새, 갈밭, 나룻배 등의 자연과 삶을 만

요산 김정한

조마이섬(현 을숙도) 끝자락, 바다로 뻗어있는 갈밭

나며 때 묻지 않았던 낙동강 하류의 모습이 상상됩니다. '섬의 생김새가 길쭉한 주머니 같다 해서 조마이섬이라 불려 온다'는 맹지 ^{명지} 에 속했던 조마이섬의 짧은 이야기는 영원히 마음 속에 남아있습니다.

갈밭과 모래톱은 마치 늘 함께 움직이는 형제지간 같습니다. 낙동강 하류에서는 썰물 때가 때면 바닷물이 빠져나간 자리에 갈밭과 연결된 모래톱들이 모습을 드러내며 장관을 이룹니다. 모래톱은 다양한 생물들이 서식하는 생장의 보고입니다. 모래톱의 대표주자는 단연 '재첩'입니다. 재첩은 타원형으로 된 둥그런 껍질 표면이 반짝거리는 갈색 톤의 광택이 돋보이는 특징을 가집니다. 낙동강 하류에서 채취되던 재첩은 당시 강변지역의 최대 생산물 중 하나였고, 재첩은 가야시대의 조개무지에서도 발견될 정도로 오래전부터 존재했던 지역산물이었습니다. 재첩잡이는 배틀방이라는 도구를 배에 묶어 끌고 다니면서 강바닥에 있는 재첩을 긁어 잡는 형망어업도 있었지만, 가슴까지 올라온 장화를 신고 물속에 들어가 '거리 ^손 ^{틀방}'로 불리는 도구를 이용해 모래와 펄 속에 숨어 있는 재첩을 잡는 '손틀어업'이 낙동강과 섬진강 모두에서 행해지던 전통적인 어업방식이었습니다.

재첩은 보통 국으로 끓여 먹습니다. '입추 전의 재첩은 간장약'이란 말이 있었을 정도로 진하게 우려낸 국물은 간 해독에 탁월하여 해장국으로 이름이 높았습니다. 싱싱한 재첩은 회나 찜도 되고 전으로도 부쳐 먹지만 뭐니 뭐니 해도 재첩국은 해장국으로 먹는 것이 최고인 것 같습니다. 해장국이다 보니 재첩국 아지매들은 이른 새벽에 길을 떠났습니다. 재첩국 동이를 머리에 이고 삼락에서 구포를 거쳐 동래로, 또 부산을 넘어 양산까지도 '재칫국 사이소~'를 외치고 다녔던 아지매들의 발걸음이 황경숙 교수가 저술한 《낙동강 하구 재첩마을과 재첩잡이》 2020년 에 자세히 소개되어 있습니다.

"그 중 재첩국 행상들이 가장 많이 오갔던 대티고개를 일명 재첩고개라 불렀는데, 사실 낙동강변 마을과 부산 내륙의 경계에 있었던 만덕고개와 구덕령도 수많은 재첩국 행상들이 오갔던 재첩고개였다. 부산의 아침을 열던 재칫국 아지매의 행렬은 마을 어귀를 지나 부산 내륙을 잇는 재첩고개를 넘어 "재칫국 사이소, 재칫국"을 외치며 굽이치듯 부산 곳곳으로 퍼져갔다. 낙동강과 부산 내륙을 잇는 재첩고개는 재칫국 아지매들에게는 힘겨운 삶의 무게를 피할 수 없는 아리랑 고개였으나, 부산 내륙 사람들에게는 낙동강 재첩으로 하루를 열 수 있는 기다림의 고개이기도 했다."

(황경숙, 2020, 61~63쪽)

재첩국 아지매는 자갈치 아지매와 깡깡이 아지매와 함께 '부산의 3대 아지매'에 속합니다. 피란시절과 육칠십년대를 지탱케 했던 우리 모두의 어머니들이었습니다. 그러고 보니 세 사람 모두 '소리'가 중요합니다. "어서

손틀어업 및 재첩국아지매의 도구들 ⓒ부산박물관

오이소"를 외치는 자갈치 아지매, "깡깡" 망치로 철선을 두드리는 깡깡이 아지매, 그리고 "재칫국 사이소"를 외쳤던 재첩국 아지매. 동네에 울려 퍼지던 그 소리는 재첩국 아지매들의 삶의 여정이자 낙동강의 소리였습니다.

작가 최원준은 그의 글●에서 낙동강 재첩국을 이렇게 적었습니다.

"낙동강에 새벽이 오면, 재첩여인이 찰박찰박 강가에서 재첩을 건져 올린다. 재첩잡이 여인의 손끝으로 낙동강 물살이 부드럽게 와 감긴다. 재첩을 건져 올릴 때마다 싱싱한 물방울이 후드득 후드득 튄다. 미명 속 햇살처럼 빛나는 재첩 한 줌이 여인의 손길에 이끌려 뭍으로 올라오는 것이다. 그 재첩으로 재첩국을 끓인다. 재첩여인이 한 땀 한 땀 건진 낙동강의 새벽을 끓이는 것이다. 그녀의 진한 삶만큼이나 아릿하고 진한 재첩 국물이 뽀얗게 우러난다. 그렇게 재첩국은 새벽마다 우리의 푸른 밥상 위로 올라오는 것이다."

지금까지 손틀어업이 전승되고 있는 섬진강과 달리 낙동강은 낙동강 하굿둑의 건설 1987년 로 재첩의 명성을 그만 섬진강에 뺏기고 말았습니다. 손틀어업 또한 급격히 퇴락하고 말았습니다. 최근 하굿둑 개방의 실험과 논의가 진행되고 있습니다. 농경지 피해와 식수원 확보 등의 난제가 있지

● 최원준, 새벽을 깨우는 소리 "재~칫국 사이소, 재칫국" 《부산이야기》 1월호, 2014

만, 인간의 힘으로 거슬렀던 자연의 흐름을 되돌려 놓겠다는 의지만 있다
면 난제들 또한 해결하지 못하겠습니까? 덩달아 갈대도 민물장어도 게도
그리고 재첩도 살아날 것입니다.

낙동강의 인프라

1932년 낙동강 최초의 다리로 기록되는 구포다리 龜浦橋 가 건설되었습니
다. 당시 영도다리와 함께 구포다리는 부산을 상징하는 다리였습니다. 구
포다리는 농업이 발달했던 대저와 상업 번성지였던 구포를 연결했습니
다. 1,060m의 길이와 폭 8.4m 2차선 를 자랑했던 구포다리는 한때 낙동장
교라고도 불렸으나, 1990년대 들어 낙동강에 대형 교량들이 건설되면서
다리 기능이 급격히 왜소해지고 말았습니다. 더군다나 2003년에 매미 태
풍 때 구포다리의 교각 1곳과 상판 3곳이 유실되면서 기능이 완전히 멈추
게 되었습니다. 그리고 수년 후 2008년 말 구포다리는 해체되고 맙니다.
아래 우측 사진은 해체되기 전 다리 모습입니다. 왼쪽에는 6차선의 구포
대교가 오른쪽에는 3호선이 다니는 구포철교가 있어 그 사이에 낀 다리
의 모습이 애처로워 보입니다.

낙동강의 인프라하면 '구포역'을 빼놓을 수 없습니다. 구포역은 1905년

대저와 구포를 연결하던 구포다리 ©셀수스협동조합

해체 직전의 구포다리

구포다리

구포철교
(공사중)

구포대교

새로운 다리들의 탄생으로 왜소화 현상이 진행 중인 구포다리(2001년)

서울에서 초량으로 이어지는 경부선이 개통되며 탄생된 역입니다. 현재 역사는 1985년도에 신축된 것이지만, 과거 통일호, 비둘기호, 새마을호 등의 기차들이 다닐 때부터 구포역은 강서권역에 사람들을 실어 나르는 매우 중요한 역할을 했고 현재까지도 역할이 이어지고 있습니다.

언젠가부터 구포역~부산진역 간의 경부선 지하화에 대한 논의가 수면위로 떠올랐습니다. 실제가 된다면 서면 쪽이 가장 큰 덕을 보겠지만 구포역 일원에도 긍정의 변화가 예측됩니다. 경부선 개설로 단절된 낙동강과 내륙, 포구 감동진과 구포시장이 하나로 연결될 수 있을 것입니다. 공산 연계는 물론 낙동강 연안의 기능들이 통합되는 놀라운 계기가 이루어질 것입니다. 그러나 경부선 지하화에는 수조원의 재원이 필요한 일이니 쉽지 않을지 모릅니다. 그럼에도 구포의 진정성 회복을 위한 혁신의 시간을 기대하고 싶습니다.

프레쉬 킬즈에서 바라본 낙동강

프레쉬 킬즈 Fresh Kills 파크는 약 9,370,000㎡ 3.3kmx3km 에 이르는 거대한
쓰레기매립장이었습니다. 1948년부터 1999년까지 약 50년 동안 뉴욕 시
민들의 쓰레기로 채워졌던 이곳이 2001년부터 공원으로 바뀌는 대역사
가 시작되었습니다.

1948년 뉴욕시 쓰레기매립지로 조성
1999년 매립지 폐쇄 및 공원 조성 결정
2001년 폐쇄 시작 및 공원개발계획 수립
2006년 마스터플랜 수립
2008년 착공
　※ 점진적 조성 방법
　　1단계 : 1~10년 : 공원기반 형성
　　2단계 : 공원시설 설치 및 생태환경 회복
　　3단계 : 공공공간 확장 및 완전 공원화

프레쉬 킬즈의 미래 이미지 ⓒNYC.gov

프레쉬 킬즈와 센트럴 파크 ⓒNYC parks　　　　　프레쉬 킬즈의 공간구성

본격적인 공원 조성은 2008년에 시작되었고 2040년을 최종 목표로 현
재 점진적으로 진행 중에 있습니다. 센트럴 파크와 프레쉬 킬즈의 규모를
비교를 해보면 이곳이 얼마나 거대한 공원인지 쉽게 확인할 수 있습니다.

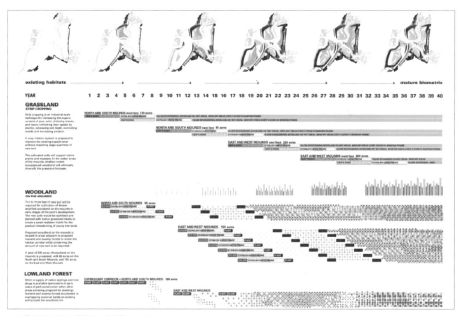

40년 동안 점진적으로 변화될 프레쉬 킬즈 ⓒNYC.gov

아서킬 Arthur Kill 이라 불리는 수로가 좌측으로 흘러 내려가고, 우측의 쓰레기매립장 전체가 공원으로 바뀌고 있습니다.

지금 단계는 기반을 형성하는 1단계를 지나 생태환경을 회복하는 2단계로 접어든 시기입니다. 3단계에는 완전한 공원이 되어, 북미대륙을 통과하는 철새들의 이동통로로서 다양한 야생조류와 동물들이 서식하는 생태공원이라는 원대한 목표를 가지고 있습니다. 쓰레기 매립장이 철새도래지로 변신하는 것입니다.

공원은 북공원, 서공원, 남공원, 동공원 그리고 물이 만나는 합수부공원 등 크게 다섯 공간으로 구분됩니다. 공간 규모와 지형구배에 따라 기능이 달리 설정되었습니다. 그런데 특이하게도 공원의 최종 마스트플랜이 없습니다. 기획된 2001년부터 40년 동안 변해갈 모습이 그림으로 표현되어 있으나, 지향점일 뿐 구체적인 플랜은 아닙니다. 아마 프레쉬 킬즈는 지

프레시 킬즈에서의 미래 활동 ⓒNYC parks

조금씩 공원으로 변신 중인 프레쉬 킬즈(2022. 6.)

속가능한 공원의 모델이 될 것입니다. 어떤 모습일지 그 결과가 정확하진 않지만 변화될 시민들의 라이프 스타일에 따라 공원도 끊임없이 변신할 것입니다.

기반공사가 거의 완료된 2022년 6월의 모습을 보니 이곳이 과거 쓰레기 매립장이었다고 상상할 수가 없습니다. 목표로 한 시기에 도달하려면 아직도 18년이나 남았는데 이 시간 가운데 일어날 이곳의 변화가 정말 궁금해집니다.

100만평문화공원운동이 가는 길

낙동강 하구의 생태 기반

우리에게도 낙동강 유역을 프레쉬 킬즈처럼 바꾸어 보려 했던 시도가 있었습니다. '부산신항 배후 국제산업물류도시를 조성을 위한 도시개념 현상공모 The Competition of Urban Concept for the Busan River City'를 통해, ㈜일신설계종합건축사사무소 컨소시엄이 냈던 당선작이 상당히 유사한 개념으로 접근했던 안이었습니다. 그 해가 2009년이었습니다.

개발은 하되 일부에 한하여 집중하고, 나머지 땅들은 생태 회복을 기다리는 비전을 추구했습니다. 당시 당선작의 몇 컷입니다.

2009년 당선작 ⓒ일신설계종합건축사사무소 컨소시엄

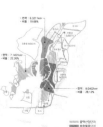

당선작이 선택했던 원칙들 ⓒ일신설계종합건축사사무소 컨소시엄

당선작의 접근은 매우 흥미로웠습니다. 전제는 기수역의 생태 회복을 위해 바다와 강을 막고 있는 하굿둑을 여는 것이었습니다. 하굿둑을 열면 물길이 살아나 기수역이 활성화되어 수생태를 기반으로 하는 생태환경이 형성될 것이고, 그 중 일부를 자연으로 돌려주겠다는 미래지향적인 안이었습니다.

개발은 어쩔 수 없더라도, 규모를 최소화하고 나머지 땅은 자연으로 돌려주자는 의도는 놀라운 도전이었지만 높은 현실의 벽 앞에 무너지고 말았습니다. 실제로 이렇게 낙동강 연안이 개발될 수 있었다면 하는 안타까운 마음도 듭니다. 그대로 실천되었다면 아마 프레쉬 킬즈 이상으로 국제사회의 반향이 다가왔을 것입니다. 그런데 이제야 하굿둑을 열자는 논의가 진행되고 있습니다. 일의 순서가 뒤죽박죽되어 버렸습니다.

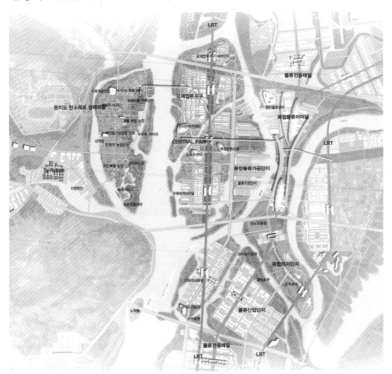

2009년 당선작의 '센트럴 존' 마스터플랜 ⓒ일신설계종합건축사사무소 컨소시엄

시민들을 위한 시민들에 의한 시민들의 미래 공원

1999년 부산에서 '100만평문화공원'이라는 시민운동이 시작되었습니다. 낙동강 유역에 거대한 공원을 조성하자는 희망의 운동이었습니다. 도심에 캠프 하야리아를 공원으로 만들고, 강서지역 둔치도에는 100만평문화공원을 조성하여 두 개의 거대한 거점 공원을 중심으로, 부산의 여가문화와 시민활동들을 다양화시키자는 100·100플랜의 목표 속에서 100만평문화공원 조성 운동이 시작되었습니다.

100만평문화공원에 대한 꿈은 현재 동아대 명예교수 김승환 교수께서 '1999년 부산시 공원녹지마스터플랜'을 통해 처음 제안하였습니다. 그리고 스스로 사단법인 '100만평문화공원조성 시민협의회'를 조직하여 지금까지 시민운동을 계속하고 있습니다. 당시 100만평문화공원의 대상은 '둔치도'였습니다.

둔치도는 조만강과 서낙동강 사이의 삼각주입니다. 서낙동강과 조만강이 나뭇잎 모양을 닮은 둔치도를 둥그스름하게 위요하고 있습니다. 재두루미가 도래하고 다양한 동식물이 살아있는 생태계 보고입니다. 2009년 당선작에서도 이곳을 '탄소제로 생태마을 플러스'이자 미래지향적인 생태공원으로 제안했습니다.

100만평문화공원조성범시민협의회의 지난 활동
ⓒ100만평문화공원조성범시민협의회

100·100플랜 속의 두 공원
ⓒ100만평문화공원조성범시민협의회

시민참여의 과정 속에서 평생 잊을 수 없는 재미난 활동을 체험했었습니다. 2004년 여름으로 한참을 거슬러 올라가봅니다. 둔치도 내 폐교에서 시민들과 학생들이 함께 숙박하며 특별한 어메니티 탐사활동을 했습니다. 둔치도의 흔적을 찾고, 둔치도의 땅과 마을의 이야기를 찾아내고, 또한 둔치도가 갖고 있는 자연환경과 생태환경을 찾는 일이었습니다.

둔치도와 하나되기, 둔치도의 색과 빛, 둔치도의 생명, 둔치도의 소리, 둔치도의 풍경, 그리고 둔치도의 흔적 등 총 6개 팀이 함께 했습니다.

'색과 빛 팀'은 둔치도의 색을 찾기 위해서 밤을 새우며 일몰과 해 뜨는 시간을 기다리기도 했습니다. 둔치도가 가지고 있는 다양한 자연의 아이템들을 발굴해내고 그것을 함께 논의하는 자리였습니다. 기억을 되살려보면 '생명 팀'이 가장 인상적이었습니다.

펼쳐져 있는 지도 속에 둔치도의 다양한 생명체들이 표기되어 있고, 왼쪽 꼬마 아가씨가 들고 있는 도면에 붙어 있는 둔치도의 풀들을 보면 얼마나 생태적으로 건강한 곳인지 알 수 있습니다.

필자는 '흔적 팀'을 지도했습니다. 둔치도의 땅과 마을, 생산과 생활, 수로와 물길, 형상과 패턴, 그리고 감성의 흔적까지 샅샅이(?) 찾아 기록으로

2004년 여름, 6인의 '생명 팀'

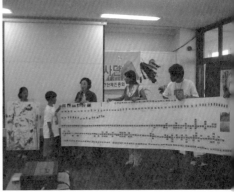

둔치도의 살아있는 생명들

남겼습니다. 팀원 모두가 큰 모조지에 올라 앉아, 낮에 땀 흘리며 조사한 흔적들에 대한 기억이 달아날까봐 조바심을 내며 그림으로 옮기며 밤을 새던 기억이 지금도 생생합니다.

이처럼 100만평문화공원은 지역민의 참여가 기본이 되는 공원이 되어야 된다고 생각합니다. 우리의 아이들이 현장에서 직접 체험하며 생태계를 이해하고, 그래서 기후변화시대를 이겨나갈 수 있는 방법을 스스로 체득하는 공원이 되어야 된다고 생각합니다.

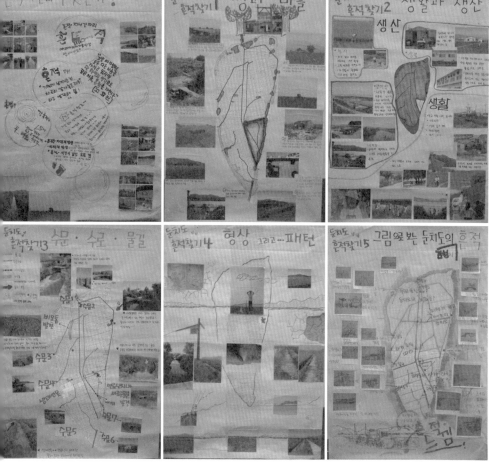

찾아 낸 둔치도의 흔적들

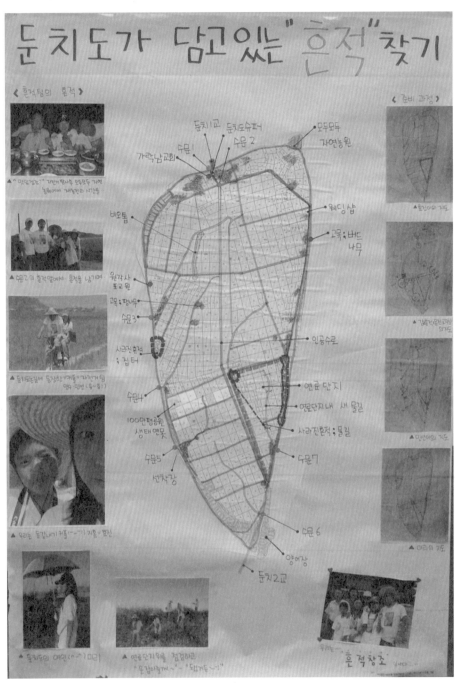

둔치도가 담고 있는 흔적 찾기

진정 슬로우 시티가 되어 주길

지금 이곳에서 어떤 일이 진행되고 있을까요? 2010년대에 접어들며 낙동강 유역의 도시개발 상황이 급변하기 시작합니다. 녹산국가산업단지, 명지국제지구, 부산신항, 가덕도신공항(예정) 등 대형 사업들을 중심으로, 여기에 에코델타시티까지 더해지며 각종 도로들과 철로들이 낙동강 유역을 여러 갈래로 나누고 있습니다. 최근에는 철새가 오지 않는다며 남아있는 그린벨트 마저도 해제한다고 합니다.

낙동강은 수백 년 아니 수천 년 동안 생태적으로 환경적으로 또한 문화적으로 우리에게 보은했지만, 지금의 미래 상황은 그리 밝아 보이지 않습니다. 인간의 탐욕(?) 앞에서 낙동강 스스로도 많이 포기해버린 듯합니다.

낙동강 하구에 신도시를 건설한다? 선뜻 이해가 되질 않습니다. 그럼에도 해야 한다면 최대한 멀리 내다보며 후손들이 지속가능한 혜택을 누릴 수 있도록 큰 판을 짜야 합니다. 이 땅은 대한민국의 거의 절반에 이르는 영향권 생태, 기능, 경관 등 을 가진 낙동강의 하류부이지, 산을 깎고 농경지를 엎어 만드는 신도시 개발의 적합지가 아니기 때문입니다. 후유증을 줄이기 위해서는 늘 해왔던 '습관적 계획'과 '독단적 계획'에서 벗어나야 합니다. 에코델타시티 건설로 인해 대저지역 짭짤이 토마토 생산지의 약 50%가 사라졌다고 들었습니다. 개발지역 내에 생산지가 포함되어 없앴다지만, 짭짤이 토마토가 에코델타시티의 첨단산업이 될 수 있다는 상상력의 결여는 이곳의 미래가 어떨지 가늠하게 합니다. 첨단산업이 신산업이나 물류산업이어야만 하는 것은 아닙니다. 짭짤이 토마토와 관련된 산업이야 말로 우리가 그렇게도 바라는 차별화된 지속가능한 지역산업이 될 수 있습니다. 특히, 짭짤이 토마토는 요즘 얘기하는 창조경제의 상징물, 즉 전혀 다른 속성인 바닷물과 강물이 만나 창조해 낸 신新 개념의 생산물이기 때문입니다. 이야 말로 우리가 추구하고픈 융합시대를 상징하는 산물이라 생각합니다.

델타지역의 개발은 기존의 개발방식을 뛰어넘는 '특별한 개발'이 되어야 합니다. 이를 위한 핵심 논제는 '개발대상이 무엇이냐'에 대한 것입니다. 이곳은 긴 시간 동안 형성되어 퇴적된 연약지반입니다. 단순히 두터운 성토를 대안으로 선택한다면 진짜 낙동강은 사라지고 맙니다. 또한 약한 지반을 대강 돋운 후 집을 지으면 지진과 홍수에 취약해질 것입니다. 딜레마가 아닐 수 없습니다. 유일한 대안은 생태적으로 민감한 지역과 방재상으로 취약한 연약지반을 과감하게 '보존지'로 남겨두는 것입니다. 이곳은 후대가 창

낙동강 하구에 건설 중인 에코델타 시티 ©한국수자원공사

조해 낼 첨단의 에코기술과 각종 창조기술을 적용할 수 있는 미래의 실험지로 기능해 줄 것입니다.

그런데 참으로 어려운 이야기입니다. 어쩔 수 없이 낙동강 하류를 개발해야 한다면 강의 본질 훼손을 최소화해야 합니다. 최선의 선택은 '철저하고 섬세한 단계별 개발계획의 수립'과 '느린 실천'뿐입니다. 에코델타시

급변 중인 평강천 일대의 자연(에코델타시티 부지)

끝까지 살아있어 주길

티에서도 짧은 시간 안에 일시에 밀어붙이는 기존의 추진 방식은 변함이 없습니다. 에코델타시티의 종합계획도를 보면 마치 신도시 계획도와 흡사합니다. 이렇게 개발하는 것이 낙동강을 위한 길인지 정확하게 판단이 서질 않습니다.

한 가지 흥미로운 사실이 있습니다. 최근 100만평문화공원의 대상지가 둔치도에서 맥도 일대로 변경된 것입니다. 에코델타시티와 연결된 맥도는 김해공항 비행안전구역이고 문화재현상변경 허가구역이어서 토지이용과 개발에 매우 불리한 조건을 가진 땅입니다. 이 땅은 한때 부산월드엑스포 개최 부지로 거론되기도 했습니다. 그런데 부지가 북항 일원으로 변경된 후 맥도는 말 그대로 낙동강 오리알이 되고 말았습니다.

그런데 최근 이곳에 훈풍이 불어오고 있습니다. 맥도가 새로운 도약을 위해 발걸음을 내딛고 있습니다. 그린과 에코를 주제로 미래농업과 결합된 지속가능한 미래에 대한 꿈입니다. 부산시는 시민과 함께 에코델타시티

다시 시작된 꿈 : 둔치도에서 맥도로
ⓒ100만평문화공원조성범시민협의회

를 보완하여 강과 습지에 기반 한 지속가능한 환경을 구축하고, 더 나아가 낙동강 하구 일대를 국가도시공원으로 지정하여 보전하자는 큰 그림을 그리기 시작했습니다.

20여년 후 낙동강 하구가 어떤 모습으로 변해 있을지 몹시 궁금해집니다. 당연히 지금보다 플러스가 되겠지만, 플러스의 양이 상상보다 더욱더 커져야 할 것입니다. 낙동강 저편에서 철새들, 모래톱들, 그리고 갈대들의 애끓는 외침이 들려오는 듯합니다. "제발 이곳에서 편히 살아갈 수 있도록 도와 달라고"

참고문헌 ────────

강대민, 2003, 《부산지역학생운동사》, 국학자료원.

강동진, 2004, '부산의 근대역사경관과 영도다리', 〈도코모모코리아 현안 토론회: 위기의 근대화 산업유산
-영도다리 보존과 재생 논의〉.

강동진, 2005, '부산의 도심항만부에 대한 담론', 〈2005 부산 NGO대회 학술포럼〉.

강동진, 2005, '하야리아부대공원화에 따른 부산 도심의 쇄신', 〈2005 부산시 정책세미나〉.

강동진, 2005, 'H공원의 시스템과 콘텐츠', 〈2005 하야리아부지시민공원추진범시민운동본부 송년평가회〉.

강동진, 2007, '도시의 다독거림, 회복하는 부산: 도시 흔적 가꾸기를 통한 지역재생', 〈2007년 제2차 부산공간포럼〉.

강동진, 2008, '부산 남선창고 이대로 둘 것인가?: 산업유산 재활용을 통한 지역재생 가능성 탐색', 〈한국도시설계학회지〉 9(1).

강동진, 2008, 《빨간벽돌창고와 노란전차-산업유산으로 다시 살린 일본이야기》, 비온후.

강동진, 2009, '초량왜관의 흔적과 창조적 가치'
〈봉생문화재단 창립 20주년 기념 학술심포지엄(초량왜관, 그 시간과 공간의 만남)〉.

강동진, 2009, '문화관광 마케팅 및 지역활성화를 위한 부산로케이션 특성화 방향', 〈부산영상산업발전 대토론회〉.

강동진, 2010, '공원설계의 또 다른 시각', 〈하야리아시민공원의 바람직한 조성을 위한 심포지엄〉.

강동진, 2010, '도시의 [遊休]산업시설, 그 가치와 발상', 〈로컬 투 로컬 2010 : 동아시아 커넥션〉.

강동진, 2010, '창조도시로 가는 길, 그 조건과 과정', 〈부산창조도시포럼 창립 심포지엄〉.

강동진, 2012, '부산 도심항구부의 흔적에 대한 창의적 시선 : 재생의 관점', 《환경논총》 51권.

강동진, 2012, '산복도로 한 모퉁이에서 부산 근대를 다시 보다', 〈제2회 세계인문학포럼〉.

강동진, 2013, '꿈꾸는 동천, 꿈꾸는 부산', 〈동천재생 스토리텔링 콘서트〉.

강동진, 2013, '폐선부지 활용 해외사례를 통해 본 동해남부선 폐선부지에 대한 단상'
〈동해남부선 폐선부지 활용에 대한 주민 워크샵〉.

강동진, 2013, '유엔 메모리얼파크 공모전의 취지와 시사점', 〈사단법인 부산녹색도시포럼 창립기념 심포지움〉.

강동진, 2015, '역사문화환경을 활용한 부산 도시재생의 특성과 지향', 〈열상고전연구〉 48집.

강동진, 2015, '북항의 신 활력, 그 가능성 찾기', 〈2015 한겨레 부산국제심포지움〉.

강동진, 2016, '부산 도시공간의 포용과 혁신', 〈부산발전연구원 개원24주년 기념 세미나〉.

강동진, 2017, '섬같은 육지 육지 같은 섬, 영도', 《작가와 사회》 제66호.

강동진, 2018, 《오래된 도시, 새로운 도시디자인》, 커뮤니케이션북스.

강동진, 2022, 《산업유산》, 커뮤니케이션북스.

강동진·김희재·송교성, 2018, 《부산 도시공간 탐색: 변방에서 해양으로》, 부산연구원 부산학센터.

강동진·장현정·차철욱·박진명, 2016, 《부산을 알다》, 부산발전연구원.

강동진·전성현·송교성, 2016, 《수영강은 흐른다》, 수영성문화마을.

고성연, 2016, 《CJ의 생각문화에서 꿈을 찾다, 7가지 창조적 여정》, 열림원.

김대근·강동진, 2011, '영화 로케도시 부산의 특성 분석', 〈한국도시설계학회지〉 12(1).

김대래, 2016, 《1980~1990년대 부산 기업의 역외 이전》, 부산광역시 시사편찬회.

김대상, 1975, 《일제하 강제인력수탈사》, 정음사.

김대상, 1990, 《해방직전사의 재조명: 일제 말기와 해방직전후의 현대사》, 해성.

김동진, 2016, 《조선의 생태환경사》, 푸른역사.

김무림, 2009, '감자와 고구마의 어원' 《새국어생활》 19(3).

김신원 외 17인, 2006, 《상상하다-문화와 관광에 관한 18가지 상상》, 아지.

김용욱, 2001, 《부산의 역사와 정신 1》, 도서출판전망.

김용욱, 2001, 《부산의 역사와 정신 2》, 도서출판전망.

김의환 편저, 1975, 《부산의 고적과 지명》, 부산시.

김재승, 1997, 《근대한영해양교류사》, 인제대 출판부.

김재승, 2005, 《그림자섬(影島)의 숨은 이야기》, 전망.

김정한, 1985, 《김정한소설선집(증보7판)》, 창작과비평사.

김형균, 2021, 《부산정신 부산기질: 역동적인 부산사람들의 비밀을 풀다》, 호밀밭.

깡깡이예술마을사업단, 2017, 《깡깡이마을 100년의 울림-산업(깡깡이예술마을 교양서2)》, 호밀밭.

깡깡이예술마을사업단, 2017, 《깡깡이마을 100년의 울림-생활(깡깡이예술마을 교양서3)》, 호밀밭.

깡깡이예술마을사업단, 2017, 《깡깡이마을 100년의 울림-역사(깡깡이예술마을 교양서1)》, 호밀밭.

깡깡이예술마을사업단, 2019, 《대평동 공업사를 만나다》, 호밀밭.

깡깡이예술마을사업단, 2019, 《부꺼러버서 할 말도 없는데》, 호밀밭.

나춘선·김기수·안재철, 2017, '우암동 소막사 건축물의 역사적 가치와 보존·활용 방안' 〈한국건축역사학회 춘계학술발표대회 논문집〉.

남윤순·김기수, 2020, '근대기 부산의 운하(運河) 조성 계획과 실현에 관한 연구', 〈대한건축학회 논문집〉 36(6).

다시로 가즈이(정일성 역), 《왜관 - 조선은 왜 일본사람들을 가두었을까?》, 논형.

도시재생사업단 엮음, 2012, 《역사와 문화를 활용한 도시재생 이야기》, 한울.

도코모모코리아, 2010, 《배다리-또 하나의 인천: 삶의 가치와 맥락을 잇다》, 하나.

도코모모코리아, 2011, 《캠프하야리아의 미래는(제8회도코모모코리아디자인공모전)》, 하나.

박능재·강동진, '역사항구 북항의 산업유산적 가치 분석', 〈세계유산연구〉 1(1).

박리디아·강동진, 2022, '노면전차, 19세기 대중교통수단의 진화와 발전 - 노면전차의 지속 이유에 대한 고찰', 〈한국도시설계학회지〉 22(2).

박리디아·강동진, 2023, '부산 근현대문화유산 공론화 과정 분석', 〈한국도시설계학회지〉 24(2).

박승제·강대민·이용수·서종우, 2015, 《부산어묵사(2015부산학교양총서)》, 부산연구원.

박용옥, 2003, 《김마리아: 나는 대한의 독립과 결혼하였다》, 홍성사.

박원표. 1966, 《개항 90년: 부산의 고금 시리즈 제2부》, 태화출판사,

박창희, 2016, 《인항만리: 부산정신을 세운 사람들》, 해성.

박효민·박재홍·김준·유재우, 2014, '부산 피난이주지 소막마을의 형성과정과 변화특성', 〈대한건축학회논문집 계획계〉 30(9).

배연한·강동진, 2013, '부산 영도의 도시경관 변천과정 및 특성 분석', 〈한국도시설계학회지〉 14(6).

백영수, 2012, 《白榮洙: 백영수의 1950년대 추억의 스케치북》, 열화당.

참고문헌

부경역사연구소, 2004, 《시민을 위한 부산인물사》, 선인.

부경역사연구소, 2012, 《시민을 위한 부산의 역사》, 선인.

부산경남역사연구소, 1999, 《시민을 위한 부산의 역사》, 도서출판늘함께.

부산광역시 부산진구, 2011, 《옛 사진으로 보는 서면이야기-동천 옛 물길따라 그 시절을 추억하다》.

부산광역시, 2004, 《(20세기) 부산을 빛낸 인물》, 부산광역시.

부산광역시, 2010, 부산 강동권 창조도시 구상(연구: 부산발전연구원).

부산광역시, 2010, 사진으로 보는 근대부산기록(연구: 부산국제건축문화제)

부산광역시, 2010, 산복도로 르네상스(연구: 부산발전연구원)

부산광역시, 2016, 피란수도 건축, 문화자산 세계문화유산 잠정목록 등재를 위한 가치발굴 연구용역
(연구: 부산발전연구원·동아대·경성대)

부산광역시, 2017, 초량왜관 보전자산 조사 및 관광자원화 방안 연구(연구: 경성대)

부산광역시, 2019, 대한민국 피란수도 부산유산 세계유산 등재를 위한 기록화 사업(연구: 동아대)

부산광역시, 2020, 한국전쟁기 피란수도 부산유산 세계유산 등재 마스터플랜(연구: 부산연구원·경성대)

부산광역시, 2021, 아미동 비석마을 생활문화 자료조사(연구: 부산대)

부산국제건축제, 2012, 부산 중구 영주동 오름길 문화만들기(연구: 싸이트플래닝·경성대).

부산국제건축제, 2013, 부산 대청로 원도심 재생 프로젝트(연구: 경성대).

부산근대역사관, 2009, 《사보담의 100년의 약속(2009부산근대역사관특별기획전)》, 부산근대역사관.

부산문화재단, 2016 《부산의 재래시장》, 부산문화재단.

부산문화재단, 2017 《부산의 마을버스》, 부산문화재단.

부산문화재단, 2019 《부산의 해녀》, 부산문화재단.

부산박물관, 2017, 《초량왜관-교린의 시선으로 허하다》, 부산박물관 학술연구총서 제54집.

부산박물관, 2015, 《조선시대 통신사와 부산》, 2015 부산박물관 국제교류전.

부산연구원, 2015, 부산 서면 도심부의 근대산업유산 재생(연구: 부산발전연구원)

부산일보사, 1983, 《어둠을 밝힌 사람들》, 부산일보사 출판국.

부산학교재편찬위원회, 2022, 《부산학-거의 모든 부산》, 함향.

부산항만공사, 2012, 부산 북항 역사문화 잠재자원 조사발굴 및 활용 계획(연구: 경성대).

브랜드스토리, 2009, 《우리는 못골시장 라디오스타: 이야기를 파는 전통시장 사람들》, 한국지역활성화포럼.

쓰보야 스이사이(김용의·송영숙 역), 2019, 《한국사진첩》, 민속원.

양흥숙, 2009, 〈조선후기 동래 지역과 지역민 동향 - 왜관 교류를 중심으로〉, 부산대학교 대학원 박사학위논문.

에릭 휴스봄 외(박지향·장문석 역), 2004, 《만들어진 전통》, 휴머니스트.

오미일·차철욱·하용삼·문재원·장세용, 2013, 《포섭과 저항의 로컬리티》, 소명출판.

오상준, 2022, 《리차드 위트컴》, 호밀밭.

유영식·이상규·존 브라운·탁지열, 2007, 《부산의 첫선교사들》, 한국장로교출판사.

유재우·김준·홍지완·송혜영, 2019, 《피란수도 부산의 주거환경(2019부산학연구센터연구총서)》, 부산연구원.

윤백영 역(다무라 아키라 저), 1999, 《교양인을 위한 도시계획 이야기-일본 제2의도시, 요코하마의 성공사례》, 한국경제신문사.

윤일성, 2018, 《도시는 정치다-도시정치, 도시재생, 도시문화 읽기》, 산지니.

윤창근·강동진, 2014, '도시적 맥락에서의 초량왜관 흔적 분석- 복원을 위한 미래지향적 관점', 〈한국도시설계학회지〉 15(3).

이강산, 2011, 《가덕도 숭어잡이(이강산 사진집)》, 눈빛.

이동언, 2010, 《안희제-독립운동 자금의 젖줄》, 역사공간.

이왕기 외 10인, 2020, 《세계유산의 새로운 해석과 전망》, 이코모스 한국위원회.

이용득, 2019, 《부산항이야기-부산항의 오래된 미래를 만나다》, 유진북스.

임경희, 2014, 《경상도에서 조선의 보수상을 만나다》, 민속원.

임시수도기념관, 2015, 《낯선 이방인의 땅 캠프 하야리아》, 임시수도기념관.

임원경제연구소 역(서유구 저), 2919, 《예규지1》, 풍석문화재단.

임원경제연구소 역(서유구 저), 2919, 《예규지2》, 풍석문화재단.

장성곤·강동진, 2018, '소록도 100년 변천과정 및 특성 분석', 〈한국도시설계학회지〉 19(3).

전성현, 2021, 《식민지 도시와 철도: 식민도시 부산의 철도와 식민성, 근대성, 그리고 지역성》, 선인.

정인아·우신구, 2013, '유엔기념공원의 배치와 주변일대 형성과정에 관한 연구', 〈대한건축학회지회연합회 학술발표대회논문집〉.

정회영·우신구·하남구, '아미동 비석마을의 공간구조', 〈대한건축학회논문집 계획계〉 34(2).

제인 제이콥스(유강은 역), 2010, 《미국 대도시의 죽음과 삶》, 그린비.

조성태·강동진, 2009, '부산항 해안선의 변천과정 분석: 근대기 이후 시계열적 접근을 중심으로', 〈한국도시설계학회지〉 10(4).

주경업 외, 2017, 《골목, 부산사람-중구편》, 부산광역시 중구.

주경업, 2009, 《부산을 배웁시다2-역사와 문화현장체험》, 부산민학회.

주경업, 2015, 《부산학, 길 위에서 만나다5》, 부산민학회.

차철욱·공윤경·차윤정, 2010, '아미동 산동네의 형성과 문화변화', 〈한국문화역사지리학회지〉 22(1).

채영희·황경숙·한혜경, 2016, 《6.25 피란생활사: 피란민의 삶과 기억(2016부산학연구총서)》, 부산발전연구원.

최영호·박진우·류교열·홍연진, 2007, 《부관연락선과 부산-식민도시 부산과 민족 이동》, 논형.

최원준, 2015, 《음식으로 읽는 부산현대사》, 한국출판문화산업진흥원.

최원준, 2018, 《부산탐식 프로젝트》, 산지니.

최해군, 1985, 《부산포(제1부)》, 지평.

최해군, 1986, 《부산포(제2부)》, 지평.

최해군, 1987, 《부산포(제3부)》, 지평.

최해군, 1990, 《부산의 맥(상,하)》, 지평.

최해군, 1992, 《부산항-부산의 정체성과 그 이면》, 지평.

최해군, 2000, 《부산사탐구》, 부산시.

최해군, 2003, 《부산에 살며 부산을 알며》, 해성.

참고문헌

표용수, 2010, 《부산 역사의 현장을 찾아서》, 선인.

하야리아공원포럼, 2011, 《부산의 꿈 : 캠프하야리아의 시민공원 만들기》, 미세움.

하은지, 2021, 《초량산보》, 지능디자인.

한영숙·강동진, 2015, 《행복한 동네살이를 위한 33가지 이야기》, 국토연구원.

항희연 외 35인, 2019, 《도시재생, 현장에서 답을 찾다》, 미세움.

해양수산부·부산항만공사, 2020, 북항재개발 2단계 역사환경 및 문화재 조사 연구(연구: 경성대).

홍순권·장선화·전성현·하지영·배병욱·이가연, 2011, 《부산울산경남지역 항일운동과 기억의 현장》, 선인.

황경숙, 2020, 《낙동강 하구 재첩마을과 재첩잡이(2021부산민속문화의해 주제별조사보고서4)》, 국립민속박물관·부산광역시.

황기원, 2009, 《都市樂도시락 맛보기-도시와 삶에 대한 100가지 메뉴》, 다빈치.

황기원, 2011, 《경관의 해석-그 아름다움의 앎》, 서울대학교출판문화원.

자이미 레르네르(황주영 역), 2017, 《도시침술》, 푸른숲.